KB040430

길림성 집안의 「고구려무덤떼」에서 출토된 《태왕차자릉 판석》
가로 36.5㎝ 세로 37.5㎝ 두께 7㎝

새로 쓰는
광개토왕과 장수왕

새로 쓰는
광개토왕과 장수왕

이석연·정재수 지음

논형

김부식도 알지못한 고구려의 새역사를 발굴하며

"지금까지의 광개토왕과 장수왕의 역사는 모두 지우자."

광개토태왕이하 광개토왕은 우리 역사가 최고로 손꼽는 정복군주이다. 또한 광개토왕의 뒤를 이은 장수태왕이하 장수왕은 수성군주의 표상이다. 고구려는 광개토왕과 장수왕의 등장으로 역사상 최고의 전성기를 맞는다. 광개토왕이 정복사업을 통해 고구려 강역을 한껏 확장시켰다면 장수왕은 이를 기반으로 다양한 외교활동을 전개하며 고구려 위상을 제국의 반열에 올려 놓는다.

광개토왕과 장수왕의 통치기간은 391년부터 491년까지 정확히 백년간이다. 광개토왕은 391년 18세^{374년생}로 등극하여 21년을 통치하고 412년 39세에 사망하며, 장수왕은 412년 19세^{394년생}로 등극하여 80년을 통치하고 491년 98세로 사망한다. 광개토왕은 '굵고 짧은' 응축凝縮의 역사를 펼쳤다면 장수왕은 '가늘고 긴' 발산發散의 역사를 펼친다.

그런데『삼국사기』를 보면 기록 자체가 너무나도 부실하다. 한마디로 광개토왕과 장수왕의 업적은 보잘 것이 없다. 광개토왕의 경우 정복사업은 백제, 거란, 후연 등 3개이다. 이 정도 정복사업은 고구려 역대 어느 왕도 모두 가지고 있다. 우리는『삼국사기』기록만을 가지고 광개토왕이 왜 광개토인지를 설명할 수 없다. 특히『삼국사기』의 3개 정복사업은《광개토왕릉비》의 7개 정복사업인 비려, 왜잔국, 백신, 신라, 왜적, ▨▨, 동부여 등과 완벽하게 겹치지 않는다. 마치 김부식이《광개토왕릉비》비문기록을 사전에 입수하고 이를 뺀 나머지로『삼국사기』를 편집하지 않았나 하는 의구심이 들 정도이다. 장수왕의 경우도 마찬가지이다.『삼국사기』는 장수왕의 치세를 온통 조공朝貢기록으로 도배한다. 조공은 고구려가 상대국에 사신을 파견하여 공물을 바치는 행위이다. 조공기록은 북위 42회, 동진 1회, 유송 3회, 남제 1회 등 총 47회가 나온다.『삼국사기』기록대로라면 장수왕은 매2년마다 1~2회 정도 중원왕조에 줄기차게 조공을한다. 장수왕은 오로지 조공 하나에 고구려의 운명을 맡긴 참으로 어처구니없는 조공왕이다.

일제강점기 우리 역사학은 크게 두 흐름이 있다. 하나는 「식민사학」이다. 일제의 조선사편수회가 중심이 되어 소위 랑케Ranke의 실증사학 가면을 쓰고 우리 역사를 그들의 입맛에 맞게 난도질하며 축소, 왜곡, 변질시킨 악의적 사학이다. 이를 비판없이 수용한 인물이 이병도, 신석호, 이기백 등이다. 이들의 후예가 오늘날 한국 강단사학의 주류를 형성하고 있다. 또 하나는 「민족사학」이다. 올바른 역사관 정립을 통해 민족의 얼과 의식을 고취시켜 일제강점기를 극복하고자 한 선의적 사학이다. 대표적인 인물은 단재 신채호, 백암 박은식, 위당 정인보 등이다. 단재는『조선상고사』,『조선상고문화사』,『조선사연구초』, 백암은『한국통사』,『대동민족사』, 위당은『조선사연구』를 남긴다.

그러나 이들과 달리 홀로 음지에서 우리 역사를 묵묵히 기록하고 연구한 분이 있다. 남당南堂 박창화朴昌和 ·1889년~1962년이다. 남당은 일제강점기 일본 왕실도서관의 촉탁1924년~1942년으로 있으면서 일본이 소장하고 있는 우리 삼국의 역사서를 필사해 온다. 「남당필사본南堂筆寫本」 또는 「남당유고南堂遺稿」라 칭한다. 이 중 고구려 사서는『고구려사략高句麗

史略』,『고구려사초高句麗史抄』,『고구려사高句麗史』로 명명된 〈본기本紀〉기록과『본기신편열전本紀新編列傳』의 〈열전列傳〉기록이 있다. 〈본기〉기록은 편년체 사서이다. 다만 〈본기〉기록의 세 사서는 상당부분이 서로 중첩되고 있어 편의상 하나로 묶어『고구려사략』으로 통칭한다.『고구려사략』은 고구려인의 시각으로 정리되고 편집된 고구려의 역사서이다.『삼국사기』가 기록으로만 그 존재를 알린『유기留記』로 추정된다.『고구려사략』은 크게 「왕기王紀」계열과 「제기帝紀」계열로 나눈다. 「왕기」계열은 '○○王'으로 표기된 원판본이며, 「제기」계열은 '○○帝'로 표기된 개정판본이다. 장수왕 시기 황제국을 선포하며 기존의 「왕기」계열을 「제기」계열로 재편찬한다.

『고구려사략』의 광개토왕 기록은 「왕기」계열의 〈국강호태왕기〉와 「제기」계열의 〈영락대제기〉가 있다. 또한 장수왕 기록은 「제기」계열의 〈장수대제기〉가 있다. 특히 이들 기록의 면면을 살펴보면 실로 놀랍다. 광개토왕의 편년기록인 〈영락대제기〉는『삼국사기』의 3개 정복사업뿐 아니라《광개토왕릉비》의 7개 정복사업 모두를 기술하고 있다. 어느 경우는《광개토왕릉비》비문기록보다 상세하다.《광개토왕릉비》비문 글자의 판독 오류도 기록과의 비교를 통해 상당부분 확인된다. 또한 장수왕의 편년기록인 〈장수대제기〉는『삼국사기』기록과 비교할 수 없을 정도로 규모가 방대하다. 전체 분량은『삼국사기』기록의 8배에 달한다.『삼국사기』가 조공朝貢기록에 치중한 반면 〈장수대제기〉는 주로 래조來朝기록을 적고 있다. 래조는 상대국이 고구려에 사신을 보내와 조공하는 행위이다. 모두 65회가 나온다. 대상은 대륙의 중원왕조뿐 아니라 북방의 유목국가인 유연과 선선, 한반도의 백제, 신라, 가야, 그리고 멀리 일본열도의 왜도 장수왕에게 공물을 바치며 래조한다.

특히 『고구려사략』에는 주요 인물의 장례 기록이 상당수 나온다. 이들 대부분은 고구려 네크로폴리스^{Necropolis·死者의 도시}인 길림성 집안의 고구려무덤떼^{통구고분군}에 묻힌다. 이곳에는 고국원왕, 고국양왕, 광개토왕, 장수왕, 문자명왕이 잠들어 있다. 고국원왕은 서대총, 고국양왕은 천추총, 광개토왕은 태왕릉, 장수왕은 장군총, 문자명왕은 오회분2호묘이다. 이 외에도 이름이 확인된 20여 명의 왕족과 척족 그리고 일부 귀족의 장례 기록도 있다. 이들의 무덤은 현존하는 고분 중에서 무덤양식과 출토유물 그리고 『고구려사략』 기록과의 연계성을 통해 모두 특정特定하였다. 참으로 큰 수확이 아닐 수 없다.

이번에 국내 한 소장자의 태왕차자릉 판석을 처음으로 공개한다. 길림성 집안의 고구려무덤떼에서 출토된 유물이다. 판석 앞면에는 4행 3열로 모두 12자 명문이 음각되어 있다. 「願太王次子陵安如川固如岳」이다. 이는 태왕릉 출토 벽돌 측면의 10자 명문 「願太王陵安如山固如岳」과 직접적으로 연결된다. '태왕릉-안여산' 조합이 '태왕차자릉-안여천'으로 대체될 뿐 내용은 동일하다. 특히 판석 명문 글씨체는 벽돌 명문 글씨체와 똑같다. 모두 《광개토왕릉비》의 비문 글씨체인 웅위한 고구려체이다.

『고구려사략』은 태왕차자릉 판석의 주인공인 태왕차자를 명확히 밝히고 있다. 광개토왕 담덕談德의 동생인 용덕勇德이다. 용덕은 장수왕의 실제 생부이다. 태왕차자릉 판석은 장수왕의 출생 비밀을 담고 있는 정체성의 유물이다.

지금까지 출간된 광개토왕 관련 책은 수십여 종이다. 주로 《광개토왕릉비》 비문 글자의 판독을 두고 시시비비를 따진 책들이다. 다소 역사적 영역보다는 과학적 영역에 치중한 판단과 해석을 담고 있다. 그러다 보니 정작 우리는 정복군주 광개토왕의 진면목을 제대로 알지 못한다. 또한 장수왕을 다룬 책은 쉬이 찾아보기 힘들다. 장수왕은 그저 오랜기간 장수한 왕으로 기억될 뿐이다.

이 책은 『고구려사략』의 방대한 기록을 기반으로 하고 있다. 또한 『삼국사기』를 비롯하여 중국과 일본의 사서도 적극 참조하였다. 특히 『삼국사기』가 기록을 남기지 않은 까닭에 잊혀질 수 밖에 없었던 고구려의 장대한 역사를 모두 발굴하여 담았다. 그래서 독자 여러분이 만나는 광개토왕과 장수왕의 역사는 전혀 새로운 얼굴을 하고 있다. 크게 광개토왕과 장수왕 부문으로 나누었다. 정복군주 광개토왕과 수성군주 장수왕이다. 광개토왕은 《광개토왕릉비》의 새로운 해석에 기반한 정복사업과 관련 유물 유적이며, 장수왕은 다양한 외교에 기반한 수성사업과 관련 유물 유적이다. 특히 독자 여러분의 이해를 돕기 위해 『고구려사략』 기록원문/번역문을 상당부분 인용하였다.

끝으로 남당 박창화 선생에게 한없는 경의를 표하고 싶다. 만약 남당이 『고구려사략』을 일본에서 필사해 오지 않았다면 이 책은 결코 세상밖으로 나올 수 없었을 것이다. 출판사 관계자분의 노고 또한 어찌 잊으랴!

"『삼국사기』가 기록하지 않은 광개토왕과 장수왕의 새로운 역사에 정중히 초대한다."

_이석연, 정재수

목차

제2장 장수왕

《광개토왕릉비》와 고대사의 재조명

_이석연

본고는 공저자 이석연이 2020. 7. 3.「우당역사문화강좌」우당기념관에서 발표한 내용을 요약 정리한 것으로 본서의 집필 동기와 기본정신을 담고 있다. 다만 일부 해석상 차이나는 부분은 본서의 본문에 자세히 실었다.

---

1. 현존하는 우리 민족 최초의 당대 역사서

《광개토왕릉비》는 1,600년 전인 414년 9월 29일 길림성 집안集安의 국내성에서 동쪽으로 십여리 가량 떨어진 능묘지대에 건립된다. 건립 연대와 비가 세워진 장소를 정확히 알 수 있는 세계적으로 유례가 없는 고비古碑이다. 높이 6.39m 응회암의 석비 4면에 전체 문자수 1,802자[※ 북한학자 김석형, 박시형]가 빽빽이 새겨져 있다. 이 중 명확히 판독가능한 글자가 1,534자, 애매하거나 판독 불가능한 글자가 268자이다.

▲《광개토왕릉비》[조선고적도보]

비문은 광개토왕의 치적뿐 아니라 고구려를 중심으로 한 당대의 국제 정세, 고구려인의 세계관, 고구려의 사회제도 등을 알 수 있는 귀중한 내용을 수록하고 있다. 광개토왕 사후 장수왕이 아버지의 21년간 치세를 동 시대를 살았던 사람의 체험을 바탕으로 쓴 생생한 역사 기록으로 후세의 어떤 기록 보다도 정확하고 신빙성이 높다. 1,600년 전에 쓰여진 글이라고 믿기지 않을 정도로 문체 또한 유려하고 논리적이다.

우리가 고대사 연구의 금과옥조로 여기고 있는 『삼국사기』[1145년]는 비문이 쓰여지고[414년] 나서 731년 후에 편찬된 사서이다. 당시 김부식이 쓴 광개토왕과 장수왕 시대의 역사는 현 시점에서 고려시대의 역사서를 쓰는 것과 다를 바 없다. 우리가 흔히 인용하는 『진서』, 『송서』, 『양서』, 『위서』, 『수서』, 『구당서』, 『신당서』 등 중국사서나 『일본서기』, 『속일본기』, 『고사기』 등 일본사서는 모두 《광개토왕릉비》 비문이 쓰여진 후대에 취사선택의 과정을 거쳐 편찬된다. 어느 것이 역사적 사실을 더 정확히 반영하는 것인지는 굳이 말하지 않아도 자명하다.

어떤 묘지명도 비문을 새기고 나서 다시 새롭게 새기는 일은 없다. 비문은 그 어떤 사서보다도 정직하다. 아주 하찮은 인물의 묘지명의 행간에도 역사적 사건들이 선명히 들어있다. 가령 당唐 안사의 난 때 황제가 허둥지둥 장안을 버리고 도망간 이야기도 그 신하의 묘지명 비문에 자세히 기록하고 있다. 당이 286년간 사용한 76개 연호 역시 비문에서 모두 찾을 수 있다고 한다. 그런 점에서 당 시대의 묘지명 비문은 돌 위에 새긴 당의 역사라고 감히 말할 수 있다. 마찬가지로 《광개토왕릉비》 비문은 돌 위에 새긴 고구려의 역사서이다. 우리는 그 유려하고 상세한 비문과 그 행간을 통해 고구려 역사와 우리 민족 문화의 뿌리를 보고 염량세태炎涼世態를 엿볼 수 있다.

지금까지 이른바 「신묘년 기사」 32자의 해석이 마치 비문 연구의 전부인 것처럼 인식되며 비문 전체의 역사서로의 편입작업은 소홀히 다뤄져 온 것이 주지의 사실이다. 이른바 주객이 전도된 것이다. 이제 고구려의 최전성기에 자부심 넘치는 고구려인의 손으로 직접 쓴 역사서인 《광개토왕릉비》 비문에 따라 당대 고구려 역사와 한반도를 둘러싼 국제관계를 재조명해야 할 때가 되었다. 아울러 『삼국사기』 등 사서에서 비문과 배치된 부분을 바로 잡고 의도적으로 삭제하거나 폄훼한 부분 또는 아예 누락된 역사의 페이지를 복원해야 할 것이다.

2.《광개토왕릉비》비문에 나타난 고구려인의 세계관

:: 『삼국사기』와《광개토왕릉비》기록의 차이점

《광개토왕릉비》비문기록과 『삼국사기』 광개토왕 기록이 전혀 겹치지 않음은 경악할 일이다. 『삼국사기』 기록은 비문에 없고 비문 기록은 『삼국사기』에 없다. 설사 겹치는 년도의 내용도 서로 동떨어진 사실을 다루고 있다.

김부식의 『삼국사기』는 철저한 중원중심적 사대주의 사관을 따르고 있다. 백제와의 여러 차례 전투기록을 빼면 후연後燕과의 관계에 집중되어 있다. 후연에 조공한 기록부터 후연의 침략을 받거나 물리친 경우에도 후연 위주로 기록하고 있다. 『삼국사기』는 대륙 동북방을 위시한 한반도와 일본열도 왜를 평정하여 광대한 영토를 확보한 광개토왕 시대의 다이내믹한 국제적 역학관계의 긴장은 없고 그저 광개토왕을 평범한 군주로 묘사하고 있다.

《광개토왕릉비》는 중원에는 전혀 관심을 두지 않고 그 중심축을 고조선의 옛 영토에 두고 비려, 숙신, 동부여를 포함하여 백제, 신라, 가라가야, 왜와의 관계를 중점적으로 다루고 있다. 이는 고구려인이 한반도를 중심으로 북방의 유목민족부터 남방의 왜에 이르는 세계적 질서를 상정하고 있음을 의미한다. 바로 비문과 그 행간에 고구려의 세계관이 뚜렷이 나타나 있다.

또한 비문 곳곳에 고구려가 주체가 된 조공朝貢의 표현을 쓰고 있다. 원래 조공은 중원황제만이 사용하는 용어이나 비문에는 고구려왕이 주변국으로부터 조공을 받았다는 표현을 쓰고 있어 천하의 중심이라 칭하는 중원황제와 대등한 의식이 뚜렷이 나타나고 있음을 알 수 있다. 특히 1979년 발견된《충주고구려비》도 신라를 동이東夷로 표현하여 고구려 중심의 국제 정치질서에 편입시키고 있다.

심지어 『자치통감』에 기록된 중원왕조와의 전투에서의 승리 사실까지도 비문에는 일체 기록하지 않고 철저하게 무시하는 자세로 일관하고 있다. 이는 바로 중원중심적 사고 체계를 부인하는 고구려의 독자적 세계관의 반영이라 하겠다.

:: 중국과 대등한 고구려의 세계관

비문 첫머리에서 시조 추모왕을 '천제지자天帝之子' 즉 '천자天子의 아들'이라고 당당히 선언하고 광개토왕의 연호가 영락永樂임을 밝히고 있다. 중국학자들과 식민사관에 젖은 학자들은 고구려가 칭왕稱王했지 칭제稱帝하지 않았고 끊임없이 중원왕조에 조공했으며 자체 연호를 사용한 적이 없다고 주장한다. 그러나 고구려인은 진시황 이전의 용례처럼 왕과 천자를 동일한 의미로 사용했으며 묘墓와 능陵도 구별 없이 썼다.

『삼국사기』는 고구려가 중원왕조에 조공한 기사로 도배하고 있다. 그러나 고구려는 결코 중원왕조에 조공하지 않았다. 친선을 목적으로 한 예물교환이 있었을 뿐이다. 이를 김부식이 중원중심적 사고에 입각하여 조공으로 표현하고 중국사서도 동일하게 표현한 것이다. 고구려는 적어도 당시 몇 십년 단위로 명멸하는 중원왕조에 대해서 일절 관심이 없었다.

고구려 모든 왕들에게는 연호가 있었을 것이다. 김부식이 『삼국사기』 편찬과정에서 모두 말살했다고 본다. 예를 들어 「연가7년명금동여래입상」국립중앙박물관 소장 뒷면에 새겨진 연가7년명의 '延嘉연가'는 일본, 중국 어느 문헌에도 없는 고구려 왕의 독자적인 연호이다. ☞ 460쪽 '불상에 새긴 고구려 연호' 참조 일제강점기 남당 박창화가 일본 왕실도서관에 근무하면서 필사해 온 편년체 역사기록인 『고구려사략』

▲ 「연가7년명 금동여래입상」 [국립중앙박물관]

은 고구려 연호를 분명히 적고 있다. 학계는 이를 위서僞書로 보고 있으나 『고구려사략』〈영락대제기〉의 편년기록과《광개토왕릉비》비문의 편년 기록이 정확히 일치하고 있는 점은 놀라운 일이다. 그렇다면 비문기록이 전하는 역사적 사실도 위조란 말인가! 필사본 사서인 『고구려사략』에 대한 재평가는 반드시 이루어져야 한다. 일본 왕실도서관서릉부에는 필사본의 원본이 분명히 있을 것이다.☞ 379쪽 '고구려역사서 『유기』의 행방' 참조

:: 『삼국사기』 역사관에서《광개토왕릉비》역사관으로 바꿔야

김부식은 『삼국사기』에서 당대 고려의 중원중심 사대주의적 사고를 기록하였다. 그러한 역사관으로 일제강점기는 물론 지금까지 고구려사 내지 우리 고대사를 이 틀에 맞춰 인식하고 교육시켜 왔다. 『삼국사기』에는 중국사서의 기록을 토씨 하나 바꾸지 않고 상당부분 인용하고 있다. 전쟁 기록의 경우 중원왕조가 승리한 경우는 중원 장수의 이름, 동원된 병력, 전쟁 진행 상황 등을 상세히 기록한 반면 고구려가 승리한 경우는 중원을 이겼다 또는 침략했다는 정도로만 쓰고 있다. 심지어 광개토왕이 후연을 쳐서 승리한 역사도 고구려의 승리 사실은 기록하지 않고 후연 장수 모용귀가 성을 버리고 달아났다고 기록하고 있다. 사실상 『삼국사기』는 중국 사서를 베낀 것이나 다름없다. 참으로 분통 터질 일이다.

중국사서는 대부분 중원과 주변국과의 관계에서 자국에 불리한 사실을 축소, 왜곡, 은폐하는 전형적인 중원중심적 사고에 입각하여 기술하고 있다. 단재 신채호는 "소위 춘추필법이라는 것이 알고 보면 자국에 불리한 것은 은폐시키는 곡필일 뿐이다."하여 중국사료의 허구성을 고발하고 있다.

연암 박지원이 『열하일기』에 남긴 "싸워 보지도 않고 고조선의 옛 강토를 잃었다."는 탄식의 꾸짖음은 그 연원을 김부식의 『삼국사기』에 두고 있다. 이제《광개토왕릉비》비문에 의해 고조선의 옛 강역을 확인할 수

있는 여력을 가지게 된 것이다. 또한 『삼국사기』가 다루고 있는 후연 기사가 비문에는 단 한 글자도 나타나지 않는 이유가 무엇인가? 당시 고구려는 단기간에 흥망을 거듭하는 중원왕조는 관심을 가지지 않았다. 고구려의 관심은 중원의 축이 아니라 고조선의 축을 중심으로 한 한韓민족의 아이덴티티의 확보에 있다. 비문과 그 행간에는 이러한 고구려의 세계인식을 엿볼 수 있는 한민족의 DNA를 다이내믹하게 기술하고 있다.

이러한 세계질서에 대한 고구려인의 인식이 장수왕의 평양 천도, 신라의 통일 등 고조선의 축을 형성하면서 한민족의 정체성을 지키고 중원과 별개의 독자적인 문명권을 형성하기에 이른 것이다.

:: 장수왕의 평양 천도 – 한민족의 문화 전승체로서의 고구려 지위 확보

광개토왕의 위대한 업적을 토대로 고구려의 최전성기를 구가한 장수왕은 427년 수도를 한반도의 중심축인 평양으로 옮긴다. 이에 대해 고구려가 광활한 만주대륙을 포기함으로써 진취적, 대륙지향적 역사가 소극적, 내륙지향적으로 조정되어 우리 민족의 역사가 위축되는 계기가 되었다는 견해가 있다.

일부 재야사학자는 장수왕이 천도한 평양을 지금의 요령성 요양으로 보기도 한다. 그러나 당시 평양은 보통명사로 쓰였고 중요한 방어기지의 기능도 가지고 있었다. 요양은 그 중 하나로 보아야 한다. ☞ 282쪽 '평양 천도의 실상' 참조

그러나 장수왕의 평양 천도는 신라의 통일 못지 않게 한민족의 아이덴티티를 형성하는 계기가 된 조선 역사상 가장 큰 사건으로 보아야 한다. 만약 고구려가 지금의 환인이나, 집안의 국내성 또는 요령성의 요양에서 최후를 맞이했다면 고구려는 전혀 한민족의 문화적 전승체로서의 의미를 가지지 못했을 것이다.

현재 타국의 영토가 되어 있는 지리적 공간내에서 흥망성쇠한 문명에 대해 과거 우리가 참여한 역사라 할지라도 중국의 입장에서 보면 변방영

토에서 생멸한 주변문명에 불과하다. 오늘날 투르크^{터키}가 과거 그들 민족이 참여한 중국 서역이나 중앙아시아 문명에 대하여 어떤 연고권도 주장할 수 없는 것과 마찬가지이다. 만약 발해의 마지막 수도가 한반도의 북부에 있었다면 오늘날 발해사에 대한 우리의 발언권이 지금보다 훨씬 컸을 것이다. 고대사의 영역에 현대사적 민족개념을 결부시키는 것은 움직이는 배에서 바다에 영역표시의 선을 긋는 것과 다름없는 무의미한 일이다.

고구려 왕조는 멸망하지만 평양 천도를 통해서 우리 민족의 의식 속에 확고한 한민족의 유산을 남겨 놓았다. 만약 장수왕의 평양 천도가 대륙에서 한반도로의 후퇴를 의미한다면 천도가 이루어진지 218년이 지난 후 당태종 군대가 요동에서 고구려군의 저지를 받아 패주해야 할 아무런 이유가 없다. 그런 연유로 우리는 중국의 동북공정에 대해서도 당당히 이의를 제기 할 수 있는 것이다.[※ 김용욱『도올 중국일기2』]

:: 신라 통일의 재평가 – 중원의 용광로로부터 한민족 정체성 확보

우리는 흔히 고구려가 통일하고 중원까지 점령하여 당唐을 대신하는 대제국을 건설했으면 하고 아쉬워들 한다. 과연 그럴까?

중원은 유사 이래 거대한 문화적 용광로melting pot로서 그 안으로 들어간 주변문명은 하나같이 그 정체성을 상실하였다. 북위의 선비족, 요의 거란족, 금의 여진족, 원의 몽골족, 청의 만주족 등등, 만일 투르크^{돌궐}족이 더 이상 서진하지 않고 중원을 차지하여 안주하였다면 오스만제국은 물론 오늘의 터키도 없었을 것이다. 마찬가지로 만약 고구려가 중원으로 진출했다면 일정기간은 대제국을 유지하였겠지만 한韓민족의 정체성은 상실되고 중국의 일개 성^{고려성/조선성}으로 전락해 있을 지도 모른다.

비록 변방의 신라에 의해서 통일되지만 이로 인해 고구려인의 세계인식인 고조선축을 중심으로 한 한민족의 아이덴티티를 유지하면서 고려, 조선으로 이어지는 독자적 역사 행보의 시작이라고 보아야 한다. 이런 관점에서 신라의 통일이 갖는 민족사적 의의를 새롭게 평가함이 마땅하다.

3. 비문에 근거한 고대사 재조명

:: 비문해석의 대전제

비문은 편의상 1, 2, 3부로 나뉘어 있으며 어느 한 부분도 소홀히 다룰 수 없는 귀중한 역사적 사실을 담고 있다. 또한 비문은 보기 드문 명문名文이다. 특히 정복업적을 기록한 2부는 치밀한 논리성과 문학성을 갖추고 있다. 따라서 반드시 비문 전체의 맥락에서 이해되고 해석되어야 한다.

광개토왕의 업적을 기록한 영락5년부터 20년까지의 8개 편년체의 역사적 사실은 모두 출정을 하게 된 이유전쟁 명분를 먼저 기술하고, 이어지는 출정은 왕이 참전한 경우王躬率와 군사를 파병한 경우敎遣로 구분하며, 마지막으로 상대를 격파한 내용물전쟁 결과을 서술하는 방식의 삼단논법으로 전개하고 있다. 그 예는 이렇다. 비려가 부단히 침입하므로 왕이 친히 군사를 이끌고 토벌한 것영락5년, 고구려의 속민으로 조공을 받쳐왔던 백제가 왜와 연결하여 신라를 신민으로 삼자 친히 수군을 이끌고 백제를 토벌한 것영락6년, 백제가 왜와 화통하여 신라를 침략하자 군사를 파병하여 이를 격파하고 신라를 구원한 것영락9년/영락10년, 왜가 대방지역을 침입하자 친히 군사를 이끌고 토벌한 것영락14년, 동부여가 배반하자 왕이 친히 군사를 이끌고 토벌한 것영락20년 등이다. 다만 영락8년과 영락17년 비문 기록은 전쟁 명분이 생략되거나 판독불가한 경우이나 전체 맥락으로 볼 때 전후 문맥 파악에는 지장이 없다. 따라서 몇 글자의 결자가 있다거나 불명확하여 이를 채워 넣는 식의 근시안적 해석에 매달리는 것은 사대주의적 관점 또는 식민사관적 시각이라 할 것이다.

생각해 봐라! 능비는 건립된지 1,460여년이 지난 18세기 후반1880년에 발견된다. 따라서 능비가 발견된 시점부터 비문의 상당부분은 이미 훼손되었을 것이다. 온갖 풍상을 겪으면서 비가 온전하게 남아있는 것 자체가 기적이다. 그럼에도 소똥을 발라 훼손시켰느니 석회도말을 했다느니 또는 그 후에 벗겨져 원문이 다시 나타났다느니 하는 등의 주장은 최초 발견시 상황을 고려하면 무의미한 탁상공론에 불과하다. 핵심부분을 포함한 전체 비문의 85%가 판독가능한 상태에서 비문 기재의 논리성과 맥락을 파악하면 전체 비문 해독에는 별 문제가 없다.

:: 능비에 따라 바로 잡아야 할 몇 가지 사실

◆ 영락6년 기사를 중심으로 본 고대사의 재평가

이른바 391년 「신묘년 기사」는 396년 영락6년 기사의 전쟁명분을 설명하는 부속 기사이다. '百殘新羅舊是屬民由來朝貢而倭以辛卯年來渡海破百殘▨▨▨羅以爲臣民 以六年 丙申 王躬率水軍討伐殘國 … 五十八城村七百將殘王弟并大臣十人旋歸還都. 백제와 신라는 옛적부터 우리 고구려의 속민으로서 조공을 바쳐왔다. 그런데 왜가 신묘년에 우리를 침입해 왔기 때문에 우리 고구려 즉 광개토왕이 바다를 건너가 그들을 격파하였다. 그러자 백제는 다시 왜를 끌어들여 신라를 침략하고 그들을 신민으로 삼았다.^{전쟁명분}이런 이유로 영락6년 병신년에 왕은 친히 수군을 거느리고 나아가 백제를 토벌하였다. … 백제의 58개 성 700개 촌을 빼앗고 백제왕의 아우와 대신 10명을 볼모로 잡고 도성으로 돌아왔다.'^{전쟁결과}

▲《광개토왕릉비》신묘년기사

말썽 많은 기사 「百殘新羅 … 以爲臣民」의 32자는 그 전체 맥락의 논리적 구조나 역사적 사실로 보아 위와 같이 해석될 수밖에 없다. 따라서 신묘년^{391년} 운운은 독립된 기사가 아닌 영락6년

396년의 전쟁명분을 설명하기 위한 부속기사인 것이다. 다시 말해 백제가 약속을 어기고 신라를 침입해 신민으로 삼자 이를 징벌하지 않을 수 없는 사유를 명시한 삽입기사이다. 그런 까닭에 왕이 친히 수군을 이끌고 백제를 칠 수밖에 없었던 사정을 밝힌 것이다. 원래 32자는 六年丙申 과 王躬率 사이에 들어가야 할 문장이다. 전쟁명분을 강조하기 위해서 맨 앞으로 뺀 일종의 전치문前置文이다. 또한 이 부분은 비문 작성자가 고도의 문학성을 발휘하여 쓴 탁월한 문장 구조라 할 수 있다.

「而倭以辛卯年來渡海破」에서 來와 渡는 둘 다 동사로서 그 주어를 달리한다. 來의 주어는 倭이고 渡海破의 주어는 당연히 고구려가 돼야 한다. 만약 이 문장을 일제 식민사학자나 그 아류인 이른바 강단사학의 동일체 원칙에 매몰된 학자들처럼 "왜가 신묘년에 바다를 건너와 백잔, 신라를 파하고 신민으로 삼았다."고 해석한다면 영락6년 기사는 광개토왕의 출병 명분을 보아 왜를 쳐야지 어찌하여 백제를 쳤겠는가! 논리적으로나 역사적 사실로도 도무지 맞지 않는 억지 해석이다.

이 해석은 위당 정인보의 『광개토경평안호태왕릉비문석략』1941년을 효시로 하여 북한학자 박시형의 『광개토왕릉비』1966년, 김용옥의 『도올의 중국일기3』2015년 등에 바탕한 것이다. 비문의 논리구조상으로나 역사적 사실로 보나 당연하다 할 수 있다.

◆《광개토왕릉비》 비문의 왜에 대한 재평가

비문에는 왜가 10번, 백잔이 5번, 잔국이 3번 나온다. 왜와 백제를 비중있게 다루고 있다. 또한 비문은 광개토왕이 빼앗은 백제의 성을 58개 나열하고 있는데, 이는 그만큼 백제 국력이 강성함을 의미한다. 특히 왜는 단순한 해적집단이 아닌 한반도 판세에 영향을 줄 수 있는 만만치 않은 세력집단으로 묘사하고 있다.

따라서 단순히 미마나후任那府의 실체 유무가 아닌 그 본질과 기능이 무엇인지, 왜를 규슈지역에 한정된 존재가 아닌 우리 고대사의 일부로 편입해야 할 존재가 아닌지, 특히 「임나일본부설」과 관련하여 왜를 백제와 가야가 일본열도에 진출하여 세운 분국으로서 일본을 지배하는 관제탑이 아니었는지 등이 심도있게 재검토되어야 한다.

비문에 쓰여진 왜는 4세기말에서 5세기초의 왜이다. 6세기 이후 국가체제를 갖춘 일본 아마토大和정권과는 다른 별개의 정치집단이다. 이런 관점에서 비문은 북한학자 김석형의 「일본열도분국설」을 뒷받침하고 있다. 비문에 쓰여진 역사적 사건들이 200년 후에 그들의 입맛에 맞게 쓰여진 『일본서기』나 『속일본기』에 의해서 결코 묻혀질 수는 없다. 일본이 한반도 남부를 지배했다는 소위 「임나일본부설」의 『일본서기』 기록은 백제, 가야의 도래인들이 백제, 가야가 멸망하고 더 이상 한반도 본국과의 인연이 끊기자, 이제 일본의 지배층이 된 자신들의 입장에서 한반도 남부지배를 정당화하는 시각으로 기술된 것이다.

◆ 광개토왕의 생몰년과 능비건립 시기

비문에 의하면 능비는 414년에 건립하며, 광개토왕은 18세에 등극하여 39세에 사망한 것으로 나온다. 이를 간지로 환산하면 능비는 갑인년 414년에 건립되고 광개토왕은 신묘년391년에 등극하여 영락22년인 임자년 412년에 사망한다. 반면 『삼국사기』에는 392년임진년에 등극하여 22년간을 재위한 후 413년계축년에 사망한 것으로 되어 있다.

능비와 『삼국사기』 사이에는 왕의 재위년수와 연령은 부합하지만 왕의 생몰년과 그 사거死去로부터 능비 건립에 이르는 기간은 부합하지 않는다. 그간 발간된 각종 자료와 역사책에는 등극년을 391년 또는 392년으로, 사망년을 412년 또는 413년으로 하는 등 혼선을 빚고 있다. 대체로 『삼국사기』를 따라 392년 등극 413년 사망, 묘비 건립 시기는 사후 이듬해라고 적고 있다. 『삼국사기』 기록의 착오나 잘못은 당연히 비문의 기록으로 바로 잡아야 한다.

『삼국사기』는 광개토왕의 기년을 재위22년인 계축년^{413년} 10월에 끝난 것으로 적고 있으나 사실상 재위21년 임자년^{412년} 말경까지 계속되고 바로 장수왕이 등극하여 이듬해인 계축년^{413년}부터 장수왕 재위원년으로 계산한 듯 보인다. 이렇게 하면 『삼국사기』〈고구려본기〉의 연표와 장수왕 기년은 착오가 없게 된다^{박시형}. 삼국의 제도는 즉위칭원即位稱元이 원칙이나 왕이 해당년도 말경에 사망할 경우 뒤를 이은 왕이 이듬해 정월을 원년으로 하는 관례가 있다. 가령 장수왕이 재위79년 12월에 사망하자 뒤를 이은 문자명왕은 이듬해를 원년으로 하며, 신라 첨해왕은 재위15년 12월에 사망하자 뒤를 이은 미추왕이 이듬해를 원년으로 한 예가 그것이다. 따라서 능비는 광개토왕이 사망한 다다음해^{414년}에 건립되며 그 시기는 왕의 장례기간 등 고구려인의 독특한 전통적 관습에 의하여 결정되었다고 볼 수 있다. 또한 능비의 해석에 있어서도 내용과 형식 등에서 고구려의 독특한 요소들이 많이 포함되어 있다는 사실을 항상 고려해야 한다.

능비와 『삼국사기』 사이에는 기년뿐 아니라 역사적 사실에 관한 기록에 있어서도 상당한 차이가 난다. 당시 금석문과 수백년이 지난 후 그 시기의 역사관에 따라서 쓰여진 편찬 역사서 간에 있을 수 있는 일이지만 현재의 판단에서는 비문 기록이 우선해야 함은 마땅하다.

◆ 능비와 고구려 초기 도읍지 위치에 대하여

태왕릉과 《광개토왕릉비》는 414년 장수왕이 국내성 동쪽 교외 십여리에 있는 능묘지대에 설치되어 현재까지 이어오고 있다. 이는 능비가 서 있는 장소와 그것을 세운 연대가 부합함을 입증하며 또한 당시 고구려 도읍인 국내성이 집안 일대임을 고증한다 할 수 있다.

이와 관련하여 고구려 초기 도읍지인 흘승골성^{홀본}이나 환도성, 국내성 등이 지금의 환인이나 집안이 아닌 요동지역에 있었고, 이 요동지역은 지금의 요동지방보다 훨씬 서쪽에 있었다는 설이 있다. 이 설은 고구려가 오녀산성이나 집안에 도읍하였다면 고대의 요동인 지금의 하북성 난하 유역과 천진일대를 공격하는 것은 실익이 없

▲ 국내성 성벽[길림성 집안]

고 집안은 너무 외진 곳이어서 요하 동서를 다스리기는 어렵다는 점 등을 이유로 들고 있다. 고구려가 지금의 요하 서쪽에 이르는 광대한 지역을 영토로 하고 있는 점은 중국사서에서도 명확히 확인된다. 그러나 수도가 환인, 집안에 있었다고 하여 요서지역을 공격할 실익이 없다거나 수도가 동쪽으로 치우쳐 있어 이들 지역을 다스리기 어렵다는 주장은 수긍하기 어렵다. 오히려 고구려는 요동, 요서의 광할한 지역을 중시하여 이곳에 철벽의 성을 곳곳에 구축하였다. 환도성, 국내성의 도읍지는 중원세력으로부터 멀리 떨어져 오히려 그들의 침략을 막는 천혜의 방어요새의 역할을 한 것이다.

집안 주변이 궁벽하다고들 하나 직접 가서 살펴 봐라! 나는 수차례에 걸쳐 이 지역을 답사하였다. 북서쪽은 천연의 산간지형으로 방어벽을 형성하고 남쪽의 압록강은 국경이 아닌 오늘의 한강과 같이 고구려 도읍지를 남북으로 가르면서 한반도 북부의 광활한 평야지대를 그 곡창으로 하고 있어 도읍으로 삼기에 더없이 적합한 지역이다.

▶ 집안에서 본 압록강과 북한

남쪽 북한지역에 고구려무덤떼가 훨씬 많은 점도 이를 뒷받침한다. 무엇보다 고구려가 대륙이 아닌 한반도를 중심으로 한 고조선 축으로서의 집안, 평양을 중시하여 오늘의 한민족의 아이덴티티를 형성한 점을 고려할 때 집안의 국내성 도읍지는 그 역사적 의의가 크다할 수 있다.《광개토왕릉비》뿐 아니라 염모총의 묘지명, 마선향의《집안고구려비》등을 보더라도 국내성이 집안에 위치한 사실은 확고부동하다.

▲ 단재 신채호[1880~1936]

    1910년 단재 신채호는 망명길에 오르며 제일 먼저 서간도 환인현에서부터 고조선, 부여, 고구려, 발해로 이어지는 만주 일대를 둘러 보고 "김부식의『삼국사기』를 만 번 읽느니 차라리 집안 유적지를 한 번 보는 것이 낫다."고『조선상고사』에 탄식의 글을 남기고 있다. 집안의 태왕릉 주변지역과 환도산성을 걸어보지 않고서 어찌 단재 사학을 운위云謂할 수 있겠는가!

◆ 고구려 왕명의 올바른 표기

『삼국사기』는 고구려 시조를 동명성왕東明聖王, 2대를 유리명왕琉璃明王, 3대를 대무신왕大武神王으로 표기하고 있다. 반면 비문은 시조를 추모왕鄒牟王, 2대를 유류왕孺留王, 3대를 대주류왕大朱留王으로 표기한다.☞ 72쪽 '고구려기초를 다진 3대왕' 참조 비문은 본래 모습을 기록한 것이니 비문 기록을 무엇보다 중시해야 함은 당연하다 할 수 있다. 향후 교과서 등에 왕의 정식 칭호를 비문 기록에 따라 표기해야 할 것이다.『삼국사기』는 동명왕을 주몽 또는 추모로 표기하나 동명왕은 북부여 지역에서 부여를 건국한 시조로서 고구려를 세운 추모왕과는 엄격히 구분해야 한다. 조선후기 실학자들이 주몽을 동명왕으로 표기한『삼국사기』를 비판하고 있는 것도 같은 맥락이다정약용.

    비문은 광개토왕을 '17세손'으로 표기한다. 통상 추모왕의 17세손이라는 뜻으로 이해되나 『삼국사기』가 기록한 역대 왕의 자연적 대수는 13세 밖에 되지 않아 능비의 기록과는 사뭇 다르다. 혹여 『삼국사기』〈고구려본기〉가 왕의 대수를 누락한 것은 아닌지 연구 검토가 필요하다. ☞ 90쪽

'광개토왕은 17대손인가?' 참조

◆ 영락20년 동부여 관련기록의 재조명

비문에는 부여의 표기가 없다. 다만 첫머리에서 시조 추모왕이 북부여에서 나왔고, 영락20년 기사에는 추모왕 때부터 속국이었던 동부여가 배반하여 조공을 바치지 않자 왕이 친히 군대를 거느리고 토벌한 사실을 적고 있다. 학계에서는 국내외 문헌에 단순히 부여라고만 표시되어 있는 것을 동부여로 보고 있다. 그러나 북부여는 부여족이 거주하고 있던 광범한 지역 가운데서 가장 북쪽에 있는 나라이고, 국내외 문헌들에 단순히 부여라고만 기록되어 있는 동부여 역시 그 부여족이 세운 동쪽에 있는 부여국으로 보아야 한다. 북부여와 동부여가 별개의 나라가 아니라 '부여의 북북쪽^{부여}', '부여의 동동쪽^{부여}'하는 식으로 동일한 나라를 도읍을 중심으로 방위를 달리해서 부른 것이다^{정인보}. 이렇게 보아야 추모왕 때부터 속민이었던 동부여가 배반했다는 비문기록과 일치한다.

능비에 함축된 고구려인의 독특한 요소와 세계관을 고려하지 않고 후세의 기록과 같지 않다는 점을 들어 능비의 내용을 부당하게 왜곡하거나 그 내용이 과장되었다고 단정하는 것은 오늘의 시각에서 본 또 다른 역사 왜곡이다. 역사적 사실이 무엇이든 간에 당시의 구체적 환경과 조건에 의하여 판단해야 한다. 비문 첫머리에 추모왕이 북부여 출신이라고 분명히 명시하고 있는데도 당시의 북부여를 중국사서 기록에 빗대어 부여가 아닌 또 다른 부여 운운하는 것은 중국의 춘추필법에 의한 또 다른 역사 왜곡임을 분명히 지적하고 싶다.

영락20년 기사 말미에는 광개토왕이 공격하여 격파한 성을 64개, 촌

이 1,400개로 적고 있다. ☞ 157쪽 '영락 20년 동부여 정복' 참조 이는 고구려군이 동부여로부터 탈취한 성과 촌의 총합을 의미한다. 그만큼 동부여로 일컫는 당시 부여는 국토와 국력이 광대하고 강성하였다. 그 후 동부여는 쇠퇴일로를 걷다가 장수왕 다음인 문자명왕 때 고구려에 통합된다.

지금까지 대부분의 저술이 64성, 1400촌을 광개토왕이 일생동안 정복사업을 통해 확보한 성과 촌의 총합으로 보고 있으나 이는 비문 전체의 내용과 일치하지 않는다. 영락6년 원정에서 백제로부터 탈취한 성이 58개, 그 외에 비려, 숙신, 가라, 부여 등으로부터 빼앗은 성들의 이름을 명기한 것과 수묘인연호 부분에서 신래한예新來韓穢 출신 성들을 합산한 것만도 70~80성을 초과하기 때문이다.

:: 수묘인제도의 중요성과 재평가

그동안 비문 3부에 대해서는 소홀하게 다루어 졌을 뿐 아니라 학계에서도 제대로 연구 평가가 이루어지지 않았다. 비문은 수묘인守墓人 연호煙戶의 명단을 전부 다 기록하고, 다음에 그것이 어떤 준칙에 의거한 것인지를 밝히며, 이어 능비를 세우게 된 사정과 관리지침 등을 담고 있다.

수묘인 연호는 국연國烟 30가家, 간연看烟 300가 등 도합 330가로 구성된다. 연호는 국가의 호구대장 등에 쓰이는 인가人家, 민호民戶의 뜻으로 한중일 고대사회에서 공공연히 사용되고 있다. 가장 오래된 용례가 《광개토왕릉비》에 나타나 있다.

지금까지 비문의 수묘인제도에 관해서는 묘를 지키는 노예나 묘지기 즉 조선의 능참봉과 같은 것으로 평가절하하며 가볍게 취급하였다. 그러나 수묘인제도는 단지 능묘를 관리하는 차원이 아닌 왕릉의 신성성神聖性을 보존하고 유지하는 역할을 하는, 고도로 시스템화된 고구려의 사회조직으로 보아야 한다. 2012년 길림성 집안의 마선하 강변에서 발견된《집안고구려비》도 수묘인제도를 주로 다루고 있다. ☞ 222쪽 《집안고구려비》와

《광개토왕릉비》의 상관성' 참조 따라서 수묘인제도는 어느 특정 왕릉에 대한 수묘가 아닌 광개토왕 이전부터 발달되어 온 고구려 사회제도인 것이다.

비문 3부 수묘인 기사에는 수묘인 330가家의 출신지를 명기하고 있는데 그들 대부분은 비문 2부 정복 기사에 기록된 64개 성에서 찾을 수 있다는 점에서 비문 2부의 정복 기사와 3부의 수묘인 기사는 밀접하게 연동되고 있다. 결국 수묘인제도는 정복사업에 의해 확대, 유지된 고구려 왕을 중심으로 하는 질서 구조의 역할을 하고 있어 3부 수묘인 기사가 비문 전체에서 갖는 중요성을 새삼 알 수 있다.

국연 1호에 대하여 간연 10호씩 배정된 수묘인제도는 고려, 조선시대의 병역제도, 노비제도 기타 각종 국역제도의 근간이 되었을 뿐 아니라 고구려 일반 국민의 병역 복무 등에서도 국연, 간

▲《광개토왕릉비》 수묘인 연호

연 조직이 적용된 것으로 보인다. 이로 미루어 상앙商鞅이 진秦을 개혁할 때 사용했던 십오법十五法과 같은 연대책임제 사회조직보다 국연, 간연이 훨씬 더 방대한 단위로서 정상적 고구려 사회의 중요한 기능을 담당하는 조직이 아니었나 보여진다.

수묘인 연호의 출신은 요동으로부터 한반도 내의 각 지역에 이르기까지 분포돼 있어 고구려 영토의 광활함과 특히 비문 2부 영락6년의 정복 기사 등에 나타나 있는 각 성의 명칭이 수묘인 연호의 그것과 거의 일치하고 있는 점에서 비문의 체계성과 정확성을 엿볼 수 있다. 또한 동시에 정복된 각 성에서 데려온 수묘인이 고구려 왕도까지 징발된 내력도 명확히 알 수 있다. 수묘인 연호 중에는 매구여賣勾余에서 남소성南蘇成에 이르는

14개 지방에서 데려온 사람을 모두 옛 영토의 구민舊民으로 적고 있다.[주]
164쪽 '수묘인 연호구성' 참조 각 지역별 구민 표현의 행간에서 우리는 고구려
건국시기의 소급 근거와 고구려인의 고토회복多勿의 정신을 확인할 수
있다

　　사실 능비나 묘비는 고구려 뿐만 아니라 신라, 발해, 고려 때까지도 우
리나라 사람들이 그다지 힘을 쏟아 만든 시설이 아니다. 그러나 단 하나
남은《광개토왕릉비》만을 가지고라도 수묘인제도에서 보는 바와 같이
고구려 각 방면의 높은 문화수준을 엿보기에 충분하다는 점에서 "능비야
말로 일당천의 문화적 광채를 발휘하고 있다.박시형"고 말할 수 있다.

4. 결론을 대신하여

비문의 서문 격인 1부에는 시조 추모왕 이후 2대 유류왕은 이도여치以道
與治로써 나라를 다스리고, 3대 대주류왕은 소승기업紹承基業하여 발전시
키며, 이를 이어받은 광개토왕 치세를 국부민은國富民殷 시대로 정의하고
있다. 국부민은은 오늘의 국태민안國泰民安과 같은 개념으로 우리나라가
앞으로 나가야 할 국가 방향과 목표로 삼아도 손색이 없다 할 수 있다.

　　더 나아가 비문은 시조 추모왕을 천제지자天帝之子 또는 황천지자皇天
之子 즉 하늘의 아들天子이라고 선언하며 중원왕조와 대등한 나라의 후손
임을 당당하게 밝히고 있다. 또한 왜에 대해서는 왜구궤패倭寇潰敗 즉 왜구
를 완전 궤멸하여 패배시켰다고 기록하여 다시는 우리를 넘보지 말 것을
경고하고 있다.

　　우리는《광개토왕릉비》비문기록이 남긴 역사적 사실과 고구려인의
정신을 가감없이 계승하여야 한다. 그래서 중국과 일본에 대하여 자신감
을 가지고 당당히 대응하여야 한다. 또한 중원중심의 사대주의사관과 일
제 식민사학의 잔재에 머물러 있는 역사학계는 결코 이를 부정하거나 거
부해서는 안될 것이다.

끝으로 일제의 잔재이자 국민의 자존심을 짓누르고 있는 식민사관과 사대주의사관은 반드시 청산해야한다. 아울러 이를 극복하기 위한 소위 강단사학의 역사해석 또한 전유물이 될 수 없다. 본서의 집필 동기가 바로 여기에 있다.

이종찬 임시정부기념관건립추진위원장前국정원장의 지적을 인용하면서 마무리하고자 한다. '요새 강단에서 역사학을 연구하고 가르치는 학자들은 외마디 소리를 하고 있다. "왜 역사를 역사학을 전공하지도 않은 비전문가가 마음대로 이래라 저래라 하느냐. 역사학은 역사학자

▲《광개토왕릉비》앞에서[2018년 5월]
왼쪽부터 허성관 前장관, 이종찬 前원장, 이석연 前처장

에게 맡겨라." 이게 과연 옳은 말인가? 얼마나 역사학자가 지지리도 못났으면 법률가가, 의사가, 퇴직한 은행원이 과연 우리 역사의 현주소가 어디인가를 찾아 헤매고 있겠는가? 더욱이 우리의 이웃나라에서 국가차원에서 본격적으로 역사왜곡 작업을 나서고 있는데도 국민들 보고 가만히 앉아서 전문가들의 케케묵은 역사이야기나 듣고 앉아 있으라고? 참으로 염치없는 주장이다.'[※『헌정』2018년 7월호]

1

정복군주 광개토왕

| 광개토왕의 이름 담덕 |

광개토왕의 이름은 '담덕'이다. 한자는 '談말씀담'과 '德덕 덕'을 쓴다. '덕을 말하다.' 정도로 읽혀진다.

담덕은 복을 가져오는 천자의 덕

『고구려사략』〈소수림대제기〉에 담덕에 대한 설명이 나온다. 소수림왕은 담덕이 태어나자 '복福'이라 이름짓고 싶었는데 때마침 승려 아도阿道가 전진前秦에서 돌아와 "천자는 덕德을 말하지 이利를 말하지 않습니다. 덕을 말하면 복福은 저절로 내려옵니다.[天子談德而不談利談德則福自降]"고 아뢰자 소수림왕은 이를 반겨 담덕으로 이름짓는다. 담덕은 '복을 가져오는 천자天子의 덕德'이다.

　『삼국사기』는 광개토왕을 고국양왕의 아들子로 설정한다.[廣開土王 諱談德 故國壤王之子] 장자나 태자가 아닌 그냥 아들이다. 그런데 『고구려사략』은 광개토왕을 소수림왕의 차자次子로 설명한다. 또한 어머니는 연淵씨 천강天罡이다. 원래 소수림왕에게는 태자시절 또 다른 연燕씨를 통해 낳은 아들이 따로 있다. 장자長子 강岡이다.

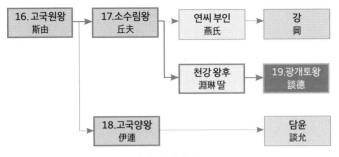

▲ 광개토왕 출생 계보도

다만 광개토왕의 어머니 천강왕후는 소수림왕에 이어 고국양왕의 왕후가 된 까닭에 광개토왕을 고국양왕의 계보상 아들로 편입했을 가능성이 높다. 그래서 『삼국사기』는 그냥 고국양왕의 '아들子'로 기록한다. [《광개토왕릉비》는 고국양왕을 父王이 아닌 先王으로 씀]

소수림왕의 탁월한 선택

그런데 소수림왕은 장자 강岡을 제쳐두고 차자 담덕을 후계자로 선택한다. 『고구려사략』은 광개토왕이 '어렸어도 웅위하고 큰 무인의 기풍을 지녔다.[幼而雄偉 有大武之風]'고 평한다. 소수림왕은 광개토왕의 타고난 자질을 꿰뚫어 본다.

『고구려사략』〈고국양제기〉. '3년386년 병술 정월, 담덕태자를 정윤으로 삼고 동궁에 관료를 배치하며 비를 동궁대부에 봉하였다. 담덕은 나이가 13세인데 능히 가마솥을 들어 올릴 정도로 힘이 세고 활도 잘 쏘며 무리를 능히 이끌었다. 선황의 장자 강 또한 현명하나 선황의 유지를 받들어 끝내 담덕을 태자로 세웠다.[三年 丙戌 正月 以談德太子爲正胤 置東宮僚 以輔爲東宮大夫 談德 年十三 力能扛鼎善射能御衆 先皇長子岡亦賢 以先皇遺詔 竟 立談德]'.

소수림왕은 아버지 고국원왕이 백제 근초고왕에게 평양성전투471년에서 패하며 갑자기 사망하자 보위를 잇는다. 소수림왕의 당면과업은 고국원왕에 대한 복수이다. 그러나 소수림왕은 전혀 다른 길을 선택한다. 외치外治가 아닌 내치內治에 군주의 역량을 집중한다. 소수림왕의 대표적

인 치적은 불교 도입, 태학 설치, 율령 반포 등이다. 모두 내치에 해당한다. 소수림왕은 당대의 복수보다 후대의 복수를 선택한 와신상담^{臥薪嘗膽}의 군주라 할 수 있다.

특히 소수림왕은 사망하기 직전 동생 고국양왕에게 보위를 넘기며 훗날 아들 담덕이 성장하면 그때 보위를 물려주라고 유언한다. 『고구려사략』〈소수림대제기〉이다. '수림이 죽음을 앞두고 보검과 옥새를 넘겨주며 이르길 "중원의 나라들은 소란하나 오직 동방만은 점점 고요해지는구나. 이 모두 조상님의 은덕이다. 아우도 잘 지켜서 담덕에게 물려주게나." 하였다. 상은 소리없이 눈물만 흘리며 받았다.[獸林將崩 傳釼璽于帝曰 中國多乱唯東方稍安 乃祖蔭也 汝其善守以傳談德 上涕泣受之]'. 소수림왕의 유언은 지켜지고 고국양왕은 담덕이 18세가 되던 391년 전격적으로 보위를 넘긴다.

이렇게 해서 우리 역사의 최고 정복군주 광개토왕은 아버지 소수림왕의 선택과 작은 아버지 고국양왕의 배려에 힘입어 탄생한다.

▎광개토왕 묘호의 이해 ▎

광개토왕의 묘호^{廟號}는 '국강상광개토경평안호태왕'이다. 한자는 「國罡上廣開土境平安好太王」을 쓴다.《광개토왕릉비》비문에 나온다.

일반적으로 '국강상'은 광개토왕의 무덤이 소재한 장지^{葬地}의 이름, '광개토경평안'은 광개토왕의 외치와 내치의 업적을 기린 사후에 붙여진 시호^{諡號}, 그리고 '호태왕'은 광개토왕의 특별 왕호^{王號}로 이해한다.

「국강상」은 천하의 으뜸국가 고구려의 왕

먼저 「國罡上」이다. 일반적으로 '罡 북두칠성 강' 자를 '언덕'을 뜻하는 岡 또는 崗으로 이해하고 國罡을 '나라의 언덕'으로 해석한다. 그런데 『고구려사략』은 다르게 설명한다. 광개토왕이 자신의 모후를 천강태왕 天罡太王, 자신은 국강태왕 國罡太王, 아들 탑榻태자는 인강소왕 人罡小王에 봉한 내용이 있다. 〈국강호태왕기〉이다. '영락20년 411년 정월, 왕이 태후를 높여 천강태왕에, 스스로는 국강태왕에, 탑태자는 인강소왕에 봉하였다.[王尊太后爲天罡太王 自爲國罡太王 以榻太子爲人罡小王]'.

▲ 광개토왕 묘호

천강, 국강, 인강의 천국인 天國人은 천지인 天地人에 대비된다. 罡은 북두칠성을 가리키며 으뜸 중심을 뜻한다. 천강은 하늘의 으뜸, 국강은 나라의 으뜸, 인강은 사람의 으뜸이다. 國罡은 '천하의 으뜸국가'인 고구려를 말한다. '上'은 왕을 나타내는 존칭이다. 『고구려사략』은 고구려 왕의 호칭를 일관되게 上으로 쓴다. 따라서 '國罡上'은 '천하의 으뜸국가를 다스리는 왕'이다. 광개토왕의 장지와는 아무런 관련이 없다.

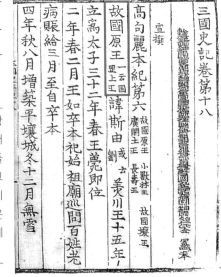

『삼국사기』는 광개토왕의 조부 고국원왕을 국강상왕으로도 적는다.[故國原王 一云國罡上王] 이에 의거하여 '국원'과 '국강'을 동일한 개념으로 이해하고 둘 다 같은 장소를 나타내는 장지로 해석하기도 한다. 그러나 국원과 국강은 개념 자체가 다르다. 국원은 장지이나 국강은 '천하의 으뜸국가'를 말한다. 국강 개념은 고국원왕 시기에 처음 만들어져 손자인 광개토왕에게 계승된다.

▲ 『삼국사기』 고국원왕 기록

「광개토경평안」은 광개토왕의 업적

▲《염모총묘지명》

다음은 「廣開土境平安」이다. 廣開土境^{광개토경}은 '땅을 크게 넓히다.'의 뜻으로 고구려 강역을 확장시킨 광개토왕의 업적이다. 平安^{평안}은 한자 그대로 '걱정과 근심 없는 평화로움'이다. 나라와 백성을 평안하게 만든 치세의 표현이다. 그런데 중국 길림성 집안의 《염모총묘지명》은 '國罡上大開土地好太聖王'으로, 경북 경주의 호우총《호우명》은 '國罡上廣開土地好太王'으로 쓴다. 둘 다 평안의 글자가 빠진다. 이는 평안이 시호가 아닐 수도 있다는 의미이다. 특히 『고구려사략』은 평안이 사후에 붙여진 시호가 아닌 생전의 휘호^{徽號}로 설명한다.

『고구려사략』〈영락대제기〉. '영락원년391년 신묘 7월, 상이 군신에게 이르길 "지금 사해의 모든 나라들이 연호를 세우지 않은 곳이 없는데 유독 우리나라만이 없어온 지가 오래되었다. 마땅히 3대추모/유리/대무신 시절에 건원한 예를 살펴서 다시금 새 연호를 세워야겠다."하였다. 이 명에 따라 춘태자가 호를 올리길 '영락'을 연호로 '평안'을 휘호로 삼자니 상이 좋다고 하였다.[永樂元年 辛卯 七月 上謂群臣曰 今四海諸國無不建元獨我國無此久矣 宜體三代建元之例更建新元 於是命 春太子上號乃以永樂爲年號平安爲徽號 上可之]'.

광개토왕은 생전에 연호 영락^{永樂}태왕과 휘호 평안^{平安}태왕을 병행하여 사용한다. 영락은 평안과 같은 맥락이다. 그래서 《염모총묘지명》과 《호우명》에는 평안이 빠진다. 시호가 아니기 때문이다. 특히 『양서』는 광개토왕을 고구려왕 안^安으로 기록한다. 안은 평안의 휘호이다.

『양서』〈열전〉제이. '모용수가 죽자 모용보가 보위에 올랐으며 고구려왕 안安을 평주목으로 삼아 요동과 대방 2국왕에 봉하였다.[垂死子寶立 以句麗王安爲平州牧 封遼東帶方二國王]'.

「호태왕」은 선교적 색채의 특별왕호

마지막으로 「好太王」이다. '好'자는 태왕의 수식어 정도로만 이해한다. 왜 하필 '좋을 호'자를 붙였으며 또한 무슨 의미인지 전혀 해석하지 못한다. 그런데 『고구려사략』에 명확한 근거가 나온다. 광개토왕의 존호를 '호태왕명원도사好太王明元道士'로 정한 기록이다. 이는 당시의 시대적 상황을 반영한다. 불교를 믿던 중원왕조 전진前秦은 망하고 선교仙教·도교를 믿는 북위北魏가 점차적으로 세력을 확장하는 시기이다. 광개토왕은 이점을 고려하여 아버지 소수림왕이 도입하여 정착시킨 불교를 다소 멀리하고 선교를 우대하는 정책으로 전환한다. 호태왕은 바로 선교적 색채의 특별왕호이다.

『고구려사략』〈국강호태왕기〉. '영락22년412년 임자 3월, 소마와 창명 등이 태후를 묘태왕현원부인에, 왕을 호태왕명원도사에, 탑태자를 소명왕현명도사에 존하였다.[永樂二十二年 壬子 三月 蕭馬倉明等 尊太后爲妙太王玄元夫人 王爲好太王明元道士 榻太子爲小明王玄明道士]'.

「국강상광개토경평안호태왕」은 단순한 묘호가 아니다. '국강상'은 '나라의 으뜸'인 고구려를 다스리는 왕이다. '광개토경'은 정복군주 광개토왕의 업적을 기린 사후의 시호이며, '평안'은 나라의 안녕과 백성의 삶을 평안케 하고자 하는 광개토왕의 정치적 지향점을 담은 생전의 휘호이다. 또한 '호태왕'은 선교국가를 표방한 광개토왕의 의지가 표출된 왕호이다.

참고하여 만약에 광개토왕의 묘호를 고대 근동지방의 페르시아 제국을 건설한 다리우스Darius대왕의 표현방식으로 비문을 기록했다면 아래와 같을 것이다.

나는 담덕談德이다. 천자天子의 덕德을 말하는 왕이다. 천하天下의 으뜸국가 고구려의 태왕이다. 사해四海를 평정한 만방萬邦의 정복왕이며 백성을 평안히 다스린 위대한 호태왕이다. 구부丘夫·소수림왕의 적자嫡子이자 사유斯由·고국원왕의 적손嫡孫이며 국조왕國祖王·태조왕 가문이다.

▲ 다리우스대왕의 베히스툰(Bisotun) 비문.

다리우스대왕의 베히스툰Bisotun 비문. '나는 다라야와우쉬다리우스이다. 위대한 왕이며 왕 중의 왕이다. 페르시아 왕이며 만국의 왕이다. 비쉬타스파히스타스페스의 아들이자 아르샤마아르사메스의 손자이며 하카마니시아케메네스 가문이다.' 이란의 서쪽 케르만샤 지방에 있는 베히스툰산에서 100m 높이의 절벽 위 암반에 새겨져 있는 비문은 고대 페르시아어, 엘람어, 아카드어 등 3개 문자로 기록되어 있다.

광개토왕은 천하의 으뜸국가 고구려를 지배하고 다스린 왕 중의 왕이다.

┃ 광개토왕의 특별 문양 ┃

▲ 청동호우[경주 호우총]

8.15 광복직후인 1946년 경북 경주 노서동의 신라고분 호우총에서 아주 특별한 유물 하나를 출토한다. 청동으로 만든 호우壺杅이다. 그런데 호우 밑바닥에 '乙卯年國罡上廣開土地好太王壺杅十'의 16자 명문이 양각으로 새겨있다. 을묘년乙卯年은 415년으로 광개토왕을 산릉에 장사지낸 해이다. 호우는 412년에 사망한 광개토왕의 기제사忌祭祀에 사용하기 위해 아들 장수왕이 특별히 제작한 제사용 그

릇으로 추정된다.

그런데 명문 상단에 '#올림표'의 해시^{hash} 기호 또는 '井^{우물 정}'자를 닮은 마름모꼴[◇] 격자살이 표기되어 있다. 이 문양은 무엇일까?

광개토왕의 고구려를 도식화

광개토왕의 묘호는 '國罡上廣開土境平安好太王'이다. 이 중 맨 앞부분의 國罡에 마름모꼴[◇] 격자살 문양의 단서가 있다. 國罡은 천하의 으뜸국가 고구려를 말한다.

▲ 국강 도식도

호우 명문 상단의 마름모꼴 격자살은 國罡을 도식화한 문양이다. 바로 '천하의 으뜸국가 고구려'를 직접적으로 표현한 디자인이다. 마름모꼴 격자살의 사각 끝부분은 동·서·남·북 사방을 가리킨다. 특히 사각은 닫힌 모양이 아닌 열린 모양이다. 이는 천하의 으뜸국가 고구려의 세상이 사방으로 무궁히 펼쳐나감을 의미한다. 그래서《광개토왕릉비》는 '태왕의 은택이 황천에까지 미치고 무위는 사해에 가득하였다.[太王恩澤洽于皇天武威振被四海]'고 기록한다. 광개토왕이 다스리는 고구려의 천하지배관을 가감없이 표현한 문장이다.

마름모꼴[◇] 문양을 '우물 정井' 표식으로 고정화시켜 해석하는 경향이 있다. 그러나 '◇'과 '井'는 엄연히 다르다. '◇'은 '井'에 비해 중심축이 45°가량 명확히 기울어져 있다. '井' 표식은 백제, 신라, 가야의 토기에서 종종 발견된다.

특히 마름모꼴 격자살 문양은 광개토왕 당시의 고구려 국기國旗라고도 할 수 있다. 굳이 이름을 붙이자면 태극문양이 있는 우리나라 국기를 '태극기太極旗'라 부르듯이 '국강기國罡旗' 정도는 될 듯 싶다.

사극을 보면 고구려는 주로 삼족오三足烏 문양을 새긴 깃발을 많이 사용한다. 삼족오는 해태양를 상징하며 고구려 고분각저총/오회분의 현실 천장의 벽화인 해속에 등장한다. 특히 평양 진파리 고분에서 출토된 '해뚫는무늬 금동장식'속의 삼족오 문양은 가히 최고의 디자인이라 할 수 있다. 그럼에도 실제 삼족오 깃발을 사용한 기록이나 유물은 없다. 다만 『삼국사기』에 고구려가 적기赤旗·붉은 깃발을 사용한 기록이 있다. 붉은 색은 태양을 나타내는 고구려의 상징색이다.

▲ 해뚫는무늬 금동장식[평양 진파리]

천지인과의 연관성

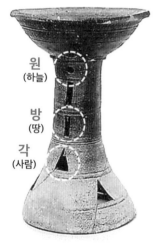

원
(하늘)

방
(땅)

각
(사람)

▲ 스에키(須惠器)

우리 민족은 예로부터 하늘은 원형, 땅은 방네모형, 사람은 각세모형으로 표시한다. 원방각[○□△]은 천지인이다. 특히 원방각 문양은 가야토기와 이의 직접적인 영향을 받은 일본의 스에키須惠器에서 많이 나타난다. 광개토왕의 호우壺杅에 표기된 마름모꼴 격자살 문양은 땅국가을 나타내는 방형 즉 광개토왕의 고구려를 도식화한 일종의 로고라 할 수 있다.

그렇다면 장수왕은 호우에 광개토왕의 로고를 새겼을까? 장수왕은 아버지 광개토왕이 이룩한 위대한 업적을 계승하고 세세도록 기념하고자 하였을 것이다. 동양 최대의 비석인《광개토왕릉비》가 이를 증언한다.

광개토왕의 마름모꼴[◇] 격자살 문양은 천하 으뜸국가 고구려를 지배하고 다스린 광개토왕을 상징하는 특별 기호이다.

| 태왕과 호태왕의 사용시기 |

《광개토왕릉비》는 광개토왕의 왕호를 '太王'과 '好太王'으로 분리해서 쓴다. 태왕 칭호는 훈적기록^{본문} 전반에 걸쳐 나오며 호태왕 칭호는 묘호^{서문}와 수묘인 관련 기록^{결문}에만 딱 한 번씩 언급된다. 이는 광개토왕이 생전에는 태왕 칭호를 사용하고 사후에 묘호와 수묘인을 정리하면서 호태왕 칭호를 사용한 것으로 이해한다.

그렇다면 태왕과 호태왕의 칭호는 오직 광개토왕 한 사람만을 위한 특별 왕호일까? 아니면 광개토왕 뿐 아니라 다른 왕에게도 적용된 일반 왕호일까?

태왕 칭호의 사용시기

태왕 칭호를 처음 사용한 왕은 고국원왕이다. 《염모총묘지명》에 결정적인 단서가 나온다. ☞ 227쪽 '하해방무덤떼의 염모총 묵서' 참조 묘지명 묵서墨書는 염모의 선조와 조부 그리고 염모冉牟 자신의 활동 시기를 각각 왕명으로 표기한다. 선조는 '鄒牟聖王' 시기, 조부는 '國罡上聖太王' 시기, 염모 자신은 '國罡上大開土地好太聖王' 시기 등이다. 이 중 조부의 활동시기를 말하는 '국강상성태왕'이 바로 태왕 칭호를 처음으로 사용한 고국원왕『삼국사기』 국강상왕이다. ☞ 38쪽 '광개토왕 묘호의 이해' 참조

그럼에도 고국원왕이 태왕 칭호를 정식으로 사용한 기록이 문헌에도 나오지 않는다. 다만 『삼국사기』에 고국원왕이 340년 전연 모용황慕容皝에게 세자世子

▲『삼국사기』세자 기록

를 파견한 기록이 있다.[十年 王遣世子 朝於燕王皝] 왕의 후계자를 동궁 또는 태자가 아닌 세자로 칭한 기록은 이 부분이 유일하다. 당시 고구려는 북방유목민족 모용선비慕容鮮卑가 세운 신생국 전연모용황과 대륙 동북방의 패권을 놓고 치열하게 다투며 자웅을 겨루던 때다. 전연이 황제국을 표방하며 우위를 선점하려하자 이에 대응하는 차원에서 세자 호칭을 사용한 듯 보인다. 물론 세자 호칭을 사용하기 위해서는 왕 또한 이에 걸맞는 새로운 칭호가 필요하다. 이때 전연의 황제국을 능가하는 고구려의 국강國罡 개념이 정립되며 국강의 지배자를 상징하는 태왕 칭호 역시 함께 만들어진다. 그래서 고국원왕은 국강상왕國罡上王인 태왕이 된다.

태왕 칭호는 광개토왕만을 위한 특별 왕호가 아니다. 고국원왕 때 처음 만들어져 이후 소수림왕, 고국양왕, 광개토왕 등으로 계승된 고구려의 천하지배관이 반영된 왕호이다.

호태왕 칭호의 사용시간

호태왕 칭호는 광개토왕이 사망412년 7월한 그 해 412년 정월에 처음으로 제정된다.참고 40쪽 '광개토왕 묘호의 이해' 참조 그러나 호태왕 칭호는 광개토왕의 묘호로만 끝나지 않는다. 광개토왕의 뒤를 이은 왕들도 호태왕 칭호를 사용한다.

20대	21대	22대	23대	24대	25대
장수왕	문자명왕	안장왕	안원왕	양원왕	평원왕
장수호열제 長壽好烈帝	명치호왕 明治好王	-	곡향강상왕 鵠香岡上王	양강상호왕 陽崗上好王	평강상호왕 平崗上好王
『태백일사』	『삼국사기』	-	『일본서기』	『삼국사기』	『삼국사기』

다만 기록상으로 확인된 호태왕 칭호의 사용시기는 평원왕까지이나, 이후 보장왕 때까지도 계속 사용되었을 것이다.

호태왕 칭호는 광개토왕만을 위한 특별한 묘호가 아니다. 광개토왕에 의해 처음 제정되어 고구려가 멸망할 때까지 계속 사용된 특별 왕호이다.

일본 고대 씨족 족보『신찬성씨록』에도 호태왕의 후손을 칭하는 씨족이 있다. 〈우경제번하〉편의 난파련難波連은 호태왕의 후손이며[右京諸蕃 高麗 難波連 高麗國好太王之後也], 〈좌경제번하〉편의 고려조신高麗朝臣은 호대왕의 후손이다.[左京諸蕃 高麗 高麗朝臣 高句麗王好台七世孫延典王之後也]. 호태왕이 어느 왕을 지칭하는 지는 알 수 없다.

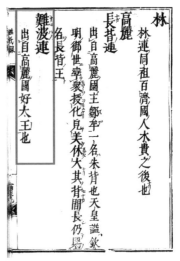

태왕과 호태왕은 고구려가 국강國罡을 선포하며 제정한 위대한 왕의 칭호이다.

광개토왕의 가계

『삼국사기』가 기록한 광개토왕의 가계 정보는 두 가지이다. 하나는 광개토왕을 고국양왕의 '아들子'로 설정한 점과 또 하나는 광개토왕의 아들 장수왕을 '원자元子'로 표기한 점이다. 아쉽게도『삼국사기』는 왕통 계보상의 기록만 남긴다. 그런데『고구려사략』에는 광개토왕의 가계 정보가 상세히 나온다.

『삼국사기』의 왕비 기록은 나라마다 각기 다르다. 신라는 왕비의 이름과 출신 등을 비교적 상세히 기록하고 있는 반면 고구려와 백제는 기록 자체가 전무할 정도로 매우 빈약하다. 고구려는 일부 왕비의 성씨만 밝히고 있을 뿐이며, 백제는 보과寶菓, 아이阿尔, 팔수八須 등 3명의 이름만 나온다. 이들 3명은 모두 외부출신이라는 공통점이 있다. 보과책계왕 왕비는 대방국, 아이근구수왕 왕비는 신라, 팔수전비왕 왕비는 왜국 출신의 왕녀이다.

고구려의 후비제도

전통적으로 고구려 왕의 부인은 「후后·비妃·빈嬪」체제이다. 후后는 정실 왕후이며, 비妃와 빈嬪은 후실측실을 말한다. 『고구려사략』〈장수대제기〉에 초기 3대 왕의 왕후 숫자가 나온다. 시조 추모왕은 3명, 유류왕은 7명,

대주류왕은 5명이다. ☞ 277쪽 '장수왕의 가계' 참조 이들 3대 왕의 왕후는 초기 고구려에 기여한 주변국 북부여 제후국 출신의 왕녀 또는 초기 5부를 형성한 귀족출신 여성이다.

그러나 이후 고구려는 점차로 대국의 면모를 갖추면서 왕의 부인에 대한 궁중예법을 새롭게 정립한다. 신분계급은 출신성분骨品에 따라 용골龍骨, 선골仙骨, 잡색雜色 등으로 나눈다. 용골은 왕족을 포함한 종실출신이고 선골은 5부 귀족출신이며 잡색은 그 외 기타출신이다. 정실왕후는 반드시 용골에서만 배출한다. 왕족의 지배력을 강화하기 위해 왕실내 족내혼을 공식화한다. 후실 비妃는 외척과 5부 귀족 그리고 주변국 왕녀 등이 맡는다. 빈嬪은 기타 잡색이다.

광개토왕의 정실왕후와 자녀

『고구려사략』〈영락대제기〉에 따르면 광개토왕은 공식적으로 2명의 정실왕후를 둔다. 제1왕후 토산吐山과 제2왕후 평양平陽이다. 둘 다 용골인 왕족출신이다.

토산왕후374년생는 천원공 연림淵琳의 딸이다. 연림은 미천왕이 후궁 우于氏를 통해 얻은 아들이다. 연림은 비록 방계이나 엄연한 왕족출신이다. 특히 연림은 딸 둘을 얻는데 첫째딸은 광개토왕의 어머니인 천강天罡이고, 둘째딸은 광개토왕의 왕후인 토산吐山이다. 광개토왕은 자신의 이모와 혼인한다. 토산왕후는 2남 2녀를 낳는다. 왕자는 첫째 경鯨과 다섯째 해蟹이며 공주는 삼산三山과 감산甘山이다.

평양왕후359년생는 광개토왕374년생보다 한참 나이가 많은 이복누나이다. 어머니는 연燕씨이다. 소수림왕은 원비元妃 연씨를 통해 이란성二卵性 쌍둥이를 얻는데 남자는 광개토왕의 이복형인 강岡이고 여자는 평양平陽이다. 광개토왕은 동궁시절13세~18세 이복누나 평양을 무척 좋아하여 딸 둘을 얻는다. 이런 연유로 광개토왕은 등극하면서 평양을 왕후로 맞이한다. 특히 평양왕후는 이란성 쌍둥이 동생 강岡이 광개토왕에게 후계자 자리를 양보하는데 일정의 역할을 한다.

『고구려사략』〈영락대제기〉. '영락원년391년 신묘 7월, 상이 태후에게 아뢰길 "백제소수림왕의 딸 평양은 짐을 섬김에 깔끔하고 정숙하며 지금 다시 딸을 낳고 여러 번 자신의 동생 강에게 일러 짐에게 보위를 양보케 했습니다. 그 공이 적지 않으니 역시 후로 삼고자 하는데 어떠하신지요?"하니 천강이 아뢰길 "천하의 일은 오로지 폐하께서 주관하시는 것인데 어찌 노첩이 알겠습니까?"하였다. 상은 이에 면형에게 명하여 평양을 신궁으로 맞아들이고 황후에 책봉하여 토산의 경우와 같게 하였다.[永樂元年 辛卯 七月 上謂太后曰 平陽以伯帝之女事 朕以貞 今又生女 而累勸其弟岡讓嗣于朕 其功不少亦立為后 何如 天罡曰 天下事唯陛下 主之 老妾何知 上乃命免衡迎平陽于新宮冊皇后 一如吐山例]'.

　　평양왕후는 3남 2녀를 낳는다. 왕자는 둘째 거련巨連과 넷째 두련斗連 일곱째 초련楚連이며, 공주는 마련馬連과 호련胡連이다.

광개토왕의 후실 비와 자녀

『고구려사략』이 기록한 광개토왕의 후실 비妃는 두 명이다. 운모雲帽와 하모霞帽 두 소비小妃이다. 둘 다 신라 내물왕의 딸이다. 광개토왕이 등극한 391년 광개토왕에게 바쳐저 이듬해인 392년 정식으로 좌소비, 우소비에 각각 봉해진다. 특히 운모는 2남을 낳는다. 셋째 각언角彦과 여섯째 엽언葉彦이다. 그러나 하모는 자식을 생산하지 못한다.

　　또한 『고구려사략』은 왜왕 인덕仁德·닌토쿠의 딸이 광개토왕에게 바쳐진 사실도 전한다. 이름은 기록하지 않아 알 수 없으나 신라의 경우와 마찬가지로 비妃에 책봉되었을 것으로 추정된다.

『고구려사략』〈영락대제기〉. '영락 13년403년 계묘 3월, 왜주가 아들 맥수를 보내서 딸을 호송하여 후궁에 바치며 아뢰길 "신 인덕은 먼 해상에서 해와 함께 있으며 아직 황상의 교화에 젖지 않아 오래도록 마음속엔 모자람이 있었습니다. 언뜻 듣자오니 황제 폐하께서는 덕은 3황태호복희/염제신농/황제헌원을 능가하고 공은 5제소호금천/전욱고양/제곡고신/요/순를 넘어서서 5부와 8맥이 자식들을 보내와 첩으로 살고 있으며 남쪽 땅을 복속하고 삼한 땅을 아우르며 서쪽으로는 두 진서진/동진의 땅을 억누른다 하옵고 신에게 명하길 딸을 바치고 신의 땅에서

영원토록 주인노릇 하며 대대로 친하게 지내자 하셨다니 신은 두렵기도 하지만 기쁜 마음에 어찌할 바를 모르겠습니다. 삼가 규전에 따라 감히 두 딸을 바치니 예의를 갖추고 애교를 떨지 못하여도 실은 부끄러워하는 섬의 습속 탓이니 버리지 않으시면 다행이겠습니다."하였다.[永樂十三年 癸卯 三月 倭主遣其子麥穗送女納後宮曰 臣仁德遠在海上與日俱存 未霑皇化長心缺然 仄聞皇帝陛下德兼三皇功過五帝 五部八貊子來妾 伏南呑三韓西壓二晉 命臣納女永主臣邦世世作親 臣懼且喜不知所措 謹從爲典敢献二女 不腆婚儀實愧島習不棄是幸]'.

특히 왜왕 인덕이 광개토왕에게 보낸 표문에 언급된 '5부와 8맥의 자식들을 보내와 첩으로 살고 있다.[五部八貊子來妾]'는 기록은 나름 시사점을 가진다. 5부部출신 여성은 선골에 해당하며 주로 비妃이다. 8맥貊출신 여성은 잡색으로 빈嬪 또는 기타 궁녀에 봉해졌을 것이다.

▲ 광개토왕 가계도

기록상으로 광개토왕은 2명의 왕후와 8명의 왕자, 4명의 왕녀를 둔다.

| 기존《광개토왕릉비》의 연구와 평가 |

《광개토왕릉비》는 고구려 광개토왕의 훈적勳績을 기록한 석비石碑이다. 중국 길림성 집안에 소재한 통구성國內城으로부터 동북쪽 약 4.5㎞ 지점에 위치한다. 우리는 석비를《광개토왕릉비》라 부르고 중국은《호태왕비》라 부른다. 가히 우리 고대사의 최고 금석문이다.

중국 금석학자 구양보歐陽輔의 평가. "이 비는 얼마나 위용이 있고 수려하던지 중국 내에서도 이것에 필적할 만한 것은 없다. 오吳의 선국산비禪國山碑도 그 반 밖에 미치지 못한다. 당唐의 태화양명泰華兩銘은 광대하긴 해도 마애磨崖이지 입석立石은 아니다."

《광개토왕릉비》의 형태

《광개토왕릉비》는 비석碑石과 대석臺石으로 구성된다. 비석은 응회암의 자연석으로 사각형의 웅장한 기둥 형태이다. 높이는 6.39m이다. 대석은 길이 3.35m, 너비 2.7m, 두께 0.2m 가량의 비신 아래에 놓인 화강암 기단이다.

▲《광개토왕릉비》계선

비석의 사면은 모두 음각으로 글자를 새겼다. 글자 간격을 일정하게 유지하기 위해 가로세로의 계선界線을 그어 공간을 구획하였다. 1면 11행, 2면 10행, 3면 14행, 4면 9행 총 44행으로 비신의 형태에 따라 2면의 마지막 두 행과 4면의 첫 번째 행을 제외하고 매행 41자를 기본으로 하고 있다. 전체 글자수는 1,775자로 여겨지나 비석에 손상이 발생하여 150여 자 가량은 판독자체가 불가능하다. 글자 크기는 세로 9~12cm, 가로 10~12cm이다. 서체는 웅위하면서도 부드러운 고구려체이다.

전체 글자수에 대해 종래에는 제1면 제6행만 39자로 생각하고 나머지 43행은 모두 41자로 계산하여 전체 1,802자로 계산하였다.[북한학자 김석형, 박시형] 그러나 3면의 상부가 경사진 까닭에 2면과 4면의 일부는 원래부터 글자가 없다는 중국학자 왕건군王健君의 연구에 따라 전체 글자수는 1,775자로 조정된다.

《광개토왕릉비》의 재발견

《광개토왕릉비》는 414년 아들 장수왕이 광개토왕의 왕릉을 조성하며 건립한다. 이후 668년 고구려 멸망 이후 800여 년간을 방치되어 오다가 1445년 조선 세종 때 펴낸 『용비어천가』 제39장 압강압록강 주해註解에서

▲『조선여진양국경계도(朝鮮女眞兩國境界圖)』

처음으로 그 존재가 확인된다. '황성 평안도 강계부 서쪽 강 건너 140리에 있는 큰 들 가운데 대금황제성이라 칭하는 옛 성이 있고 성 북쪽 7리에 비가 있다.[皇城 平安道江界府西越江一百四十里 有大野中有古城 諺稱 大金皇帝城 城北七里 有碑]'. 이후 1481년 완성한

『동국여지승람』과 1830년 편찬한 『강계읍지』에서도 비의 존재는 확인된다. 다만 조선은 비의 존재를 알고 있음에도 금황제의 훈적비 정도로 인식한다. 또한 이들 기록을 통해 《광개토왕릉비》가 처음 건립된 이후 이동 없이 한 자리에 계속해서 위치한 점을 알 수 있다.

『동국여지승람』 권55 강계부 산천조. '황성평 만포 30리 거리 황성평에 금황제묘라 전하는 황제묘가 있고 10장 높이의 비석이 있다.[皇城平 距滿浦三十里 皇帝墓 在皇城平 世傳金皇帝墓 碑石爲之 高可十丈]'. 『강계읍지』 '황제성 압록강변 벌등진에 금 초기 도읍으로 전해지는 성곽이 완연하다. 황제묘는 황성평 위 1리에 있고 높이가 10장짜리 비석이 서 있다.[皇帝城 在伐登鎭被鴨綠江邊 城郭尙今宛然 金國初都云 皇帝墓在皇城平上一里許有立碑]'. 통상 1장丈은 3m로 10장은 30m 높이에 해당한다. 아마도 10척尺의 오기인 듯 싶다.

《광개토왕릉비》는 1876년 청淸의 봉금정책封禁政策이 풀리며 다시

금 세상에 나온다. 1877년 회인현의 지현 장월章樾의 수하 관월산關月山
이 민간을 방문하다가 우연히 발견한다. 관월산은 비석 전체가 이끼에 덮
여 있어 가능한 곳만 부분적으로 탁본을 떠서 북경의 금석문 애호가들에
게 소개하면서《광개토왕릉비》의 존재가 알려진다. 다만 아쉬운 점은 처
음 제대로 된 탁본을 뜨기 위해 이끼를 제거하는 과정에서 마을사람 초천
부初天富가 비석 표면에 쇠똥을 바르고 불을 지르는 바람에 비석에 균열이
가고 일부 표면이 터져 나가는 등 손상이 발생한다.

탁본의 제작

《광개토왕릉비》의 존재가 알려지며 탁본에 대한
수요가 생겨난다. 그러나《광개토왕릉비》의 탁본
이 쉽지 않아 초기에는 자획 바깥쪽에 먹칠을 해
채운 「묵수곽전본墨水廓塡本」이 주로 만들어진다.
1883년 만주에 파견된 일본 육군 참모본부 소속의
사코酒勾景信가 입수한 탁본도 이러한 종류이다. 이
후 일본은 「쌍구가묵본雙鉤加墨本」을 만들어 본격
적으로《광개토왕릉비》비문을 연구하기 시작한
다. 「쌍구가묵본」은 비문에 종이를 대고 문자 둘레

▲《광개토왕릉비》탁본 장면 [1918년]

에 선을 그린 다음雙鉤 그 여백에 묵을 새겨 넣어加墨 탁본처럼 보이게 만
든 것을 말한다.

한편《광개토왕릉비》탁본에 대한 수요가 크게 증가하자 인근에 거주
하며 탁본을 팔던 초천부初天富·초균덕初均德 부자는 작업을 보다 쉽게 하
기 위해 1902년부터 비의 표면에 석회를 바르는 소위 「석회탁본石灰拓本」
을 만든다. 「석회탁본」은 탁본 글자가 선명해진다는 장점은 있으나 임의
로 글자를 수정할 수 있는 단점이 있다. 한때 「석회탁본」을 더 오래되고
좋은 탁본으로 여겼으나 이를 연구에 활용한 학자들에 의해 일부 글자가

누락되거나 다르게 보이는 등 여러 문제점이 있다는 사실을 발견한다. 급기야 1959년 일본의 데지로水谷悌二郎에 의해 「석회탁본」의 문제점이 공식적으로 지적되고 비문 위조의 논란에 휩싸인다.

「비문위조설」은 1972년 재일 역사학자 이진희李進熙에 의해 처음 제기된다. 이진희는 20세기초 일본 육군 참모본부가《광개토왕릉비》의 일부 글자에 대한 소위 '석회도부塗付·덧붙임'작전을 수행하여 의도적으로 비문을 위조하였다고 주장한다. 「비문위조설」은 한때 큰 반향을 일으키기도 하나 1984년 중국학자 왕건군王健君의 연구 발표를 통해 일부가 해명된다. 집안 현지에서 비석을 직접 실측하고 관련기록을 검토한 왕건군은 현지인들과의 인터뷰와 문헌기록 등에 근거하여 비석에 석회를 발라 일부 글자가 인위적으로 수정된 것은 탁본을 팔던 초初씨 부자의 소행으로 결론짓는다.

▲《광개토왕릉비》탁본 장면 [1918년]

왕건군의 발표로 「비문위조설」은 사실상 일단락되지만 이 논란으로 인해《광개토왕릉비》연구에 있어서 석회를 바르기 전에 만들어진 「원석탁본原石拓本」의 중요성이 부각된다. 「원석탁본」은 1880년대 후반에 탁본 전문가들에 의해 제작된다. 현재 북경대학 도서관 소장본과 대만 후쓰니안傅斯年도서관 소장본, 일본의 데지로水谷悌二郎본, 오테이金子鷗亭본 등이 있다. 우리나라에는 임창순본, 서울대학교 규장각 소장본, 김혜정본 등이다.

비문 내용과 쟁점

《광개토왕릉비》비문내용은 크게 세 부분으로 구성된다. 첫 번째는 1면 1행부터 6행까지로 시조 추모왕의 고구려 건국 전승과 고구려 왕계에 대한 약력을 담고 있는 부분이다. 두 번째는 1면 7행부터 3면 8행까지로 비의 주인공인 광개토왕의 정복 활동을 연대순으로 정리한 부분이다. 세번째는 3면 8행부터 4면 9행까지로 왕릉을 지키는 수묘인연호守墓人烟戶의 출신지와 차출 숫자 목록 및 수묘 제도의 정비 과정, 위반시 처벌에 대한 규정을 담은 부분이다.

이 중 발견 초기부터 관심을 끈 부분은 광개토왕의 훈적이 서술되어 있는 두 번째이다. 특히 영락5년조와 영락6년조 사이에 위치한 「신묘년 기사」는 「임나일본부설」과 관련해 비상한 관심을 모으며《광개토왕릉비》연구의 최대 쟁점으로 떠오른다. 처음 일본학자들은 「신묘년 기사」 문장을 '백잔百殘과 신라는 옛적부터 속민屬民으로서 조공을 바쳐왔다. 그런데 왜가 신묘년에 바다를 건너와 백잔, ▨▨, 신라를 파하고 신민臣民으로 삼았다'고 해석한다. 이 문장이야말로 고대 왜倭가 한반도 남부를 복속시켰음을 보여 주는 결정적인 증거라고 주장한다.

한편 1930년대에 위당 정인보鄭寅普는 한문 문장의 끊어 읽기를 다르게 함으로써 전혀 다른 시각의 해석을 제시한다. 바다를 건넌 주체를 왜가 아닌 고구려로 보고 백제가 신라를 공격한 것으로 파악한다. 이는《광개토왕릉비》를 만든 당사자가 고구려이므로 비문 내용은 고구려에게 유리한 내용이어야 하고 행위의 주체 역시 고구려가 되어야 한다는 판단에 근거한다. 정인보의 시각은 이후 주로 북한 학계가 계승한다.

▲ 정인보 [1893~1950]

위당 정인보는 6.25 한국전쟁이 한창이던 1950년 7월 서울에서 납치되어 그해 11월 평양에서 사망한다. 만약 정인보가 납치되지 않았더라면 지금도 우리 고대사를 지배하고 있는 일제식민사학은 일찍이 청산되었을 것이다.

「신묘년 기사」는 「비문변조설」의 대상이 되기도 하고 또 어떤 글자는 여전히 학자들 간 판독에 대한 이견이 존재한다. 최근에는 이를 「임나일본부설」의 근거로 보거나 또는 실제한 사실로 간주하기보다는 당대 고구려인들이 가지고 있던 어떤 의도나 수사적 측면에 주목하여 이해하려는 경향이 강하다. 다시 말해 '왜가 백제, ▨▨, 신라를 파하고 신민으로 삼았다'는 해석문 자체를 문제삼기보다 이 문장이 비문의 전체 맥락에서 수행하는 역할 즉 해당 문장의 명분적 기능을 찾는 해석이다.

비문 연구과정의 고찰

《광개토왕릉비》가 재발견된 이래 지금까지 근 1백여 년 동안 한국, 중국, 일본 3국 학계의 관심이 집중되어 지금까지 대략 2백여 편의 연구논문이 발표된다. 초기 중국학자의 금석학적 연구를 제외하면 주로 「신묘년 기사」를 비롯한 고대 한일관계가 비문 연구의 주류를 형성해왔다. 따라서 비문 연구는 곧 「신묘년 기사」의 연구와 궤를 같이한다고 볼 수 있다.

비문연구의 관심과 시기, 관점 등을 《광개토왕릉비》 연구사 측면에서 살펴보면 아래와 같다.[※『한국민족문화대백과사전』 발췌 인용]

① 「중국구설中國舊說」 : 능비를 재발견한 중국학계의 비문연구는 오히려 일본보다 조금 늦게 시작되어 1895년에야 왕지수王志修의 「고구려영락태왕고비가」를 비롯한 금석학적 연구가 나오기 시작한다. 그러나 왕지수의 연구는 비의 건립연대를 고증한 데에 지나지 않아 이후 정문작鄭文焯, 영희榮禧, 나진옥羅振玉, 양수경楊守敬, 유절劉節 등에 이르러서야 본격적인 연구가 진행된다. 그럼에도 중국학계의 연구도 대부분 비석의 건립연대 고증, 재발견 경위에 대한 보고, 비문의 해독, 비문서체의 가치 등에 대한 금석학적 연구가 주류를 이루며 그 이상의 역사학적 연구로서의 진전은 보지 못한다. 1930년대 이후에는 이러한 금석학적 연구도 거의 진행되지 못하여 중국학계의 《광개토왕릉비》 연구는 침체에 빠진다.

② 「일본구설日本舊說」 : 비문의 연구사가 「신묘년 기사」의 연구와 궤를 같

이하게 된 이유는 능비의 초기 연구가 일본 육군 참모본부를 중심으로 한 관학官學에 의해 주도된 까닭이다. 초기의 탁본과정에서 변조 또는 오독된 자료를 무비판적으로 수용한 일본학계가 「신묘년 기사」를 고대 일본의 한반도 진출의 근거로 삼았기 때문이다. 사코酒勾景信에 의해 반입된 쌍구가묵본을 처음으로 해독한 요코이橫井忠直 이래 '왜가 한반도에 침략하여 백제와 신라를 신민으로 삼았다.'는 당시 동아시아의 역사적 상황과는 모순된 견해가 일본학계의 통설로 인정되어 왔으며 1970년대에 이르기까지 이러한 견해는 수정되지 않은 채 계속 유지되어온다. 이는 「일본구설」이라 할 수 있다. 오늘날 「일본구설」의 모순은 여러 각도에서 검토되어 일본학계 자체에서도 인정하지 않고 있다.

③ 「한국구설韓國舊說」: 한국의 연구는 『증보문헌비고』에 석문釋文이 수록되고 황성신문皇城新聞 등에 비문 내용에 대한 소개기사가 나와 적어도 구한말인 1900년대 초에 이미 비석에 대해 관심을 가지고 단재 신채호申采浩 등이 중심이 되어 비문 연구가 이루어진다. 그러나 한국에서의 능비연구는 위당 정인보鄭寅普의 「광개토경평안호태왕릉비문석략」에 의한 「일본구설」에 대한 비판을 그 연구사적 출발로 보아야 한다. 정인보는 「신묘년 기사」의 '倭以辛卯年來渡海破百殘'에 대한 「일본구설」의 해석이 사실에 있어서나 한문의 구조상에 있어 모순점이 있음을 지적하고 '渡海破'의 주체를 고구려로 보는 파격적인 시각을 제

▲「신묘년기사」

시한다. 이후 정인보의 학설을 토대로 하여 수정, 보완된 북한 학자 박시형朴時亨, 김석형金錫亨의 새로운 해석은 고구려의 「일본열도분국설日本列島分國說」로까지 발전하며 이로써 비문연구는 새로운 전기를 맞는다.

이는 「한국구설」이라 할 수 있다. 1970년대 이후의 문정창文定昌, 정두희鄭杜熙의 견해도 이러한 해석을 계승한 연구 성과이다.

④ 「비문변조설碑文變造說」: 「한국구설」의 문제제기에 힘입어 1972년 재일사학자 이진희李進熙는 광범위한 「비문변조설」을 발표한다. 이른바 일본 육군 참모본부의 석회도부작전에 의한 글자의 변조이다. 이는 비문 연구가 석독釋讀과 해석을 통한 단순한 연구단계에서 벗어나 일본인의 한국사 연구 체질에까지 연결되어 그들이 설정한 '임나일본부'의 허구를 비롯한 고대 한일관계사의 근본적인 재검토라는 중대한 전환점을 가져온다. 오늘날 이진희가 제시한 비문의 변조글자가

▲ 이진희[1929~2012]

모두 인정되는 것은 아니나 「신묘년 기사」를 비롯한 몇 군데의 글자가 이상이 있음은 일본학계도 인정하고 있다. 다만 「비문변조설」은 참모본부의 음모와 일본 근대사학의 연구체질 비판에 의하여 비문의 재검토라는 연구사적 전환에는 도움이 되나 비문내용의 구체적 연구로 연결되지 못한 점은 아쉬움이다.

⑤ 「일본신설日本新說」: 「비문변조설」에 대한 반작용으로 1970년대 이후 일본학계에서는 하마다浜田耕策, 다케다武田幸男, 사에키佐伯有淸 등에 의하여 비문 전체의 구조적 이해라고 하는 새로운 연구방법이 제시된다. 그러나 이 경우는 새로운 방법론상의 진전과 성과에도 불구하고 고대 동아시아 교류사에 있어 왜를 주도적으로 보려는 기본적 인식의 한계에서 벗어나지 못한다. 결과적으로 「일본신설」은 「일본구설」을 합리화하는 한편 극단적으로 비문사료의 허구성을 강조한 자체 모순을 안고 있다.

⑥ 「한국신설韓國新說」: 한국학계에서도 이진희의 「비문변조설」이 소개된 1970년대 이후 이에 자극받아 새로운 판독과 해석은 물론 광개토왕의 지배영역에 이르기까지 주목할만한 연구업적이 발표되며 비문연구가

비로소 한국인 연구자에 의해 본궤도에 오른다. 천관우千寬宇, 김영만金永萬, 이형구李亨求, 서영수徐榮洙 등의 견해이다. 「한국신설」의 특징은 이진희의 「비문변조설」을 토대로 전후 문맥과 서체의 결구結句를 중심으로 변조된 문장을 복원하여 합리적 해석을 시도하려 한 점이다. 그러나 「한국신설」도 문자 복원의 방법론이나 관점의 차이에 의해 논의의 일치점을 찾지 못하였으나 이러한 연구를 통해 「신묘년 기사」 중의 일부 문자가 변조, 오독되었으리라는 점과 「신묘년 기사」가 왜를 주체로 하는 기사가 아니라 고구려를 주체로 하는 기사임을 밝힌 점이다. 이를 기반으로 1980년대 이후에는 박성봉朴性鳳, 서영수徐榮洙 등에 의하여 고구려사의 내재적 발전과정을 해명하고자 하는 비문 본연의 연구가 나타나기 시작한다. 또한 이 과정에서 일본학설[②, ⑤]을 뛰어넘는 조선총독부 사관으로서의 회귀를 거침없이 주장하는 듯한 신진학자들까지 나온다.

⑦ 「중국신설中國新說」: 「신묘년 기사」를 중심으로 한 한일학계의 근 1백년에 걸친 비문에 관한 논쟁도 능비의 현지조사가 수반되지 못한 까닭에 결론을 얻지 못한다. 이러한 가운데 1981년부터 능비가 현존하는 중국학계에서 비석에 대한 정밀한 조사와 연구가 진행되어 1984년에는 왕건군의 『호태왕비연구』가 중국과 일본에서 동시에 출간되고 중국, 일본 학자의 공동참여에 의한 학술회의가 동경과 집안에서 잇따라 개최되며 새로운 단계에 접어든다. 이러한 의미에서 현지조사의 이점을 최대한 이용한 왕건군王健君의 연구는 「중국신설」이라 할 수 있다. 왕건군은 초기 중국학계의 연구문헌과 현지조사를 토대로 비문이 오독된 것은 초기의 「쌍구가묵본」의 영향에 기인한 것이며 석회 도부塗付를 통하여 비문이 변조된 것도 탁공의 역사지식의 무지와 고가매매를 위한 탓으로 돌려 이진희가 제시한 「비문변조설」을 비판한다. 그럼에도 왕건군의 연구는 탁공의 직접 기록에 의한 것이 아니고 또한 이진희가 제

시한 초기 탁본의 편년적 고증이 결여되어 있으며 탁본이 매매대상이 되기 이전의 변조사실은 설명하지 못한다.

향후 연구 방향

▲《광개토왕릉비》[1938년]

이상의 연구사에서 살펴본 바와 같이 비문 연구는 문헌사료의 부족이라는 한국 고대사가 갖고 있는 일반적 한계와 고구려사 연구의 현실적 한계 그리고 3국 학계 처지의 차이에 의해 방대한 연구결과에도 불구하고 핵심 쟁점의 논의는 결론에 이르지 못하고 있다. 또한 「신묘년 기사」를 비롯한《광개토왕릉비》의 연구는 고구려사를 중심으로 한 우리 고대사 자체의 문제에 그치는 것이 아니라 일본학계의 한국사 왜곡에 대한 체질비판으로까지 연결된다. 다시 말해 비문의 올바른 판독과 해석은 왜곡된 우리 고대사의 재고를 위해 반드시 해결해야 한다. 따라서 비문연구는 왜의 등장에 대한 논쟁에서 벗어나 고구려사를 중심으로 하는 우리 고대사의 발전과정의 해명이라는 능비연구 본류에 도달하기 위해서라도 체계적이고 종합적인 연구가 더욱 요망된다.

2
《광개토왕릉비》의 새로운 해석

《광개토왕릉비》 비문기록은 크게 세 부문으로 나눈다.

: 1부는 시조 추모왕과 광개토왕의 세계 부문이다.

시조 추모왕의 출자와 건국신화 일부 그리고 유류왕, 대주류왕으로 이어지는 초기 3대 왕의 역할과 또한 이를 이어받은 광개토왕의 세계와 죽음을 담고 있다.

: 2부는 광개토왕의 정복사업 부문이다.

광개토왕 훈적의 핵심내용으로 가장 많은 분량을 차지한다. 정복대상을 연대순으로 하나하나 구체적으로 정리하고 기록한다. 특히 정복대상별로 정복사업을 펼치게 된 전쟁 배경과 경과 그리고 결과 등을 상세히 담고 있다.

: 3부는 수묘인 연호에 관한 부문이다.

왕릉을 지키는 수묘인의 출신과 인원을 구체적으로 나열한다. 또한 《광개토왕릉비》를 건립한 목적이 수묘인 관리에 있음을 명시하고 아울러 관련 제도와 법령 등을 정비하고 공표한 내용을 담고 있다.

1부 시조 추모왕과 광개토왕의 세계

1부는 《광개토왕릉비》의 서문序文에 해당한다. 비문 1면의 1행부터 6행까지이다. 내용상 크게 둘로 나눈다. 전반부는 시조 추모왕의 출자와 추모왕, 유류왕, 대주류왕 등 3대 왕의 역할을 규정하고, 후반부는 이를 이어받은 광개토왕의 세계世系와 죽음을 담고 있다.

먼저 서문의 전반부이다. 시조 추모왕 등 3대 왕의 역할이다. 《광개토왕릉비》기록이다.

惟昔 始祖鄒牟王之創基也 出自北夫餘天帝之子 母河伯女郎 剖卵降世 生而有聖 ▨▨▨▨▨▨ 命駕巡幸南下路由夫餘奄利大水 王臨津言曰 我是皇天之子母河伯女郎 鄒牟王爲我連葭浮龜 應聲卽爲 連葭浮龜 然後造渡於 沸流谷忽本西城山上而建都 焉不樂世位 因遣黃龍來下迎王 王於忽本東履龍頁昇天 顧命世子儒留王 以道興治 大朱留王 紹承基業

아! 옛적에 시조 추모왕은 창기創基이다. 출자는 북부여 천제天帝의 아들이며 어머니는 하백河伯의 딸이다. 알을 깨고 세상에 강림하니 태어나면서 성스러움이 있었다. ▨▨▨ ▨▨▨ 길을 떠나 순행하다 남쪽으로 내려가는 길에 부여의 엄리대수奄利大水를 지나게 되었다. 왕이 나룻터에서 말하길 "나는 황천의 아들이요 어머니는 하백의 딸인 추모왕이다. 나를 위하여 갈대를 이어붙이고 거북을 물에 뜨게 하라." 외치니 이 말소리에 응하여 즉시 갈대가 이어붙고 거북이 떠올라 강을 건넌 연후에 비류곡에 도착하여 홀본忽本 서성산西城山 위에 건도建都하였다. 그러다가 세위를 즐기지 않게 되자 황룡을 내려보내 왕을 맞이하였다. 왕은 홀본 동쪽에서 용머리를 밟고 승천하였다. 고명세자顧命世子 유류왕儒留王은 도道로써 세상을 다스리고 대주류왕大朱留王은 기업基業을 이어받아 계승하였다.

추모왕의 다양한 이름

《광개토왕릉비》는 시조를 추모왕으로 쓴다[始祖 鄒牟王]. 다만 추모鄒牟가 이름인지 아니면 시호인지에 대해서는 추가적인 설명은 없다. 이에 반해『삼국사기』는 시조 이름을 주몽朱蒙으로 쓴다[諱朱蒙]. 또한 덧붙여 주몽은 '활을 잘 쏘는 사람'을 가리키는 부여의 속어라고 부연한다[扶餘俗語 善射爲朱蒙].

▲ 무용총 수렵도 [길림성 집안]

현대 우리 속어에 '제비'가 있다. 여성을 잘 꼬시는 얍삽한 남성을 빗대어 이르는 비칭이다. 마찬가지로 주몽은 당시 부여사회에서 흔히 쓰는 말이다. 활을 잘 쏘는 사람은 모두 주몽이다.

특히『삼국사기』는 주몽의 다른 이름도 소개한다. 추모鄒牟 또는 상해象解이다[一云鄒牟 一云象解]. 둘 중의 하나가 실제 이름일 가능성이 높다.

추모왕의 이름 상해象解를 중해衆解로 보는 견해도 있다. 象과 衆의 한자가 비슷하기 때문이다.『삼국사기』「옥산서원본」과「정덕본」을 보면 명확히 象자로 나온다. 상해象解가 맞다.

추모, 북방민족의 왕호 선우

추모鄒牟는《광개토왕릉비》가 쓴 시조 이름이다. 북방민족인 훈족흉노은 왕을 선우單于라 칭한다. 선우는 천자天子의 뜻이다.

▲「천자선우」와당[몽골출토]

그런데 『유기추모경』은 선우와 추모가 같다고 설명한다. 당시 여러 신하가 선우에 '大'자를 붙여 '대선우'라 칭할 것을 건의하자, 주몽은 "선우가 곧 추모이다. 같은 말이며 글자만 다를 뿐이다. 선우는 하늘로 여김이고, 추모는 신으로 여김이다. 신이 곧 하늘이다. 어찌 선우라야만 된단 말이냐?[單于卽鄒牟也 同語而異字 彼以爲天此以爲神 神卽天也 何必單于然後可乎]"고 반문한다. 추모와 선우는 글자만 다를 뿐 같은 말이라는 해석이다.

『유기추모경』은 남당필사본 중의 하나인 고구려 사서이다. 고려 초기 황주량黃周亮이 광종의 칙명을 받아 수찬한 것으로 알려져 있다. 북부여 해모수와 이를 승계한 고구려 추모왕의 일대기를 본기형식으로 기록하였다. 내용이 방대하며 고구려 초기 역사를 알 수 있는 귀중한 사서이다.

추모는 선우와 마찬가지로 북방민족의 지도자를 나타내는 칭호이다. 다만 차이가 있다면 선우는 '하늘로 여김爲天'이고 추모는 '신으로 여김爲神'이다. 따라서 추모는 고구려 시조에게만 붙여진 특별 칭호이다. 물론 훗날 시조의 칭호는 시조의 이름으로 변화한다.

추모를 중모中牟, 도모都慕로 쓴 기록도 있다. 중모는 『삼국사기』〈신라본기〉 문무왕 기록에, 도모는 일본 문헌기록인 『속일본기』, 『신찬성씨록』 등에 나온다. 중모와 도모는 추모의 다른 음차표기이다. 또한 『삼국유사』〈왕력〉은 추몽鄒蒙으로도 쓰는데 추모와 주몽의 합성어이다.

상해, 태양을 뜻하는 본명

다음은 상해象解이다. 추모왕을 낳은 유화부인은 남편 해모수『삼국사기』자칭 해모수가 사망하자 추모를 임신한 상태에서 동부여 금와왕에게 일신을 의탁한다. 이때 추모왕이 태어나자 금와왕은 추모왕을 양자로 삼으며 상해象解의 이름을 지어준다.

『유기추모경』 기록이다. '금와왕이 크게 기뻐하며 추모를 아들로 삼고 이름을 상해라 지으니 해와 같다는 뜻이다.[蛙王大喜取之爲子 名以象解 如日之義]'. 상해는 밝고 둥근 '해태양의 형상象'을 가리킨다. 해解는 생부 해모수解慕漱의 성씨이며 또한 '태양日'을 뜻하는 우리말 '해'이기도 한다.

▲「유기추모경」(남당필사본)

상해는 주몽의 본명이다. 해태양 자체를 말하며 북부여 왕족해씨의 직계혈통을 강조한 이름이다.

『유기추모경』의 또 다른 해석

그런데 『유기추모경』은 주몽을 다른 각도로 설명한다. 단순히 '활을 잘 쏘는 사람'을 가리키는 부여의 속어가 아니라고 소개한다. 추모가 자신의 이름 주몽을 해석한 대목이다. "짐은 해시에 태어났고 하늘은 자시에 열린다. 날이 새려면 그 산은 검은 빛으로 휩싸이니 바로 전욱이고, 날이 밝으려면 그 산은 자색 빛으로 휩싸이니 바로 서언황이다. 날이 다시금 훤해지면 그 산은 붉은 빛으로 휩싸이게 되니 짐의 징조이다. 응당 추모를 주몽으로 하고 동명을 연호로 삼음이 좋겠다.[朕生于亥而天開于子 日之將曙也 其山玄蒙顓頊是也 日之將明也 其山紫蒙偃皇是也 日之初明也 其山朱蒙乃朕之兆也 當以芻牟爲朱蒙 而以東明爲年號 可也]".

주몽은 '날이 밝으면 태양이 온 산을 비추는 것'을 말한다. 태양이 현몽玄蒙에서 자몽紫蒙을 거쳐 주몽朱蒙으로 점차 밝아짐을 의미한다. 이는 주몽이 전욱顓頊과 서언徐偃의 계보를 이어받아 북방을 다스린다는 뜻이기도 한다. 주몽의 태양은 아직 뜨지 않은 전욱의 태양^{현뵹}과 이제 막 뜨기 시작한 서언의 태양^{자몽}이 아닌 세상에 붉은 빛을 발하는 최고의 태양^{주몽}이다.

승자가 선택한 고구려 시조 이름

그렇다면 『삼국사기』는 추모와 상해를 놔두고 굳이 흔한 말인 주몽을 썼을까? 『삼국사기』 원사료는 삼국통합^{통일}시기 편찬한 『[구]삼국사』가 기초이다. 『[구]삼국사』는 한반도의 최종승자인 신라인이 정리한 삼국역사이다. 승자는 역사기록에서도 여전히 승자이다. 패자인 고구려 시조의 여러 이름 중 하나를 선택하여 기록화하는 것도 승자의 몫이다. 물론 고구려인 스스로 시조의 다양한 이름을 함께 사용하였을 개연성은 존재한다.

▲ 『삼국사기』 기록

『[구]삼국사』의 원명은 『삼국사』이다. 『삼국사기』와 구분하기 위해 '舊'자를 붙인다. 『삼국사기』의 원명도 『삼국사기』가 아닌 그냥 『삼국사』다. 그러나 현존하는 판본을 보면 표지명인 '三國史'와 달리 본문에는 '三國史記券第○○'으로 표기하여 '記'가 붙어있다. 조선왕조가 『삼국사』 개정판을 내면서 본문에 '記'자를 일괄 추가하여 붙인 듯하다. 일반적으로 황제나 왕의 기록은 '紀'를 쓴다. 김부식도 삼국의 각 〈본기〉에는 '紀'를 쓴다. 〈高句麗本紀〉, 〈百濟本紀〉, 〈新羅本紀〉 등이다. 그런데 일제 식민사학자들이 책명마저 『三國史記』로 바꾼다. 자신들의 사서인 『日本書紀』에는 '紀'자를 쓰면서 우리 사서에는 '記'자를 붙인다. 지금이라도 『삼국사』가 아닌 『삼국사기』로 굳이 써야한다면 『三國史記』가 아닌 『三國史紀』로 고쳐 써야 한다.

주몽은 활을 잘 쏘았기 때문에 붙여진 이름이다. 주몽朱蒙이 별명이며 상해象解가 본명이다. 추모鄒牟는 건국시조 왕의 특별 칭호이다.

▎추모왕의 출신 계보 ▎

《광개토왕릉비》가 기록한 추모왕의 출자는 「出自北夫餘天帝之子母河伯女郞」이다. 출자出自는 출신 또는 태생을 말한다. 추모왕의 아버지는 북부여 천제天帝이고 어머니는 하백의 딸女郞이다.

추모왕의 부계혈통, 옥저후 불리지

먼저 아버지의 계보인 '北夫餘天帝'이다. 일반적으로 天帝를 '하늘의 제왕'으로 번역하고 같은 선상에서 아들인 추모왕을 '천제의 아들'로 이해한다. 그러나 천제는 한자의 뜻이 아닌 북부여 왕의 칭호이다. 북부여는 왕을 천제天帝라 칭한다.

　　그렇다면 추모왕에게 혈통을 물려준 북부여 천제는 누구일까?『삼국사기』는 '자칭 천제의 아들 해모수[自稱天帝子解慕漱]'로 쓴다. 북부여의 건국시조 해모수解慕漱가 아닌 해모수를 자칭한 인물이다.『태백일사』이맥 찬술는 자칭 해모수를 북부여 왕족출신 옥저후沃沮侯 불리지弗離支로 설명한다. 옥저후는 옥저沃沮·요녕성 요양지방을 다스리는 북부여의 제후이다. 또한 기록은 불리지 혈통을 해모수의 둘째아들 고진高辰의 손자로도 소개한다. 추모왕의 생부 옥저후 불리지는 북부여 건국시조 해모수의 방계혈통이다.

『태백일사』〈고구려국본기〉. '고리군왕 고진은 해모수의 둘째아들이다. 옥저후 불리지는 고진의 손자이다. 모두 도적 위만을 토벌한 공로로 봉함을 받았다. 불리지는 일찍이 서압록을 지나다가 하백의 딸 유화를 만나 장가들어 고주몽을 낳았다.[橐離郡王高辰解慕漱之二子也 沃沮侯弗離支高辰之孫也 皆以討賊滿功得封也 弗離支嘗過西鴨綠 遇河伯女柳花 悅而娶之生高朱蒙]'.

　　추모왕의 아버지는 자칭 해모수인 옥저후 불리지이다.

추모왕의 모계혈통, 청하백 옥두진의 딸 유화

다음은 어머니의 계보인 '河伯女郞'이다. 『삼국사기』는 '하백의 딸 유화[河伯之女名柳花]'로 적는다. 일반적으로 하백河伯을 수신水神으로 이해한다. 수신은 생산력의 상징인 여성을 나타낸다. 또한 수신은 천신天神인 남성과 결합하며 하나의 신화체계를 형성한다.

『유기추모경』에 유화부인의 가계가 상세히 나온다. 아버지는 곤연鯤淵의 씨족장인 청하백淸河伯 옥두진屋斗辰이다.《광개토왕릉비》와 『삼국사기』의 하백은 바로 청하백을 말한다. 곤연은 지금의 요녕성 개원開原 일대로 청하淸河가 흐르는 지역이다. 또한

▲ 유화부인의 발상지

『삼국사기』 건국신화에 나오는 동부여 금와왕의 발상지이기도 하다. 청하백 옥두진은 호인好人이라는 여성을 통해 딸 셋을 얻는다. 옥유화屋柳花, 옥훤화屋萱花, 옥위화屋葦花이다. 이 중 첫째딸 옥유화가 바로 추모왕의 생모 유화부인이다.

동부여 금와왕은 곤연의 큰 돌을 깨고 나온 난생신화와 유사한 독특한 신화를 가진다. 이는 천신족인 북부여출신의 해부루왕과 지신족인 금와왕이 결합하는 과정으로 이해한다. 금와왕은 혈통상으로 해부루왕과 무관하다.

유화부인은 추모왕을 임신한 상태에서 남편 옥저후 불리지自稱 해모수가 사망하는 바람에 동부여 금와왕에게 일신을 의탁한다. 그리고 추모왕을 낳고 금와왕에게 재가한다. 이는 추모왕이 금와왕의 아들 대소에게 핍박을 받고 동부여를 탈출할 때 유화부인이 추모왕을 따라가지 못한 이유이기도 한다. 유화부인은 금와왕과 사이에 해불解弗, 해화解花, 해주解朱, 해소解素, 해만解万 등 추모왕의 이복동생들을 줄줄이 낳는다.

신라 화랑의 기원인 선도仙徒의 계보를 정리한 『위화진경』에는 유화부인과 금와왕 사이에서 태어난 또 한 명의 아들이 나온다. 월나국月奈國·전남 영암을 건국한 시조 백토白兎이다. 월

나국은 마한연맹체 소속이 아닌 별도의 한반도 남해안의 고대 소국으로 섬진강문화권을 형성한 포상8국浦上八國의 시초이기도 하다.[白兎大王 是爲月奈國始祖 治海上諸島 神乃浦上八國之始也]

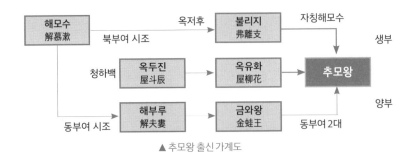

▲ 추모왕 출신 가계도

추모왕의 어머니는 청하백 옥두진의 딸인 옥유화이다.

부여신으로 추앙된 유화부인

유화부인은 백제 시조 온조^{비류 포함}의 어머니인 소서노^{召西奴}와 신라 시조 박혁거세의 어머니 파소^{婆蘇}와는 전혀 다른 삶을 산다. 소서노와 파소는 전면에 나서 적극적으로 시조를 이끌며 건국을 주도한 반면 유화는 후면에서 묵묵히 시조를 격려한다. 추모왕에게 활쏘기를 가르치고 말을 골라주며 곡식을 건네주고 또한 동부여를 떠나 다른 곳으로 가서 나라를 창업하도록 독려한다. 추모왕의 추동推動에는 유화부인의 탁월한 지혜와 가르침이 바탕이다.

『북사』 고구려전이다. '신묘가 두 곳에 있는데 하나는 부여신으로 나무를 깎아 부인상을 만들고 또 하나는 고등신으로 시조인 부여신의 아들이다. 모두 관청을 설치하여 사람을 보내 지키게 하니 대개 하백의 딸과 주몽이라고 한다.[有神廟二所 一曰夫餘神 刻木作婦人像 二曰

▲ 국동대혈[길림성 집안]

高登神 云是始祖夫餘神之子 竝置官司 遣人守護 蓋河伯女朱蒙云]'.

유화부인은 사후 아들 추모왕과 함께 부여신夫餘神과 고등신高登神으로 추앙받는다. 유화부인은 고구려왕실의 상징이자 고구려사회를 지배하는 정신적 지주로 승화한다.

유화부인은 前24년 동부여에서 사망한다. 『삼국사기』는 '8월 금와왕이 태후의 예로써 장사지내고 신묘를 세웠다.[秋八月 王母柳花薨於東扶餘 其王金蛙以太后禮葬之 遂立神廟]'고만 기록하여 사망사유를 밝히지 않고 있다. 그러나 『유기추모경』은 유화부인이 前24년 7월 7일 밤에 복어 알을 먹고 자살하며 이를 애통해 한 금와왕이 10일 동안 식음을 전폐했다고 기록한다. 또한 덧붙여 그녀가 자살하기 2개월 전인 5월에 금와왕의 아들 대소에게 겁탈당한 사실도 소개한다. 이에 유화부인은 분한 마음을 다스리지 못하여 병이 나고 또한 한 달 후 태기마저 생기자 스스로 목숨을 끊는다. 나이 51세이다.

유화부인은 카톨릭의 성모 마리아와 같은 존재이다.

▎추모왕의 고구려 건국신화 ▎

▲「추모신화」기념우표

고구려 건국신화는 시조 추모왕이 고구려를 건국하기까지의 일련의 사건과 과정을 담고 있다. 「추모신화」라고 한다. 『삼국사기』는 「추모신화」를 상세히 기술한다. 동부여 해부루왕이 아들 금와왕을 얻는 장면, 금와왕에게 재가한 유화부인, 알에서 태어난 추모왕, 추모왕이 대소금와왕 아들의 핍박을 받아 동부여를 탈출하는 장면, 그리고 엄리대수를 건너 홀본에 도착하는 장면 등이다. 그런데 《광개토왕릉비》에도 「추모신화」의 일부가 나온다.

추모신화는 난생신화가 모태

일반적으로 고대국가의 시조신화는 하늘에서 내려온 북방 유목민족 계통의 「천손天孫신화」와 알에서 태어나는 남방 농경민족 계통의 「난생卵生신화」로 분류한다. 「천손신화」의 주인공은 하늘天, 산山, 나무木 등에서 땅으로 내려오며, 「난생신화」의 주인공은 알卵, 박匏, 궤짝櫃, 배舟 등에서 나온다. 동아시아 지역은 소수의 유목민족이 다수의 농경민족을 지배하는 형태로 시조신화가 만들어진다.

　　그런데 「추모신화」는 북방 유목민족 계통의 「천손신화」가 아닌 남방 농경민족 계통의 「난생신화」를 채택한다. 《광개토왕릉비》는 분명히 추모왕이 '알에서 태어나 세상에 강림하다.[剖卵降世]'라고 기록한다.

3성 시조 국가인 신라는 「천손신화」와 「난생신화」를 결합한 형태이다. 박씨시조인 박혁거세는 백마白馬가 가지고 온 알에서 태어나고, 석씨시조인 석탈해는 까치鵲가 가지고 온 궤짝에서 태어나며, 김씨시조인 김알지는 닭鷄이 가지고 온 궤짝에서 태어난다. 백마, 까치, 닭 등은 천손신화의 매개체이며 알과 궤짝은 난생신화를 대변한다.

고구려 구성원 예맥

그렇다면 「추모신화」가 「난생신화」를 채택한 이유는 무엇일까? 고구려의 구성원피지배층인 예맥濊貊 때문이다. 예맥은 맥족貊族의 한 갈래이다. 맥족은 지역에 따라 만맥, 호맥, 추맥, 이맥, 북맥, 예맥, 해맥, 양맥, 갈맥 등으로 나눈다. 중국 옛 문헌이 분류한 9맥九貊이다.

다산 정약용은 맥貊을 종족 명칭으로, 예濊를 지역 또는 강의 이름으로 이해하고, 예맥은 9맥 중의 하나로 보았다. 『고구려사략』 또한 예맥을 제외한 나머지 맥족을 8맥으로 쓴다. ☞ 48쪽 '광개토왕의 가계' 참조

　　맥족은 지금의 중국 동북東北평원에 중심으로 주변에 거주한 농경민족이다. 이들의 지배영역은 동쪽으로 장백長白산맥, 서쪽으로 대흥안령大興安嶺산맥, 북쪽으로 몽골, 남쪽으로 발해만에 이르는 광대한 지역을 포

▲ 맥족의 분포

함한다. 이들은 우리민족의 시원인 고조선 문명을 대표하는 홍산문화紅山文化를 꽃피운 종족으로 이후 고조선을 계승한 부여를 성립시킨 주인공들이다.

예맥은 예족濊族과 맥족貊族의 합성어로 맥족이 예족을 흡수하며 붙여진 이름이다. 예족은 동만주 일대에 거주한 종족이며 물길, 말갈, 여진 등으로도 불린다. 그 중 일부가 남쪽으로 내려와 두만강 일대를 차지하고 또한 한반도의 함경도와 강원도에까지 영역을 확대한다. 함경도 원산지방의 동예東濊가 대표적인 한반도 예족이다.

우리민족은 『삼국유사』 기록의 설화처럼 하늘과 태양을 숭배하는 천신족天神族이 곰을 토템으로 하는 맥족貊族과 호랑이를 토템으로 하는 예족濊族을 평정하고 복속시켜 고조선을 구성하고, 부여로 그 세력이 계승되어 오다가 이후 삼국이 성립되며 한반도 중남부에 거주한 토착농경민인 한족韓族과 융합한다. 우리민족의 근간은 맥족, 예족, 한족 등 3대 종족이다.

「추모신화」가 「난생신화」를 채택한 이유는 명확하다. 부여를 계승한 고구려의 구성원이 농경민족인 예맥이기 때문이다.

추모신화의 강을 건넌 사건

추모왕은 동부여를 탈출하며 강을 건넌다. 《광개토왕릉비》는 '부여의 엄리대수를 건너다.[由夫餘奄利大水]'라고 기록한다. 엄리대수奄利大水는 『삼국사기』가 엄사수掩㴲水로 기록한 강이다. 이병도는 송화강松花江으로 비정하나 추모왕의 남하동선을 고려하면 동요하東遼河로 보는 것이 타당하다.

문제는 추모왕이 강을 건넌 점이다. 백제의 시조 비류와 온조의 경우도 동일한 경험을 한다. 비류는 대수帶水·대동강를 건너고 온조는 패하浿河·예성강를 건넌다.

　무슨 이유일까? 강을 건넌 사건은 기존의 영역에서 벗어나 새로운 영역으로의 진입을 의미한다. 강을 건넌 추모왕은 새로운 세계의 창조자가 되며 고구려 건국의 당위성을 얻게 된다. 비류와 온조의 경우도 마찬가지이다.

　「추모신화」는 피지배층 예맥을 흡수하기 위해 만든 「난생신화」이다.

| 고구려 기초를 다진 3대 왕 |

《광개토왕릉비》는 추모왕을 비롯한 초기 3대 왕의 역할을 명확히 기록한다. 1대 추모왕은 「創基」, 2대 유류왕은 「以道興治」, 3대 대주류왕은 「紹承基業」이다. 무슨 의미를 담고 있을까?

시조 추모왕 등 3대 왕의 역할

먼저 추모왕의 「創基」이다. 創은 '만들다'이고, 基는 '기초, 터전'이다. 創基는 '기초를 놓다. 터전을 만들다.' 정도로 읽혀진다. 일반적으로 창기創基는 '나라를 처음 세우다'의 창건創建으로 이해하고 건국建國·나라를 세우다 또는 개국開國·나라를 열다과 동일시하여 해석한다. 그러나 創基와 創建은 엄연히 다른 개념이며 建國 또는 開國과도 거리가 멀다. 創基는 '나라의 기초를 만들다'는 창업創業의 의미이고, 創建은 '나라를 설립한다'는 창립創立의 의미가 강하다. 추모왕은 창립創建자가 아닌 창업創基자에 가깝다.

창기創基는 우리나라에서 잘 쓰지 않는 표현이다. 모두 창립創立으로 혼용해서 통칭한다. 일본의 경우 창기와 창립을 분리해서 쓰는 경우가 종종 있다. 예를 들어 우동가게를 처음 시작

하는 개인사업자가 차츰 사업을 번창시켜 법인사업자로 전환할 경우 개인사업자의 시작년도를 적용하면 '창기00년', 법인사업자의 시작년도를 적용하면 '창립00년'으로 구분한다.

다음은 유류왕의 「以道與治」이다. '도道로써 [세상을] 다스리다.'로 번역한다. 이는 유류왕의 통치행위가 道에 기반하여 이루어진 사실을 설명한다. 유류왕은 군주정치의 덕목인 道를 확립한 왕이다.

그러나 『삼국사기』와 『고구려사략』이 기록한 유류왕의 치세를 살펴보면 以道與治와는 전혀 관계가 없다. 유류왕의 대표적인 치적은 위나암성 천도와 고구려 건국에 기여한 여러 정치세력의 통제이다. 재위초기 유류왕은 강력한 경쟁세력인 홀본계홀본국 소서노인 비류溫祚와 온조溫祚를 비류계비류국 송양양와 결탁하여 퇴출시킨다. 이후 비류계와의 정치적 갈등을 일으키며 자신의 후계자를 연거푸 잃는다. 송화松花왕후가 낳은 첫째아들 도절都切태자는 동부여로 보내져 병사病死하고, 둘째아들 해명解明태자는 자결하며, 화禾씨부인골천계이 낳은 셋째아들 해술解術태자는 스스로 물에 빠져 자살한다. 유류왕의 마지막 후계자는 송화왕후가 낳은 넷째아들 무휼無恤태자이다. 바로 이 분이 유류왕의 뒤를 이은 대주류왕이다.

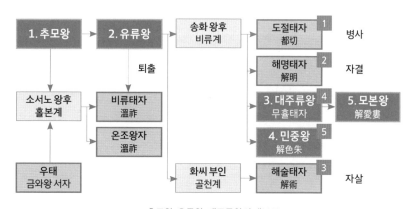

▲ 추모왕-유류왕-대주류왕의 계보도

이처럼 유류왕의 치적에는 딱히 以道與治로 해석할 만한 내용이 없다. 그럼에도《광개토왕릉비》가 유류왕의 역할을 以道與治로 규정했다면 그럴만한 이유가 있어야 한다. 혹여 유류왕의 정치세력 통제행위를 以道與治로 순화하여 표현한 것은 아닐까? 유류왕은 정치세력의 통제를 통해 자신의 보위^{왕권}를 지키고 또한 자신의 직계혈통으로 왕통을 잇는 데 성공한다.

마지막으로 대주류왕의 「紹承基業」이다. '기업을 이어받아 계승하다'로 번역한다. 基業은 '기초가 된 업'을 말한다. 앞서 언급한 추모왕의 創基와 유류왕의 以道與治가 바로 基業에 해당된다. 기업基業은 고구려의 기초체력과 같다. 紹承은 '이어받아 계승하다'이다. 이는 基業을 흔들림없이 계속 이어나갈 수 있는 추동력을 만들었다는 의미이다.

대주류왕은 초기 고구려의 강역을 무섭게 확장시킨 정복군주이다. 광개토왕의 정복사업은 과거 대주류왕이 확장시킨 영토를 다물多勿·다시 회복하는 정도이다. 대주류왕은 고구려 영토 내의 마지막 북부여 제후국인 최리崔理의 낙랑국^{요녕성 요양}을 병합하고, 동쪽으로 고구려와 적대적 경쟁관계인 동부여를 멸망시키며, 서쪽으로 한漢의 상곡上谷과 태원太原·북경 일대까지 정벌한다. 또한 남쪽으로는 압록강 이남의 살수^{청천강}까지 영토를 확장하며 북쪽으로는 내몽골 남쪽에 이르는 실로 방대한 영토를 개척한다.

紹承의 실체는 바로 대주류왕의 영토 확장을 말한다. 영토와 국민은 국가체제 형성의 필수 요건이다. 영토가 없는 국민이나 국민이 없는 영토는 존재할 수 없다. 특히 고대 왕조국가에 있어 영토 확보는 왕조의 흥망성쇠를 결정짓는 중요한 요소이다. 따라서 紹承基業은 대주류왕이 영토 확장을 통해 왕조국가 '고구려'가 성장발전할 수 있는 영속성을 확보했다고 볼 수 있다.

『고구려사략』찬술자의 사론史論. '논하길 대무대주류왕는 용감하고 굳세며 심히 사나워 능히 대업을 이루었다. 광명유류왕을 계승하여 수성한 후에 부여를 정벌하고 개마를 토벌하며 멀

리는 상곡과 태원까지 정벌하여 한인의 간담을 서늘하게 하였다. 또한 효심과 우애가 깊었으나 자신의 아들이 불초하여 동생에게 제위를 전하였다. 가히 큰 틀을 알고 있었다 할 수 있다. 오후에게 빠져 호동을 죽게 하고 백제와 신라를 다스림에는 후세에 화를 남겼다. 대개 영웅들은 가벼이 생각한 것들로 인해 우환을 만드는데 성인도 형제들에게 닥쳐올 화를 키웠으니 이것이 한탄스럽다.[論曰 大武勇毅沈鷙能成大業 継光明守成之後征扶余討盖馬遠及上谷太原使漢人膽寒 又能孝友見其子之不肖而傳于弟 可謂知大體 然溺於烏后而殺好童 縮濟羅而遺禍于後 盖英雄有惟薄之患聖人養兄弟之禍者 此歟]'.

시조 추모왕을 비롯한 3대 왕의 역할은 명확하다. 추모왕의 「創基」, 유류왕의 「以道興治」, 대주류왕의 「紹承基業」은 모두 왕조국가 고구려의 기초를 다지는 핵심가치들이다. 이를 오늘날의 건물 신축에 비유한다면 추모왕은 땅 주인이고 유류왕은 건축주이며 대주류왕은 건물을 세운 시공사라 할 수 있다.

고씨왕조의 정통성 재확립

그렇다면 《광개토왕릉비》는 초기 3대 왕의 역할을 기록으로 명문화한 것일까? 고구려는 시조 추모왕과 직계혈통인 유류왕, 대주류왕, 민중왕4대, 모본왕5대 등 5대로 끝나며 추모왕계열의 해解씨왕조는 마감한다. 그리고 태조왕6대부터 고高씨왕조가 시작된다. 광개토왕 역시 태조왕의 직계혈통인 고씨이다. 그런데 『고구려사략』은 고씨왕조 시조인 태조왕 조에 의미심장한 기록을 하나 남긴다. 〈태조황제기〉이다. '원년112년 임자 6월 … 『3대경』57권을 완성하였다. 동명추모왕, 광명유류왕, 대무대주류왕 등 3대의 성첩그림책이다. 선황『삼국사기』고추가 재사께서 조서로써 이르길 "무릇 사람의 임금은 필히 대경이 있어야 한다. 경은 선행을 견주는 것이니 악행을 견줘서는 안된다. 악행을 저지르면 폐할 것이며 이를 내 자손들에게 알려라."하였다.[元年 壬子 六月 … 三代鏡五十七卷成 東明光明大武三代之聖繪也 仙皇詔曰 凡爲人君者 必有代鏡 鏡所以照善也 不可以照惡 惡者廢之 以戒吾子孫]'. 고구려 최초 역사서인 『3대경三代鏡』의 편찬이다.

경鏡은 조선왕조의 실록實錄과 같다. 세종실록이 있듯이 3대경은 '추모경', '유류경', '대주류 경'을 말한다. 또한 경鏡은 '거울'이다. 선대 역사를 후대의 사표거울로 삼겠다는 철학을 담은 명칭이다. 고구려는 사서 명칭조차 남다른 참으로 위대한 왕조국가이다.

태조왕은 고씨왕조를 출발시키며 이전 해씨왕조의 역사를 따로 정리한다. 『3대경』 편찬은 《광개토왕릉비》가 정리한 3대 왕의 역할과 맥락을 같이한다. 특히 『고구려사략』 찬술자는 '동명, 광명, 대무의 3대 치적을 일컬어 삼대경이라고 한다. 고구려사람은 이를 정경으로 삼아 능히 7백년을 이어 나갔다.[東明光明大武三代之治 謂之三代鏡 麗人以之為政鏡 能傳

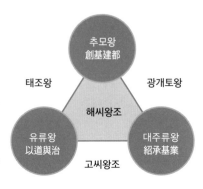

▲ 해씨왕조를 계승한 고씨왕조

七百年]'고 평한다. 이는 태조왕의 고씨왕조가 추모왕의 해씨왕조가 만든 고구려의 기초 위에 성립된 사실을 부연한다. 또한 이는 고씨왕조 출발의 당위성과 정통성을 명문화한 경우이기도 하다.

추모왕은 건국자가 아닌 건도자

《광개토왕릉비》의 추모왕 말미 기록은 「忽本西城山上而建都」이다. '홀본 서성산 위에 도읍을 세우다'로 번역한다. 그런데 문맥상으로 建都의 표현이 다소 부자연스럽다. 오히려 建國또는 開國이 더 어울린다. '홀본 서성산 위에 나라를 세우다.[忽本西城山上而建國]'이다. 특히 도읍과 연관된 문구는 定都도읍을 정하다를 많이 쓴다. 그런데 《광개토왕릉비》는 定都가 아닌 建都로 쓴다. 이는 創基와 마찬가지로 建都 표기 역시 추모왕의 역할에 의문이 들게하는 표현이다.

그렇다면 《광개토왕릉비》는 추모왕을 시조로 규정하면서도 정작 시조에 걸맞는 建國의 표현을 쓰지 않았을까? 혹여 우리가 잘 모르는 다른 역사적 이유나 사정이 있는 것일까?

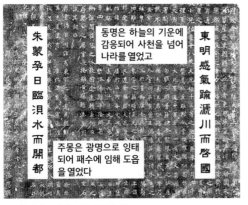

▲《천남산묘지명》[하남성 낙양]

1922년 중국 하남성 낙양의 북망산에서 출토된《천남산묘지명》이 있다. 천남산泉南山은 고구려 후기 중원의 통일왕조 수隋와 당唐의 쓰나미 공격을 당당히 막아낸 연천개소문의 셋째아들이다. 그런데《천남산묘지명》은 주몽추모왕을 도읍을 연 개도자開都者로 동명왕을 나라를 연 계국자啓國者로 따로 분리해서 기록한다.

'옛날에 동명은 하늘의 기운에 감응되어 사천을 넘어 나라를 열었고, 주몽은 광명으로 잉태되어 패수에 임하여 도읍을 열었다.[昔者 東明感氣踰濊川而啓國 朱蒙孕日臨淏水而開都]'. 계국자는 건국자이며 개도자는 건도자이다.《천남산묘지명》의 개도자는《광개토왕릉비》의 건도자와 맥을 같이한다.

《천남산묘지명》의 글자크기는 1.5㎝이며 대략 1행 29자로 전체 28행이다. 천남산의 출신, 관직, 품계 및 당에 봉사한 행적 등을 담고 있다. 천남산의 아들 광부光富가 지었으며, 글씨를 쓴 사람은 밝혀져 있지 않다.

그런데 말이다. 고구려를 계국啓國·건국한 동명왕은 누구일까?

▎추모신화가 동명신화를 차용한 이유 ▎

『삼국사기』는《광개토왕릉비》의 시조 추모왕을 동명성왕東明聖王으로도 쓴다[始祖東明聖王]. 추모왕이 동명왕이라는 얘기다. 추모는 북방민족의 왕의 칭호인 선우單于와 같으며 고구려 시조에게만 붙여진 특별 왕호이다. 추모왕은 시조의 왕호가 이름으로 변화한 경우이다. 그렇다면 동명왕은 또 어떻게 해서 붙여진 걸까?

추모신화와 동명신화는 다르다

고구려 건국신화를 「추모신화」라고 한다. 『삼국사기』가 기술한 신화 내용을 보면 추모^{주몽}는 하늘의 기운을 받아 알에서 태어나며 가축우리의 돼지와 말이 어린 주몽을 해치지 않고 보호한다. 또한 주몽은 탈출하는 과정에서 물고기와 자라의 도움을 받아 강을 건넌다. 그런데 이 내용은 『후한서』〈동이열전〉 부여편에도 똑같이 나온다. 「동명신화」라고 한다. 다만 두 신화의 차이점은 두 사람 모두 강을 건너면서 추모는 강을 향해 황천의 아들이라 외치고 동명은 별다른 외침 없이 활을 강에 내리친다.

『후한서』 기록의 주인공은 고구려 추모왕이 아닌 북부여 동명왕이다. 다시 말해 고구려 「추모신화」가 북부여 「동명신화」를 차용한다.

동명왕은 북부여 천제 고두막한

동명왕은 누구일까? 북부여 5대 천제^{天帝} 고두막한^{高豆莫汗}이다. 몽골 왕의 칭호인 '칸^汗'을 사용한 인물이다. 「동명신화」에 따르면 색리국^{索離國·}^{고리국}출신 고두막한은 남쪽으로 내려와 북부여 동명왕이 된다.

색리국은 고리국橐離國, 탁리국橐離國이라고도 한다. 前5세기~前2세기에 걸쳐 만주 송화강 북쪽에 존재한 나라로 이해하나, 동東몽골 바이칼호 근처의 코리국kohri으로 보기도 한다. 몽골 징기스칸의 후예인 부리야트buriyats족의 구전에 따르면 이 일대는 코리국 발원지로서 아주 옛날 부족의 한 일파가 동쪽으로 건너가 부여, 고구려의 뿌리가 되었다고 전한다.

그렇다면 고구려는 무슨 이유로 「동명신화」를 차용한 걸까? 동명왕은 당대 최고의 영웅이다. 『북부여기』^{복애거사 범장 찬술}에 따르면 고두막한은 前108년 홀본^{졸본}으로 내려와 즉위하며 스스로를 '동명'이라 칭한다.

『북부여기』 5세 단군 고두막. '계유 원년前108년 이 해는 단군 고우루13년이다. 제는 사람됨이 호탕하고 용맹하여 군사를 잘 다루었다. 일찍이 북부여가 쇠약해지고 한의 도적이 왕성해짐을 보고 분명히 세상을 구할 뜻을 세웠다. 이에 이르러 졸본에서 즉위하고 스스로를 동명이라 하였다.[癸酉元年 是爲檀君高于婁十三年 帝爲人豪俊善用兵 嘗見北夫餘衰漢寇熾盛慨然有濟世之志 至是卽位於卒本自號東明]'.

이어 고두막한은 前106년 자신의 고향인 고리국색리국을 점령하며, 前87년과 前86년 두 해에 걸쳐 한漢의 현도군을 서쪽으로 몰아내고 옛 고조선단군조선 영토인 지금의 요녕성 요하遼河일대인 동북東北평원 모두를 차지한다. 또한 북부여가 성읍을 들어 항복하자 도성에 입성하여 북부여 4대 천제 고우루高于婁의 뒤를 이어 정식으로 북부여 천제에 오른다. 아래는 『북부여기』〈하편〉 5세 단군 고두막高豆莫 기록이다.

前106년 을해 3년	제가 스스로 장수가 되어 격문을 전하니 이르는 곳마다 무적이었다. 열흘이 못되어 5천 명이 모여 한의 도적과 싸울 때마다 먼곳에서 그 모습만 보고도 흩어져 버렸다. 마침내 군대를 이끌고 구려하를 건너 요동의 서안평에 이르니 바로 옛 고리국의 땅이다. 帝自將傳 所至無敵不旬月衆至五千每與戰漢寇望風 而潰遂引兵渡九黎河追至遼東西安平乃古離國之地
前87년 갑오22년	단군 고우루 34년이다. 제가 장수를 보내어 배천에서 한의 도적을 쳐부수고 유민과 힘을 합쳐 향하는 곳마다 한의 도적을 연파하며 그 수비장수까지 사로잡았다. 방비를 잘 갖추어 적에 대비하였다. 檀君高于婁三十四年 帝遣將破裵川之漢寇與遺民幷力所向連破漢寇擒其守將 拒以有備
前86년 을미23년	북부여가 성읍을 들어 항복하였다. 여러 차례 보전코자 애원하자 제가 이를 듣고 해부루를 낮추어 제후로 삼아 분능으로 옮기게 하고는 북을 치며 나팔을 부는 이를 앞세우고 수만 군중을 이끌고 도성에 들어와 북부여라 칭하였다. 가을 8월, 서압록하의 상류에서 한의 도적과 여러 차례 싸워 크게 이겼다. 北夫餘奉城邑降 屢哀欲保帝廳之降封解夫婁爲候遷之岔陵帝前導鼓吹率衆數萬而入都城仍稱北夫餘 秋八月與漢寇屢戰于西鴨綠河之上大捷
前60년 신유49년	제가 붕하여 유명에 따라 졸본천에 장사지냈다. 태자 고무서가 즉위하였다. 帝崩以遺命葬于卒本川太子高無胥立

이처럼 북부여의 동명왕5대 천제 고두막한은 당대 최고의 걸출한 영웅이다. 동명왕이 홀본에서 즉위하여 북부여후기 북부여마저 흡수하였듯이

추모왕 역시 홀본을 기반으로 즉위하여 고구려의 기초를 마련한다. 특히 추모왕이 고구려를 건국할 당시前37년 동명왕 고두막한前60년 사망은 이미 과거의 사람이다. 그럼에도 당시 주변 사람에게 있어 동명왕의 존재는 여전히 살아있는 전설적인 인물이다. 당연히 「동명신화」는 고구려 건국의 명분과 북부여 계승의 정통성을 확보할 수 있는 중요한 소재이다. 그래서 고구려 건국신화는 북부여 「동명신화」를 과감히 차용한다.

고구려, 북부여 역사를 품다

그러나 고구려는 「동명신화」의 차용에만 그치지 않고 아예 동명왕의 북부여후기 북부여 역사 전체를 가져간다. 그래서 《천남산묘지명》은 동명왕과 추모주몽왕을 구분하여 기술한다. 동명왕은 고구려 건국계국자이고 추모왕은 고구려 건도개도자이다. 이는 적어도 고구려 역사의 시작이 추모왕의 前37년이 아니라 동명왕의 前108년으로 70년가량 더 올라갈 수 있음을 보여준다.

　　특히 『삼국사기』〈고구려본기〉 보장왕 기록에는 고구려 역사기간을 7백년이 아닌 9백년이라고 설명하기도 한다. 『고구려비기』를 인용한 기록에 나온다.

『삼국사기』〈고구려본기〉 보장왕. '그리고 『고구려비기』에는 '9백년이 되기 전에 마땅히 80세 대장이 멸망시킨다.'라는 말이 있는데 고씨가 한 때에 나라를 세워 지금 9백년이 되었고 이적의 나이가 80세입니다.… [二十七年 二月 且高句麗秘記曰 不及九百年 當有八十大將 滅之 高氏自漢有國 今九百年 勣年八十矣 …]'.

　　이는 동명왕의 북부여후기 역사 뿐만 아니라 해모수북부여 건국시조의 북부여전기 역사 또한 고구려 역사기간에 포함한 사실을 설명한다. 해모수의 북부여는 前238년 고조선의 뒤를 이어 웅심산熊心山·요녕성 개원에서 건국되어 모수리2세→고해사3세→고해우루4세로 이어진다. 『삼성기』에는 해모수를 고구려 시조로 받들어 제사지낸 기록도 있다.

『삼성기』상편. '계해년前58년 겨울 10월에 이르러 고추모가 역시 천제의 아들로서 북부여를 계승하여 일어났다. 단군의 옛 법을 회복하고 해모수를 태조로 받들어 제사지내며 처음 연호를 다물이라 정하니 이 분이 곧 고구려의 시조이다.[至癸亥 冬十月 高鄒牟亦以天帝之子 繼北夫餘而興 復檀君舊章 祠解慕漱爲太祖 始建元爲多勿 是爲高句麗始祖也]'.

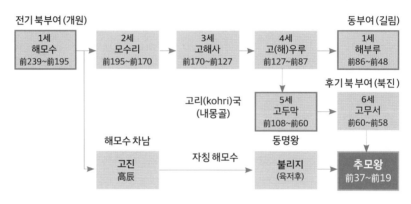

▲ 북부여와 추모왕의 혈통계보

　　고구려 건국신화에는 우리 역사에서 잘려나간 북부여 역사가 고스란히 담겨 있다.

| 최초 도읍지 홀본 서성산 |

「忽本西城山」은 《광개토왕릉비》가 기록한 추모왕의 건도建都지이자 고구려의 최초 도읍都邑지이다. 『삼국사기』는 흘승골성紇升骨城으로 기록한다. 일반적으로 중국 요녕성 환인의 오녀五女산성을 흘승골성으로 이해한다.

근거없는 오녀산성의 비정
오녀산성은 고려 때의 우라于羅·오로산성이다. 그런데 어떤 문헌에도 오녀

산성이 옛날 고구려의 흘승골성이라는 기록 자체가 아
예 없다. 유감스럽게도 처음 흘승골성을 오녀산성으로
비정한 사람은 일제 식민사학자 도리이 류조鳥居龍藏다.
류조의 비정은 달리 근거가 있는 것이 아니다. 특히 류
조는 흘승골성 뿐만 아니라 이후 천도하는 위나암성,
환도성 등을 모두 국내성通溝城이 있는 길림성 집안集安
일대로 몰아넣는다. 이는 마치 대한민국 수도가 서울이
아닌 첩첩산중의 강원도 평창 정도에 있는 꼴이다. 또

▲ 도리이 류조[1870~1953]

한 이후 천도지 역시 주변을 맴돌았다는 얘기가 된다. 소가 웃을 일이다.

도리이 류조鳥居龍藏는 동아시아 인류 및 민속학을 연구한 일제식민사학자이다. 전하는 바
에 따르면 류조는 고대민족의 민속학을 연구하기 위해 만주일대를 여행하다 요녕성 환인현
일대를 고구려 건국지로 설정하고 우연히 오녀산성을 찾아내어 흘승골성으로 비정한다. 이
어 남쪽으로 내려오면서 길림성 집안현의 퉁구성을 국내성으로 비정한다. 또한 퉁구성 위쪽
의 산성자산의 산성을 발견하고 이를 위나암성과 환도성으로 비정한다. 류조는 흘승골성을
비롯하여 고구려 수도를 모두 첩첩산중 만주 집안현 일대에 쑤셔 넣은 장본인이다.

흘승골성, 요녕성 북진 의무려산

흘승골성은 지금의 요녕성 북진北鎮 의무려산醫巫閭山이다. 북진은 고구
려 모체인 홀본卒本국이 소재한 지역으로 요녕성 동북
평원을 남북으로 가로지르는 요하遼河의 서쪽에 위치
한다. 의무려산은 '상처받은 영혼을 치료하는 산'으로
옛적에 백악산白岳山으로 불린 우리 민족의 혼이 깃든
영산靈山이다.《광개토왕릉비》가 기록한 홀본 서성산
이다.

▲ 의무려산 표지석 [요녕성 북진]

　의무려산을 흘승골성으로 비정한 기록은 우리 문
헌에 정확히 나온다.『삼국유사』는 요遼대의 의주醫州
지역으로,『삼국사기』는 북진 의무려산醫巫閭山을 구체

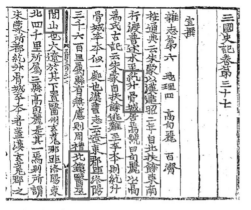

▲ 『삼국사기』 흘승골성 기록

적으로 지목한다. 특히 조선중기 유학자 허목許穆은 '진산 의무려산 아래 고구려 주몽씨가 졸본부여에 도읍하였다.'고 자신의 문집에 적는다.

오녀산성 비정은 추악한 족쇄

흘승골성홀본서성산의 위치 비정은 고구려 역사의 첫 단추를 꿰는 매우 엄중한 문제이다. 흘승골성이 의무려산이면 고구려 출발이 대륙 요하 서쪽이며, 오녀산성이면 한반도 북부의 압록강 중류지역이 된다.

만약 지금처럼 오녀산성을 고집한다면 우리 민족의 국통인 고구려가 저 광활한 대륙을 지배하고 통치한 위대한 역사유산은 제자리를 찾지 못

▲ 의무려산과 오녀산성의 소재지 비교

하고 결국에는 중국에 흡수되고 말 것이다.

일제의 오녀산성 비정은 아무런 근거가 없는 추악한 족쇄이다. 지금이라도 당장 풀어야 한다. 더 이상 부끄러운 역사를 연장해서는 안 된다.

어찌 식민사학植民史學을 붙들고 있으면서 동북공정東北工程만을 탓할 수 있겠는가?

동북공정은 중국 국경 안에서 전개된 모든 역사를 중국역사로 만들기 위해 2002년부터 전개한 동북쪽 변경지역의 역사와 현상에 관한 연구 프로젝트이다.

┃홀본 또 다른 이름 졸본과 일본 ┃

고구려 건국신화를 보면 졸본국이 나온다. 졸본국은 열국列國시대 북부여 제후국 중의 하나로 북부여를 대표한다. 오늘날로 치자면 북부여는 대한민국이고 졸본국은 서울특별시에 해당한다. 다른 제후국은 각 도와 같다.

『삼국사기』는 북부여 제후국에 대해 비류국, 행인국, 남옥저 등 3개만을 기록한다. 그러나 『고구려사략』은 3개 이외에도 홀본국, 개마국, 구다국, 낙랑국, 비리국, 섭라국, 순노국, 자몽국, 환나국, 황룡국 등 추가해서 10개가 줄줄이 나온다. 『삼국사기』의 3개는 주로 군사활동을 통해 병합한 하드적 방법이라면, 『고구려사략』의 10개는 혼인 등을 통해 합병한 소프트적 방법이다.

▲ 고구려초기 북부여 제후국

졸본국은 고구려의 모체이다. 추모왕이 동부여를 탈출하여 졸본국으로 내려와 당시 졸본국 왕 연타발의 딸 소서노와 정략결혼을 성사시키며 고구려가 출발한다. 그런데 《광개토왕릉비》는 졸본이 아닌 홀본이다.

홀본, 북부여 도성이 소재한 지역

『삼국사기』를 비롯한 문헌기록 모두가 졸본卒本으로 쓴다. 한자 卒은 '갑자기, 돌연히'라는 뜻이 있어 忽과도 같다. 다만 卒은 졸병의 의미를 내포하고 있어 졸본은 '졸병의 본거지'로도 읽혀진다. 다소 불편하기 짝이 없다. 특히 卒에는 '죽는다'는 뜻이 있어 하필이면 처음 개국하는 고구려가 '卒'자를 썼는지 의구심마저 든다.

忽은 우리말 '고을', '마을'을 나타내는 '골'과도 같다. 홀본忽本은 '마을의 본거지'로 도성都城을 의미한다. 홀본은 북부여 도성의 소재 지역을 가리키는 명칭이기도 한다.

홀본은 광명의 근원지, 해본 또는 일본

원래 忽자에는 '해'의 음이 있다. 홀본은 해본이다. 특히 해는 扨계/갈와 음이 같으며 契계로도 쓴다. 『계림유사』고려 중기에 나오는 고려방언은 日을 계契로 표기한다. 日과 契는 우리말 '해'이다. 따라서 해본은 일본이기도 한다. 결국 홀본, 해본, 일본은 다 같은 말이다. 모두 '해광명의 근원지'를 나타낸다.

『계림유사』1103년경 고려방언 설명. 해는 일왈항日曰姮 달은 월왈계月曰契로 표기되어 있다. 姮과 契를 서로 바꾸어 잘못 기록한 듯하다. 日曰契, 月曰姮이다. 해日는 契이고, 달月은 姮이다. 또한 항姮도 달姮의 오기로 보인다. 참고로 하늘天은 한날漢捺, 구름雲은 굴림屈林, 바람風은 발람字纜이다.

홀본
忽本

졸본
卒本

일본
日本

▲ 홀본, 졸본, 일본

오늘날 닛뽄nippon으로 읽는 일본日本은 '해가 뜨는 곳'을 가리키는 말이다. 『삼국사기』〈신라본기〉에 왜국이 일본으로 국호를 변경한 때가 나온다. 670년신라 문무왕이다. 이 시기는 백제660년와 고구려668년가 멸망한 직후이다. 이때 수많은 백제와 고구려 유민이 한반도를 떠나 일본열도로 건너간다. 이들 유민이 본향을 상징하는 홀본해본 이름을 가지고 간다. 요행이 일본열도는 동쪽의 해 뜨는 곳이어서 자연스레 일본이 된다.

'일본' 국호의 사용은 701년 다이호오大寶율령 제정부터이다. 그런데 『삼국사기』〈신라본기〉에는 670년으로 나온다. '왜국이 국호를 일본으로 바꿨다. 스스로 말하길 해 뜨는 곳과 가까운 곳에 있어 그리 이름하였다.[倭國更號日本 自言近日所出以爲名]'. 670년은 『구당서』동이전에도 나오는 년도이다. 이는 일본이 정식 국호로 제정되기 40여 년 전부터 이미 사용되었음을 의미한다.

홀본忽本. 우리는 졸본卒本으로 쓰고 일본은 일본日本으로 쓴다.

고명세자 유류왕의 비밀

유류왕은 추모왕의 직계혈통이다. '황조
가黃鳥歌'는 유류왕의 대표 상품으로 우리
나라 최초의 서정시이다. 화희禾姬·골천출신
와 치희雉姬·한족출신, 두 후궁의 갈등을 해
결하지 못한 유류왕의 애달픈 심정이 잘 녹아 있다.

翩翩黃鳥	훨훨 나는 저 꾀꼬리
雌雄相依	암수 서로 정답구나
念我之獨	외로워라 이 내 몸은
誰其與歸	뉘와 함께 돌아갈꼬

황조가는 고구려 초기 정치세력 간의 권력다툼을 배경으로 한다. 화희와 치희의 다툼은 토
착세력과 외래세력 간의 권력싸움이다. 황조가는 왕권을 강화시키려다 좌절한 유류왕의 심
정을 함축적으로 표현한 서정시이다.

유류왕이 고명세자가 된 이유

그런데『삼국사기』를 보면 유류왕의 등극전 기록이 유난히 많다. 시조 추
모왕의 장자인 유류왕이 전처 예씨부인호예의 소생이라는 사실, 추모왕이
동부여에서 증표證票를 남겨 유류왕이 이를 가지고 고구려로 추모왕을
찾아온 점, 그리고 태자에 봉해져 정식으로 보위를 승계한 내용 등이다.

통상적으로『삼국사기』는 왕의 등극전 기록을 간략히 기술한다. 왕의
이름은 무엇이며 누구의 몇 째 아들이고 성품은 어떠하다는 식이다. 그런
데 유류왕의 경우는 시조 추모왕의 등극전 기록인 건국신화 못지않게 상
당한 지면을 할애하여 적고 있다. 매우 이례적이라 할 수 있다.

무슨 이유일까? 유류왕의 왕위승계가 불안정하다는 것을 반증한다.
특히《광개토왕릉비》는 유류왕을「顧命世子」로 기록한다. 고명은 왕이
임종 직전에 신하에게 뒷일을 부탁하며 남기는 말이다. 유명遺命, 유훈遺
訓이라고도 한다. 고명세자는 유훈으로 지명된 후계자를 말한다. 다시 말
해 유류왕은 추모왕이 죽기직전까지 공식적으로 태자에 책봉되지 못한다.

일반적으로 후계자 칭호는 태자太子를 쓴다. 고구려의 세자世子 칭호는 『삼국사기』에 딱 한 번 나온다. 고국원왕 시기로 후연 모용황의 침공을 받은 고국원왕은 협상을 위해 세자를 파견한다.[王遣世子 朝於燕王] 후연이 황제국을 지칭하며 세자 칭호를 쓰자 고구려 또한 국강국國罡國을 표방하며 세자 칭호를 사용한 듯 보인다. ☞ 45쪽 '태왕과 호태왕의 사용시기' 참조

당시 태자는 유류가 아닌 비류이다.[召西奴立朱蒙爲王 而沸流爲太子 溫祚爲王子-『백제서기』] 추모왕은 홀본국 왕녀 소서노와 정략결혼을 통해 고구려를 건국한다. 소서노의 홀본국이 고구려의 모체이다. 비류소서노 前남편 우태 아들의 태자 책봉은 추모왕이 소서노와 고구려 건국을 놓고 벌인 일종의 딜deal이다. 그런데 추모왕의 직계혈통인 유류가 고구려를 찾아오면서 상황이 급변한다. 추모왕은 비류를 제쳐놓고 유류를 후계자로 삼기 원한다.

백제건국을 촉발한 3분할 통치

『삼국사기』는 추모왕이 사망하기 6개월 전에 유류를 태자에 책봉한 것으로 나온다. 그러나 『고구려사략』은 유류의 태자 책봉에 반발한 소서노가 크게 화를 내고 본거지인 우양牛壤으로 가버려 추모왕이 이를 근심하여 병을 얻었다고 전한다.[上與禮氏類利謁神隧 會群臣議正胤 皇后大努 與仇都仇賁等退居牛壤 上憂恨添病秘之] 결국 유류의 태자 책봉은 소서노의 승인을 받지 못하여 미완으로 끝난다. 그래서 유류왕은 《광개토왕릉비》의 고명세자가 된다.

추모왕 사후 태자 비류는 고구려왕이 되지 못한다. 대신 추모왕의 의지대로 유류가 후계자 고명을 받아 前19년 보위를 잇는다. 다만 『고구려사략』은 유류왕이 소서노를 위로하기 위해 재위3년前17년에 비류, 온조와 함께 고구려를 3분할 통치한 사실을 전한다. 유류왕은 소서노와 함께 수도 흘승골성紇升骨城·요녕성 북진 의무려산을 중심으로 소노부, 황룡국, 행인국, 구다국, 비리국 등을 담당하고, 비류는 미추홀彌鄒忽·요녕성 철령을 도읍으로

순노부, 절노부를 담당하며, 온조
는 우양牛壤·요녕성 조양을 도읍으로
관노부, 계루부를 담당한다.

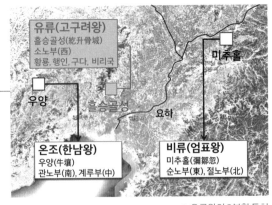

▲ 유류왕의 3분할 통치

『고구려사략』〈광명대제기〉. '3년前17년
갑진 정월, 순노, 발노절노는 비류가 미추
홀에서 다스리고, 관노, 계루는 온조가 우
양에서 다스리고, 연노, 황룡, 행인, 구다,
비리는 상이 소황후소서노와 함께 다스리
기로 하여 소후의 마음을 위안하였다.[三
年甲辰 正月 以順奴邦奴爲沸流治 都彌
鄒忽 以灌奴桂妻爲溫祚治都牛壤 涓奴黃龍荇荼卑離 上與召皇后治之 以慰召后之心]'.

   그러나 유류왕의 3분할 통치체제는 오래가지 못하고 갑자기 중단된
다. 소서노가 고구려를 떠나기로 결정한다. 이유는 당시의 정치상황 때문
이다. 소서노의 홀본계는 유류왕의 동부여계에게 밀려 정치적 입지가 상
당히 위축된다.

   결국 소서노는 새로운 돌파구를 찾는다. 고구려에서의 꿈과 삶을 모
두 포기하며 두 아들 비류와 온조를 데리고 한반도로 남하하여 백제를 건
국한다.

   《광개토왕릉비》의 「顧命世子儒留王」 일곱 글자에는 백제 건국을
촉발시킨 비밀이 오롯이 담겨 있다.

| 광개토왕의 세계와 죽음 |

다음은 서문의 후반부이다. 광개토왕의 세계世系와 죽음이다.

《광개토왕릉비》 기록이다.

遝至十七世孫 國罡上廣開土境平安好太王 二九登祚
號爲永樂 太王恩澤洽于皇天 武威振被四海 掃除▨▨
庶寧其業 國富民殷 五穀豐熟 昊天不弔 卅有九寔 駕
棄國以 甲寅年九月廿九日乙酉 遷就山陵 於是立碑銘記
勳績 以示後世焉 其詞曰 ▨▨

17세손에 이르러 국강상광개토경평안호태왕이 18세二九에
등조登祚하여 연호를 영락永樂이라 하였다. 태왕의 은택恩澤이
황천皇天에 미치고 무위武威는 사해四海에 가득하였다. ▨▨을
쓸어 없애니 백성庶은 생업에 힘쓰며 평안히 지냈다. 나라가
부강하고 백성은 부유殷하며 오곡五穀이 풍성하였다. 하늘昊
天이 불쌍히 여기지 않아 39세卅有九에 나라를 버리고 사망하
니 갑인년甲寅年 9월 29일 을유乙酉일에 산릉山陵으로 옮겨와
장례를 치뤘다. 이에 비를 세워 훈적勳績을 명문에 기록하여
후세에 전한다. 그 말씀은 다음과 같다.

광개토왕의 미션Mission은 「국부민은國富民殷」이다. 나라는 부강하고 백성은 부유한 대국이
광개토왕이 만들고자 한 고구려의 모습이다. 이에 반해 장수왕의 미션은 「부국강병富國强
兵」이다. 나라는 부강하고 군사는 강성한 제국 고구려이다. ☞ 291쪽 '장수왕의 대외 정책 이
해' 참조

▮ 광개토왕은 17세손인가? ▮

《광개토왕릉비》는 광개토왕을 17세손으로 기록한다[十七世孫]. 세손世孫은 왕의 계보 숫자 즉 세수世數를 말한다. 그런데 『삼국사기』의 세수는 광개토왕이 19세손이다. 2세 차이가 난다.

『삼국사기』 왕계는 16세손에 해당

《광개토왕릉비》는 17세손 앞에 답지遝至를 붙인다[遝至十七世孫]. 遝은 '뒤섞이다'는 뜻으로 많이 쓰이나 '따라 붙다'라는 뜻도 있다. 至는 '이르다'이다. 따라서 遝至는 '누구의 뒤를 이어따라 붙어 무엇에 이르다.'로 번역된다. 누구는 바로 《광개토왕릉비》가 앞에서 기술한 대주류왕이다. 따라서 '遝至十七世孫'은 '대주류왕의 뒤를 이어 17세손에 이르다'로 정리된다.

『삼국사기』 19세손과 《광개토왕릉비》 17세손의 2세 차이를 두고 쓰다 소우키치津田左右吉는 고구려 고대사의 조작과 윤색이라 감히 단정하나, 그 차이에 대해 ㉮ 대주류왕을 기준으로 하는 설, ㉯ 시조 추모왕부터 세는 설, ㉰ 기준을 추모왕으로 하고 손자 대주류왕부터 세는 설 등이 있다.

그런데 『삼국사기』가 설정한 왕의 계보에 따라 대주류왕3세의 뒤를 이은 민중왕4세부터 하나하나 세수를 세어보면 광개토왕은 16세손에 해당한다.

『고구려사략』의 신명왕 재사

그렇다면 《광개토왕릉비》는 광개토왕을 16세손이 아닌 1세가 더 많은 17세손으로 기록한 것일까? 혹여 『삼국사기』가 설정한 고구려 왕들 중에 광개토왕 이전의 왕의 계보에서 빠진 왕이 있는 것일까?

『고구려사략』은 신명왕神明王의 존재를 언급한다. 신명왕은 『삼국사기』가 태조왕6대의 아버지로 기록한 고추가古鄒加 재사再思이다. 〈신명선제기〉이다. '제는 휘이름를 재사 혹은 록신이라 하며 대무신제대주류왕의 별자이다. 어머니는 갈사태후라 하며 그녀의 아버지 해소는 유화부인이 낳은 금와왕의 아들이다. 성품은 총오하고 호인하였다. 선서를 읽고 의약에 통달하며 용병에 능하고 언변이 뛰어남에도 항상 모르는 것처럼 묵연하였다. 포형인 호동이 비명한 것을 애석하게 여겼기 때문이다. 민중제민중왕가 죽어 나라사람이 그를 보위에 세우려 하였으나 고사하며 말하길 "적자가 있는데 감히 서자가 맡을 자리가 아니다."하고서 어머니를 모시고 피해 달아나니 모본모본왕이 그 뜻을 가상히 여겨 선왕에 봉하였다. 부여의 난을 평정하는 데 공이 있었다. 모본이 시해당되자 마락 등이 그를 맞아하여 동도 신궁에서 즉위하였다. 널리 사면하고 연호를 신명으로 바꿨다.[帝諱再思又曰鹿臣大武神帝別子也 母曰曷思太后其父解素柳花夫人所生金蛙子也 性聰悟好仁 讀仙書通医薬又能用兵 善辯而常黙然如不知 哀其胞兄好童死於非命故也 閔中帝崩國人欲立之固辞曰 嫡子在非庶子之所敢當也 遂奉母而走 慕本亦義其志封為仙王 平扶余乱有功 慕本被弑 麻楽莘迎之卽位於東都神宮大赦改元曰神明]'.

　　먼저 신명왕 재사의 모계혈통이다.『고구려사략』은 신명왕의 어머니 갈사曷思를 해소解素의 딸로 소개한다. 또한 해소는 시조 추모왕의 어머니 유화부인이 동부여 금와왕에게 재가하여 낳은 아들로 설명한다. 신명왕의 모계혈통에는 고구려와 동부여가 동시에 자리잡고 있다.

　　다음은 신명왕 재사의 부계혈통이다.『고구려사략』은 신명왕을 '대주류왕의 별자別子'로 설명한다. 별자別子는 혈통과 무관하게 그냥 길러진 아들을 말한다. 이는 신명왕이 대주류왕대무신왕의 아들로 편입된 사실을 부연한다. 특히『고구려사략』은 갈사부인이 낳은 유류왕의 아들 호동好童태자를 신명왕의 포형胞兄으로 적는다. 포형은 아버지는 다르나 어머니가 같은 경우이다.

호동태자는 '호동왕자와 낙랑공주' 전설의 주인공이다. 낙랑국은 남옥저 땅에 소재한 최리崔理의 낙랑국이다. 당시 호동은 태자의 신분으로 낙랑국에 잠입하여 낙랑공주의 사랑을 얻고 낙랑공주는 자명고를 찢어 낙랑국 멸망의 단초를 제공한다. 이때 낙랑공주는 조국을 배신한 죄로 아버지 최리왕에게 죽임을 당하며 호동태자 역시 이후 계모 오왕후와 스캔들로 아버지 대주류왕으로부터 죽음을 명받고 자결한다.

　　그렇다면 신명왕의 생부는 누구일까?『고구려사략』조차 명확히 생부의 존재를 밝히고 있지 않다. 그럼에도 추정은 가능하다. 고구려는 신명왕 아들 태조왕부터 해解씨가 아닌 고高씨를 사용한다. 신명왕 역시 고씨이다. 신명왕의 생부는 고구려 최초 고씨인 고루高婁와 연관된다. 고루는 시조 추모왕이 재위초기 북부여 제후국인 환나국桓那國 여왕 계루桂婁를 부인으로 맞이하며 낳은 아들이다. 고루는 유류왕시기 고구려 초기 5부족의 중앙을 담당하는 계루부[※ 계루부인에서 유래]의 수장으로 태보국무총리를 겸하는 등 유류왕 못지 않게 막강한 권력을 행사한다.

『고구려사략』〈추모대제기〉. '2년前36년 을유 2월, 환나국 여주 계루가 찾아와 항복하여 부인으로 삼았다.[二年 乙酉 二月 桓那國女主桂婁來降 納爲夫人]', '3년前35년 병술 10월, 계루부인이 아들 고루를 낳았다. 사람됨이 의·충·효를 귀하게 여겼다. 소후로 올려 주었다.[三年 丙戌 十月 桂婁生子高婁 爲人尙義忠孝 陞爲小后]'.

　　신명왕 재사의 아버지는 고루가 아닌 '고루의 아들'로 추정된다. 한 세대 이상 차이가 나기 때문이다. 이름에 대한 기록은 없다. 특히『삼국사기』는 신명왕고추가 재사를 '유류왕의 아들子'로 설정한다. 유류왕과 신명왕은 두 세대 이상 차이가 나서『삼국사기』설정은 절대 무리이다. 그럼에도『삼국사기』가 굳이 신명왕 재사를 '유류왕의 아들'로 설정한 이유는 고루가 추모왕의 직계가 아닌 방계이기 때문이다. 이런 연유로 후대에 역사를 정리하며 '고루의 아들'을 '유류왕의 아들'로 편입시킨 듯 보인다. 신명왕 재사의 부계혈통에는 비록 방계이지만 시조 추모왕과 직접적으로 연결된다.

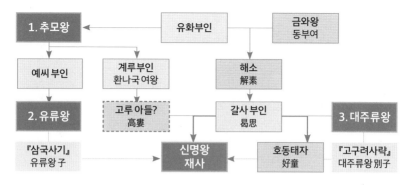

▲ 신명왕 재사의 출신 계보

『삼국사기』태조왕 기록의 보완

『삼국사기』기록을 보면 모본왕 이후 3명 왕의 수명이 상상을 초월한다. 태조왕[6대]은 7세에 등극하여 119세에 사망하고, 차대왕[7대]은 79세에 등극하여 95세로 사망하며, 신대왕[8대]은 77세로 등극하여 91세에 사망한다.

　고대인의 평균수명이 40세 정도임을 감안하면 지극히 비정상적이다. 특히『삼국사기』는 이들 3명 왕의 수명을 꼬박꼬박 기록하고 있어 이를 사실로 인정하자니 의심을 지울 수 없고 그렇다고 부정하자니 또한 찜찜하다. 우리의 상상만을 자극한다.

	『삼국사기』	『고구려사략』
신명왕	-	**73~112 (40년)**
태조왕	**53~146 (94년)**	**112~146 (35년)**
차대왕	146~165 (20년)	146~165 (20년)
신대왕	165~179 (15년)	165~179 (15년)

　『고구려사략』은 태조왕의 아버지 고추가 재사가 신명왕이라고 명확히 기록한다. 신명왕의 존재는『삼국사기』가 기록한 태조왕의 비정상적인 수명과 재위기간을 보완한다.

　『삼국사기』와『고구려사략』의 왕의 재위년도와 재위기간을 비교하면『삼국사기』는 태조왕의 재위년도를 53년~146년[94년간]으로 설정하지만『고구려사략』은 신명왕 73년~112년[40년간], 태조왕 112년~146년[35년

간으로 각각 분리한다. 다만 두 기록은 20년간[53년~73년]의 편년 차이를 보인다.『고구려사략』기록을 적용하면 태조왕의 재위기간은 94년간이 아니라 35년간이다. 또한 태조왕은 53년인 7세에 등극한 것이 아니라 112년인 45세[68년생]에 등극한다.

결과적으로『삼국사기』가 기록한 태조왕의 비정상적인 수명과 재위기간은 아버지 신명왕을 삭제하면서 발생한 어처구니없는 결과이다.

신명왕이 삭제된 이유

『삼국사기』는 무슨 이유로 신명왕을 고구려 왕의 계보에서 탈락시켰을까? 이는 전적으로 태조왕에 대한 배려 때문이다. 태조왕은 시호 태조가 말하듯 명백한 또 한 분의 시조이다. 이런 까닭으로 아버지 신명왕 재사는 태조왕이 고씨왕조의 시조가 되면서 자연스레 탈락한다. 역으로 만약 신명왕이 고씨왕조의 시조가 되었다면 아들 태조왕은 결코 태조의 시호를 받지 못했을 것이다. 그럼에도《광개토왕릉비》는 광개토왕을 17세손으로 기록하며 신명왕의 존재를 인정하고 있다. 적어도 광개토왕 시기까지는 고구려 왕의 계보에 신명왕이 분명히 포함되어 있었다.

신명왕神明王 재사再思는 자식을 잘 둔 덕분에 왕의 계보에서 탈락한 비운의 왕이다.

| 광개토왕의 등극년도와 사망년도 |

《광개토왕릉비》는 광개토왕이 18세에 등극登祚하여 39세에 사망하였다고 기록한다.[二九登祚 … 卅有九寔駕棄國]. 등극시와 사망시의 나이를 감안하면 광개토왕의 재위기간은 22년[391년~412년]이다. 재위기간만을 고려하면 결코 짧다고 할 수 없다. 그럼에도 한참 활동할 나이에 갑자기 사망하여 아쉬움을 지울 수 없다. 여담이지만 역사는 위대한 영웅을 만들 때 '굵고 짧게'를 선택하는 것 같다. [※ 알렉산더대왕 33세 사망]

《광개토왕릉비》는 광개토왕이 보위에 오른 행위에 대해 '등조登祚'의 표현을 쓴다. 등조는 등극登極, 천조踐祚와 동의어로 '천자天子의 위位에 오름'이다. 이에 반해 즉위卽位는 어극御極, 즉조卽祚와 동의어로 '왕王의 위位에 오름'이다. 고구려는 누가 뭐래도 천자국이다.

18세 등극년도는 신묘년

광개토왕은 18세에 등극한다. 등극년은 육십갑자의 신묘년辛卯年인 391년이다. 이에 반해 『삼국사기』는 광개토왕의 등극년도를 신묘년이 아닌 임진년壬辰年인 392년으로 설정한다. 《광개토왕릉비》와는 1년 차이가 난다.

『삼국사기』의 임진년392년 설정은 고국양왕의 사망년도에 맞춰 광개토왕의 등극년도를 보정하였기 때문이다. 고국양왕은 임진년에 사망한다. 고국양왕의 사망년도가 광개토왕의 등극년도이다.[※ 「즉위년칭원법」 적용]

그런데 『고구려사략』은 고국양왕이 생전에 보위를 광개토왕에게 미리 넘겼다고 설명한다. 〈국양천왕기〉이다. '8년391년 7월, 왕이 태자에게 전위하였다. 스스로를 태상왕이라 하였다. 융복8년을 영락원년으로 삼고 천하에 대사면하였다.[八年七月 王傳位於太子 自稱太上王 以隆福八年爲永樂元年大赦天下]'.

고국양왕이 보위를 넘긴 이유는 형 소수림왕의 유언에 따른 조치이다. ☞37쪽 '광개토왕의 이름 담덕' 참조 391년신묘년은 광개토왕의 나이 18세이다. 고국양왕은 담덕태자가 왕권을 행사할 수 있는 충분한 역량을 갖췄다고 판단하여 미리 보위를 넘긴다. 다만 아쉽게도 고국양왕은 광개토왕에게 보위를 넘긴 이듬해392년에 사망한다.

결과적으로 고국양왕의 선택은 고구려가 또 한 번 융성할 수 있는 기회로 이어진다. 만약 고국양왕이 개인적인 욕심을 부렸다면 고구려 역사는 왕실 내의 골육상쟁사로 뒤바뀌고 광개토왕과 같은 걸출한 영웅은 출현하지 못했을 것이다. 고국양왕은 광개토왕에게 바톤baton을 넘겨주며 징검다리의 소임을 묵묵히 수행한 참으로 훌륭한 군주이다.

고국양왕은 참으로 위대한 군주이다. 고국양왕은 자신의 직계에 의한 왕위승계의 유혹을 물리치고 형 소수림왕의 유언에 따라 광개토왕에게 보위를 넘긴다. 우리는 권력욕을 앞세워 쿠데타로 집권한 군주가 혹이라도 조그마한 치적을 쌓으면 그를 높게 평가한다. 그러나 역사는 쿠데타로 집권한 군주를 결코 위대하다고는 말하지 않는다.

39세 사망의 숨겨진 이야기

광개토왕은 39세에 사망한다. 사망년도는 육십갑자의 임자년인 412년이다. 『삼국사기』는 사망 사실만을 전하나 《광개토왕릉비》는 「昊天不弔」 즉 '하늘이 불쌍히 여기지 않았다.'로 표현하여 광개토왕의 죽음이 자연사가 아닐 가능성을 열어 놓는다.

그런데 광개토왕의 죽음에 얽힌 비화秘話가 『고구려사략』에 나온다. 〈국강호태왕기〉이다. '영락22년412년 왕이 황산원에서 사냥하였다. 사로잡은 원숭이와 사슴을 놓아주라 명하고 마침내 사냥을 끝내고 돌아왔다. 왕의 몸이 좋지 않게 되자 천강태후가 이를 걱정하였다.[王畋于黃山原 得猿鹿命放遂罷獵而歸 不豫太后憂之]'.

광개토왕은 황산원黃山原 사냥터에서 돌아오자마자 갑자기 '왕의 몸이 좋지 않은[不豫]' 급병을 얻는다. 오늘날의 의학적 소견을 빌리면 광개토왕은 사냥터에서 어떤 바이러스또는세균에 감염된 것으로 보인다.

황산원黃山原은 태왕릉이 소재한 길림성 집안의 너른 벌판을 가리킨다. 집안을 감싸고 있는 지금의 우산禹山이 당시의 황산黃山이다. 광개토왕의 황산원 사냥은 훗날 자신이 묻힐 장지

를 알아보기 위함이다.『고구려사략』에 따르면 광개토왕은 황산에 묻히며, 장수왕 또한 황산 행궁국내성행궁에서 사망하여 황산원의 장군총에 묻힌다.

이어지는 기록은 더욱 흥미롭다. '백산길림성 장백산 사람이 불로초를 바쳤는데 생긴 것이 마치 동자와 같았다. 백산후가 이를 쪄서 거련태자에게 먹게 하였다. 거련이 이를 먹고 열이 나고 정신을 잃으니 광개토왕은 독이 있다 의심하여 바친 자를 옥에 가두었다. 바친 자가 고하길 "영약의 조짐입니다. 만약 독이 있다면 신이 나머지를 먹으면 죽을 겁니다."하였다. 이에 왕이 먹으라 하니 그 또한 열이 나고 하루 동안 죽었다가 깨어났다. 왕이 이를 기이하게 여겨 다시 구해오라 명하였으나 구하지 못하였다. [白山人獻不老草狀如童子 白山后烹之令巨連太子嘗之 巨連飮之發熱假死食項 王疑其有毒命囚獻者 獻者曰靈藥有兆而發也若有毒 則臣請飮其餘而死 王乃命飮之亦發熱而死一日而起 王異之命求之不得]'.

동자 닮은 불로초는 산삼으로 추정된다. 거련장수왕이 열이 나고 하루 동안 기절한 것은 산삼의 부작용이 아니라 일종의 명현반응瞑眩反應이다. 광개토왕은 진시황도 구하지 못한 불로초를 코앞에서 놓쳐 사망하고 광개토왕의 의심 때문에 산삼을 대신 먹은 장수왕은 말 그대로 장수한다. 아이러니컬한 역사의 한 장면이다.

『삼국사기』의 산삼인삼 기록은 신라 성덕왕 때인 723년에 처음 나온다. '4월, 당에 사신을 보내 과하마 한 필과 우황, 인삼, 머리장식, 조하주, 어아주, 매를 아로새긴 방울, 바다표범 가죽, 금, 은 등을 바쳤다.[夏四月 遣使入唐 獻果下馬一匹牛黃人蔘美髢朝霞紬魚牙紬鏤鷹鈴海豹皮金銀等]'.

광개토왕의 직접적인 사인死因은 황산원 사냥터에서의 바이러스또는 세균 감염으로 추정된다. 안타까운 점은 자신이 묻힐 장지를 보러갔다가 뜻하지 않게 병에 걸려 오히려 사망한다. 그래서 《광개토왕릉비》는 '昊天不弔'를 쓴다. 광개토왕의 갑작스런 죽음을 하늘의 뜻으로 돌리면서도 한편으론 하늘에 대한 원망 또한 섞여 있는 표현이다.

광개토왕은 급병을 얻어 한참 혈기 왕성한 서른아홉[39세] 나이에 갑자기 사망한다.

┃ 광개토왕의 장례가 늦취진 이유 ┃

광개토왕은 39세인 임자년[412년]에 사망한다. 그러나 곧바로 장례를 치르지 못하고 3년 후인 갑인년[414년]에 정식으로 산릉山陵에 안장하며 장례를 치른다.《광개토왕릉비》는 「甲寅年九月卄九日乙酉遷就山陵」로 표현한다. '갑인년 9월 29일 을유일에 산릉으로 옮겨와 장례를 치렀다.'이다. 광개토왕의 장례식은 사망 당해년도가 아닌 3년이나 지체되어 거행된다. 이를 두고 3년상三年喪·초상/소상/탈상으로 이해하려는 해석도 있으나 유교식 3년상은 고려 때부터 적용된 예법이다.

광개토왕의 장례식이 늦취진 이유는 크게 두 가지로 압축할 수 있다. 하나는 산릉 조성에 3년의 시간이 소요될 수 있으며 또 하나는 어떤 정치적 사유로 지체될 수 있다. 물론 두 가지 요소가 복합적으로 작용할 수도 있다.

수릉 조성기간일 가능성

먼저 산릉 조성의 소요시간이 3년일 가능성이다. 수릉壽陵은 왕이 죽기 전에 미리 무덤을 만들어 놓는 일종의 가묘假墓를 말한다. 이는 고대 왕들에게도 똑같이 적용된다.『고구려사략』기록에 의하면 광개토왕 이전의 민중왕[4대/민중원], 모본왕[5대/모본석굴], 미천왕[15대/미천석굴] 등은 생전에 전렵田獵·사냥을 통해 자신이 사후에 묻힐 장지를 미리 결정하고 지정한다. 이는 고구려 왕들에게 수릉제도가 보편화되었다고 단정할 수 없어도 어느 정도 적용된 사례로 볼 수 있다. 광개토왕의 경우도 마찬가지이다. 이를 확증하듯《광개토왕릉비》는 광개토왕이 왕릉을 지키고 보호할 수묘인守廟人을 생전에 명확히 지정한다. ☞ 171쪽 '수묘인 연호 교언' 참조 광개토왕의 장지는 광개토왕 생전에 결정되고 또한 어느 정도 수릉작업이 이루어진 사실을 미뤄 짐작할 수 있다. 따라서 산릉王陵 조성에 3년의 소요되었다는 해석과 판단은 다소 설득력이 떨어진다.

특히 『고구려사략』은 광개토왕의 사망 시기와 장소, 장례 시기와 장지 등을 따로 따로 구분하여 기록한다. 〈영락대제기〉는 '임자412년7월, 상이 주유궁에서 붕하였다. 춘추 서른아홉39세이다.[壬子 七月 上崩於朱留宮 春秋三十九]'이고, 〈장수대제기〉는 '갑인414년 9월, 대행을 황산에 장사지냈다.[甲寅 九月 葬大行于黃山]'이다.

광개토왕의 사망 장소는 주유궁朱留宮이고 장지는 황산黃山이다. 주유궁은 대주류왕이 태어난 궁궐 이름으로 고구려 북도北都인 위나암성에 소재한다. 위나암성은 지금의 요녕성 철령鐵嶺지역이다. 또한 황산은 국내성이 소재한 장소이다. 태왕릉과《광개토왕릉비》가 있는 지금의 길림성 집안지역이다. 이는 광개토왕이 412년 북도 위나암성主留宮에서 사망하여 3년이 되는 414년에 황산으로 시신을 옮겨와 장례를 치른 사실과 정확히 일치한다.《광개토왕릉비》가 기록한 '遷就山陵'이다.

▲ 고구려 수도와 광개토왕의 시신 이동

광개토왕 당시 고구려 도성은 3곳이 동시에 운영된다. 서도와 동도홀승골성는 추모왕 재위시기 조성된 도성으로 고구려의 건국지이다. 북도위나암성는 유류왕이 천도한 도성이다. 환도성은 산상왕이 천도한 도성이며, 평양성은 동천왕이 천도한 도성이다. 광개토왕은 주로 북도인 위나암성에 기거한다.

천익의 보위찬탈로 지체

다음은 정치적 사유로 3년이 지체될 가능성이다. 『삼국사기』는 413년에 광개토왕이 사망하여 뒤를 이은 장수왕이 곧바로 재위를 시작한 것으로 적는다. 『고구려사략』 역시 동일하게 「즉위년칭원법卽位年稱元法」을 적용한다. 다만 〈영락대제기〉는 《광개토왕릉비》와 마찬가지로 광개토왕은 412년에 사망하며 뒤를 이어 장수왕이 등극한 것으로 기록한다.

그런데 〈국강호태왕기〉는 광개토왕 사망 이후 장수왕이 등극하기까지 3년간의 공백이 있다고 설명한다. '영락23년413년 정월, 천익이 스스로 익원왕이 되었다. 그의 처 혜문, 양평, 우당 씨를 후로 삼았다. 혜문릉을 고릉으로 고치고 관속을 배치하여 크게 만들었다. 천강태후와 탑태자는 이를 막지 못하였다. 2월, 천익이 탑태자를 폐하여 예박도위로 삼았다. 자신의 아들 천혜를 태자로 삼고 태후를 위협하여 천후로 삼았다.[永樂二三年 正月 天益自爲益原王 以其妻橶門陽平棠權氏爲后 改橶門陵爲高陵置官屬大營之 太后及榻太子不能禁之 二月 天益廢榻太子爲柄博都尉 以其子天橶太子逼太后爲天后]'.

412년 10월 광개토왕이 급병으로 사망하자 천강天罡·광개토왕 어머니 태후의 동생 천익天益이 이듬해인 413년 정월에 익원왕益原王을 자처하며 보위를 찬탈하는 쿠데타를 일으킨다. 이어 7월 거련이 천익의 쿠데타를 진압하고 10월에는 소왕小王이 되어 감국監國한다. 그리고 이듬해인 414년 3월 정식으로 고구려 태왕에 등극한다. 결국 장수왕의 초기 3년간 공백은 천익의 보위찬탈로 인해 등극자체가 늦춰진다. ☞ 270쪽 '장수왕의 등극

결과적으로《광개토왕릉비》가 기록한 광개토왕의 장례년도가 412년 사망 후 3년간 늦춰져 414년이 된 이유는 명확하다. 장수왕은 천익의 보위 찬탈로 인해 황산^{황산원}에 광개토왕의 수릉이 조성되었음에도 곧바로 장례를 치르지 못한다. 특히 장수왕의 등극달은 3월이고 광개토왕의 장례달은 9월이다. 6개월의 시간 차이가 난다. 이 기간은 장수왕이 등극 후 아버지 광개토왕의 수릉 조성에 지극 정성을 쏟을 때이다.《광개토왕릉비》역시 이 기간 동안에 제작되어 세워진다.

광개토왕과 장수왕 사이에는 『삼국사기』가 기록하지 않은 익원왕_{益原王} 천익_{天益}이 있다.

┃《광개토왕릉비》는 누가 세웠나? ┃

《광개토왕릉비》서문의 마지막 기록은 「於是立碑銘記勳績以示後世焉」이다. '이에 비를 세워 훈적을 명문에 기록하여 후세에 전한다'. 《광개토왕릉비》를 제작하여 세운 목적을 명문화한 문장이다.

《광개토왕릉비》를 세운 춘태자

《광개토왕릉비》를 세운 사람은 누구일까? 가장 먼저 떠오르는 인물은 장수왕이다. 아버지 광개토왕의 훈적비_{勳績碑}를 세우는 것은 당연한 절차로 이해되기 때문이다. 특히《광개토왕릉비》와 『삼국사기』둘 다 제작자에 대한 언급 자체가 없어 장수왕일 가능성을 뒷받침한다.

그런데 뜻밖에도 『고구려사략』〈장수대제기〉에 의외의 인물이 나온다. '원년_{414년} 갑인 9월, 대행을 황산에 장사지내고 춘태자가 비석을 만들어 세웠다.[元年甲寅 九月 葬大行 于黃山 春太子作碑立之]'. 바로 춘春 태자이다. 특히 비석을 세운 갑인년 414년 9월은 광개토왕의 시신을 산릉 으로 옮겨 안장한 갑인년 9월 29일 의《광개토왕릉비》기록과 정확히 일 치한다.[甲寅年九月廿九日乙酉遷 就山陵] 이로 미루어 보아 광개토왕

▲《광개토왕릉비》[조선고적도보]

의 시신 안장과 비석 건립은 동시에 이루어진다.

광개토왕 당시의 태자 칭호는 왕의 후계자를 지칭하는 것이 아니다. 광개토왕이 태왕의 칭 호를 사용하면서 왕자급 왕족에게 일괄적으로 태자 칭호를 부여한다. 왕의 뒤를 이을 후계 자는 사태자嗣太子 칭호를 사용한다.

《광개토왕릉비》를 세운 이유

춘태자가《광개토왕릉비》를 제작하고 세운 사유가 비문에 나온다. 마지 막 부문결문에 언급된 수묘인守廟人 관련 기록이다. '국강상광개토경호태 왕이 살아 계실 적에 교언하길 "조왕고국원왕과 선왕고국양왕께서는 다만 원 근에 사는 구민舊民만을 데려다가 무덤을 지키며 쇄소洒掃·청소를 맡겼으 나 나는 이들 구민이 차차 몰락하게 될까 염려된다. 만일 내가 죽은 지 1만 년 후에 나의 무덤을 수호할 자가 누군인지 어찌 알겠는가? 내가 친히 순 행하며 약취해온 한韓과 예穢만을 데려다가 무덤을 수호하고 쇄소하는 일 을 맡게 하라."하였다.[國罡上廣開土境好太王存時敎言祖王先王 但敎取遠近舊民守墓洒掃 吾慮舊民轉當嬴劣若 吾萬年之後 安守墓者但取 吾躳巡所略來韓穢令備洒掃]'. 광개토왕은 사후 자신의 능을 지키고 보호할 수묘인 문제의 혼란을 미연에 방지하기 위해 춘태자에게 교언으로써 명확한 지침을 내린다. 이런 연유로 춘태자는 광

개토왕의 훈적비를 제작하며 광개토왕이 생전에 남긴 교언을 비문에 새긴다. ☞ 171쪽 '수묘인연호 교언' 참조

춘태자, 광개토왕과 장수왕의 내치 보좌

춘태자는 소수림왕의 동생이며 광개토왕의 작은 아버지이다. 고국원왕의 정실왕후 해解씨 소생으로 360년에 출생한다. 춘태자가 기록상으로 두각을 나타내기 시작한 시기는 광개토왕 때부터이다. 391년 광개토왕이 18세^{374년 출생}로 등극하자 춘태자는 광개토왕의 연호 '영락永樂'과 휘호 '평안平安'을 제정하며 광개토왕 치세의 통치이념을 설계한다. 이어 춘태자는 398년 고구려 역사서인 『유기留記』 70권을 개수改修 편찬하는 등 광개토왕이 외치정복사업에 전념할 있도록 내치를 적극 보좌한다.

『고구려사략』〈영락대제기〉. '8년398년 무술 9월. 춘태자가 개수한 『유기』 70권을 바치니 상광개토왕이 황금 100근을 하사하였다. 춘태자가 효성으로 해태후를 섬기면서 자신의 비 천을과 함께 『유기』와 『대경』에 파묻혀 10여년을 보내면서 개수한 것이다. 나라 안의 악행과 악습을 없애고 조종 열위의 여러 훌륭하신 말씀과 이루신 업적을 드높이는 일은 가히 정경으로 삼을 만한 것이다. 이때 나이 서른아홉39세이다.[八年 戊戌 九月 春太子上改修留記 七十卷 上賜黃金百斤 春太子孝事鮮太后而與妃天乙沈潛留記代鏡十余年而改修之 去國 惡彰祖烈多好言達事 可爲政鏡 時年三十九]'.

춘태자의 활약은 광개토왕 사후 장수왕 치세에도 이어진다. 414년 우보^{우의정}에 임명되어 장수왕의 국정운영을 적극 보좌한다. 415년 신라, 백제, 북연 등의 사신에게 고구려의 독자적인 동명력東明曆을 만들어 배포하고, 또한 농사를 권장하는 권농勸農조서를 작성하며 적잠사籍蚕司를 설치하여 백성에게 시범을 보이도록 한다. 이어 418년 '5후后·7비妃·16빈嬪' 체계를 만들어 장수왕의 부인들에 대한 혼란을 미연에 방지한다. 또한 421년 제왕齊王에 봉해진 춘태자는 433년 여러 학자들과 함께 진晉의 율령을 참조해 새로운 법령을 만들기도 한다.

이처럼 장수왕의 재위 초반기 국정운영에 혁혁한 공을 세운 춘태자는

433년 74세의 나이로 사망한다.『고구려사략』〈장수대제기〉이다. '장수 원년433년 계유 7월, 제왕 춘태자가 일흔넷74세에 훙하였다. 제왕은 학문을 좋아하고 현인을 존경하며 나라를 다스림에 도리를 따르니 천하가 그에 힘입어 편안하고 종실의 표상이 되어 세세토록 모범이 되어 현명하였다. 상은 좌우 모두를 잃은 듯 벙어리처럼 아무 말도 하지 못하였다. 태왕의 예로 국내에 장사지냈다. 선·불·유자가 멀리에서 찾아오고 흰옷 입은자가 10만이나 되었다.[長壽元年 癸酉 七月 齊王春太子薨 年七十四 王好學尊賢執 國以道 天下賴以安 爲宗室之標 垂範百世賢哉 上如失左右啞然失聲 以太王禮葬之國內 仙佛儒者之遠來 縞素者十萬計焉]'.

춘태자는 당대 최고의 석학이다.《광개토왕릉비》비문을 작성한 당대 최고의 문장가이자 유학자이다. 또한 춘태자는 고구려 최전성기인 광개토왕과 장수왕의 치세가 화려하게 꽃필 수 있도록 기초를 다진『삼국사기』가 기록하지 않은 숨겨진 인물이다. 장수왕은 춘태자의 죽음에 한동안 말을 잇지 못했다고 한다. 장수왕이 받은 충격을 가히 짐작하고도 남음이다. 특히 흰옷상복을 입고 찾아온 선仙·불佛·유儒자가 10만이라 하니 이 또한 허언은 아닐 것이다. 고구려 사회 전체가 춘태자의 죽음을 애통해 한 것이다.

장수왕은 춘태자를 태왕의 예로써 국내에 장사지냈다.[以太王禮葬之國內] 국내 땅은 길림성 집안의 통구하 하류 양안兩岸을 가리킨다. 동안東岸은 국내성통구성이 위치하며, 서안西岸은 「칠성산무덤떼七星山墓區」가 소재한다. 춘태자의 무덤은 「칠

▲ 칠성산211호분 분포

성산무덤떼」에서 가장 규모가 큰 왕릉급의 대형 돌무지무덤인 칠성산 211호분으로 추정된다. ☞ 216쪽 '칠성산무덤떼의 왕릉급 무덤' 참조

《광개토왕릉비》를 제작하고 세운 사람은 춘春태자이다.

2부 광개토왕의 정복사업

2부는《광개토왕릉비》비문의 본문本文에 해당한다. 비문기록의 핵심 내
용이며 가장 많은 분량을 차지한다. 1면 7행에서부터 3면 8행에 걸쳐 광
개토왕의 대외 정복사업을 연대순으로 상세히 기술하고 있다.

《광개토왕릉비》와『삼국사기』기록의 차이점

고구려 역사에 관심을 가진 사람이라면 한
번 정도《광개토왕릉비》에 나오는 소위 광
개토왕의 정복사업 기록을 살펴보았을 것
이다. 그런데《광개토왕릉비》의 정복사업
기록은『삼국사기』정복사업 기록에는 아
예 나오지 않는다. 두 기록은 완벽하게 겹치
지 않는다. 이는 마치『삼국사기』가 사전에
《광개토왕릉비》기록을 충분히 검토하고
이에 해당하는 부분만 쏙 골라 잘라낸 후 나
머지 정복사업 기록으로『삼국사기』를 편
집하지 않았나 하는 의구심이 들 정도이다.

▲《광개토왕릉비》[1907년]

　도대체 무슨 곡절이 있는 걸까? 이에 대
한 판단은 김부식이 무덤에서 살아 돌아와 설명하지 않는 한 정확한 사
유를 알 수 없다. 그럼에도 만약 김부식의 의도된 편집이 아니라면『삼국
사기』의 원사료인『[구]삼국사』를 의심해야 한다.『[구]삼국사』는 삼국
통합시기 신라인이 정리한 삼국의 역사서이다. 완벽한 신라의 승자기록
이다.

김부식이 『삼국사기』를 편찬하면서《광개토왕릉비》존재를 알고 비문기록을 사전에 입수하였을 가능성은 매우 희박하다.《광개토왕릉비》는 조선의 『용비어천가』와 『동국여지승람』에도 언급되나 광개토왕의 훈적비가 아닌 여진족이 세운 금金의 시조비아골타 정도로만 판단한다.

《광개토왕릉비》와 『삼국사기』는 철저히 경략經略·타 국가/지역을 공략하여 지배함 대상을 달리한다.《광개토왕릉비》는 비려, 왜잔국, 백신, 신라, 왜적, ▨▨▨, 동부여 등 7개이다. 이에 반해 『삼국사기』는 백제, 거란, 후연 등 3 개이다. 또한 두 기록은 전쟁 형태가 완전히 다르다.《광개토왕릉비》는 대규모 군사를 동원한 전면전의 성격이 강한 반면, 『삼국사기』는 상대방의 성城 1~2개를 빼앗는 정도의 소규모 부분전국지전이다.

《광개토왕릉비》와 『고구려사략』 기록의 일체성

우리는 『삼국사기』 정복사업 기록만을 가지고 광개토왕을 명확히 설명할 수 없다. 『삼국사기』가 기록한 광개토왕 정복사업 정도는 고구려 역대 어느 왕도 모두 가지고 있기 때문이다. 만약《광개토왕릉비》를 발견하지 못했다면 아니 고구려가《광개토왕릉비》 비문기록을 남기지 않았다면 우리는 광개토왕이 왜 광개토왕인지 또한 왜 정복군주인지를 영영 해석하지 못하는 딜레마에 빠졌을 것이다.

그런데《광개토왕릉비》 정복사업 기록이 『고구려사략』에는 모두 나온다. 일부는《광개토왕릉비》 비문기록보다 상세하다. 정복사업에 참가한 장수의 이름까지 구체적으로 열거하고 있다. 특히 『고구려사략』은《광개토왕릉비》 비문의 결자缺字와 탁본拓本 글자의 오류에 대한 단서도 상당 부분 확인해 준다. 참으로 놀라운 기록이 아닐 수 없다.

◀『고구려사략』표지

《광개토왕릉비》기록의 특징

《광개토왕릉비》정복사업 기록은 독특한 특징을 가지고 있다. 전쟁의 명분과 결과가 명확하다. 예를 들어 '△△가 ○○을 하니 태왕이 △△를 정벌한다.'는 식의 서술 구조이다. 천하의 으뜸국가 고구려와 그 고구려를 다스리는 광개토왕의 천하지배관을 반영한 필법이다.

  《광개토왕릉비》가 기록한 광개토왕의 정복사업은 모두 7개이다. 대상은 비려, 왜잔국, 백신, 신라, 왜, ▨▨, 동부여이다. 각각의 정복사업의 실상을 연대순으로 하나하나 살펴본다.

│ 영락5년 비려 토벌 │

광개토왕은 영락5년^{395년} 친히 군사를 이끌고 비려碑麗를 토벌한다.〔영락5년 비려 토벌〕이다. 비려는《광개토왕릉비》정복사업 기록의 첫 번째 경략經略대상이다.

비려는 대륙 동북방의 비리

《광개토왕릉비》기록이다.

永樂五年　歲在乙未　王以碑麗不息▨▨　躬率往討　過
富山負山　至鹽水上　破其丘部落六七百營　牛馬群羊
不可稱數　於是旋駕　因過襄平道　東來▨城力城北豊
五備▨　游觀土境　田獵而還

영락5년^{385년} 을미, 왕은 ㉠ 비려碑麗가 ▨▨를 멈추지 않아 친히 군사를 이끌고 토벌하였다. ㉡ 부산富山과 부산負山을 지나 염수鹽水상에 이르러 그 부락部落 6~7백 영營을 깨뜨렸다. 소, 말, 양이 헤아릴 수 없을 정도였다. 이어 어가를 돌려 양평도襄

平道를 지나 동쪽으로 ▨성, 역성力城, 북풍北豊, 오비五備▨를 거치며 경내
土境를 순유遊觀하고 사냥을 하며 돌아왔다.

이에 대응하는 『고구려사략』 기록이다.

五年 乙未 二月 上以卑離漸違王化 親征叵山冨山負山至鹽水 破其部
落七百余所 獲牛馬羊豕万數 二后亦騎馬而從上 上以吐后有身止之而
不聽歸生女 名以三山

5년385년 을미 2월, 상은 비리卑離가 점차로 왕화王化를 따르지 않자 친히
파산叵山, 부산冨山, 부산負山을 정벌하고 염수鹽水에 이르렀다. 그 부락部落
7백 여 소所를 깨뜨리고, 소, 말, 양, 돼지 1만여 마리를 노획하였다. 두 후
后 역시 말을 타고 상을 따랐다. 상이 토산吐山후가 임신 중이라 말려도 듣
지 않더니 돌아와서 딸을 낳았다. 삼산三山이라 이름지었다.

두 기록의 비교를 통해 다음이 확인된다. 첫째, 비문의 비려碑麗는 비
리卑離이다. 둘째, 전쟁명분 ㉠는 비려의 어떤 행위이다. 비문의 결자 ▨▨
은 王化이다. 셋째, 전쟁결과 ㉯는 토벌된 비려의 규모이다. 비문의 영營
은 『고구려사략』의 소所이다. 부락部落 즉 마을을 지칭하는 단위로 6~7백
의 부락이 광개토왕에게 토벌된다.

일반적으로 비려를 『삼국사기』《고구려본기》 광개토왕 기록에 의거하여 계주거란로 이해한
다. '원년392년 9월, 왕이 군사를 보내 북쪽으로 거란을 공격하여 남녀 5백을 사로잡고 또한
거란으로 도망간 백성 1만을 달래어 데리고 돌아왔다.[元年 九月 北伐契丹 虜男女五百口
又招諭本國陷沒民口一萬而歸]'. 그러나 『삼국사기』 기록의 계주 공격은 《광개토왕릉비》의
비려 토벌과는 내용 자체가 다르다. 더구나 발생년도 또한 확연히 차이가 난다. 『삼국사기』
기록에만 의존한 잘못된 해석이다.

비려碑麗·卑離는 고구려초기 추모왕에게 병합된 대륙 동북방 지역에
소재한 옛 북부여 제후국인 비리국卑離國이다. 이 시기 비리국의 독립 여
부는 확실하지 않으나 비리국이 아닌 비리로 쓴 점으로 보아 국가체제가
아닌 부락단위 연합체로 이해되며 고구려에 종속된 상태이다. 또한 이들
은 대륙 동북방요서지방에 소재한 까닭에 요서비리遼西卑離로 구분한다.

비문의 부산冨山과 부산負山은 옛 비리국의 소재지이며『고구려사략』叵山 추가, 염수鹽水는 계주거란의 소재지이다.

▲ 영락5년(395년) 비려 토벌

비리 소재지 부산冨山은 지금의 요녕성 건평현 부산富山향이다. 홍산문화를 대표하는 우하량牛河梁유적이 주변에 소재한다. 염수鹽水는 서요하 상류의 소금 호수 광제호廣濟湖로 추정된다.

비려 토벌후 순행 경로

특히《광개토왕릉비》기록은 비려 토벌 이후 광개토왕이 양평도를 따라 환도하는 길에 동쪽의 4개 성을 순유하며 사냥한 사실도 전한다.

양평도襄平道는 단순히 '양평에 이르는 길'이 아니다. 오늘날의 국도國道와 같은 성격의 관도官道이다. 국가에서 직접 관리하는 중요 도로이다.

『고구려사략』〈장수대제기〉. '장수55년487년 정묘 3월, 관도와 우역 그리고 숙장을 수리하였다.[長壽五十五年 丁卯 三月 修理官道郵驛宿場]'.

양평襄平은 과거 동천왕이 천도하여 수도로 삼은 평양성平壤城이다. 『삼국사기』가 '선인왕검단군왕검의 집[平壤者 本仙人王儉之宅也]'으로 소개한 평양이다. 지금의 요녕성 요양遼陽이다. 고국원왕 시기인 342년 전연 모용황慕容皝에 의해 수도 환도성丸都城·요녕성 해성이 유린당하여 폐쇄됨에 따라 인근 북쪽의 평양성요녕성 요양도 수도 기능을 상실하며 이름마저 양평으로 바뀐다. ☞ 180쪽 '국내성은 수도인가?' 참조

또한 양평도를 따라 환도하며 사냥한 ▨▨성, 역성, 북풍, 오비▨▨ 등 4개 성은 요양遼陽 동북쪽에 위치한 지금의 요녕성 심양瀋陽 일대로 추정된다.

▲ 영락5년(395년) 비려 토벌과 환도 순행로

광개토왕이 환도한 수도는 위나암성이다. 위나암성은 유류왕이 천도한 도성으로 지금의 요녕성 철령鐵嶺이다. 광개토왕은 비려比利를 토벌하고 요녕성 요양랴오양→심양선양→철령테링 등으로 이어지는 동북 축선을 따라 환도한다. 광개토왕 당시 고구려 수도는 세 곳이 동시에 운영된다. 동도, 서도, 북도이다. 동도東都는 추모왕의 건도지인 흘승골성이 있는 요녕성 북진北鎭 의무려산醫巫閭山이며, 서도西都는 건국당시 옛 황룡국북부여 제후국이 소재한 요녕성 부신阜新이다. 북도北都 위나암성은 광개토왕이 주로 기거한 수도이다.

『고구려사략』〈영락대제기〉. '3년393년 계사 7월. 평양후의 꿈에 부처가 와서 동자를 내려주며 이르길 "이 아이가 무량수불이다."하였다. 상이 이 말을 듣고 평양과 도성 세 곳동도/서도/북도에 절을 세우라 명하여 불도가 널리 퍼지게 되었다. 이것이 '9절'의 유래이다.[三年 癸巳 七月 平易后夢見佛來授童子 曰此是無量壽也 上聞之命創寺于平壤及三都以洪佛道 是 乃九寺之始也]'. 다만 『삼국사기』는 '평양에 9개 절을 창건하였다.[創九寺於平壤]'로 기록하며 평양 한 곳만을 지목한다. 〈국강호태왕기〉에는 5개 절의 이름도 나온다. '백용, 신림, 보장, 금신, 천수 등 9개 절을 나라 안에 창건하고 평양에는 불상을 만들고 탑을 세웠다.[創白龍 神林宝藏金神天水等九寺於國中 及平壤造像築塔]'.

특히 『고구려사략』은 두 왕후인 토산吐山과 평양平陽이 동행한 사실을 소개하며 당시 임신한 토산왕후가 딸을 낳아 삼산이라 이름지은 연유도 밝히고 있다. 삼산三山은 광개토왕이 토벌한 비려의 파산叵山, 부산冨山, 부산負山 등 3개 산이다.

토벌討伐 또는 정벌征伐은 특정세력에 대한 징벌적 원정 행위를 말한다. 특히 토벌은 불복종세력 또는 도덕적 불온세력을 대상으로 벌이는 군사활동을 말할 때 주로 사용한다. 19세기 제국주의 열강이 식민지의 독립운동을 군사적으로 탄압한 것은 대표적인 토벌의 사례이다. 광개토왕의〔영락5년 비려 토벌〕역시 같은 맥락으로 이해한다.

▲ 대행렬도[안악3호무덤]

비려 토벌, 잔국 정벌을 위한 사전 공작

왕화王化는 무엇일까? 광개토왕의 치화治化이다. 다스려서 좋은 방향으로 나아가게 하는 광개토왕의 통치행위이다. ☞ 290쪽 '장수왕의 대외정책 이해' 참조 이는 당시 비려가 광개토왕의 어떤 다스림을 따르지 않은 사실을 말해준다. 광개토왕의 왕화의 실체는〔영락5년 비려 토벌〕이듬해 벌어진〔영락6년 왜잔국 정벌〕에 그 근거가 나온다. 대륙 동북방 비려요서비려 토벌은 한반도 왜잔국倭殘國 정벌을 위한 사전 정지작업이다. 비려의 군사활동을 묶어놓기 위한 광개토왕의 계산된 고도의 전략이다.

〔영락6년 왜잔국 정벌〕은 한반도 역사의 물줄기를 송두리째 바꿔놓는다. 현대사의 6.25 한국동란에 버금가는 광개토왕이 벌인 한반도 남벌南伐전쟁이다. 우리 역사가 기록한 최초의 대규모 남침사건이다.

영락6년[396년] 광개토왕은 몸소 수군을 이끌고 남하하여 왜잔국倭殘國을 정벌한다. 〔영락6년 왜잔국 정벌〕이다. 한반도 서남부지방을 쑥대밭으로 만든 광개토왕의 대원정大遠征이다. 이 결과로 왜잔국[백제 포함]의 58성 600촌이 광개토왕의 말발굽 아래 떨어지며 사실상 한반도 전체가 광개토왕의 영향력 아래에 놓인다.

《광개토왕릉비》는 가장 많은 지면을 할애하여 기술한다. 이는 고구려가 〔영락6년 왜잔국 정벌〕을 가장 중요하게 인식한 증거이다. 비문 내용은 크게 전쟁의 명분, 과정, 결과 등으로 구성된다.

전쟁명분, 「신묘년 기사」의 재해석

먼저 전쟁명분이다. 광개토왕이 대원정大遠征을 단행하게 된 배경이다. 《광개토왕릉비》기록이다.

百殘新羅 舊是屬民 由來朝貢 而倭以辛卯年 来渡海破 百殘▨▨▨新羅 以爲臣民

백잔과 신라는 옛적부터 속민屬民으로서 조공을 바쳐왔다. 왜가 신묘년에 바다를 건너와 백잔, ▨▨▨, 신라를 파하고 신민臣民으로 삼았다.

전쟁명분은 왜의 잘못된 행위이다. 다시 말해 신묘년[391년]에 고구려 속민인 백제, ▨▨▨, 신라를 왜가 등장하여 신민으로 삼은 까닭에 광개토왕이 직접 나서서 징벌한다.

속민과 신민은 무엇일까? 속민屬民은 과거 동족同族관계이나 현재는 분리되어 있는 나라나 집단이며, 신민臣民은 현재 예속의사를 밝힌 나라나 집단을 이른다. 이는 당시 한반도 국가들의 역학관계를 단적으로 보여준다. 약소국인 백제, ▨▨

▨, 신라를 사이에 두고 강대국인 고구려와 왜가 서로의 영향력을 확대하며 충돌한다.

특히 왜가 신묘년에 바다를 건너와 백잔, ▨▨, 신라를 파한 기록을 「신묘년 기사」라고 한다. 일제가 《광개토왕릉비》 탁본을 입수하여 이를 「쌍구가묵본」으로 만들어 『회여록』 1889년 출간에 공개한 내용의 핵심이다. 이를 근거로 일제는 고대 일본이 한반도 남쪽지방을 점령하여 통치했다는 소위 「임나일본부설」을 만들어 우리 고대사를 난도질하며 일제강점한국병탄을 정당화하는 수단으로 활용한다.

1883년 일본 육군참모본부 소속 사코酒勾景信 중위가 길림성 집안현에서 《광개토왕릉비》를 발견하고 비문의 탁본을 떠서 일본으로 가져가 「쌍구가묵본」을 만든다. 그리고 이를 해독한 요코이橫井忠直가 1889년 일본의 국수주의 기관지 『회여록會餘錄』 제5집에 「고구려고비고高勾麗古碑考」의 특별논고를 발표한다. 「쌍구가묵본」은 비문에 종이를 대고 문자 둘레에 선을 그린 다음 그 여백에 묵을 새겨 넣어 탁본처럼 보이게 만든 것을 말한다.

▲ 『회여록』 제5집 [1889년]

이에 대응하는 『고구려사략』 〈고국양대제기〉 기록이다.

八年 辛卯 四月 時倭侵加羅至濟南

8년391년 신묘 4월, 이때 왜가 가야, 신라에 침입하고 백제의 남쪽에 이르렀다.

비문의 백잔, ▨▨, 신라는 『고구려사략』 기록의 백제, 가야, 신라에 대응된다. 다만 『고구려사략』 기록에 언급된 가야는 가야연맹 전체를 통칭한다. 따라서 여러 가야 중 구체적으로 어느 가야를 말하는지 좀 더 검토가 필요하다.

다음은 당시 한반도 남쪽 국가를 표기한 『삼국사기』, 『고구려사략』, 《광개토왕릉비》의 비교표이다.

구분		『삼국사기』 광개토왕	『고구려사략』		《광개토왕릉비》
			〈영락대제기〉	〈국강호태왕기〉	
백제		백제(百濟)	제(濟)	백잔(百殘)	백잔(百殘)
신라		신라(新羅)	라(羅)	신라(新羅)	신라(新羅)
가야	임나	-	가(加) 또는 야(耶)	임나(任那)	임나(任那)	임나(任那)
	아라	-		안라(安羅)	-	안라(安羅)
	금관	-		가락(加洛)	-	가라(加羅)

이 중 『고구려사략』의 표기가 흥미를 끈다. 〈영락대제기〉는 특정 가야를 지칭할 때에 임나, 안라, 가락 등으로 분리해서 쓴다. 따라서 앞 기록의 가야는 임나, 안라, 가락 중 하나를 지칭한다.

가야 명칭은 고려 초기부터 사용한 용어이다. 이전 삼국시대에는 가라加羅 또는 가락駕洛이다. 다만 가야의 한자 표기는 加耶고려 초기→伽耶고려 중기→伽倻조선 등으로 변화한다. 시대를 거듭하며 '亻'변이 하나씩 더해진다. 현재 남아 있는 가야산, 가야읍의 명칭은 모두 伽倻로 쓴다. 조선시대 한자표기가 현재까지 이어진다.

今西北有燕及契丹南有百殘任那新羅

▲ 『고구려사략』 〈국강호태왕기〉

그런데 〈국강호태왕기〉에 놀라운 기록이 있다. 때는 영락4년394년 8월이다. '지금 서북쪽에는 연후연과 계주거란가 있고 남쪽에는 백잔, 임나, 신라가 있다.[今西北有燕及契丹 南有百殘任那新羅]'. 이들은 앞으로 고구려가 정벌해야 할 대상으로 지목한 나라들이다.

백제를 백잔으로 표기한 문헌기록은 『고구려사략』 〈국강호태왕기〉가 유일하다. 비문기록은 《광개토왕릉비》 뿐만 아니라 《아리모려묘지석》에도 나온다. '광개토지대왕은 태어나면서 웅위하였다. 남쪽으로 백잔을 정벌하고 북쪽으로 계주를 토벌하며 또 왜구와 싸워 모두 쓸어 없애는 대승을 거두고 귀환하였다.[廣開土地大王生而雄偉 南伐百殘北伐契丹又戰倭寇蕩盡大勝而歸]'. ☞ 238쪽 '해부리와 아리모려 묘지석' 참조

특히 남쪽의 정벌대상은 비문의 「신묘년 기사」와 직접적으로 연결된

다. 과거 고구려 속민인 백잔, 임나, 신라가 신묘년[391년]에 왜의 신민이 되어 고구려의 속국에서 벗어났기에 광개토왕은 갑오년[394년]에 이들 3개 나라를 정벌대상으로 규정한다. 따라서 앞의 〈고국양대제기〉 기록의 가야는 바로 임나를 가리키며 비문의 「신묘년 기사」 결자 '▨▨' 역시 '任那'임을 알 수 있다.

임나의 원래 명칭은 의부가라意富加羅이다. 의부는 의붓자식에서 볼 수 있듯이 '업힌', '딸린'의 뜻이다. 의부가라는 가라에 딸린[업힌] 또 하나의 가라를 말한다. 『일본서기』〈수인기〉에 의부가라를 임나彌摩那·미마나로 바꾼 기록이 있다. 임나는 『삼국사기』가 시종일관 왜로 표기한 지금의 낙동강하류 동쪽인 동래, 부산 지역에 소재한 나라이다.

다음은 왜가 '바다를 건너와 파하다'는 「신묘년 기사」의 來渡海破이다. 일제가 비문 글자를 변조한 것으로 가장 의심받는 부분이다. 그럼에도 백번 양보하여 일제가 만든 「쌍구가묵본」을 액면 그대로 받아들인다 하더라도 來渡海破는 다른 해석이 요구된다.

일반적으로 '건너다'는 뜻을 가진 한자는 渡[건널 도]와 濟[건널 제]가 있다. 渡는 강이나 하천 등 소규모 물을 건널 때 사용하지만[渡江/渡河], 濟는 바다와 같은 대규모 물을 건널 때 사용한다[濟海]. 따라서 한자의 용례로만 본다면 왜는 일본열도에서 바다를 건너온 것이 아니라 한반도내의 어떤 강을 건널 수도 있고 또한 한반도 남해 연안을 따라 건너갈 수도 있다. 따라서 來渡海破의 대상을 일본열도의 왜로 고정시키는 것은 크나 큰 오류이다. 당시 왜는 한반도에 존재한다. 더구나 『고구려사략』은 來渡海破를 단지 侵으로만 표기한다. 來渡海도 破도 아닌 단순히 侵[침략]하는 정도이다. 그렇다면 대관절 왜는 누구일까?

來渡海破는 일본의 비문변조가 의심되는 글자이다. 일찍이 재일사학자 이진희는 「석회도말조작론」을 제기하며 일본이 고의로 석회를 발라 조작한 사실을 지적한 바 있다. 來渡海破의 변조 전 글자에 대해서 김병기는 來入貢于로, 이형구는 不貢因破로 본다.

「신묘년 기사」에 등장하는 왜의 실체

「신묘년 기사」의 왜는 일본열도의 왜가 아니다. 한반도의 왜이다. 그 실체가 백제 진사왕의 사망기록에 나온다. 『삼국사기』, 『고구려사략』, 『일본서기』이다.

『삼국사기』 〈백제본기〉 진사왕	8년_{392년} 겨울 10월, 고구려가 관미성을 공격하여 함락시켰다. 왕이 구원에 사냥을 나가 열흘이 지나도록 돌아오지 않았다. 11월, 왕이 구원 행궁에서 죽었다. 八年 冬十月 高句麗攻拔關彌城 王田於狗原 經旬不返 十一月 薨於狗原行宮
『고구려사략』 〈고국양대제기〉	8년_{391년} 4월, 이때 왜가 가야(임나)와 신라에 침입하고 백제 남쪽에 이르렀는데도 《광개토왕릉비》「신묘년 기사」 진사는 가리와 함께 궁실에서 사치하며 연못을 파고 산을 만들어 특이한 새를 길렀다. 이세가 죽자 이 소식을 듣고 나라의 서쪽 큰 섬으로 피해 들어갔으나 거기에는 이미 왜가 왔는지라 물러나 횡악으로 들어가 사람들이 비웃을까 겁내어 사슴을 잡는다는 핑계를 대었다. 八年辛卯 四月 時倭侵加羅至濟南 辰斯與佳利奢其宮室 穿池造山 以養奇禽 異世卒聞此報 逃入國西大島 已而倭退 還入橫岳恐人之笑 假托射鹿
『고구려사략』 〈영락대제기〉	2년_{392년} 10월, 또 다시 수군과 육군을 이끌고 일곱 길로 나누어 관미성을 주야로 공격하여 빼앗았다. 그 성은 사면이 가파르고 험하여 물로 둘러싸여 있었다. 그리하여 진사는 이 성이 함락되지 않으리라 여겨 그의 처 가리와 함께 구원에서 사냥하면서 열흘 여를 우리가 물러나길 기다렸다가 함락되었다는 소식을 듣고 놀라 자빠져 끝내 일어나지 못하고 죽었다. 가리가 침류의 아들 아신으로 대신하였다. 二年 壬辰 十月 又引水陸軍分七道 攻關彌城晝夜不休二十日而拔之 其城四面峭絶海水圍繞 故辰斯以爲不落 而與其妻佳利獵于狗原經旬而待我退 至是聞陷而驚倒 仍不起而死 佳利乃以枕流子莘代之
『일본서기』 〈응신기〉	3년_{392년} 이 해에 백제 진사왕이 서서 천황에게 예를 범하였다. 그래서 기각숙니, 우전실대숙니, 석천숙니, 목토숙니를 파견하여 예를 버린 상황을 실책하였다. 그리하여 백제국은 진사왕을 죽여 사죄하였다. 기각숙니 등은 아화를 왕으로 세우고 돌아왔다. 三年 是歲 百濟辰斯王立之失禮於貴國天皇 故遣紀角宿禰 羽田矢代宿禰 石川宿禰 木菟宿禰 嘖讓其无禮狀 由是 百濟國殺辰斯王以謝之 紀角宿禰等便立阿花爲王而歸

『삼국사기』는 진사왕이 392년 구원狗原·경기 김포 행궁行宮에서 사망한 사실만을 전하나 『고구려사략』은 좀 더 상세하다. 진사왕은 391년 서해

의 큰 섬강화도으로 사냥을 나
가는데 이때 왜를 만나게 되
어 급히 횡악橫岳·북한산으로
피신한다. 왜가 갑자기 강화
도에 출현한다. 이어 이듬해
인 392년 진사왕은 왕비 진
가리眞佳利와 함께 구원에서
사냥하며 지내다가 관미성
關彌城·파주 오두산성이 광개토

▲ 진사왕 이동 경로와 죽음

왕에게 함락되었다는 소식을 듣고 놀라 자빠져 사망한다. 이에 진가리는
아들 아신왕을 세운다. 그런데 『일본서기』는 전혀 다르게 기술한다. 진사
왕이 왜왕에게 무례를 범하자 왜왕은 기각숙니紀角宿禰 등 4명의 사신을
보내 진사왕을 문책한다. 이때 백제는 진사왕을 죽이고 왜의 사신들은 아
신왕을 세우고 돌아간다.

어느 기록이 사실일까? 둘 다 맞다. 다만 『고구려사략』은 고구려의 시
각이고, 『일본서기』는 왜의 시각이다. 두 기록을 겹쳐보면 다음의 시나리
오가 가능하다. 진사왕은 391년 강화도로 사냥 나갔다가 왜를 만난다. 이
때 왜의 사신들로부터 문책을 당하자 진사왕은 급히 북한산횡악으로 도망
간다. 이어 이듬해인 392년 김포구원 행궁에서 머물다 관미성 함락소식을
듣고 놀라 쓰러진다. 다만 당시 왜의 사신들과 백제 지배층이 밀약하여
진사왕의 죽음을 방조하거나 또는 살해했을 가능성도 있다.

진사왕 사망에 관여한 왜는 일본열도가 아닌 한반도 세력이다. 이들
은 4세기 초엽 대륙에서 한반도로 건너온 부여기마족夫餘騎馬族이다. 거발
성居拔城·충남 공주을 수도로 삼고 한반도 서남부지방을 일거에 장악한 부여
백제夫餘百濟이다.

「부여백제」 명칭은 한반도로 백가제해百家齊海한 부여기마족의 대방세력이 스스로를 백제百濟/백가제해의 줄임말라 칭하였기에 붙여진 이름이다. 이들이 한반도 서남부지방 전체인 삼한 땅을 점유한 사실에 의거하여 「삼한백제」라고도 부르며, 백제 세 번째 시조 위구태를 원조로 한 까닭에 「구태백제」라고도 한다. 기록은 이들 한반도 부여기마족을 「백제」로 쓴다.

다만 『고구려사략』이 왜로 표기한 이유는 이들 한반도 부여기마족^부^{여백제}이 훗날 일본열도 야마토大倭로 재탄생했기 때문이다^{397년}. ☞ 아래 127쪽 참조 마찬가지로 《광개토왕릉비》의 「신묘년 기사」도 왜로 쓴다. 《광개토왕릉비》가 세워질 당시^{414년}의 부여백제는 이미 한반도를 떠나 일본열도 왜로 전환된 이후이다. 진사왕 사망 당시^{392년} 왜는 일본열도가 아닌 한반도에 위치한다. 『일본서기』는 당연히 왜가 되어야 한다. 왜의 전신前身인 한반도의 부여백제이든 아니면 부여백제의 후신後身인 일본열도의 왜야마토이든 간에 둘 다 왜이기 때문이다. 적어도 이 시기 『일본서기』 기록은 모두 부여백제^{부여기마족}의 역사기록이라 할 수 있다.

진사왕 사망에 관여한 부여백제왜왕은 『진서』에 나오는 386년 동진 효무제로부터 「사지절도독진동장군백제왕」의 관작을 받은 백제왕세자 여휘餘暉이다. 여휘는 390년 여구餘句왕의 뒤를 이어 보위에 오르며 396년 광개토왕에게 패해 일본열도로 망명, 야마토의 실질 건국시조 응신應神왕으로 재탄생한다.

「신묘년 기사」^{391년}는 광개토왕이 〔영락6년 왜잔국 정벌〕^{396년}을 단행하게 된 직접적인 배경이다. 이유는 왜의 잘못된 행위이다. 고구려의 속민인 백제^{백잔}, 임나, 신라를 왜잔국^{부여백제}이 등장하여 신민으로 삼았기 때문이다.

전쟁 명분인 「신묘년 기사」의 기존 해석은 당시의 한반도 부여기마족^{왜잔국}을 이후의 일본열도 왜로 잘못 인식했기 때문이다. 이는 일본이 우리 역사에 채운 족쇄가 아니다. 우리 역사가 일본에 채운 족쇄이다. 일본은 「신묘년 기사」로 인해 만세일계 천왕가의 출발이 한반도임을 자신들도 모르게 스스로 인정한 꼴이다.

「왜잔국=부여백제설」은 공저자 정재수의 견해이며, 이석연은 渡海破의 주어를 고구려 광개토왕으로 보는 정인보, 김석형 등의 입장을 따른다. ☞ 23쪽《광개토왕릉비》와 고대사의 재조명' 참조 다만, 「왜잔국=부여백제설」은 기존 비문의 무리한 해석, 『일본서기』의 왜곡 문제 등을 해결할 수 있는 새로운 해석으로 좀 더 깊이있는 연구가 이루어지길 희망한다.

「신묘년 기사」의 주인공은 한반도 부여기마족^{왜잔국·부여백제}이다.

전쟁과정, 〔영락6년 왜잔국 정벌〕- 병신년 대원정

〔영락6년 왜잔국 정벌〕 진행 과정이다.《광개토왕릉비》기록이다.

以 六年 丙申 王躬率水軍 討倭殘國 軍▨▨首攻
取壹八城 …[58성 나열] … 而殘主因逼 獻▨男女生
口一千人 細布千匹 跪王自誓 從今以後 永爲奴
客 … 於是 取五十八城 村七百 將殘主弟 幷大臣
十人 旋師還都

이에 6년^{396년} 병신, 왕이 친히 수군을 이끌고 왜잔국^{倭殘國}을 토벌하였다. 군사를 ▨▨하여 먼저 18성을 공취하였다. … [58성 나열] … 이에 잔주^{殘主}는 곤핍해져 남녀 1천명과 세포 1천필을 바치고 금후로 영원히 노객^{老客}이 되겠다고 맹세하였다. … 이때에 58성 700촌을 취하고 잔주^{殘主·백제왕} 동생과 대신 10명을 데리고 도성으로 돌아왔다.

첫머리의 討倭殘國에 대한 설명이다. 기존의 倭자 판독은 利 또는 伐이다. 利는 1889년 일본의 「쌍구가묵본」이 만들어진 이후 줄곧 적용된 글자이다. 討利殘國은 '이잔국을 토벌하다.'이다. 그러나 이국利國은 문헌에 나오지 않는 실체가 모호한 나라이다. 伐은 1980년 이후 「주은태 탁본」 등이 나오면서 알려진 글자이다. 討伐殘國 즉 '잔국을 토벌하다'이다. 그러나 討伐의 討와 伐은 둘 다 동사로 중복된다. 『삼

『국사기』를 비롯한 어느 문헌에도 討伐을 붙여 쓴 사례는 없다. 討와 伐은 각기 따로 쓰며 둘 다 토벌 또는 정벌로 해석한다. 倭는 최근 원석탁본의 정밀 분석을 통해 확인된 글자이다. 왼쪽 'ㅅ'변이 선명하고 오른쪽 위의 禾와 아래의 女가 일부 보인다. 倭가 분명하다. 다만 이에 대한 해석은 倭殘國을 倭와 殘國으로 분리하고 또한 殘國을 百殘으로 이해하여 '왜와 백잔을 토벌하다'로 번역한다. 그러나 이 해석은 무리이다.《광개토왕릉비》는 殘國과 百殘을 명확히 구분하며 더구나 百殘에 國를 붙여 百殘國으로 쓰지 않는다.

영락6년^{396년} 광개토왕은 친히 수군을 이끌고 충청도 어느 해안가에 상륙하여 왜잔국倭殘國을 정벌한다. 이때 먼저^首 공취한 백잔^{한성백제} 18성과 왜잔국^{부여백제} 40성 등 도합 58성 600촌이 광개토왕의 수중에 떨어진다. 왜잔국의 40성은 결자^{缺字}가 적잖이 나오나 주로 충청도와 경기도 남부에 소재한 성들이다.

아래는 58성과 추정되는 장소이다.[※『삼한사의 재조명』김상·북스힐 _2004 인용]

■ **백잔^{한성백제} : 경기북부와 한강유역 [수공취 18개 성]**

	성 이름	추정 장소		성 이름	추정 장소
1	臼模盧城	황해 평산 구두동	10	古利城	경기 양주 고파리
2	各模盧城	경기 장단 고미산성	11	▨利城	-
3	幹氐利城	경기 연천 간정리	12	雜珍城	경기 연천
4	▨▨城	-	13	奧利城	경기 파주
5	**閣彌城**	**경기 파주 오두산성**	14	勾牟城	경기 김포 거물
6	牟盧城	-	15	古模耶羅城	경기 김포 고모리
7	彌沙城	경기 하남 미사리토성	16	頁▨城	경기 강화도
8	▨舍蔦城	-	17	▨▨城	-
9	**阿旦城**	**서울 광진구 아차산성**	18	▨而耶羅城	-

『삼국사기』《고구려본기》에 따르면 광개토왕은 391년 백제^{한성백제}의 10개 성과 관미성을 빼앗고, 394년 남쪽으로 7개 성을 쌓아 백제의 침범에 대비한다. 합하여 18개 성이다.《광개토왕릉비》의 수공취^{首攻取} 18개 성과 정확히 일치한다.

	성 이름	추정 장소		성 이름	추정 장소
19	璘城	-	39	燕婁城	충남 공주 연성산성
20	於利城	-	40	析支利城	충남 논산 접지리
21	▨▨▨	-	41	巖門至城	충남 부여 석성면
22	豆奴城	경기 안성 두내촌	42	林城	충남 부여 임천면
23	沸城	경기 안성 비봉산성	43	▨▨▨	
24	▨利城		44	▨▨▨	
25	**彌鄒城**	**충남 아산 밀두리 (미추홀)**	45	▨利城	
26	也利城	충남 천안 위례산성	46	就鄒城	충남 공주 채죽산
27	大山韓城	충남 예산 대산면	**47**	**▨拔城**	**충남 공주 (거발성)**
28	掃加城	충남 태안 소근리	48	古牟婁城	충남 공주 곰나루
29	敦拔城	충남 서산 동음리	49	閏奴城	충남 청양 운성
30	▨▨		50	貫奴城	충남 청양 관현리
31	▨城		51	彡穰城	충남 천안 삼용동
32	婁賣城		52	曾▨▨	
33	散那城	충남 보령 산고내	53	▨▨	
34	那旦城		54	盧城	
35	細城	충남 청원 세성산성	55	仇天城	충남 연기 전의
36	牟婁城	충남 공주 모로원	56	▨▨▨	
37	于婁城		57	▨▨城	
38	蘇灰城	충남 서천 소야리	58	其國城	

특히 『태백일사』는 이때 광개토왕이 정벌한 지역이 충청도에 소재한 성들이며, 귀국 길에 속리산에서 하늘에 제사를 지냈다고까지 부연한다.

『태백일사』〈고구려국본기〉. '제는 몸소 수군을 이끌고 웅진^{충남 공주}, 임천^{충남 임천}, 와산^{충북 보은}, 괴구^{충북 괴산}, 복사매^{충북 영동}, 우술산^{대전 대덕}, 진을례^{충남 금산}, 노사지^{대전 유성} 등의 성을 공격하여 빼앗고 도중에 속리산에서 아침 일찍 하늘에 제사를 지내고 돌아왔다.[帝躬率水軍 攻取熊津林川蛙山槐口伏斯買雨述山進乙禮奴斯只等城 路次俗離山期早朝祭天以環]'.

광개토왕은 왜잔국^{부여백제} 정벌에 만족하지 않고 북상하여 백잔^{한성백제}마저 공격한다. 그리고 아신왕으로부터 노객奴客의 맹세盟誓를 받는다.[※고구려 속국화] 이때 광개토왕은 남녀 1천 명과 세포 1천 필의 전리

▲ [영락6년 왜잔국 정벌] 지도

품을 챙기며 아신왕의 동생과 대신 10명을 인질로 잡고 귀국한다.

이에 대응하는 『고구려사략』 기록이다.

六年 丙申 三月 躬率水軍討帶方及濟 下十餘城質其弟而歸

6년[396년] 3월, 상이 몸소 수군을 이끌고 대방[帶方]과 백제를 토벌하여 10여 개성을 떨어뜨리고 그의 동생을 인질로 잡아 돌아왔다.

『고구려사략』은 왜잔국 정벌 내용은 빼고 광개토왕이 귀국길에 행한 백제[백잔] 상황만을 간략히 전한다.

왜잔국의 영역

『일본서기』에 왜잔국[부여백제]의 영역이 구체적으로 나온다. 지침[支侵·충남], 곡나[谷那·충북], 현남[峴南·전북], 침미다례[枕彌多禮·전남], 동한[東韓·경남 남해안] 등 5개 강역이다. 한반도 서남지방 전체와 경남 남해안을 포함한다. 이 중 광

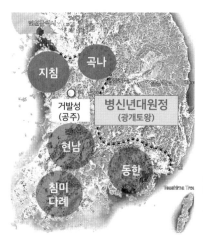

▲ 왜잔국 5대 강역

개토왕이 정벌한 충청도지역은 지침[충남]과 곡나[충북]에 해당한다. 특히 광개토왕이 정벌한 왜잔국 40성 중에는 '▨拔城'이 있다. 왜잔국의 수도인 거발성[居拔城·충남 공주]이다. 광개토왕은 거발성을 포함한 왜잔국의 중심지역을 집중적으로 공략한다.

『일본서기』〈응신기〉. '8년 3월 … 『백제기』에는 '아하왕이 왕위에 있으면서 귀국에 예의를 갖추지 않아 우리의 침미다례와 현남, 지침, 곡나, 동한의 땅을 빼앗았다. 이에 왕자

직지를 천조에 보내어 선왕의 우호를 닦게 하였다.'고 되어 있다.[八年 春三月 … 百濟記云 阿花王立 无禮於貴國 故奪我枕彌多禮及峴南支侵谷那東韓之地 是以遣王子直支于天朝 以脩先王之好也]

그렇다면 광개토왕은 충청도지역을 제외한 전라도지역인 현남^{전북}과 침미다례^{전남} 그리고 멀리 동한^{경남 남해안}은 정벌하지 않았을까? 동한은 거리상으로 다소 멀리 떨어져 있다 하더라도 현남과 침미다례는 인접한 까닭에 충분히 정복활동이 미칠만하다. 대관절 광개토왕은 무슨 연유로 충청도만 정벌하고 남쪽 전라도를 놓아둔 채 북쪽으로 기수를 돌렸을까?

먼저 전북지역인 현남^{峴南}이다. 단서는 [영락6년 왜잔국 정벌]^{396년}을 실행하기 앞서 벌인 [영락5년 비려 토벌]^{395년}에서 실마리를 찾을 수 있다. 영락5년에 토벌한 비려^{碑麗}는 대륙 동북방에 소재한 요서비리^{遼西卑離}이다. ^{109쪽 '영락5년 비려토벌' 참조} 광개토왕은 요서비리가 왕화^{王化}를 따르지 않아 토벌에 나선다. 그런데 요서비리는 한반도와도 관계가 깊다. 왜잔국^{부여백제} 성립^{4세기초} 이전의 한반도 전북지방에는 마한연맹체인 마한비리^{馬韓卑離}가 있다. 비리^{군산}, 여래비리^{익산}, 내비리^{완주}, 벽비리^{김제}, 고비

▲ 한반도 마한비리 분포

리^{부안}, 초산도비리^{정읍}, 모로비리^{고창}, 그리고 감해비리^{충남 홍성} 등 8개 소국이다. 이들 한반도 마한비리의 기원은 바로 요서비리이다. 다시 말해 광개토왕은 [영락6년 왜잔국 정벌]을 앞두고 먼저 대륙의 요서비리를 토벌하며 한반도 마한비리에게 경고 싸인을 보낸다. '짐이 앞으로 왜잔국^{부여백제}을 정벌할 것이니 너희 한반도 마한비리는 일절 나서지 마라!' 광개토왕은 요서비리를 토벌하며 당시 왜잔국에 속해있는 한반도 마한비리마저 제압한다. 그래서 광개토왕은 전북지방^{마한비리}인 왜잔국의 현남을

정벌하지 않는다. 굳이 따로 정벌할 필요가 없기 때문이다.

전북 군산일대는 마한의 지배자급 무덤인 20개의 말무덤이 있다. 군산일대는 한반도에서 말무덤 밀집도가 가장 높은 지역이다. 북방 유목민족의 상징인 말이 산악지대가 아닌 평야지대에서 집중적으로 발견된다. 한반도 전북지역 마한세력마한비리과 대륙 동북방 세력요서 비리간의 유기적 관계를 단적으로 보여주는 고고학적 증거이다.

　다음은 전남지역인 침미다례枕彌多禮이다. 『진서』〈장화열전〉 기록이다. '동이마한의 신미 등 여러 나라는 산을 의지하고 바다를 끼고 있으며 유주에서 4천여 리 떨어져 있다. 역대로 내부하지 않던 20여 개국이 함께 사신을 보내 조공하였다.[東夷馬韓 新彌諸國 依山帶海 去幽州四千餘里 歷世未附者二十餘國 並遣使朝獻]' 이 해는 282년이다. 백제는 고이왕, 고구려는 서천왕 시기이다. 침미다례는 바로 신미제국新彌諸國을 일컫는다. 영산강유역을 중심으로 강력한 해상세력을 형성한 전남지역의 마한 연맹체인 신미마한新彌馬韓·동이마한이다. 이들 신미마한은 백제와 신라보다 백여년 앞서 중원왕조 서진西晉에 사신단을 파견하며 홀연히 우리 역사 앞에 등장한다. 참고로 백제는 근초고왕 시기인 371년 동진東晉에, 신라는 내물왕 시기인 381년 전진前秦에 각각 최초로 중원왕조에 사신을 파견한다.

침미다례의 침忱은 신新으로 읽을 수 있으며, 례禮는 나라를 가리키는 라羅이다. 따라서 침미다례는 신미의 여러 나라 즉 신미제국新彌諸國이다. 이들은 영산강유역의 독무덤甕棺墓 세력인 신미마한동이마한이다. 『진서』〈장화열전〉은 신미마한이 282년 서진西晉을 방문한 사실만을 전하나, 동 『진서』〈마한전〉에는 신미제국 방문 이전인 280년, 281년, 그리고 이후인 286년, 289년, 290년에도 각각 서진을 방문한 기록이 나온다. 모두 3세기 후반에 집중해서 중원왕조 서진을 방문한다.

　그런데 『고구려사략』〈서천대제기〉는 282년 서진을 방문한 신미마한 사신단이 장화張華를 따라 고구려도 방문한 사실도 적고 있다. '장화가 사신을 보내서 입조하였다. 마한이 장화와 함께 왔다.[張華遣使來朝 馬韓及附於華]'. 이는 영산강유역의 신미마한이 광개토왕의 〔영락6년 왜

잔국 정벌〕훨씬 이전부터 고구려와 긴밀한 관계를 맺어왔음을 알 수 있다. 다시 말해 광개토왕 당시 신미마한은 비록 왜잔국^{부여백제}에 병합된 상태이지만 고구려와의 친선관계는 계속해서 유지하고 있다. 이는 광개토왕이 침미다례^{신미제국}을 정벌하지 않은 직접적인 이유이다.

한반도 왜부여백제가 현남과 침미다례를 병합한 시기는 369년이다. 『일본서기』〈신공황후기〉에 나오는 「목라근자木羅斤資의 삼한정벌」이다. 목라근자는 먼저 경상도 남해안에 진출하여 가야 7국을 평정平定한다. 비자발창녕, 남가라김해, 녹국영산, 안라함안, 다라합천, 탁순창원, 가라고령 등으로 동한東韓에 해당한다. 이어 목라근자는 서쪽으로 방향을 돌려 고혜진전남 강진에 상륙하여 전남지역 영산강유역의 침미다례인 신미마한신미제국을 도륙屠戮낸다. 또한 목라근자는 북쪽으로 기수를 돌려 전북지역의 비리옥구, 벽중김제, 포미정읍, 지반부안, 고사고부 등 마한비리馬韓卑離로부터 항복降伏을 받는다. 전북지역은 현남峴南에 해당한다.

결과적으로 광개토왕이 〔영락6년 왜잔국 정벌〕에서 충청도^{지침/곡나}만 정벌하고 전라도^{현남/침미다례}를 정벌하지 않은 이유는 명확하다. 당시 전라도는 왜잔국^{부여백제}의 영역이지만 광개토왕은 〔영락6년 왜잔국 정벌〕에 앞서 〔영락5년 비려 토벌〕을 통해 현남^{전북}의 옛 마한비리를 사전에 제압하고 또한 침미다례^{전남}의 신미마한과는 지속적인 유대관계를 맺어왔기 때문이다.

〔영락6년 왜잔국 정벌〕은 왜잔국이 신묘년^{391년}에 백제와 임나, 신라 등을 신민으로 삼으면서 발생한 사건이다. 광개토왕은 왜잔국 정벌을 결심하고 꼬박 5년을 준비한다. 391년 백제 관미성^{파주 오두산성}을 필두로 18개 성을 점령하며 백제를 완전히 무력화시킨다. 특히 관미성은 광개토왕이 수군을 활용할 수 있는 해상전초기지로 〔영락6년 왜잔국 정벌〕의 출발지이다. 또한 395년 대륙의 요서비리를 토벌하며 한반도 마한비리를 수중에 넣고 왜잔국 정벌 의지를 불태운다. 한마디로 광개토왕의 왜잔국 정벌은 사전에 철저히 준비된 각본에 의해 실행된다.

전쟁결과, 일본열도 야마토 탄생

〔영락6년 왜잔국 정벌〕로 광개토왕에게 패한 왜잔국은 어떻게 되었을까?
『고구려사략』 기록이다.

六年 丙申 五月 倭使來獻土物及美女五人 以求仙籙

6년^{396년} 병신 5월, 왜가 사신을 보내와 토산물과 미녀 5명을 바치고 선록
仙籙을 구하였다.

　이 기록은 한반도 왜^{왜잔국}와 고구려가 공식적으로 교류한 최초 사건
이다. 광개토왕이 왜잔국을 정벌하고 귀국하면서 백제 아신왕으로부터
'노객 맹세'를 받은 때가 396년^{병신년} 3월이니 ☞ 123쪽참조 5월은 2개월 후
의 상황이다. 왜는 전격적으로 고구려에 사신을 파견하며 토산물과 미녀
5명을 바친다. 토산물과 미녀 5명은 속국의 징표이다. 선록仙籙은 선도仙
道·도교 관련 책자이다. 왜는 고구려의 선교仙敎를 받아들이겠다는 의사까
지 표명한다. 고구려의 속국으로 책임을 다하는 일종의 맹약이다. 그러나
안타깝게도 왜는 한반도에 잔류하지 않는다. 한반도를 떠나 새로운 터전
을 마련한다.

　〔영락6년 왜잔국 정벌〕의 결과이다. 광개토왕의 왜잔국 정벌 이후의
일본열도와 한반도에서 벌어진 일이다.

　먼저 일본열도 상황이다. 〔영락6년 왜잔국 정벌〕 이듬해인 영락7년
^{397년}이다. 일본열도에는 倭에 大
자를 붙여 大倭로 쓰고 야마토^や
^{まと}로 읽는 소위 야마토정권이
기내畿內·오사카 일대지역에 갑자기
출현한다. 이들은 기존의 가야계
열의 숭신崇神집단과는 전혀 다
른 부여^{백제}계열의 응신應神집단
이다. 거대한 전방후원분前方後圓

▲ 영락6년(396년) 왜잔국 정벌과 야마토 건국

❶ 비려 토벌
(395년)

비려

광개토왕

❷ 왜잔국 정벌
(396년)

왜잔국
(부여기마족)

야마토
(대왜)

야마토 건국
(397년)

墳을 조성하고 일본 고대국가 야마토를 실질적으로 건국한 주체세력이다. 일찍이 에가미 나미오江上波夫가 주창한 일본 왕실의 기원인「기마민족정복왕조설」의 주인공이다. 4세기 중후반 퉁구스Tungus계통의 북방기마민족이 직접 일본열도로 건너와 야마토왕조를 세운 집단이다.

야마토 수도는 이하레いはれ이다.『고사기』는 이파례伊波禮,『일본서기』는 반여磐余로 쓴다. 이하레는 우리말로 '이파르'이다. 이파르는 부여백제의 도성인 거발居拔·충남 공주과 같다. 居의 훈독이 '이'이니, 거발은 '이발' 또는 '이파르'가 된다.[※ 레드야드 해석] 응신집단은 일본열도로 망명하면서 부여백제 수도 이름도 함께 가져간다. 이하레의『일본서기』표기 磐余의 余는 夫餘의 餘와 같다. 이 역시 응신집단이 부여와 연관됨을 나타낸다.

그렇다면 북방기마민족이 직접 일본열도로 건너왔을까?「기마민족정복왕조설」을 좀 더 보완한 서양학자가 있다. 레드야드Gary Ledyard와 코벨Jon Carter Covell이다. 두 사람은 이들 북방기마민족을 '대륙의 부여 전사戰士들'로 이해하고, 그 실체는 '4세기 중후반에 한반도 서남부를 거쳐 일본을 점령한 백제세력'으로 규정한다. 다시 말해 북방기마민족의 원류는 부여세력이며, 대륙 동북방에서 일본열도

▲ Jon Carter Covell

로 직접 건너간 것이 아니라 일정기간 한반도 서남부지방을 지배한 후 일본열도를 건너간 백제세력으로 이해한다.

또한 국내학자 중에「기마민족정복왕조설」의 야마토 건국세력의 실체를 깊이있게 연구한 학자도 있다. 김성호金聖昊와 홍원탁洪元卓이다. 김성호는 웅진충남 공주을 거점으로 한 비류백제 시조 비류왕 후손의 한 부류로[※『비류백제와 일본의 국가기원』], 홍원탁은 백제 진眞씨 귀족의 후예로 이해한다[※『백제와

▲ 부여기마족의 연구 저서

야마토일본의 기원』]. 다만 두 분은 레드야드와 코벨과는 달리 부여기마족의 실체를 대륙이 아닌 기존의 한반도 세력에서 찾은 점이다. 그럼에도 두 분의 연구업적만큼은 길이 남을 것이다.

그렇다면 한반도 서남부지방을 지배한 백제세력은 누구일까? 바로 〔영락6년 왜잔국 정벌〕에서 광개토왕에게 철저하게 깨진 왜잔국이다. 왜잔국은 레드야드와 코벨이 지적한 한반도에서 일본열도로 망명하여 야마토왕조를 세운 부여기마족^{부여백제}이다. 한반도의 부여백제가 일본열도의 야마토로 재탄생한다.

다음은 한반도 상황이다. 『삼국사기』〈백제본기〉는 이 대목에서 중요한 기록 하나를 남긴다. 백제 아신왕 6년^{397년}이다. '5월, 왕이 왜국과 우호를 맺고 태자 전지를 볼모로 보냈다.〔夏五月 王與倭國結好 以太子腆支爲質〕'.〔영락 6년 왜잔국 정벌〕이듬해인 397년 왜국倭國이 갑자기 출현한다. 지금까지 〈백제본기〉는 왜에 대한 언급 자체가 없었다. 더구나 왜가 아닌 엄연히 국가체제를 갖춘 왜국의 등장이다. 또한 당시 백제 아신왕은 왜국에 전지腆支태자를 볼모로 보낸다.

▲ 『삼국사기』 전지태자 볼모 기록

무슨 이유일까? 왜국은 바로 한반도 왜잔국의 후신後身인 일본열도 야마토이다. 그래서 왜가 아닌 왜국이다. 야마토는 광개토왕의 〔영락6년 왜잔국 정벌〕이전에 지배한 한반도 서남부지방^{부여백제 강역}을 백제에 넘기는 조건으로 전지태자를 볼모로 요구한다. 일종의 딜deal이며 보험保險이다.

이후 백제와 야마토는 한반도 서남부 땅을 놓고 적잖은 갈등을 일으키며 부여기마족 왕조의 서열序列싸움을 벌인다. 백제^{한성백제}가 최종적으로 한반도 서남부 땅을 확보한 시기는 비유왕 때이다. 비유왕은 기존 온조溫祚계열의 해씨왕조를 무너뜨리고 구태仇台·서부여 위구태계열의 부여씨왕조를 출발시킨 후반기 백제왕조의 실질시조이다. 비유왕은 한반도 부여기마족부여백제·왜잔국의 잔류세력이다. ☞ 319쪽 '백제와의 관계' 참조

광개토왕의 〔영락6년 왜잔국 정벌〕은 한반도와 일본열도의 지배세력을 재편하며 동아시아 역사의 대전환을 가져온다. 한반도의 경우 백제한성백제는 비로소 경기지역을 벗어나 한반도 서남부지방까지 지배영역을 확장한다. 일본열도의 경우 새로운 기마민족왕조인 야마토왜국가 건국되며 미개한 섬나라 일본이 동아시아 국가들과 어깨를 나란히 한다.

일본은 이들 부여기마족의 출현으로 비로소 진정한 '역사시대'를 맞이한다.

▎영락8년 백신 정복 ▎

영락8년398년 광개토왕은 군사를 보내 백신을 정복하고 조공을 받는다. 〔영락8년 백신 정복〕이다. 백신帛愼은 숙신肅愼을 말한다. 고대 북방민족은 크게 세 부류로 구분한다. 서쪽은 투르크Turkic계, 중앙은 몽골Mongolia계, 동쪽은 퉁구스Tungus계이다. 숙신은 퉁구스계의 민족으로 만주와 연해주 일대에 거주한 족속이다. 주로 목축과 농업에 종사하며 호시楛矢·싸리나무화살와 석노石砮·돌화살촉를 사용한다. 숙신의 후예로는 한漢대의 읍루, 위魏대의 물길, 수隋·당唐대의 말갈, 발해 멸망 이후의 여진 등으로 불려지며 분화한다.

백신 정복 기록의 차이점
《광개토왕릉비》기록이다.

八年 戊戌 教遣偏師觀 帛愼土谷 因便抄得莫▨羅城
加太羅谷 男女三百餘人 自此以來朝貢▨事

8년³⁹⁸년 무술, 일부 군대를 보내 백신帛愼의 토곡土谷을 정찰하며 초략하고 막▨라성莫▨羅城과 가태라곡加太羅谷의 남녀 3백여 명을 잡아왔다. 이때부터 조공을 바쳤다.

이에 대응하는 『고구려사략』 기록이다.

八年 戊戌 三月 遣師北貊抄莫斯國加太國 男女三百人約修
歲貢牛羊

8년³⁹⁸년 무술 3월, 군사를 북맥北貊으로 보내 막사국莫斯國과 가태국加太國을 초략하고 남녀 3백명을 잡으니 소와 양을 조공으로 바치겠다고 약조하였다.

두 기록의 비교를 통해 비문의 결자와 탁본의 오류가 확인된다. 비문 중간의 莫▨는 『고구려사략』 기록의 莫斯에 대응되어 결자는 斯자이다. 또한 비문 후반의 貢▨事는 『고구려사략』 기록의 貢牛羊에 대응된다. 따라서 비문의 결자는 牛이며, 탁본글자 事는 羊자를 잘못 표기한 사실을 알 수 있다.[事와 羊은 글자모양이 비슷함] 특히 비문의 莫▨羅와 加太羅는 『고구려사략』 기록의 莫斯國과 加太國에 대응된다. 羅는 國을 의미한다. 이를 신라新羅와 가라加羅에 대응해보면 자못 숙신 언어와의 유사성이 확인된다. 한 번 정도 신라와 가라의 기원을 상상해볼 만하다.

광개토왕의 영락8년³⁹⁸년 백신숙신정복에 대해 《광개토왕릉비》와 『고구려사략』 둘 다 전쟁 명분을 밝히고 있지 않다. 백신

▲ 영락8년(398년) 백신 정복

이 무슨 잘못을 하여 광개토왕이 군사를 보내 약탈에 가까운 초략抄掠·노략질하여 빼앗음의 행위를 했는지 전혀 알 수 없다. 다만 이후 백신으로부터 조공을 약조 받은 점으로 보아 백신이 고구려에 복속된 것은 분명하다. 특히 『고구려사략』은 백신을 북맥北貊으로 표기한다. 고구려의 주요 구성원은 맥족貊族이다. 북맥 역시 맥족의 한 갈래이다.® 71쪽 '추모왕의 고구려 건국신화' 참조 이는 당시 고구려가 백신肅愼을 고구려사회의 일원으로 인식한 증거이다.

백신은 흑룡강성 하얼빈 일대

백신의 막사라와 가태라는 어디일까? 정확한 위치는 알 수 없으나 지금의 흑룡강성 하얼빈哈爾濱 일대가 유력하다.

광개토왕이 정복한 막사라莫斯羅 땅에는 훗날 부여 유민에 의해 두막루豆莫婁가 건국된다. 소재지는 지금의 흑룡강성 하얼빈 일대이다. 두막루는 410년 경에 건국되어 약 300년간 존속하다가 726년 발해 무왕 대무예에게 멸망당한다.

또한 비문의 '帛愼土谷'을 '백신의 토곡'으로 보지 않고 '백신과 토곡'으로 분리하며 토곡土谷을 토욕혼吐谷渾으로 보는 견해도 있다. 토욕혼은 선비족의 한 갈래로 중앙아시아 티베트Tebet고원에 소재한 중국식 표현의 하남국河南國이다. 그러나 광개토왕이 수천리 떨어진 중앙아시아까지 진출했다는 해석은 절대 무리이다.

〔영략8년 백신 정복〕기록에는 미처 헤아리지 못한 역사적 사실이 담겨 있다.

▌영락10년 신라 구원 ▌

영락10년[400년] 광개토왕이 대규모 군사를 파견하여 왜[倭]의 범탈로 위기에 직면한 신라를 구원한다. [영락10년 신라 구원]이다. 이는 [영락6년 왜잔국 정벌]에 맞먹는 광개토왕의 주요 정복사업이다. 이 결과로 한반도 전체가 광개토왕의 실질 지배를 받는다. 특히 『고구려사략』은 이로써 '남방이 모두 평정되었다.[南方悉平]'고 기록한다.

전쟁명분, 신라 구원 배경

먼저 전쟁명분이다. 광개토왕이 신라에 군사를 파견하게 된 배경이다. 《광개토왕릉비》 기록이다.

九年 己亥 百殘爲誓與倭和通 王巡下平壤 而新羅遣使 白王云 倭人滿其國境 潰破城池 以奴客爲民 歸王請命 太王恩慈矜其忠誠 教遣使還 告以密計

9년[399년] 기해, 백잔이 맹세를 어기고 왜와 화통[和通]하였다. 왕이 평양으로 행차하여 내려오니 신라 왕이 사신을 보내 아뢰길 "왜인이 국경에 가득 차서 성과 못을 파괴하니 노객[奴客]을 백성으로 삼으시면 왕께 귀의하겠다"며 명을 청하였다. 태왕은 인자하여 그 충성심을 칭찬하고 사신을 돌려보내며 밀계[密計]를 내렸다.

때는 한 해전인 399년이다. 전쟁명분은 백제가 맹세를 어기고 왜와 화통한 부분이다. 이는 [영락6년 왜잔국 정벌][396년 3월]의 결과물이다. 당시 왜잔국[부여백제]은 광개토왕에게 패해 일본열도로 망명하며 야마토로 재탄생한다[397년 1월]. 이때 백제 아신왕은 전지태자를 야마토에 볼모로 보내며[397년 5월], 왜잔국의 옛 한반도 서남부 땅을 인수[引受]한다. 바로 백제가 왜와 화통한 내용이다.

광개토왕의 군사 파견은 신라 내물왕의 요청에 의해 이루어진다. 사유는 왜가 신라 국경에 가득 차서 성과 못을 파괴하기[倭人滿其國境 潰破城池] 때문이다.

무슨 말일까? 『일본서기』〈응신기〉이다. '14년[399년] 이 해에 궁월군이 백제로부터 내귀하여 고하길 "신이 120현의 인부백성를 이끌고 귀화하려 하는데 신라인이 방해를 하여 모두 가라에 머물고 있습니다." 하였다. 이에 갈성습진언을 보내 가라에 있는 궁월군의 인부를 불렀다. 그러나 3년이 지나도록 습진언은 돌아오지 않았다.[應神天皇十四年 是歲 弓月君 自百濟來歸 因以奏之曰 臣領己國之人夫百廿縣而歸化 然因新羅人之拒 皆留加羅國 爰遣葛城襲津彦 而召弓月之人夫於加羅 然經三年而襲津彦 不來焉]'

『일본서기』는 기년 설정에 있어 2주갑120년을 늘려 사건 발생년도는 다소 차이가 난다. 그러나 사건 내용은 특별한 경우를 제외하고 대부분 실재한 사건이다. 또한 발생년도는 다르더라도 달月 만큼은 정확하다.

궁월군弓月君과 120현민이 나온다.《광개토왕릉비》가 왜로 표기한 실제 주인공들이다. 120현민은 삼한백성을 지칭하며 궁월군은 이들 삼한백성을 이끈 지도자이다. 삼한백성은 주로 옛 한반도 왜잔국부여백제의 유민들로 일부는 고구려, 백제, 신라인도 포함한다. 『삼국사기』〈백제본기〉는 이때 '상당수 백제인이 신라로 빠져나가 호구수가 줄었다.[多奔新羅 戶口衰滅 滅]'고 기록한다.

여하히 대략 수십만을 헤아리는 대규모 삼한백성이 가라를 중심으로 경남 남해안에 집결한다. 이는 마치 6.25 한국동란시 부산에 모여든 피난민과 흡사하다.

▲ 6.25 한국동란시 피난민 행렬

좁은 공간에 수많은 사람이 차고 넘치니 자연스레 신라 국경에 이르게 되고 또한 신라의 성과 못을 파괴하는 일이 발생한다. 사태의 심각성을 깨달은 신라 내물왕은 급히 광개토왕에게 SOS한다.

삼한백성이 가라에 집결한 이유는 일본열도로 건너가기 위해서이다. 궁월군과 삼한백성은 일종의 엑소더스^{Exodus·대량탈출}를 준비한다. 이는 『구약성경』에 나오는 모세^{Moses}가 히브리^{Hebrew}백성을 이끌고 애굽^{이집트}을 탈출하기위해 홍해 해변에 집결하는 장면과 유사하다.

그렇다면 엑소더스를 준비하게 된 이유는 또 무엇일까? 앞서 일본열도로 망명한 옛 왜잔국^{부여백제} 왕인 야마토 응신^{應神·오오진}왕을 뒤따르기 위해서이다. 응신왕^{부여백제 여휘왕}은 광개토왕의〔영락6년 왜잔국 정벌〕에서 일방으로 패해 일부 인원만 데리고 급히 한반도를 탈출한다.

▲ 응신왕(부여백제 여휘왕) 일본열도 정착과정

『일본서기』 신무왕^{神武王·일}본 건국시조 '동정기東征記'에 당시 사정이 구체적으로 나온다. 응신왕은 처음 규슈^{九州} 후쿠오카^{福岡}에 도착하나 군사력이 없어 이곳 선주^{先住}세력을 제압하지 못하고 동쪽으로 수천리 떨어진 기내^{畿內·오사카} 일대지역으로 이동하여 나라^{奈良}현에 야마토를 건국한다. 다시 말해 왜잔국^{부여백제}의 삼한백성은 뒤늦게 응신왕의 야마토 건국 소식을 듣고 이에 합류하기 위해 엑소더스를 준비한다. 응신왕과 일부 지배층이 선발대라면 궁월군과 삼한백성은 본진인 셈이다.

일본 건국시조 신무^{神武}왕은 일본학자들 조차 가공의 인물로 본다. 『일본서기』 신무동정기 神武東征記는 북규슈에서 기내^{畿內}지역에 이르는 신무왕의 동정東征 기록이다. 신무동정기 는 응신왕의 동정기東征記로 이해한다. 특히 응신왕이 처음 일본열도에 도착한 장소는 규슈

후쿠오카福岡이다. 『일본서기』가 응신왕의 출생지로 기록한 축자筑紫의 문전蚊田이다. 축자 후쿠오카는 응신왕의 탄생지가 아닌 일본열도 도착지이다.

전쟁결과, 한반도 남방 평정

다음은 신라 구원의 내용이다. 399년 신라 내물왕의 구원 요청을 받은 광개토왕은 이듬해인 400년 대규모 군사를 파견하여 왜를 평정하고 신라를 구원한다. 왜는 옛 한반도 왜잔국부여백제의 삼한백성을 말한다.

《광개토왕릉비》기록이다.

十年 庚子 教遣步騎五萬 往救新羅 從男居城 至新羅城 倭滿其中 官軍方至 倭賊退 ▨▨▨▨▨▨▨▨ 自倭背急追 至任那 加羅從拔城 城卽歸服 安羅人戍兵

10년400년 경자, 교시를 내려 보기步騎 5만을 보내 신라를 구원하였다. 남거성男居城으로 나아가 신라성新羅城에 이르니 왜가 그 속에 가득하였다. 관군이 도착하자 왜적이 물러났다. ▨▨▨▨ ▨▨▨▨ 왜의 뒤를 급히 추적하여 임나任那에 이르렀다. 가라加羅가 뒤따라와 성을 공격하자 성은 즉시 귀복歸服하였다. 이에 안라인 술병戍兵을 두었다.

　광개토왕은 보기보병·기병 5만을 출진시킨다. 5만은 광개토왕이 동원한 최대 규모의 병력이다. 이는 광개토왕이 경남 남해안에 집결한 궁월군과 수십만의 삼한백성 존재를 심상치 않게 본 증거이다. 이어 고구려군은 남진하여 신라영토에 들어온 삼한백성을 몰아내고 내친걸음으로 임나에까지 쳐들어 간다. 이때 가라금관가야가 고구려군을 뒤따라와 임나성을 공격하고 임나성은 즉시 항복하며 고구려에 귀복한다. 귀복의 표현은 과거 고구려 속민인 임나가 신묘년391년에 한반도 왜왜잔국·부여백제의 신민이 되었다가 다시 고구려의 속민이 된 사실을 부연한다. 또한 고구려는 귀복

▲ 영락10년(400년) 신라 구원

한 임나성에 안라인으로 편성한 술병^{수비병}을 따로 배치한다.

비문의 任那와 加羅를 각각의 나라가 아닌 하나의 나라인 任那加羅로 보고 倭背急追至任那加羅從拔城을 '왜의 뒤를 급히 추적하여 임나가라 종발성에 다다르다'로 번역하기도 한다. 從拔을 동사가 아닌 성의 이름인 명사로 보는 해석이다. 또한 이를 근거로 從拔城을 임나의 도성으로 보는 견해도 있다. 그러나《광개토왕릉비》는 임나와 가라를 명확히 따로따로 구분하고 있어 임나가라는 성립될 수가 없다. 從拔은 동사이며 '뒤따라와 공격하다'이다.

이에 대응하는 『고구려사략』 기록이다.

十年 庚子 二月 聞倭入羅 遣胥狗解猩等將五万徃救退倭 任那安羅加洛等皆遣使來朝 南方悉平

10년^{400년} 경자 2월, 왜가 신라에 들어왔다는 소식을 듣고 서구^{胥狗}와 해성^{解猩} 등에게 5만 군사를 이끌고 가서 구원하여 왜를 물러나게 하였다. 임나^{任那}, 안라^{安羅}, 가락^{加洛} 등 모두가 사신을 보내 입조하였다. 남방^{南方}이 모두 평정^{平定}되었다.

광개토왕은 왜^{궁월군과 삼한백성} 뿐만 아니라 임나도 평정한다. 또한 가야 세력인 안라, 가락은 자연스레 광개토왕에게 굴복한다. 안라는 아라가야^{경남 함안}이며, 가락은 금관가야^{경남 김해}이다. 이 결과로 광개토왕은 이들 세 나라로부터 입조^{入朝}를 받는다.

무슨 의미일까? 광개토왕의 군사활동 단면을 엿볼 수 있는 대목이다. 이는 도륙^{屠戮}과 같은 대규모 살상행위를 동반한 무력행사가 아니다. 상대는 무장한 군대가 아닌 비무장의 삼한백성이다. 그래서 『고구려사략』은 평정^{平定}의 단어를 쓴다. 광개토왕의 군사활동은 일종의 소요사태를 진압하는 정도이다. 그래서 세 나라는 군사적 저항보다 복속을 선택하며 광개토왕에게 사신을 보내 입조한다. 또한 광개토왕은 평정 이후 이들 지역에 안라 출신의 술병수비병을 따로 두기도 한다.

　　이는 또 무슨 의미일까? 광개토왕이 파견한 5만 정예 군사 대부분은 철수한다. 그래서 고구려 자체적으로 술병을 두지 않고 안라아라가야 출신으로 술병을 편성하여 배치한다. 세 나라 중 안라는 비교적 고구려에 협조적이었을 것으로 추정된다.[※『태백일

▲ 삼한백성 집결과 광개토왕 평정

사』에 '안라는 본래 홀본사람이다[安羅本忽本人也]'는 기록 있음]

　　『삼국사기』도 〔영락10년 신라 구원〕 사건을 축약해서 기록한다.〈열전〉 박제상朴提上 편이다. '백제인이 앞서 왜에 들어와 "신라와 고구려가 왕의 나라를 침입하려 모의한다."고 참언하였다. 왜가 마침내 군사를 보내 신라국경 밖에서 순찰하였는데 때마침 고구려가 들어와 침략하여 왜의 순찰병을 잡아 죽였다.[百濟人前入倭讒言新羅與高句麗謀侵王國 倭遂遣兵邏戍新羅境外 會高句麗來侵 幷擒殺倭邏人]'. 다만『삼국사기』는 광개토왕이 신라를 구원하기 위해 파견한 군대의 행동을 침략來侵으로 표기한 점이다. 아쉬운 부분이다.

「계연수등본」이 복원한 놀라운 역사

《광개토왕릉비》비문을 보면 유독 훼손이 심하여 상당부분 결자로 처리된 부분이 있다. 2면10행, 3면1행, 3면2행 등이다.〔영락10년 신라 구원〕의 추가 내용이 담겨있을 것으로 본다. 특히 3면1행의 경우 「쌍구가묵

본」일본은 아예 41자 정도를 확인 불가하다며 모두 삭제한다. 그러나 「주은태탁본」중국에는 일부 글자가 확인되어 「쌍구가묵본」을 만든 일본의 저의를 의심하지 않을 수 없다.

그런데 계연수의 「계연수등본」한국에는 삭제된 부분이 상세히 나온다.

운초 계연수桂延壽·1864~1920는 1898년무술년 5월《광개토왕릉비》를 직접 답사하고 이를 베껴 놓았다가謄本 1912년 다시 답사하면서 상당부분 지워진 사실을 발견하고 「광개토성릉비문징실고」로 정리한다. 1930년 제자 이유립李裕岦이 회람잡지『삼육』 7월호에 이 내용을 실면서 세상에 알려진다.

「계연수등본」비문징실 2면10행과 3면1행이다.

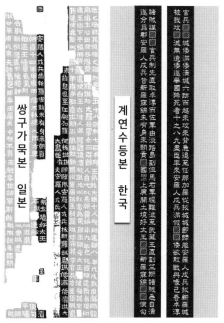

[2면10행] 被我
攀▨滅無遺 倭遂
擧國降死者十之
八九盡臣率來 安
羅人戌兵滿假 ▨
▨ 倭欲敢戰與喙
己呑卓淳 [3면1행]
諸賊謀 ▨▨ 官兵
制先直取卓淳 而
佐軍由淡路島到
但馬 右軍經難波
至武藏 王直到竺
斯諸賊悉自潰

▲ 묵본(日), 등본(韓), 탁본(中)의 비교

우리 공격을 받아 궤멸되니 남은 것이 없었다. 왜가 거국적으로 항복하니 죽은 자가 십중팔구였으며 신하 모두를 데리고 왔다. 안라인 술병이 가▨
▨에 가득하였다. 왜가 훼기탄喙己呑, 탁순卓淳의 적들과 함께 싸우고자 ▨
▨을 꾀하니 관병이 먼저 제압하고 곧바로 탁순을 빼앗았다. 이어서 좌군

佐軍은 담로도淡路島를 경유하여 단마但馬에 이르고 우군右軍은 난파難波를 경유하여 무장武藏에 이르렀다. 왕이 곧바로 축사竺斯에 도착하니 적들은 스스로 무너졌다.

내용 자체가 가히 충격이다. 2면10행은 광개토왕이 평정한 지역이 가락금관가야, 임나, 안라아라가야 뿐 아니라 훼기탁喙己呑·경남 영산, 탁순卓淳·경남 창원 등이 추가된다. 더구나 3면1행은 우리의 상상을 초월한다. 광개토왕은 한반도 동남부지방 뿐만 아니라 바다 건너 일본열도 깊숙이 쳐들어 간다.

좌군 공격루트 담로도淡路島는 지금의 혼슈本州 세토내해瀨戸内海 동쪽에 위치한 효고兵庫현의 아와지시마淡路島이며, 단마但馬는 효고현 북쪽의 단바丹波이다. 우

▲ 광개토왕의 일본열도 정벌

군 공격루트의 난파難波는 지금의 오사카大阪이며, 무장武藏은 고대 일본 행정구역인 무장국으로 지금의 도쿄東京도와 사이타마埼玉현 일대이다. 참으로 멀리까지 갔다. 또한 광개토왕은 친히 바다를 건너 도착한 축사竺斯·축자는 지금의 규슈九州 북쪽의 후쿠오카福岡이다. 참으로 놀라운 역사가 아닐 수 없다.

일본 사이타마埼玉현 교다行田시 사키타마고분군에 장군산將軍山무덤이 있다. 5~6세기 조성된 길이 90m의 전방후원분이다. 출토 유물은 마구류, 토기류, 장신구류 등 다양하다. 특히 철제 말투구馬胄를 비롯한 마구류는 고구려 삼실총 벽화에서 볼 수 있는 고구려 개마무사의 것이다. 혹여 광개토왕 시기 일본열도를 공격한 고구려 장수의 후손이 남긴 유물은 아닐까? 광개토왕의 군대가 무장까지 공격한 사유는 정확히 알 수 없으나 장군산고분의 고구려장수가 남긴 유물은 역사적 사실을 증언한다.

▲ 장군산고분 내부 [일본 사이타마]

그렇다면 이는 역사적 사실일까? 정말로 광개토왕이 군사를 보내 일본 본토 깊숙이 쳐들어간 역사가 있었을까? 두 가지를 검토한다. 첫째는 기록의 사실성이다. 「계연수등본」은 계연수가 비문 글자 하나하나를 직접 눈으로 확인하고 베낀 것이다[謄本]. 이에 반해 「쌍구가묵본」은 비문 탁본에 종이를 대고 문자 둘레에 선을 그은 다음 그 여백에 묵을 새겨 넣어 마치 탁본처럼 만든 것이다[雙鉤加墨]. 얼마든지 필요에 의해 조작이 가능하다. 더구나 「쌍구가묵본」은 이 부분 전체를 아예 삭제 처리한다. 기록 자체가 일본으로서는 받아들이기 거북하고 부담스러운 내용이 담겨 있기 때문이다. 특히 「계연수등본」에도 일부 결자缺字가 존재한다. 결코 계연수의 창작이 될 수 없음이다. 둘째는 역사적 타당성이다. 광개토왕이 일본 본토 깊숙이 공격할 만한 역사적 정황이나 근거이다. 광개토왕이 공격한 지역은 오사카 주변일대이다. 이 지역은 앞서 일본열도로 망명한 응신왕부여백제 여휘왕이 야마토를 건국한 나라현과 인접한다. 따라서 광개토왕으로서는 궁월군의 삼한백성 엑소더스를 지원하기위해 군대를 파견한 야마토의 본거지나라현 일대를 확실히 제압할 명분이 충분하다.

다만 광개토왕의 일본 본토 공격에 대해 『고구려사략』조차도 기록을 남기지 않아 아쉬움으로 남는다. 그럼에도 일말의 단서는 있다. 일본 본토 공격 3년 후인 403년 야마토 인덕仁德·닌토쿠왕이 아들 맥수麥穗를 보내 자신의 두 딸을 광개토왕의 후궁으로 바친다. 48쪽 '광개토왕의 가계' 참조 광개토왕이 일본본토의 야마토 본거지를 공격하여 굴복시킨 사실의 반증이라 할 수 있다.

고구려에 복속한 신라

《광개토왕릉비》는 〔영락10년 신라 구원〕을 마무리한다. 「계연수등본」 기록이다.

[3면2행] 遂分爲郡安羅人戍兵　昔新羅寐錦未有身來朝貢　▨▨國罡

上廣開土境好太王▨▨新羅寐錦▨▨僕勾

드디어 나누어 군으로 삼고 안라인 술병을 두었다. 옛적에 신라 매금寐錦

이 스스로 와서 조공하지 않았는데 국강상광개토경호태왕 때에 이르러

신라 매금이 ▨▨조공하고 복속하였다.

　　특히 비문「계연수등본」은 '국강상광개토경호태왕 때에 이르러 신라 매

금이 조공하고 복속하였다.'고 적는다. 신라 매금은 내물왕을 가리킨다.

매금寐錦은 내물왕 계열이 모용선비慕容鮮卑 출신임을 나타내는 왕호이다. 모慕씨 이사금

을 축약한 말이다. 모+이사금→모+니금→마이금→매금의 음운 변화를 거친다.

　　이 내용은 『삼국사기』와 『고구려사략』 기록에 정확히 나온다. 때는

광개토왕 재위2년인 392년이다. 『삼국사기』〈신라본기〉 내물왕 기록이

다. '37년392년 정월, 고구려가 사신을 보내왔다. 왕은 고구려가 강성하여

이찬 대서지의 아들 실성을 볼모로 보냈다.[三十七年 春正月 高句麗遣使

王以高句麗强盛送伊飡大西知子實聖爲質]'. 신라가 실성實聖왕자를 고구

려 광개토왕에게 볼모로 보낸다.〈영락대제기〉이다. '2년392년 무진 정월,

서구를 보내 내밀내물왕의 딸 운모와 하모를 맞아들여 좌·우 소비로 삼고

보금실성을 비궁대부로 삼았다. 보금은 내밀의 유자조카로 키도 크고 유식

하였다.[二年 壬辰 正月 遣胥狗迎奈密女雲帽霞帽爲左右小妃 以宝金爲

妃宮大夫 宝金奈密之猶子也 身長而有識]'. 『고구려사략』은 내물왕이 추

가하여 자신의 두 딸운모/하모을 광개토왕에게 바친 사실도 적고 있다.

　　그렇다면 신라 내물왕은 무슨 연유로 광개토왕에게 복속하였을까?

광개토왕이 신묘년391년에 등극하자마자 서둘러 실성을 볼모로 보내

고 또한 자신의 두 딸을 광개토왕에게 바친 진짜 이유는 무엇일까? 이유

는 단 한가지이다. 한반도 부여기마족인 부여백제왜잔국의 종속으로부터

벗어나기 위한 어쩔 수 없는 고육책이다. 적어도 광개토왕 등극이전까

지 신라는 임나에 종속되어 있다. 임나 또한 부여백제^{왜잔국}에 종속되니 ^{📖126쪽 '영락6년 왜잔국 정벌' 참조} 신라는 부여백제의 속국이나 다름없다.

결국 신라 내물왕은 부여백제^{여휘왕}가 아닌 고구려^{광개토왕}를 선택하며 말을 갈아탄다.

삼한백성의 일본열도 엑소더스

마지막으로〔영락10년 신라 구원〕이후의 상황이다. 광개토왕의 남방 평정^{400년} 이후의 궁월군과 120현 삼한백성의 행방이다. 일본열도로의 엑소더스 성공여부이다.

『일본서기』〈응신기〉이다. '16년^{401년} 8월, 평군목토숙니와 적호전숙니를 가라에 보냈다. 정병을 주며 이르길 "습진언이 오래도록 돌아오지 않고 있다. 필시 신라가 막아서 지체하고 있을 것이다. 그대들은 빨리 가서 신라를 치고 길을 열라."하였다. 이에 목토숙니 등이 정병을 거느리고 진격하여 신라의 국경에 이르렀다. 신라왕은 두려워하여 복죄하였다. 그래서 궁월군의 인부백성을 이끌고 습진언과 함께 돌아왔다.[十六年 八月 遣平群木菟宿禰的戶田宿禰於加羅 仍授精兵詔之曰襲津彥久之不還 必由新羅人 拒而滯之 汝等急往之擊新羅披其道路 於是木菟宿禰等進精兵 莅于新羅之境 新羅王愕之服其罪 乃率弓月之人夫 與襲津彥共來]'

때는 광개토왕의 남방 평정 이듬해인 401년이다. 야마토 응신왕은 갈성습진언^{葛城襲津彥}이 궁월군과 120현의 삼한백성 엑소더스^{渡倭}를 제대로 수행하지 못하자 추가로 평군목토숙니^{平群木菟宿禰}와 적호전숙니^{的戶田宿禰}에게 군사를 주어 임나에 파견한다. 이에 평군목토숙니는 군사를 이끌고 신라국경에 이르고 당황한 신라왕은 복죄하며 삼한백성의 엑소더스가 본격적으로 이루어진다.

신라왕의 복죄는 무엇일까? 복죄는 죄를 인정하는 행위이다. 기록대로라면 신라왕의 죄는 삼한백성의 엑소더스를 방해한 행위이다. 방해의 실체는 명확히 알 수 없으나 결과적으로 내물왕은 야마토의 군사적 압박에 굴복한다. 이는 이듬해인 402년 내물왕의 뒤를 이은 실성왕이 미사흔未斯欣왕자를 야마토에 볼모로 보내며 삼한백성의 엑소더스는 사실상 마무리된다.

참고하여 일본열도로의 엑소더스는 한차례 더 이루어진다. 아지사주阿知使主가 이끄는 17현민이다. 『일본서기』〈응신기〉이다. '20년 403년 9월, 왜한직의 조상 아지사주와 그의 아들 도가사주가 17현민을 이끌고 돌아왔다.[二十年 秋九月 倭漢直

▲ 한반도 부여기마족의 일본열도 엑소더스

祖阿知使主 其子都加使主 並率己之黨類十七縣而來歸焉]'. 또한 『속일본기』는 아지사주와 17현민이 대방帶方·황해도출신으로 응신왕의 부름을 받고 야마토로 건너갔다고 적고 있다.

舊居在於帶方 人民男女皆有才藝近者寓於百濟高麗之間 心懷猶豫未知去就 伏願天恩遣使追召之 乃勅遣臣八腹氏 分頭發遣 其人民男女 舉落隨使盡來 永爲公民 積年累代 以至于今 今在諸國漢人亦是其後也]'.

궁월군의 삼한백성과 아지사주의 대방백성은 이후 야마토정권으로부터 각각 하타秦씨와 아야漢씨의 성씨를 하사받는다. 하타씨는 오사카 일대, 아야씨는 나라현 금래今來·이마키군에 정착하며 토목과 양잠기술 그리고 행정관리체제 등 선진화된 문물과 문화를 일본열도에 전파한다. 이들 두 엑소더스집단은 일본열도의 뉴커머new comer이다. 우리가 잘 아는 문자와 학문을 전한 왕인王仁박사도 이 시기 일본열도로 건너간다. 일본열도는 이들로 인해 인구가 폭발적으로 증가하며 일본사회는 본격적인 국가체제를 갖추고 급성장하기 시작한다. 가히 '역사의 신神'이 일본열도에 내린 축복 중의 축복이라 할 수 있다.

〔영락10년 신라 구원〕은 한반도 왜잔국부여백제이 광개토왕에게 무참히 깨진 〔영락6년 왜잔국 정벌〕396년을 배경으로 한다. 그 결과로 왜잔국의 주류세력이 일본열도에 급히 망명하여 야마토정권을 수립하고397년, 이를 뒤따르려던 옛 부여백제왜잔국의 삼한백성궁월군과 120현민이 일본열도로 건너가기 위해 한꺼번에 경남 남해안에 집결한다400년. 광개토왕은 5만 군사를 보내 삼한백성의 소요사태를 진압하고 신라를 구원한다. 이후 야마토는 군사를 파견하여 신라를 압박하고 또한 협상을 통해 삼한백성의 엑소더스를 완결한다402년. 다만 이 과정 속에 백제한성백제는 옛 왜잔국부여백제의 삼한 땅을 얻기 위해 전지태자를, 신라는 삼한백성의 엑소더스를 보장하기위해 미사흔왕자를 각각 야마토倭國에 볼모로 보낸다.

이 모든 일련의 파노라마는 한마디로 표현하면 부여기마족의 대장정이다. 대륙에서 출발하여 한반도를 거쳐 일본열도로 건너간 부여기마족의 위대한 역사이다.

| 영락14년 왜적 격퇴 |

영락14년^{404년} 광개토왕은 왜가 고구려의 대방^{황해도}지역을 침범하자 군사를 보내 격퇴한다.〔영락14년 왜적 격퇴〕이다.

대방을 침입한 왜적의 정체

《광개토왕릉비》기록이다.

十四年 甲辰 而倭不軌 侵入帶方界 ▨▨▨▨▨石城 ▨連船▨▨▨ 王躬率▨▨ 從平穰 ▨▨▨鋒相遇 王 幢要截刺 倭寇潰敗 斬煞無數

14년^{404년} 갑신 ㉠ 왜가 불궤하게도 대방계^{帶方界}를 침입하였다. ▨▨▨▨▨석성을 공격하였다. ▨연선이 ▨▨▨하니 왕은 친히 군사를 이끌고 ▨▨평양^{平穰}에 다다랐다. ▨▨▨가 선봉이 되어 왕당^{王幢}을 이끌고 막아내어 무찔렀다. ㉡왜구^{倭寇}가 패하여 무너지니 참살한 자가 헤아릴수 없었다.

이에 대응하는『고구려사략』기록이다.

十四年 甲辰 五月 時倭寇帶方 命朋連移攻倭船斬獲 無算 此皆海賊之徒 仁德之所不知者也 仁德遣使謝罪 上命胥狗如倭探其眞狀

14년^{404년} 5월, 이때 왜가 대방^{帶方}을 쳐들어왔기에 붕련^{朋連}에게 군사를 주어 왜의 선박을 공격하니 목을 베고 사로잡은 자가 이루 헤아릴 수 없었다. 이들은 해적^{海賊} 무리이며 인덕^{仁德}이 그 소재를 알지 못하는 자들이다. 인덕이 사신을 보내 사죄하자, 상은 서구^{胥狗}를 왜에 보내 그 진상을 알아보게 하였다.

두 기록의 비교를 통해 왜의 실체가 확인된다. 비문의 왜구^{倭寇} ㉡는

『고구려사략』기록의 해적海賊이다. 다시 말해 왜는 일본열도 야마토왜국의 정규군이 아닌 왜의 해적집단 즉 왜적倭賊이다. 또한『고구려사략』기록은 추가해서 중요한 사실 하나를 전한다. 광개토왕이 왜적의 뒷배로 의심한 인덕仁德의 존재이다.

인덕은『송서』가 '왜5왕' 중 '찬贊'으로 소개한 야마토 왕이다. 일본인이 가장 성군으로 추앙하는 응신왕오오진의 뒤를 이은 인덕왕닌토쿠이다. 특히 인덕왕의 무덤인 오사카부 사카이堺시에 소재한 대산大山고분은 일본의 대표 무덤양식인 전방후원분의 완벽한 형태로 세계 최대 규모이다. 이집트 쿠푸왕의 피라미드와 중국 진시황릉보다 면적이 넓다.

▲ 인덕왕릉(대산고분) 전경 [일본 오사카]

인덕왕은 앞서 400년 광개토왕이〔영락10년 신라 구원〕할 때 가라 평정의 대상이 된 궁월군이다. 120현의 삼한백성을 이끌고 일본열도로 엑소더스한 옛 한반도 부여백제왜잔국 출신의 지도자이다. 다만 왜적이 대방을 침입할 당시404년 인덕은 왕의 신분이 아닌 실권자이다. 그래서『고구려사략』은 '인덕왕'이라 하지 않고 '인덕'으로 표기한다.

응신왕은 403년에 사망하며 아들 토도兎道·토도치랑자태자가 보위를 승계한다. 그러나 아쉽게도 토도왕은 야마토 왕력에서 빠진다.『일본서기』에는 407년 토도가 자신의 부덕을 알고 인덕仁德에게 보위를 넘기며 자살한 것으로 나온다.

왜적이 대방을 침입한 이유

그렇다면 광개토왕은 왜적의 뒷배로 인덕을 의심하였을까? 광개토왕이 진상 파악을 위해 야마토에 파견한 사신 서구胥狗가 키Key를 쥐고 있다. 서구는 앞서〔영락10년 신라 구원〕시 고구려 5만 군사를 이끈 총사령관이

다.☞ 137쪽 '영락10년 신라 구원' 참조
다시 말해 서구와 인덕^{궁월군}은

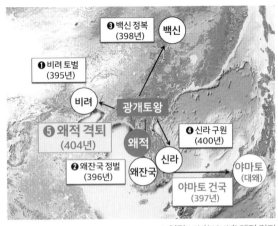

서로 안면을 튼 사이이다. 당
시 서구는 삼한백성^{120현민}을
도륙내지 않고 평정하는 수준
에서 사태를 수습하고 서둘러
철군한다. 이때 두사람 사이
에 모종의 협상이 이루어진다.
서구는 신라를 구원하는 명분

▲ 영락14년(404년) 왜적 격퇴

을 챙기고, 인덕은 삼한백성을 지키는 실리를 챙긴다. 바로 이 점이 광개
토왕이 인덕을 의심한 대목이다. 한마디로 광개토왕은 '전에 너희 백성을
도륙내지 않고 살려 보냈는데 불궤^{不軌}하게도 감히 짐의 뒤통수를 칠 수
있느냐?' 며 인덕에게 일침을 가한다.

『고구려사략』〈국강호태왕기〉. '영락17년407년 정미 5월, 한산이 배반하고 백제가 왜와 함
께 대방남지를 노략질하였다. 장군 조기와 갈무에게 명해 보기 5만을 이끌게 하고 이들을 토
평하였다.[永樂十七年 丁未 五月 漢山反與百濟及倭掠帶方南地 命將軍祖奇葛武率步騎
五萬討平之]'. 비문의 일부 결자는 왜와 연합한 백제가 적시되어 있을 것으로 추정된다.

　왜적이 대방을 침입한 이유는 무엇일까? 두 기록^{비문/사략} 모두 명확한
사유를 밝히고 있지 않아 판단하기 어렵다. 다만 대방지역은 앞서 403년
일본열도로 엑소더스한 아지사주와 17현의 대방백성 연고지이다.☞ 144
쪽 '영락10년 신라 구원' 참조 혹여 이들 대방백성 일부가 왜적이 되어 자신들의
고향을 되찾으려 한 것은 아닐까?
　〔영락14년 왜적 격퇴〕는 사건 내용만 놓고 본다면 결코 광개토왕의
정복사업에 포함될 만큼 비중 있는 사건은 아니다. 흔히 있을 수 있는 왜
적의 약탈행위 정도이다. 그럼에도 두 사료가 기록으로 남긴 점은 나름의
의미를 갖는다. 이 사건을 계기로 고구려와 야마토는 사신을 주고받으며

본격적인 교류를 시작한다.

[영락14년 왜적격퇴]는 왜의 속국화 과정을 보여주는 사건이다.

┃ 영락17년 ▨▨ 공격 ┃

영락17년^{407년} 광개토왕은 5만 군사를 보내 ▨▨를 공격하여 갑옷과 군수물자 그리고 6개 성을 빼앗는다. 〔영락17년 ▨▨ 공격〕이다.

공격대상은 중원왕조 후연

《광개토왕릉비》기록이다.

十七年 丁未 教遣步騎五萬 ▨▨▨▨▨▨▨▨▨▨ 王師四
方合戰 斬殺蕩盡 所穫鎧鉀一萬餘領 軍資器械不
可稱數 還破沙溝城婁城牛▨城▨城▨▨▨▨▨▨城

17년^{407년} 정미, ㉮ 교시를 내려 보기^{步騎} 5만을 파견하였
다. ▨▨▨▨▨▨▨▨▨▨ 왕사^{王師}는 사방에서 포위작전을
펼쳐 적을 참살하고 모두 없앴다. ㉯ 노획한 개갑 1만 벌
과 군자, 기계류도 이루 헤아릴 수 없었다. 돌아오는 길에
사구성^{沙溝城}, 루성^{婁城}, 우^牛▨성, ▨성, ▨▨▨▨, ▨▨성
을 격파하였다.

　㉮는 407년 광개토왕이 보기^{보병/기병} 5만을 출전시키
는데 전쟁 대상이 누구인지 또한 명분은 무엇인지 전혀
알 수가 없다. 8개 결자에 세부 내용이 있을 것으로 추정
된다. ㉯는 전쟁결과로 개갑^{갑옷} 1만 벌과 군수물자, 기계
류 등을 노획하는 전과를 올리며 또한 사구성과 루성을

포함한 6개 성을 격파한다. 대상은 누구일까?

이에 대응하는 『고구려사략』 기록이다.

十七年 丁未 二月 命朋連解猩 引兵五萬 伐慕容熙 戰于章武之西 殺
蕩盡 獲鎧甲萬領 軍資器械不可勝數 拔沙溝等六城

17년407년 정미 2월, 붕련朋連과 해성解猩에게 명하여 군사 5만을 이끌고
나아가 모용희慕容熙를 정벌케 하니 장무章武 서쪽에서 싸웠다. 모조리 죽
여서 쓸어내고 개갑 1만 벌을 노획하였으며 군자 및 기계 등의 수는 셀 수
가 없었다. 사구沙溝 등 6개 성을 빼앗았다.

공격대상은 중원왕조 후연後燕의 모용희慕容熙이다. 비문 결자 8자는
'모용희를 정벌케 하니 장무章武 서쪽에서 싸웠다.[伐慕容熙 戰于章武之
西]'는 내용을 담고 있을 것이다. 나머지는 비문기록과 같다.

후연은 384년 모용수慕容垂가 세운 선비족의 중원왕조이다. 이전 모용황慕容皝이 세운 전연前燕과 구분하여 후연이라고 한다. 수도는 중산中山·하북성 정현이며 하북평야를 중심으로 지금의 하북성, 산서성, 요녕성 일부 등을 차지한 제국이다. 모용희는 후연의 4대 왕이다.

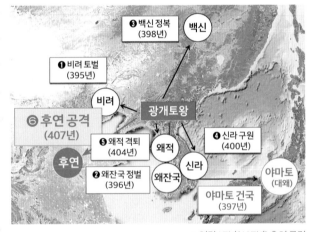

▲ 영락17년(407년) 후연 공격

후연 공격의 시사점

『삼국사기』에도 후연과의 전쟁기록이 나온다. 모두 5차례400년~406년로
주로 1~2개 성을 놓고 벌인 국지전 성격의 소규모전투이다.

400년 광개토9	2월, 연왕 모용성이 왕이 예가 오만하다하여 군사 3만을 이끌고 공격해왔다. 二月 燕王盛 以我王禮慢 自將兵三萬襲之
402년 광개토11	왕이 연의 숙군성을 공격하였다. 王遣兵攻宿軍
404년 광개토13	겨울 11월, 왕이 군사를 출동시켜 연을 공격하였다. 冬十一月 出師侵燕
405년 광개토14	봄 정월, 연왕 모용희가 요동성을 공격하였다. … 끝내 성을 빼앗지 못하고 돌아갔다 春正月 燕王熙來攻遼東城 … 卒不克而還
406년 광개토15	겨울 12월, 연왕 모용희가 … 우리의 목저성을 공격하였으나 이기지 못하고 돌아갔다. 冬十二月 燕王熙 … 攻我木底城 不克而還
407년 광개토16	-

그런데 어찌된 영문인지 407년 전쟁기록은 『삼국사기』에 나오지 않는다. 더구나 이 전쟁은 이전 전투들과는 양상이 사뭇 다르다. 전면전 성격이 강한 대규모 전쟁이다. 특히 광개토왕은 5만 대군을 동원하여 후연과 싸우며 갑옷과 전투장비, 군수물자 등을 대거 노획하는 전과를 거둔다. 또한 추가하여 6개 성을 빼앗는다.

무슨 이유일까? 『삼국사기』의 의도된 편집이 아니길 바랄 뿐이다. 다만 후연은 광개토왕에게 패한 직후에 곧바로 정변이 일어나 모용희가 살해되며 멸망한다. 결국 광개토왕의 한 방이 후연의 멸망을 촉발시킨 셈이다.

영락17년 후연 공격의 실체

『고구려사략』은 영락17년^{407년} 후연 모용희와 싸운 장소를 명확히 적시한다. '장무의 서쪽'이다. 장무章武는 지금의 하북성 동남지방에 소재한 황화黃驊·고현촌를 말한다[※『중국고금지명대사전』]. 천진天津이남이다. 전투장소인 장무의 서쪽은 지금의 창주滄州 정도로 추정된다.

그렇다면 정말로 광개토왕의 5만 대군이 천진이남까지 내려가 후연과 전쟁을 벌였을까? 혹여 장무의 위치비정이 잘못된 것은 아닐까? 만약 위치비정이 맞다면 광개토왕은 무슨 연고가 있어 천진이남까지 군사를 내려보낸 걸까?

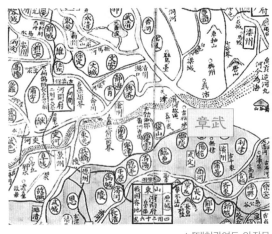

▲『대청광여도』의 장무

장무지역은 광개토왕이 회복한 고구려의 옛 강역이다. 거슬러 올라가면 일찍이 태조왕이 후한後漢의 요동군을 몰아내고 확보한 고구려 땅이다. 다만 아쉽게도 이 땅은 산상왕 시기 발기發岐의 난을 겪으면서 공손씨공손도에게 넘어가고 또한 동천왕 시기 위魏 사마의司馬懿에게 뺏기며 이후 전연모용황의 지배를 받지만 광개토왕은 후연모용수이 들어서자 작심하고 이 일대 회복에 나선다.

『고구려사략』〈신명선제기〉. '33년105년 3월, 진북장군 마락이 개마의 여러 성을 고쳐 쌓고, 맥 기병을 이끌고 요동을 정벌하여 백암, 장령, 도성, 문성, 장무, 둔유 등 6개 성을 취하였다. 한인들은 크게 놀라며 황망해하자 요동태수 경기가 수비하며 우리 군사를 불러들여 싸웠다. 궁태조왕태자가 사자 목도루와 함께 경기병을 이끌고 적진 깊숙이 들어가 좌충우돌 부딪쳐 대파시켰다.[三十三年 乙巳 三月 鎭北將軍麻樂重修盖馬諸城 率貊騎伐遼東取白岩長岺菀城汶城章武屯有等六城 漢人大驚慌忙以耿夔爲守而來戰 宮太子與使者穆度婁率輕騎深入敵陣左右衝突大破之]'. 장무는 후한의 요동군 지역으로 태조왕이 확보한 고구려 땅이다.

그렇다면 광개토왕은 장무지역을 언제 회복한 걸까? 〔영락17년 후연 공격〕 7년 전인 400년이다. 광개토왕이 후연과 벌인 최초의 전투이다. 아래는 400년 2월의『삼국사기』와『고구려사략』기록의 비교이다.

『삼국사기』 광개토왕	2월, 연왕 모용성이 우리 왕의 예절이 오만하다하여 직접 병사 3만을 이끌고 공격해왔다. 표기대장군 모용희를 선봉으로 삼아 신성과 남소 2개 성을 빼앗고 7백여 리 땅을 넓히고 5천여 호를 옮겨놓고 돌아갔다. 二月 燕王盛以我王禮慢自將兵三萬襲之 以驃騎大將軍慕容熙爲前鋒拔新城南蘇二城 拓地七百餘里 徙五千餘戶而還

『고구려사략』
〈영락대제기〉

2월, 모용성이 병사 3만을 이끌고 신성으로 쳐들어오고 선봉 모용희가 우회하여 남소로 들어오니 상은 정예기병 8천으로 곡림에서 모용희를 쳐서 대파시켰다. 붕련과 용신이 신성에서 큰 싸움을 벌이고 추격하여 하변에서 참살하니 빼앗은 것이 심히 많았다. 상은 거듭 장무 서쪽을 쳐서 7백여 리 땅을 넓히고 5천여 호를 옮겨놓고 돌아왔다.
二月 慕容盛引兵三万來侵新城先鋒熙迂入南蘇 上引精騎八千擊熙 於鵠林大破之 朋連龍臣大戰于新城追擊于河上斬獲甚多 上仍擊章 武以西 拓地七百余里 徙戶五千余而還

　　그런데 두 기록의 전투결과가 완전히 다르다. 극과 극이다. 『삼국사기』는 후연이 고구려 신성과 남소성을 빼앗고 7백여 리 땅을 넓혀 백성 5천여 호를 이주시켰다고 하고, 『고구려사략』은 신성에서 큰 싸움을 벌여 고구려가 후연을 대파하고 이어 장무 서쪽을 쳐서 7백여 리 땅을 넓혀 백성 5천여 호를 이주시켰다고 한다. 다만 '백성 5천여 호'의 주체는 문맥상으로 보아 『삼국사기』는 후연 백성이고, 『고구려사략』은 고구려 백성을 가리킨다.

　　어느 기록이 역사적 사실일까? 『삼국사기』 기록은 『진서』에도 나온다. 다만 『진서』는 '백성 5천여 호'의 주체를 고구려 백성으로 쓴다. 또한 7백여 리 땅을 넓힌 내용은 빼고 이들 고구려 백성을 요서지방으로 이주시켰다고만 적는다.

『진서』〈재기〉 모용성. '모용성이 무리 3만을 이끌고 고구려를 정벌하여 신성, 남소를 습격하고 모두 함락시켰다. 그 무리를 흩어버리고 그 5천여 호를 요서로 옮겼다.[盛率衆三萬伐高句驪 襲其新城南蘇皆克之 散其積聚徙其五千餘戶于遼西]'.

　　특히 『삼국사기』 기록을 더듬어 보면 이해할 수 없는 모순이 발견된다. 『삼국사기』 표현대로 만약 후연이 고구려로부터 빼앗아 넓힌 땅이 7백여 리라면 이 거리는 대략 280km에 해당한다. 서울에서 광주에 이르는 거리≒267km와 맞먹는다. 신성과 남소성은 요서지역에 소재한 성이며 서로 지근거리에 위치한다. 따라서 2개 성을 빼앗으면서 한반도 서남지방 전체에 해당하는 면적을 넓혔다는 설정 자체가 무리이다. 또한 고구려로부터 빼앗아 넓힌 땅에 자국후연 백성이 아닌 원래고구려 백성을 이주시킨다는 설정 또한 앞뒤가 맞지 않다. 분명히 『진서』 기록은 고구려 백성 5천여 호를 요서지역에 이주시켰다고 적고 있다. 요서지역은 『고구려사략』이 말하는 장무의 서쪽 땅 7백여리를 가리킨다.

이 사건의 역사적 사실은 『고구려사략』 기록이다. 다만 『삼국사기』는 중간에 '장무 서쪽을 쳐서 7백여 리 땅을 넓혔다.'는 고구려의 승전勝戰 내용을 아예 빼다보니 모순투성이의 어정쩡한 기록이 만들어 진다.

정리하면 이렇다. 400년 발생한 광개토왕의 모용성慕容盛과의 싸움은 태조왕 시기 후한의 요동군을 몰아내고 확보한 고구려 옛 장무 땅을 다시금 회복한 사건이다. 또한 《광개토왕릉비》가 기록한 407년 다시 벌어진 모용희와의 싸움은 회복한 장무 땅을 굳건히 지킴은 물론 아예 모용희를 녹다운knock down시킨 광개토왕의 스트레이트 펀치straight punch라 할 수 있다.

사구성 등 6개 성의 소재지

모용희를 대파한 광개토왕은 내친 걸음으로 사구성, 루성을 포함하는 6개 성을 추가로 공략하여 빼앗는다. 이들 6개 성은 어디에 소재할까?

지금까지 사구성과 루성은 한반도의 백제 성으로 인식하여 왔다. 사구성沙溝城의 경우 『삼국사기』 〈백제본기〉 전지왕 기록에 나오는 예성강 하구로 비정되는 사구성沙口城의 음차로 보았다. 루성婁城의 경우도 마찬가지이다. 《광개토왕릉비》의 〔영락6년 왜잔국 정벌〕에 나오는 충청지방의 모루牟婁성, 고모루古牟婁성, 연루燕婁성 등 '婁'자 계열의 성 이름이 자주 나온다. 이런 까닭으로 〔영락17년 ▨▨ 공격〕의 대상을 백제로 이해하였다. 그러나 『고구려사략』 기록을 통해 영락17년의 공격대상이 백제가 아닌 후연임이 명백히 드러났다. 따라서 이들 6개 성은 한반도가 아닌 대륙에 소재한다.

婁별이름 루는 蛙개구리를 가리킨다. 백제초기 왕들의 이름을 설명한 『백제왕기』 기록이다. 3대 기루왕은 '기루는 마땅히 가을개구리 울음소리 '갈~'이라고 해야 한다. 개구리의 뜻에서 취한다.[己婁當作加乙 取蛙之義也]'이고, 4대 개루왕은 '개루는 붉은 개구리의 뜻이다.[盖婁赤蛙義也]'이다. 기루와 개루 둘 다 개구리와 직접 연관된다. 婁가 蛙의 뜻으로 쓰인 이유는 백제시조 온조와 비류가 동부여 금와金蛙·금개구리왕의 서손庶孫이기 때문이다.

그렇다면 사구성, 루성 등 6개 성도 후연의 성일까? 아니다. 남연南燕의 성이다. 남연은 모용덕慕容德이 광고廣固·산동성 익도현에 세운 비교적 단명한 왕조이다.398년~410년 남연의 영역은 지금의 산동성 일대이다. 모용덕은 후연後燕 모용수慕容垂의 동생이다. 모용수를 도와 후연 건국에 기여하며 줄곧 후연에서 활동한 모용덕은 398년 남쪽으로 내려와 남연을 건국하며 독립한다. 모용덕은 405년 사망하며 조카 모용초慕容超가 뒤를 잇는다. 그런데 이듬해인 406년 광개토왕은 모용초에게 사신을 파견하여 친선관계를 맺는다.

『십육국춘추』 권64 남연. '태상2년406년 … 이 해에 고구려가 사신을 파견하여 천리마와 곰가죽, 장니말다래를 모용초에게 보내왔다. 모용초는 크게 기뻐하며 물소와 앵무새를 답례하였다.[太上二年 … 是年 高句驪遣使獻千里馬生熊皮障泥於超 超大悅苔以水牛能言鳥]'.

그리고 또 이듬해인 407년 광개토왕은 후연 모용희를 장무의 서쪽에서 대파하고 사구성, 루성 등 6개 성을 추가로 빼앗는다. 이들 6개 성은 남연의 성들로 추정된다. 주로 장무 남쪽의 황하黃河 하류 지역에 소재한다.

추정하는 근거는 무엇일까? 여기에는 또 다른 인물이 등장한다. 당시 남연의 재상인 모용진慕容鎭이다. 모용진은 모용덕이 남연을 건국할 때 줄곧 함께해 온 동지이다. 그러나 모용덕 사후 모용초의 독단이 이어지자 이에 대항하다 삭탈관직 당하는 등 상당한 고초를 겪는다. 이때 모용진은 광개토왕의 남연의 6개 성 공략에 일정의 역할을 한다. 이런 까닭으로 이듬해인 408년 모용진이 의문의 죽임을 당하자 광개토왕은 또다시 남연 모용초에게 사신을 파견하여 선물을 보내며 모용진의 시신을 고구려로 가져와 후하게 장사지낸다. 모용진은 바로 평안남도 덕흥리무덤의 무덤주인인 '유주자사 ▨▨진鎭'이다. ☞ 254쪽 '평안남도 덕흥리무덤의 주인공' 참조

▲ 덕흥리무덤[평안남도 남포]

〔영락17년 ▨▨ 공격〕 대상은 백제가 아닌 후연後燕이다. 후연 모용희를 장무章武 서쪽에서 대파한 위대한 승리이며 추가로 확보한 6개 성은 남연南燕의 성이다.

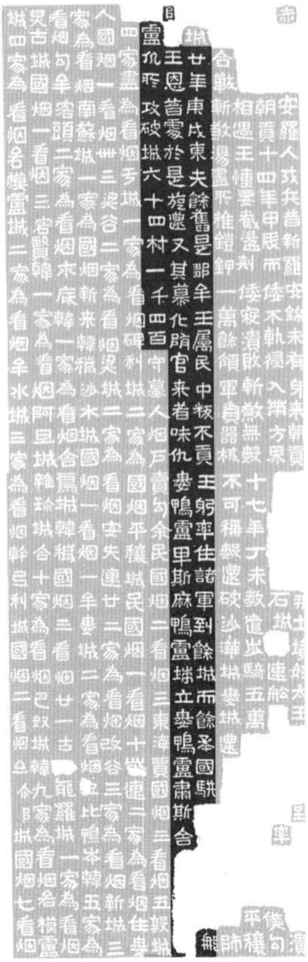

| 영락20년 동부여 정복 |

영락20년410년 광개토왕은 동부여를 정복하여 64성 1,400촌을 복속한다. 〔영락20년 동부여 정복〕이다.

동부여 재정복

《광개토왕릉비》 비문기록이다.

二十年 庚戌 東夫餘舊是鄒牟王屬民 中叛不貢 王躬率往討 軍到餘城 而餘擧國駭服 獻出 ▨▨▨▨▨▨ 王恩普覆 於是旋還 又其慕化隨官來者 味仇婁鴨盧 卑斯麻鴨盧 㨿社婁鴨盧 肅斯舍鴨盧 ▨▨▨鴨盧 凡所攻破城六十四村一千四百

20년410년 경술, ㉮ 동부여는 옛적에 추모왕의 속민이었는데 중간에 배반하여 조공하지 않았다. 왕이 친히 거느리고 토벌에 나섰다. 군대가 여성餘城에 이르자 온 나라가

두려워하며  왕 은보부恩普覆가 [항복]하였다. 이에 개선하여 돌아왔다. 또 그 나라는 왕을 모화慕化하여 관군을 따라온 자는 미구루味仇婁압로, 비사마卑斯麻압로, 단사루湍社婁압로, 숙사사肅斯舍압로, 압로이다. ㉯ 무릇 이때 공파한 성이 64개요, 촌이 1,400개이다.

㉮는 전쟁명분이다. 속민인 동부여가 중간에 배반하여 조공을 바치지 않는다. 그래서 광개토왕은 친히 군사를 이끌고 동부여로 향한다. ㉯는 전쟁결과이다. 동부여의 64성 1,400촌이 광개토왕에게 정복된다.

동부여는 前59년 북부여에서 갈려 나온 해부루解夫婁가 창업한 나라이다. 시조 추모왕의 본향으로 대주류왕이 51년에 복속시킨다. 『고구려사략』에 따르면 동부여는 해부루→금와金蛙→대소帶素→대불帶弗→고야高耶·女 등 5대 110년간을 이어오다 고구려 공격을 받고 멸망하며 이때 동부여에 예속된 47개 나라성 모두가 고구려에 편입된다.

『고구려사략』〈대무신제기〉. '부여태사 왕문이 죽었다. 가순과 부담 등이 반란을 일으켜 상이 송보와 락기를 보내어 이를 평정하고 여주 고야를 잡아 후로 삼았다. 동부여 47개 나라는 모두 고구려 땅이 되었다. 해부루로부터 금와, 대소, 고야를 거쳐 4대 110년을 이어오다가 나라가 통째로 고구려에 넘어갔다. 중간에 대불이 19년간 보위를 훔쳤다.[扶余太師王文卒 加順富覃等作亂 上遣松宝絡寄定其亂而擒其女主高耶為后 東扶余四十七國皆為國土 自解夫婁歷金蛙帶素高耶四世百十年而國除 中間帶弗竊位十九年]'.

이후 어느 시기부터 고구려에 조공을 바치지 않자 광개토왕이 직접 군사를 이끌고 가서 다시 한 번 철퇴를 가한다. 주요 공격대상인 여성餘城은 동부여의 왕성으로 지금의 길림성 길림吉林이다.

용담산성

송화강

여성부여성은 지금의 길림성 길림시의 용담산성龍潭山城으로 추정된다. 해발 388m 용담산의 능선을 따라 축조한 성이다. 성벽 길이는 약 2,396m이다. 용담산성에서 서남으로 2.5km 떨어진 동단산에는 동단산성東團山城이 있으며 서북으로 12km 떨어진 곳에 삼도령자산성三道嶺子山城이 있다. 이 두 성은 용담산성의 위성衛城이다.

이에 대응하는 『고구려사략』 기록이다.

二十年 庚戌 正月 東扶餘反報至因伐餘城虜其王恩普処而還 六十四
城千四百餘村 皆置新主

20년410년 경술 정월, 동부여가 배반하니 이의 보복으로 여성餘城을 정벌
하고 그 왕 은보처恩普処를 붙잡아서 돌아왔다. 64성 1,400촌의 주主를 새
로운 사람으로 교체하였다.

　　두 기록의 비교를 통해 동부여 왕의 이름이 명확히 확인된다.《광개토
왕릉비》의 은보부恩普覆는 『고구려사략』의 은보처恩普処이다. 覆와 処의
한자가 비슷한 점으로 보아 비문 판독의 오류임을 알 수 있다. 두 기록은
공히 동부여에 왕이 존재한 사실을 전한다. 과거 고구려에 멸망당해 소멸
된 동부여가 어느 시기에 왕조국가로 재건된다. 또한 과거의 47개 국성이
64개 성으로 확대되며 전체규모는 1,400촌에 달한다. 동부여 재건왕조
의 지배영역은 과거보다 상당부분 확장된다.

　　어디까지 확장한 걸까?《광개토왕릉비》가 언급한 5명의 압로鴨盧에
단서가 있다. 미구루味仇婁압로, 비사마卑斯麻압로, 단사루儞社婁압로, 숙사
사肅斯舍압로, ▨▨▨압로 등이다. 이들은 인명人名이 아니다. 동부여 지방
관의 명칭이다. 예를 들어 미구루압로는 미구루지역의 지방관이다. 특히
기록은 '광개토왕을 모화하여 관고구려 군대을 따라 온 자[其慕化隨官來
者]'로 이들을 규정한다. 아마도 이들 5명의 지방관은 광개토왕의 동부
여 정복에 일정의 역할을 한 인물들일 것이다. 동부여를 배신하고 고구려
로 전향한 자들이다.

압로鴨盧는 백제의 지방통치조직인 담로擔魯와 어원이 같다. 또한 압록강의 압록鴨綠과도
연관성을 갖는다.

　　보다 결정적 근거는《광개토왕릉비》의 결문인 수묘인守墓人 부문에
나온다.☞ 165쪽 '수묘인 연호 구성' 참조 매구여賣句余로 편성된 수묘 유경험자舊

民이다. 매구여는 '매구루買溝婁 부여夫餘'의 줄임말이다. 매구루는 지금의 두만강 하류의 함경북도 나진 정도로 추정된다. 또한 매구루 북쪽에는 치구루置構婁가 있다. 과거 고구려 동부지방의 요충지인 책성柵城으로 불린

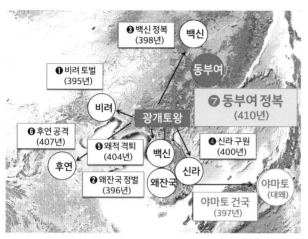

▲ 영락20년(410년) 동부여 정복

지금의 길림성 훈춘琿瑃이다. 이로 미루어 보아 동부여 재건왕조는 기존의 길림지역에 국한하지 않고 남쪽으로 고구려 영토인 두만강 하류지역까지 지배영역을 확장한 것으로 보인다. 광개토왕이 동부여 정벌을 단행한 직접적인 이유이다.

동부여 정복 이후 후속조치

특히 『고구려사략』은 광개토왕이 동부여를 정복하고 새로 편입한 성주城主를 새로운 사람으로 교체했다고 기록한다. 이들 성주는 바로《광개토왕릉비》의 압로들이다.

국립중앙박물관 소장　　길림성박물관 소장

▲ 부여 금동 가면

그렇다면 광개토왕이 동부여 압로들을 교체한 이유는 무엇일까? 더 이상 동부여의 재건을 용납하지 않겠다는 광개토왕의 강력한 의지이다. 오직 고구려 백성으로만 살라는 준엄한 명령이다. 참으로 용의주도한 광개토왕이다.

역사를 고찰해보면 정복자가 피정복민을 지배할 때 가장 많이 쓰는 수법은 피정복민의 지도층을 교체하여 부

역자로 만드는 것이다. 대표적으로 몽골은 소수의 인원으로 다수의 한족漢族 지도층을 부역자로 만들어 중원을 지배하였다. 또한 비근한 예로 일제가 이 수법을 이용하여 우리를 35년 동안 악랄하게 착취하였다. 그 잔재는 오늘날까지도 '토왜', '부왜'로 우리사회에 엄연히 존재한다.

새 술은 새 부대에 담아야 한다. 올바른 인적청산이야말로 진정한 역사 발전의 원동력이 아니겠는가?

▎정복사업 정리 ▎

첫머리에서 《광개토왕릉비》 비문의 정복사업 기록이 『삼국사기』에는 일체 나오지 않는다는 사실을 밝힌 바 있다. 김부식의 사정이 어떻든 간에 만에 하나 《광개토왕릉비》가 제작되지 않았거나 또는 《광개토왕릉비》 자체가 유실되었다면 우리는 광개토왕이 왜 광개토이며 또한 왜 정복군주인지를 영영 해석하지 못하는 딜레마에 빠졌을 것이다. 그럼에도 『고구려사략』이 《광개토왕릉비》의 비문내용 모두를 기록하고 있는 점은 천만다행한 일이다.

《광개토왕릉비》의 정복사업을 정리하면 이렇다.

재위전반기는 주로 한반도 정복에 집중된다. 396년영락6 한반도 서남부지방의 왜잔국을 정벌하며, 400년영락10 한반도 동남부지방의 여러 가야를 평정하며 신라를 구원한다. 두 정복사업은 부여기마족의 대이동 역사와 관계가 깊다. 대륙에서 한반도로 건너온 부여기마족부여백제은 광개토왕에게 깨져 다시금 일본열도로 건너가 야마토大倭로 재탄생한다. 만세일계 일본 천왕가의 주류세력이다.

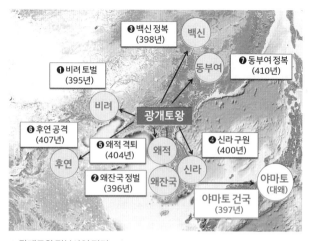

❸백신 정복
(398년)

백신

동부여

❼동부여 정복
(410년)

❶비려 토벌
(395년)

비려

광개토왕

❻후연 공격
(407년)

후연

❺왜적 격퇴
(404년)

왜적

❹신라 구원
(400년)

❷왜잔국 정벌
(396년)

왜잔국

신라

야마토
(대왜)

야마토 건국
(397년)

▲ 광개토왕 정복사업 정리

재위후반기는 주로 대륙 정복에 집중된다. 407년영락17 대륙 서쪽의 후연을 대대적으로 공격하여 멸망을 촉진시키며, 410년영락20 대륙 동쪽의 재건된 동부여를 다시금 제압하며 소멸시킨다. 한마디로 광개토왕의 정복활동은 동서남북 사방에 걸쳐 주도면밀하게 진행된다. 마치 잘 짜놓은 한 편의 각본에 의해 완벽하게 구현된 파노라마의 정복사업이다.

현재《광개토왕릉비》는 사면을 플라스틱유리로 감싼 전각에 보존하고 있다. 중국은 선의로 우리 고구려유적을 보호하고 있는 것일까? 결코 아니다. 중국이 동북공정을 진행하면서 우리 고구려역사를 그들의 '지방 정권'으로 편입하며 발생한 일이다. 물론 유네스코에 등재된 것은 그나마 다행이다.

▲《광개토왕릉비》전각

혹여 집안의 고구려유적을 답사할 기회가 있으면《광개토왕릉비》에 전각 밖에서라도 꼭 술 한 잔 따라 올리시라 권하고 싶다. 근처에 있는 태왕릉에도 마찬가지이다. 한 번 정도 우리의 DNA를 깨우는 것도 가슴 벅찬 경험이 아니겠는가?

또한 이 자리를 빌어 강력히 제안한다. 서울 광화문광장 한복판에《광개토왕릉비》재현품가 꼭 세워지질 기대한다. 기존의「이순신장군 동상」구국영웅의 상징, 「세종대왕 동상」문화군주의 상징과 더불어《광개토왕릉비》정복군주의 상징가 세워져 광화문광장이 우리 민족의 역사문화를 대표하는 상징적 장소로 자리 잡게 된다면 우리 후손은 물론 서울을 방문하는 외국인에게도 우리 민족의 위대성을 널리 알리는 하나의 울림이 될 것이다.

▲ 서울 광화문 광장

고구려의 다물多勿 정신, 즉 고토회복의 정신은 중단 없이 이어져야 한다. 역사는 반복된다 하질 않는가?

3부 광개토왕과 수묘인

3부는《광개토왕릉비》의 결문結文에 해당한다. 광개토왕릉을 지키고 관리하는 수묘인守墓人에 관한 내용으로 3면 8행에서부터 4면 9행까지이다. 수묘인의 구성과 수묘인에 대한 광개토왕의 교언 그리고 수묘인 관계 법령 등을 담고 있다. ☞ 30쪽 '《광개토왕릉비》와 고대사의 재조명' 참조

| 수묘인 연호 |

《광개토왕릉비》는 수묘인의 숫자를 사람人 단위가 아닌 연호烟戶 단위로 쓴다. 연호는 인가人家, 민호民戶 등의 가족단위 명칭으로 가家, 호戶, 연烟 등과 같다.

수묘인 연호는 크게 둘로 나눈다. 국연國烟과 간연看烟이다. 국연은 수묘업무의 주主기능을 수행하고 간연은 수묘업무의 보조補助기능을 수행한다. 이에 대해서는 좀 더 세분화하여 신분상, 재산상으로 구분하기도 한다. 국연을 피정복민 가운데 지배층 혹은 부유층으로, 간연은 피지배층 혹인 평민층으로 이해하기도 하며, 국연은 직접적으로 역을 지는 존재이고, 간연은 경제적으로 국연을 뒷받침하는 예비 수묘인으로 보기도 한다.

『삼국사기』의 수묘 관련 기록. 고구려의 경우이다. 신대왕15년179년 '국상 명림답부가 죽으니 나이가 113세이다. 왕은 몸소 가서 애통해하고 7일간 조회를 열지 않았다. 질산에 예를 갖춰 장사지내고, 수묘 20가를 두었다.[國相答夫卒 年百十三歲 王自臨慟 罷朝七日 乃以禮葬於質山 置守墓二十家]'. 신라의 경우이다. 소지왕7년485년 '왕이 친히 시조묘에 제사지내고 수묘 20가를 더 두었다.[親祀始祖廟 增置守廟二十家]'.

특히 《광개토왕릉비》는 국연과 간연의 비율을 1:10으로 설정한다. 국연 1가가 간연 10가를 담당하는 체계이다. 이에 근거하여 국연은 혼자서 수묘역을 감당 할 수 있는 부유한 호戸이고, 간연은 10가가 합쳐서 국연 1가의 역할을 할 수 있는 영세한 호戸로 보는 견해도 있다.

| 수묘인 연호 구성 |

광개토왕릉의 수묘인 연호는 구민舊民과 신래인新來人으로 나눈다. 구민은 기존 고국원왕릉과 고국양왕릉에서 차출한 수묘인 연호로 수묘업무 유경험자이며, 신래인은 광개토왕릉을 조성하면서 새로 배치한 수묘인 연호로 수묘업무 무경험자이다.

구민은 국연 10가, 간연 100가 등 총 110가

먼저 구민舊民이다. 《광개토왕릉비》 기록이다.

守墓人烟戸 賣句余民國烟二看烟三 東海賈國烟三看烟五 敦城民四家盡爲看烟 于城一家爲看烟 碑利城二家爲國烟 平穰城民國烟一看烟十 訾連二家爲看烟 俳婁人國烟一看烟卅三 梁谷二家爲看烟 梁城二家爲看烟 安夫連廿二家爲看烟 改谷三家爲看烟 新城三家爲看烟 南蘇城一家爲國烟

수묘인 연호이다. 매구여賣句余 민은 국연 2가, 간연 3가, 동해고東海賈는 국연 3가 간연 5가, 돈성敦城 민은 4가 모두 간연, 우성于城은 1가 간연, 비리성碑利城은 2가 국연, 평양성平穰城 민은 국연 1가 간연 10가, 자련訾連은 2가 간연, 배루俳婁 인은 국연 1가 간연 43가, 양곡梁谷은 2가 간연,

양성梁城은 2가 간연, 안부련安夫連은 22가 간연, 개곡改谷은 3가 간연, 신성新城은 3가 간연, 남소성南蘇城은 1가 국연이다.

구민은 국연이 10가, 간연이 100가로 전체는 110가이다.

	대상		연호			대상		연호	
			국연	간연				국연	간연
1	賣句余(民)	매구여 (민)	2	3	8	俳婁(人)	배루 (인)	1	43
2	東海賈	동해고	3	5	9	梁谷	양곡	-	2
3	敦城(民)	돈성 (민)	-	4	10	梁城	양성	-	2
4	于城	우성		1	11	安夫連	안부련	-	22
5	碑利城	비리성	2	-	12	改谷	개곡	-	3
6	平穰城(民)	평양성 (민)	1	10	13	新城	신성	-	3
7	訾連	자련	-	2	14	南蘇城	남소성	1	-
						합계		10	100

모두 14개 지역 출신으로 조왕고국원왕과 선왕고국양왕의 왕릉 수묘인 연호에서 차출한 인력이다. 이 중 '민民'으로 표기한 곳은 매구여賣句余, 돈성敦城, 평양성平穰城 등 3개이며, '인人'으로 표기한 곳은 배루俳婁 1개이다. 나머지는 民 또는 人을 따로 표기하지 않는다.

매구여는 '매구루買溝婁 부여夫餘'의 줄임말로 옛 동부여 매구루 출신의 백성이다. 매구루는 지금의 두만강 하류에 인접한 함경북도 나진 정도로 추정된다. 참조 159쪽 '영락20년 동부여 정복' 참조

특히 '人'으로 표기한 배루인俳婁人이 관심을 끈다. 이들은 국연 1가와 간연 43가를 배출한 구민 중 가장 규모가 큰 집단이다. 俳는 오늘날의 직업예술인을 지칭하는 배우, 광대 등을 말한다. 노래 부르고 춤추는 행위를 가배嘉俳라 칭하는 것과 같다. 특정 지역민이 아닌 특정 직업군에 종사하는 사람들이다. 또한 婁는 당시 고구려 주변 족속인 읍루挹婁를 가리킨다. 배루인은 고구려에 귀화한 읍루출신으로 구성된 춤꾼집단 정도로 이해된다. 특히 이들은 수묘업무중 주로 제사부문을 담당했을 것으로 본다. 고대의 제사 의례는 가배嘉俳를 동반한다.

俳婁는 挹婁의 이칭異稱 또는 별칭別稱일 수도 있다.《광개토왕릉비》외의 여타 문헌기록에 俳婁의 표현이 나오지 않기 때문이다. 당시 고구려인들이 읍루를 가리켜 배루로 불렀을 가능성도 존재한다.

또 하나는 '連'으로 표기한 지역이다. 안부련安夫連과 자련訾連이다. 련連은 신라의 향鄕, 부곡部曲과 같은 천민집단의 거주지로 추정된다. 고구려 행정조직인 성城·곡谷·촌村에 포함되지 않은 별도의 특별구역이다. 안부련과 자련 공히 국연은 없고 간연만을 배출한다. 안부련의 경우는 간연만 22가로 배루인 다음으로 규모가 크다.

특히 배루인, 안부련, 자련 등을 추정할 수 있는 근거가『고구려사략』에 나온다. 고구려 백성을 호족豪族, 토족土族, 우족寓族, 천족賤族 등 4등급으로 분류한 기록이다. 이 중 우족은 배루인과 같은 주변국의 예속인隷屬人이며, 천족은 안부련, 자련과 같은 천민집단이다. ☞ 364쪽 '일반백성의 분류과 관리' 참조

『고구려사략』〈장수대제기〉. 장수26년458년 4월 기록. '백성을 4등급으로 나눴다. 호족, 토족, 우족, 천족 등이다. 천족자식은 재능과 자질이 좋으면 국학에 들어갈 수 있게하여 재능이 인정되고 출사하면 천족을 면하고 토족이 되게 하였다. 종실과 외척이 호족과 혼인하면 반드시 경부와 림부의 허락을 받고 난 이후에 호족으로 내려가 호적에 들게 하였다.[之民四秩 豪族土族寓族賤族 賤族之子才質可者許入國學而得士則使之免賤爲土 宗室外戚與豪族 相婚者 必經瓊琳之許 然後落豪而入戶籍]'.

또한『일본서기』에는 야마토왜의 련連·무라지계급이 나온다. 시기는 5세기 중엽인 웅략雄略·유라쿠왕 때456년~479년부터 등장한다. 이들 련連계급은 야마토 성립에 기여한 한반도 출신들이다. 5세기 초엽414년에 세워진《광개토왕릉비》와 비교하면 련連의 명칭 성립시기가 예사롭지 않다. 고구려의 특별행정구역 명칭 련連과 야마토의 계급 명칭 련連이 동일한 것은 결코 우연은 아닐 것이다.

『일본서기』〈웅략기〉를 보면 대신大臣·오오미과 대련大連·오오무라지의 계급이 나온다. 시기는 5세기 중엽이다. 대신은 지역적 우두머리, 대련은 직능적 우두머리를 일컫는다. 이들 두 계

급은 야마토왕조 성립에 기여한 자들로 한반도 출신으로 추정된다. 이후 7세기 말엽 씨성제도가 확립되며 대신과 대련은 각각 臣오미과 連무라지의 성씨를 부여받는다.

《광개토왕릉비》 수묘인 연호 구민舊民 기록에는 지금까지 알려지지 않은 고구려의 특별행정구역 '련連'이 있다.

신래인은 국연 20가, 간연 200가 등 총 220가

다음은 신래인新來人이다.《광개토왕릉비》기록이다.

新來韓穢 沙水城國烟一看烟一 牟婁城二家爲看烟 豆比鴨岑韓五家爲看烟 勾牟客頭二家爲看烟 求底韓一家爲看烟 舍蔦城韓穢國烟三看烟廿一 古模耶羅城一家爲看烟 炅古城國烟一看烟三 客賢韓一家爲看烟 阿旦城雜珍城合十家爲看烟 巴奴城韓九家爲看烟 臼模盧城四家爲看烟 各模盧城二家爲看烟 牟水城三家爲看烟 幹氏利城國烟一看烟三 彌鄒城國烟一看烟七 ▨利城三家爲看烟 豆奴城國烟一看烟二 奧利城國烟一看烟八 須鄒城國烟二看烟五 百殘南居韓國烟一看烟五 太山韓城六家爲看烟 農賣城國烟一看烟七 閏奴城國烟二看烟廿二 古牟婁城國烟二看烟八 瑑城國烟一看烟八 味城六家爲看烟 就咨城五家爲看烟 彡穰城廿四家爲看烟 散那城一家爲國烟 那旦城一家爲看烟 勾牟城一家爲看烟 於利城八家爲看烟 比利城三家爲看烟 細城三家爲看烟

새로 온 한예韓穢이다. 사수성沙水城은 국연 1가 간연 1가, 모루성牟婁城은 간연 2가, 두비압잠豆比鴨岑 한韓은 간연 5가, 구모객두勾牟客頭는 간연 2

가, 구저求底 한韓은 간연 1가, 사조성舍蔦城 한예韓穢는 국연 3가 간연 21
가, 고모야라성古模耶羅城은 간연 1가, 경고성炅古城은 국연 1가 간연 3가,
객현客賢 한韓은 간연 1가, 아단성阿旦城과 잡진성雜珍城은 합하여 간연 10
가, 파노성巴奴城 한韓은 9가 간연, 구모로성臼模盧城은 간연 4가, 각모로성
各模盧城은 간연 2가, 모수성牟水城은 간연 3가, 간저리성幹氐利城은 국연 1
가 간연 3가, 미추성彌鄒城은 국연 1가 간연 7가, 야리성也利城은 간연 3가,
두노성豆奴城은 국연 1가 간연 2가, 오리성奧利城은 국연 1가 간연 8가, 수
추성須鄒城은 국연 2가 간연 5가, 백잔남거百殘南居 한韓은 국연 1가 간연 5
가, 대산한성大山韓城은 간연 6가, 풍매성農賣城은 국연 1가 간연 7가, 윤노
성閏奴城은 국연 2가 간연 22가, 고모루성古牟婁城은 국연 2가 간연 8가, 전
성瑑城은 국연 1가 간연 8가, 미성味城은 간연 6가, 취자성就咨城은 간연 5
가, 삼양성彡穰城은 간연 24가, 산나성散那城은 국연 1가, 나단성那旦城은
간연 1가, 구모성勾牟城은 간연 1가, 어리성於利城은 간연 8가, 비리성比利城
은 간연 3가, 세성細城은 간연 3가이다.

신래인은 국연이 20가 간연이 200가로 전체는 220가이다.

	대 상	연호			대 상	연호	
		국연	간연			국연	간연
1	沙水城 사수성	1	1	19	豆奴城 두노성	1	2
2	牟婁城 모루성	-	2	20	奧利城 오리성	1	8
3	豆比鴨岑(韓) 두비압잠	-	5	21	須鄒城 수추성	2	5
4	勾牟客頭 구모객두	-	2	22	百殘南居(韓) 백잔남거	1	5
5	求底(韓) 구저	-	1	23	大山韓城 대산한성	-	6
6	舍蔦城(韓穢) 사조성	3	21	24	農賣城 풍매성	1	7
7	古模耶羅城 고모야라성	-	1	25	閏奴城 윤노성	2	22
8	炅古城 경고성	1	3	26	古牟婁城 고모루성	2	8
9	客賢(韓) 객현	-	1	27	瑑城 전성	1	8
10	阿旦城 아단성	-	10	28	味城 미성	-	6
11	雜珍城 잡진성	-	10	29	就咨城 취자성	-	5

12	巴奴城(韓) 파노성	-	9	30	彡穰城 삼양성		-	24
13	臼模盧城 구모로성	-	4	31	散那城 산나성		1	-
14	各模盧城 각모로성	-	2	32	那旦城 나단성		-	1
15	牟水城 모수성		3	33	勾牟城 구모성		-	1
16	幹氐利城 간저리성	1	3	34	於利城 어리성		-	8
17	彌鄒城 미추성	1	7	35	比利城 비리성		-	3
18	也利城 야리성	-	3	36	細城 세성		-	3
					합계		20	200

모두 36개 지역으로 광개토왕이 정복지역에서 약취해 온 포로들이다. 대상은 한인韓人과 예인濊人이다.

특히 주목을 끄는 점은 이들 신래인의 출신지역이 광개토왕이 〔영락6년 왜잔국 정벌〕396년을 통해 공취한 58개 성과 상당부분 겹친다. 당시 광개토왕은 한강유역의 백잔 18성을 미리 공취하고 이어 충청도 지역의 왜잔국 40성을 공취한다. ☞ 122쪽 '영락6년 왜잔국 정벌' 참조 겹치는 지역은 모루성을 비롯하여 무려 20개 성에 달한다.[※ 도표 굵은 글씨] 이는 신래인 대부분이 〔영락6년 왜잔국 정벌〕결과의 산물임을 알 수 있다.

신래인의 출신지역 중 성으로 표기하지 않은 곳은 두비압잠豆比鴨岑, 구모객두勾牟客頭, 객현客賢, 구저求底, 백잔남거百殘南居 등 5개이다. 이들은 모두 신래인 열거 기록 중 앞부분에 배치되어 백제의 영역인 경기지역으로 추정된다. 구모객두는 구모지역의 상인商人집단으로 이해한다.

▲ 예족의 조문국[경북 의성]

다만 이들 신래인의 출신지역을 백잔과 왜잔국으로 표기하지 않고 한예韓濊로 표기한 점이다. 무슨 이유일까? 백잔의 경우는 광개토왕의 〔영락6년 왜잔국 정벌〕과정에서 아신왕이 광개토왕에게 '노객 맹세'를 함으로써 광개토왕의 신하가 된다. 이때 백제는 왕조의 명맥만 유지한 채 고구려에 흡수된다. 왜잔국의 경우는 〔영락6년 왜잔국 정벌〕이후 중심세력부

여기마족이 일본열도로 망명하여 야마토大倭로 재탄생하면서 한반도의 왜
잔국부여백제은 소멸되어 존재 자체가 없어진다. 이런 까닭으로《광개토왕
릉비》가 세워진 414년 당시 왜잔국의 존재는 이미 없어진 과거의 유산일
뿐이다. 그래서《광개토왕릉비》는 이들 지역을 왜잔국 이전에 불렀던 한
예韓穢로 표기한다. 한韓은 마한馬韓으로 왜잔국의 경기 남부와 충청남도
지역이며, 예穢는 충청북도 지역이다. 백제 또한 마찬가지이다. 한강유역
을 포함한 경기 북부지역은 과거 마한의 영역이다.

한반도 중남부지방 예족의 기원은 경북 의성에 소재한 조문국김文國이다.『신라사초』에 따
르면 조문국은 前124년 용龍왕에 의해 건국되어 245년 묘초妙楚왕에 이르기까지 21대
370년간을 존속한 한반도 최초의 고대 왕국이다. 조
문국의 건국前124년은 신라의 건국前57년과 비교하면
무려 70여년 정도가 빠르다. 시조는 예濊왕으로『후한
서』<동이열전>에 나오는 예왕 남려南閭로 추정된다.
남려는 前128년한무제 원삭원년 28만 구를 이끌고 요동
에 내속한다.[漢武帝 元朔元年 濊君南閭等 畔右渠 率
二十八萬口 詣遼東內屬] 이때 남려의 후손 일부가 경
북 의성지방으로 내려와 조문국을 건국한다. 조문국은
벌휴왕 때에 신라에 병합되며 일부 유민이 서쪽으로 소

▲ 조문국 경덕왕릉 [경북 의성]

백산맥을 너머 충청북도 지역에 유입된 것으로 추정된다. 경북 의성에는 조문국 경덕景德왕
의 왕릉이 있다.

《광개토왕릉비》의 신래인 한예韓穢 기록은 백잔백제과 왜잔국부여백제
의 소멸을 고한 위대한 선언문이다.

| 수묘인 연호 교언 |

광개토왕의 수묘인 연호에 대한 교언은《광개토왕릉비》가 탄생하게 된
직접적인 동기이자 배경이다.

《광개토왕릉비》기록이다.

國罡上廣開土境好太王 存時教言 祖王先王 但教取遠近
舊民 守墓洒掃 吾慮舊民轉當羸劣若 吾萬年之後安守墓
者 但取 吾躬巡所略來韓穢 令備洒掃 言教如此 是以如
教令 取韓穢二百廿家 慮其不知法則 復取舊民一百十家
合新舊守墓戶 國烟卅看烟三百 都合三百卅家

국강상광개토경호태왕이 살아 계실 적에 교언敎言하길 "조왕祖
王과 선왕先王은 다만 원근의 구민舊民만을 데려다가 무덤을 지키
며 쇄소洒掃·청소를 맡겼으나 나는 이들 구민이 차차 몰락하게 될
까 염려된다. 만일 내가 죽은 지 1만년 후에 나의 무덤을 수호할
자가 누구인지 어찌 알겠는가? 내가 친히 순행하며 약취해온 한
韓과 예穢만을 데려다가 무덤을 수호하고 쇄소하는 일을 맡게 하
라."하였다. 말씀하신 대로 한韓과 예穢 220가家를 데려왔다. 그
러나 이들이 예법禮法을 잘 모를 것이 염려되어 다시 구민 110가
를 데려왔다. 새로 온 자와 전에 있던 자를 합하면 수묘호는 국연
國烟이 30가 간연看烟이 300가로 모두 합하여 330가이다.

  광개토왕의 수묘인 연호에 대한 교언은 두 가지이다. 하나는 조왕고국
원왕과 선왕고국양왕의 선례로 볼 때 이들 두 왕릉의 수호를 담당하는 구민
으로 구성된 수묘인이 몰락할 수 있다는 염려이며, 또 하나는 광개토왕이
직접 약취略取해온 신래인新來人 즉 한인韓人과 예인濊人으로 수묘인 연호
를 구성하라는 지침이다.

  그러나 광개토왕의 교언은 지켜지지 않는다. 오히려 좀 더 보충된다.
《광개토왕릉비》를 실제 제작한 춘春태자가 광개토왕릉태왕릉의 수묘인
연호를 보다 확대하였기 때문이다. ☞102쪽 '《광개토왕릉비》는 누가 세웠나?' 참조

  춘태자가 확대한 광개토왕릉의 수묘인 연호 수는 국연 30가, 간연
300가 등 330가이다. 이는 광개토왕의 교언에 따른 신래인한인/예인 국연

20가, 간연 200가 등 220가에 더하여 기존의 구
민 국연 10가 간연 100가 등 110가를 추가한 숫
자이다.

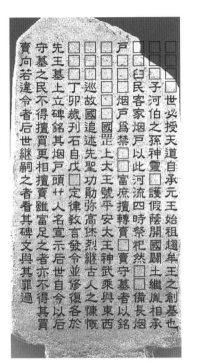

▲《집안고구려비》비문

춘태자의 수묘인 연호 확대 시행은 중요한 정
보를 담고 있다. 춘태자가 광개토왕의 교언에 따
라 처음 구성한 수묘인 연호 숫자는 신래인 220
가^{국연20가/간연200가}이다. 그렇다면 춘태자는 무
슨 연유로 220가를 구성한 걸까? 혹여 기준이 따
로 있는 것은 아닐까? 당연히 있다. 기준은《집안
고구려비》에서 명확히 나온다. ☞ 222쪽 '《집안고구
려비》와《광개토왕릉비》의 상관성' 참조 《집안고구려비》
는 광개토왕의 선왕인 고국양왕의 공덕비이다.
비문에 연호두^{煙戶頭} 20가를 둔 기록이 있다[先
王墓上立碑銘其烟戶頭卄人名]. 연호두는
수묘인의 수장^頭으로《광개토왕릉비》의 국연^{國烟}과 같다. 이는 고국양왕
릉^{천추총}의 수묘인 연호 숫자가 국연 20가 간연 200가 등 220가로 구성된
사실을 설명한다. 또한《집안고구려비》는 수묘인 연호의 임무가 왕릉의
쇄소^{청소}는 기본이고 더하여 매년 계절마다 제사를 지낸다고 적고 있다
[烟戶以此河流四時祭祀]. 4번의 제사는 수묘인 연호 220가를 4등
분한 55가^{국연5가/간연50가}가 계절별로 각각 담당한다. 마찬가지로 220가
의 기준은 광개토왕의 조왕인 고국원왕릉^{서대총}에도 동일하게 적용되었
을 것이다.

특히 춘태자는 신래인 220가에 더하여 구민 110가를 추가한다. 명분
은 신래인이 수묘 예법을 잘 모를 것이라는 염려이다. 백번 옳은 판단이
며 결정이다. 그럼에도 광개토왕의 수묘인 연호 수를 110가나 더 늘린 것
은 특별한 의미를 가진다. 혹여 광개토왕이 생전에 이룩한 위대한 업적이

사후에도 영원히 지속되기를 바라는 고구려왕실의 염원을 반영한 조치
는 아니었을까?

광개토왕의 교언 부분에는 고구려 왕릉의 수묘인守墓人의 배치 기준
이 담겨있다. 왕릉당 국연國烟 20가 간연看烟 200가 등 220가이다.

┃ 수묘인 연호 법령 ┃

마지막으로 수묘인에 관한 법령이다. 비문은 앞서 조왕고국원왕과 선왕고국
양왕의 윗대미천왕까지는 묘상에 비석을 세우지 않아 수묘인 연호
에 착오가 있음을 고백하고 광개토왕이 조왕과 선왕의 비석을
세우고 수묘인 연호를 새긴 사실을 밝힌다.

《광개토왕릉비》기록이다.

自上祖先王以來　墓上不安石碑　致使守墓人烟戶差錯
唯國罡上廣開土境好太王　盡爲祖先王　墓上立碑　銘其烟
戶不令差錯　又制守墓人　自今以後　不得更相轉賣　雖有
富足之者　亦不得擅買　其有違令　賣者刑之　買人制令守
墓之

조왕祖王과 선왕先王의 윗대에 이르기까지 묘상에 석비를 갖추
지 않아 수묘인 연호에 착오가 있어 왔다. 오직 국강상광개토경
호태왕만이 조왕과 선왕의 묘상에 비를 세우고 그 연호를 새겨
착오가 없게 하였다. 또한 수묘인의 법을 제정하여 지금부터 다
시는 서로 팔아 넘기지 못하게 하고 아무리 부유한 자라 할지라
도 함부로 사지 못하게 하였다. 만일 법령을 위반하여 파는 자는
형벌에 처하고 사는 자 역시 벌을 정해 자신이 직접 수묘하라고

명하였다.

광개토왕이 제정한 수묘인 연호 법령은 두 가지이다. 수묘인 연호의 매매賣買에 대한 금지법과 처벌법이다. 금지법은 전매轉賣와 단매擅買를 금지시킨 법령이다. 전매는 수묘인이 서로 담당하는 왕릉을 바꾸는 행위이고, 단매는 일반민을 사서 수묘역을 따로 맡기는 행위이다. 처벌법은 전매와 단매 행위에 대한 법적 조치이다. 전매의 경우 두 사람 모두를 형벌에 처하고, 단매의

▲《광개토왕릉비》[조선고적도보]

경우 행위자가 직접 수묘인을 맡게하는 처벌이다. 한마디로 수묘인 연호의 매매 금지법과 처벌법은 일단 수묘인 연호로 지정되면 이후 발생하는 어떤 변동사항도 결코 인정하지 않는 매우 엄격한 금지요 강력한 처벌이라 할 수 있다.

그렇다면 광개토왕이 이처럼 엄격하고 강력한 법령을 제정한 이유는 무엇일까? 당시 왕릉을 지키고 관리하는 수묘 문제 관리가 매우 어려웠다는 사실을 반영한다. 이는 또한 국내성집안이 수도가 아니라는 사실을 증거한다. 만약 국내성이 수도라면 인근에 소재한 왕릉은 왕실차원에서 얼마든지 직접 관리가 용이하다. 그러나 국내성이 수도가 아니기 때문에 왕실과 가까이 있지 않고 멀리 떨어져 있기에 별도의 강력한 법령을 통해 보완장치를 마련한다.

《광개토왕릉비》의 수묘인 연호 기록은 국내성이 수도가 아니라는 사실을 반영한 또 하나의 증거이다.

▌국내성은 수도인가?▐

▲ 국내성과 주변 분포 [길림성 집안]

중국 길림성 집안에 국내성이 있다. 중국명은 통구성通溝城이다. 압록강과 그 지류인 통구하通溝河가 만나는 집안분지 한복판에 위치한 평지성으로 성벽은 돌로 쌓은 석성이다. 성의 모양은 방형이다. 성벽 길이는 동벽 554.7m, 서벽 664.6m, 남벽 751.5m, 북벽 715.2m이며 전체 둘레 길이는 2,686m에 달한다. 성문은 6개로 남북이 각 1개 동서 각 2개이며 일부 성문은 옹성甕城이다.

옹성은 성문을 외부로부터 보호하기 위하여 성문의 외부에 설치한 이중성벽을 말한다. 모양이 마치 항아리甕 같다고 해서 붙여진 이름이다. 성내로 진입하기 위해서는 반드시 옹성을 먼저 통과해야 한다. 성벽에서 밖으로 돌출되어 있어 성문으로 접근하는 적을 3면에서 입체적으로 공격할 수 있는 장점이 있다.

성벽의 4각 모서리는 바깥
쪽이 불룩하게 튀어나온 凸형
의 방대方臺와 그 위에 각루角樓
가 있다. 또한 성벽을 따라 치雉
가 설치되어 있다. 치는 북벽 8
개 동·서·남벽 각 3개씩 모두
14개로 길이는 각각 8~10m
폭은 6~8m이다.

▲ 국내성 전경 [조선고적도보]

현재 국내성은 돌로 쌓은
석성이다. 그러나 성벽은 여러 차례에 걸쳐 쌓은 것으로 확인된다. 가장
이른 시기에 쌓은 것은 토성이다. 1975년 국내성을 시굴조사하면서 석
축 성벽 아래에서 황갈색 점토로 쌓아 올린 토루土壘의 흔적을 발견한다.
축조 시기는 고구려 건국 전후인 前1세기로 추정된다. 이후 토루 위에 최
소 2차례 걸쳐 석성을 쌓는다. 1차는 잘 다듬은 장방형의 석재를 층층히
평직平直으로 쌓되 위아래가 엇갈리게 하는 방식이다. 축조 시기는 4~5세
기로 추정된다. 2차는 큰 돌로 쌓으면서 틈틈이 작은 돌을 채워 놓는 방식
이다. 축조 시기는 6~7세기로 고구려 후대에 해당한다.

국내성 축조 기록

국내성 축조는 절대 연대를 가지고 있다. 『삼국사기』가 기록한 고국원왕
재위12년인 342년이다. 한자는 '築國內城'이다. 통상적으로 『삼국사기』
가 '築'자를 쓸 때는 신축新築을 가리킨다. 기존의 성을 보수 또는 확장해
쌓는 경우는 중수重修와 증축增築을 쓴다. 이는 국내성이 토루土壘 위에 다
시 석성으로 쌓은 4~5세기 고고학적 판단과 일치한다. 아래는 국내성 축
조를 전후한 『삼국사기』와 『고구려사략』의 기록 비교이다.

년도	『삼국사기』 고국원왕	『고구려사략』〈고국원제기〉
334년 (고국원4)	8월, 평양성을 증축하였다. 秋八月 增築平壤城	8월, 평양성을 증축하고 환도에 신궁을 지었다. 秋八月 增築平壤城 營丸都新宮
338년 (고국원8)	-	8월, 동황성의 역졸 5천을 환도로 보내라 명하여 오룡궁을 수리하고 낙랑인 2천, 대방인 1천, 부여인 2천으로 동황성을 수리하였다. 동황성은 평양의 남쪽에 있다. 본래 백제 땅으로 신라와 가까이 있던 까닭에 신라와 백제가 연이어 화친하면서도 이곳을 가지려 하였다. 왕은 이곳을 밀도로 삼고 튼튼히 하여 남쪽에 대비할 요충으로 삼고자 하였다. 秋八月 命東黃城役卒五千人赴丸都修五龍宮 以樂浪人二千帶方人一千扶餘人二千修東黃城 東黃城在平壤之南 本百濟之地 近于新羅 故羅濟連和而欲復此地 王欲以此爲密都 固其城池以爲鎭南之衝
340년 (고국원10)	-	7월, 환도의 장안궁이 완성되어 주태후의 행궁으로 삼았다. 秋七月 丸都長安宮成 以爲周太后行宮
342년 (고국원12)	2월, 환도성을 수리하고 또 국내성을 쌓았다. 春二月 修葺丸都城 又築國內城 8월, 환도성으로 이거하였다. 秋八月 移居丸都城	2월, 재봉에게 명하여 환도성을 수리하고 람국에게 명하여 국내성을 쌓았다. 春二月 命再逢修葺丸都城 命藍國築國內城 8월, 환도성으로 천도하였다. 대략 서진하려는 뜻이다. 秋八月 遷都丸都城 盖有西進之志也
343년 (고국원13)	7월, 평양의 동황성으로 이거하였다. 동황성은 지금의 서경 동쪽 목멱산중에 있다. 秋七月 移居平壤東黃城 城在今西京東木覓山中	7월, 동황성으로 이거하였다. 秋七月 移居于東黃城

먼저 기록에 등장하는 성들의 소재지이다. 평양성平壤城은 동천왕이 247년 종묘와 사직을 옮기며 천도한 수도로 지금의 요녕성 요양遼陽이며, 환도성丸都城은 산상왕이 209년 천도한 수도로 지금의 요녕성 해성海城이다.

▲ 영성자산성 표지석 [요녕성 해성]

환도성에 대해 『삼국유사』는 '안시성은 환도성이다.'라고 적는다. 『금사』〈지리지〉는 안시성을 요녕성 개주 동북쪽에 위치한 탕지보로 소개한다. 지금의 요녕성 해성 동남쪽 8km지점의 '영성자산성英城子山城'이다. 환도성은 안시성 근처에 소재한다. 특히 『고구려사략』은 산상왕이 209년 10월 '창남의 우산성으로 거처를 옮기고 그곳의 이름을 환도로 고쳤다. 본래 이곳은 계루의 도성이다.[移居于湚南牛山 改為丸都 本桂婁之都也]'라고 적고 있다. 계루는 추모왕 시기 고구려에 편입된 환나국桓那國의 여왕을 말한다. 환도의 명칭은 환나국의 도성에서 유래한다. 환나국은 지금의 요녕성 개주, 해성 일대에 소재한 북부여 제후국 중의 하나이다.

또한 동황성東黃城은 『삼국사기』가 '지금의 서경 서쪽 목멱산 중에 있다.[城在今西京東木覓山中]'고 구체적인 위치를 지목한 장소로 한반도 평양의 동쪽 대동강 이남 목멱산木覓山에 있는 왕성이다. 지금의 평양시 평양낙랑구역 정백동에 소재한 의암동토성으로 추정된다. ☞ 388쪽 '평양 안학궁과 대성산성' 참조

기록을 정리하면 이렇다. 『삼국사기』는 평양성 증축334년→환도성 수리 및 이거, 국내성 축조342년→동황성 이거343년 순이다. 이에 반해 『고구려사략』은 평양성 증축 및 환도성 신궁 신축334년→환도성 및 동황성 수리338년→환도성 수리 및 천도, 국내성 축조342년→동황성 이거343년 순이다.

▲ 고국원왕 동선

고국원왕은 10년334년~343년 동안 평양성 증축334년부터 동황성 이거343년까지 다소 긴박한 상황을 연출한다.

무슨 이유일까? 고국원왕은 서벌남정西伐南正의 야심찬 계획을 세운다. 서쪽 전연모용황을 정벌하고 남쪽 백제근초고왕를 정복하는 투트랙two track전략이다. 그래서 본격적으로 서벌을 준비하기 위해 평양성요녕성 요양과 환도성요녕성 해성을 대대적으로 증축 수리하고 또한 남정을 준비하기 위해 평양 동황성을 수리하고 새로운 거처를 마련한다.

그런데 그 바쁜 와중에 뜬금없이 국내성을 축조한다. 『삼국사기』와

『고구려사략』둘 다 축조 사실만 전할 뿐 축조 이유에 대한 설명은 없다. 하다못해 고국원왕이 축조한 국내성에 이거한 사실도 천도한 내용도 기록에는 아예 없다. 적어도 당시 고국원왕의 동선에는 국내성이 없다.

국내성 천도기록 검토

우리는 국내성을 고구려의 수도로 이해한다. 그러나 『삼국사기』〈고구려본기〉 어디에도 천도 기록은 나오지 않는다. 다만 『삼국사기』〈지리지〉에 국내성을 언급한 부분이 있다. '주몽이 흘승골성에 도성을 정한 때로부터 40년이 지나서 유류왕22년[3년]에 도성을 국내성[혹은 위나암성이라 하고 혹은 불이성이라고도 한다.]으로 옮겼다. … 국내에 도성을 정한지 425년이 지난 장수왕15년[427년]에 평양으로 도성을 옮겼고, 평양에서 156년이 지난 평원왕28년[586년]에 장안성으로 도성을 옮겼으며, 장안성에서 83년이 지난 보장왕27년[668년]에 멸망하였다.[自朱蒙立都紇升骨城 歷四十年 孺留王二十二年 移都國內城 [或云尉那巖城或云不而城] … 都國內 歷四百二十五年 長壽王十五年 移都平壤 歷一百五十六年 平原王二十八年 移都長安城 歷八十三年 寶臧王二十七年而滅]'.

『삼국사기』〈지리지〉가 정리한 고구려 수도의 변천 과정이다. 시조 주몽[추모왕]의 흘승골성→유류왕의 국내성[위나암성]→장수왕의 평양[평양 대성구역]→평원왕의 장안성[평양 중심구역] 순이다. 다만 유류왕이 3년[유류22년]에 천도한 국내성을 고국원왕이 342년[고국원12년]에 축조한 국내성과 동일한 장소로 볼 수 있느냐는 의문이 남는다.

당연히 다르다. 결코 동일한 장소가 될 수 없다. 유류왕이 천도한 국내성은 고국원왕이 축조한 국내성과는 이름만 같을 뿐이다. 더구나 340여년의 시간 차이는 어떤 해석으로도 설명할 수 없다. 유류왕의 국내성은 『삼국사기』가 부연한 대로 국내지역에 소재한 위나암성[불이성]을 말한다. 지금의 요녕성 철령[鐵嶺]이다. 고국원왕이 축조한 국내성은 지금의 길림성 집안集安이 맞다.

다만 『삼국사기』〈지리지〉의 장수왕 천도 기록은 당시 주도主都인 국내 위나암성요녕성 철령에서 한반도 평양평안남도 평양으로 옮긴 사실을 말한다.

최진보산성崔陣堡山城은 요녕성 철령 동남쪽에 소재한 포곡식의 고구려 산성이다. 전체 성벽길이가 5.2㎞에 달하는 이 일대에서 가장 규모가 크다. 주변은 산지로 둘러 쌓여 있고 남쪽은 요하지류인 범하汎河와 접한다. 또한 범하 건너편 남쪽지대는 송요松遼 대평원으로 불리는 대규모 평지가 펼쳐있다. 위나암성 후보 중의 하나이다.

송요 대평원
범하
최진보산성 내부

그런데 특이한 점은 『삼국사기』가 설명한 고구려 수도 변천과정을 보면 유류왕의 국내 위나암성 이후 천도한 평양성동천왕과 환도성산상왕은 고구려 수도에서 아예 빼고 있다. 이는 고국원왕의 서벌남정西伐南征의 실패에서 실마리를 찾을 수 있다. 고국원왕은 평양성, 환도성, 동황성 등의 증축과 수리를 통해 서벌남정의 야심찬 계획을 세우지만 오히려 강력한 경쟁자를 만나며 실패한다. 경쟁자는 서벌西伐의 대상인 전연 모용황과 남정南正의 대상인 백제 근초고왕이다.

고국원왕은 환도성으로 이거또는 천도한 342년 그 해 11월 모용황의 대대적인 공격을 받아 최악의 상황에 직면한다. 모용황은 미천왕의 능을 파헤쳐 시신을 탈취하고 이어 환도성요녕성 해성을 유린하며 어머니 주周태후와 고구려 백성 5만 명을 포로로 잡아간다. 이때 환도성과 인근의 평양성은 모용황에 의해 철저히 파괴되며 수도의 기능을 완전히 상실한다. 그래서 『삼국사기』는 〈고구려본기〉에는 환도성과 평양성의 천도를 기록하면서도 〈지리지〉에는 아예 수도 환도성과 평양성을 뺀다. 특히 평양성요녕성 요양은 훗날 이름마저 양평襄平으로 바뀐다. 110쪽 '영락5년비려 토벌' 참조

『삼국사기』〈고구려본기〉 고국원왕. '12년342년, … 모용황이 이를 쫓아 미천왕의 무덤을 파서 그 시신을 싣고 궁궐 창고에서 대대로 이어져 내려온 보물을 훔쳤으며 남녀 5만 여 명을 사로잡고 궁실을 불태운 뒤에 환도성을 무너뜨리고 돌아갔다.[十二年 … 皝從之 發美川王廟墓 載其屍 收其府庫累世之寶 虜男女五萬餘口 燒其宮室 毁丸都城而還]'.

또한 고국원왕은 환도성이 파괴되자 복구를 포기하고 이듬해인 343년 남쪽 동황성으로 거처를 옮긴다. 그리고 남정南征을 준비하나 이 역시 실패로 끝난다. 고국원왕은 371년 평양성남평양 전투에서 백제 근초고왕에게 패하며 자신의 목숨으로 대신한다. 고국원왕의 불운은 당대의 두 군웅인 모용황과 근초고왕을 동시에 만난 것이다.

국내성은 수묘인의 집단 거주지

그렇다면 고국원왕이 국내성을 축조한 이유는 무엇일까? 국내성의 기능과 역할에 대한 의문이다. 『고구려사략』〈고국원제기〉이다. '대행은 고국원의 산천을 아꼈다. 수릉 쌓는 일을 민폐로 여겨 그만두게 하였는 바, 이때에 이르러 시신을 빈궁에 안치하고 고국원에 무덤을 만들었다.[愛故國原山川 擬作壽陵而思民弊而止 至是 權安於殯宮而營陵於故國原]'.

고국원왕은 살아생전에 자신의 묻힐 장지로 고국원을 선택한다. 그래서 서벌남정西伐南征을 준비하는 긴박한 와중에도 고국원이 소재한 국내지역에 국내성을 별도로 축조한다. 이유는 단 하나이다. 차후 자신의 무덤을 지키고 보호할 수묘인의 집단 거주지를 만들기 위해서이다. 이는 《광개토왕릉비》 비문에서도 확인할 수 있다. 고국원왕祖王과 고국양왕先王의 왕릉을 지키는 수묘인 중에 매구여賣句余 등 14개 지역의 성민 또는 지역민으로 구성된 110가家의 연호를 따로 차출한다.☞ 165쪽 '수묘인 연호의 구성' 참조

만약 국내성이 수도라면 적어도 수묘인 문제는 크게 문제되지 않았을 것이다. 국내성 인근에 소재한 왕릉들은 왕실 차원에서 얼마든지 직접 관리가 용이하기 때문이다. 그러나 국내성이 수도가 아니기 때문에 수묘인의 거주지는 반드시 따로 마련해야 한다. 그렇지 않고서는 당시 수도위나암성에서 아주 멀리 떨어져 있는 왕릉의 영속적인 보호와 관리는 담보할 수 없다.

국내성은 또 하나의 별도

그런데 국내성을 별도別都로 설명한 기록이 있다. 『신당서』 고구려 편이다. '그 왕은 평양성에 거처한다. 장안성이라고도 한다. … 또 국내성과 한성을 별도로 부른다.[其君居平壤城 亦謂長安城 … 又有國內城漢城乎別都]'.

별도別都는 오늘날의 광역시와 비슷하다. 다만 광역시가 독립적인 지방자치의 성격이 강하다면 당시의 별도는 지역을 대표하는 수준이다. 수도와 별도는 왕의 직접 통치를 받으며 반드시 궁궐이 소재한다.

『신당서』 기록은 586년 평원왕의 장안성평양 중심지역 천도이후의 상황에 대한 설명이다. 수도 장안성을 중심으로 북쪽에는 별도 국내성, 남쪽에는 별도 한성이 있다. 『수서』는 장안성, 국내성, 한성을 가리켜 3경三京으로 표기한다.

『수서』 고구려편. '평양성에 도읍하였다. 또한 장안성이라고도 한다. 동서 6리로 산을 따라 굴곡져 있고 남쪽은 패수에 임한다. 또한 국내성과 한성이 있는데 또한 도회지이다. 나라안에서는 3경이라고 칭한다.[都於平壤城亦曰長安城 東西六里隨山屈曲南臨浿水 復有國內城漢城其都會之所 其國中乎爲三京]'.

거슬러 올라가면 427년 장수왕의 평양평양 대성구역 천도이후부터 3경 체제가 성립되기 시작한다. 북쪽 국내성은 고국원왕을 시작으로 고국양왕, 광개토왕, 장수왕, 문자명왕 등의 왕릉과 왕실가족의 무덤이 집안지역에 조성되며 자연스레 성립된 별도別都이다. 특히 『고구려사략』은 장수왕 시기 국내성의 궁궐을 정궁正宮이 아닌 행궁行宮으로 일관되게 적고 있다. 이에 반해 남쪽 한성은 장수왕의 남진정책의 결과물로 개발된 별도이다. 장수왕은 475년 3만 군사를 동원하여 백제 정벌을 단행하며 개로왕을 죽이고 한강유역을 차지한다. 이로 인해 백제는 한성시대를 마감하고 급히 웅진충남 공주으로 천도한다. ☞ 340쪽 '백제 정벌' 참조

한성의 위치 비정은 두가지 설이 있다. 하나는 지금의 황해도 재령이다. 『고려사』〈지리지〉와 『동국여지승람』〈지지류〉에 재령의 지명이 한홀 또는 한성으로 표기한 기록에 따른다. 또 하나는 지금의 서울 부근인 북한산성이다. 『삼국사기』〈지리지〉 한양군조에 '본래 고구려의 북한산군인데 일명 평양이라고도 한다.'와 『고려사』〈지리지〉의 '남평양이라고도 한다.'는 기록에 근거한다.

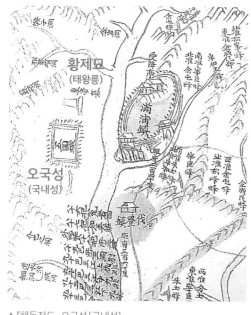
▲ 『해동전도』 오국성 [국내성]

국내성은 수도가 아니다. 결코 수도가 된 적이 없다. 『삼국사기』역시 수도라고 기록하지 않는다. 유류왕의 국내 위나암성을 고국원왕의 국내성으로 잘못 이해하면서 발생한 착오일 뿐이다.

국내성은 고국원왕이 고국원에 장지를 쓰면서 왕릉의 영속적인 보호와 관리를 목적으로 축조한 수묘인의 거주지이다. 이후 고국양왕, 광개토왕, 장수왕, 문자명왕 등의 왕릉과 왕실가족의 무덤이 이 일대에 집중적으로 조성되면서 국내성의 기능 또한 점차 확대된다. 이런 연유로 장수왕의 평양 천도이후 또 하나의 별도別都로 자리매김한다.

국내성의 역할과 기능 그리고 수도로서의 위상은 '반드시必' 재해석해야 한다.

┃집안일대 고구려무덤군의 이해┃

중국 길림성 집안일대 고구려 무덤군은 「통구고분군」으로 통칭한다. 크게 6개 묘역으로 나눈다. ①「하해방무덤떼下解放墓區」 51기, ②「우산하무덤떼禹山下墓區」 3,904기, ③「산성하무덤떼山城下墓區」 1,582기, ④「만보정무덤떼萬寶汀墓區」

▲「통구고분군」 분포

1,516기, ⑤「칠성산무덤떼七星山墓區」 1,708기, ⑥「마선구무덤떼麻線溝墓區」 2,593기 등 총 11,354기 고분이 밀집되어 있다. 실로 어마어마한 규모이다. 이들 고분의 무덤양식은 고구려를 대표하는 돌무지무덤積石塚이며 일부는 흙무지무덤封土墳이다. 한마디로 집안일대는 고구려 고분의 대규모 군집지이다. 또한 집안 남쪽의 압록강 이남인 북한지역에도 이에 버금가는 고구려 무덤떼가 존재하는 것으로 알려져 있다.

집안일대 돌무지무덤

돌무지무덤은 처음 단순히 냇돌을 사각형으로 깔고 시신을 위에 놓은 다음 다시 냇돌로 봉분을 만드는 무기단돌무지무덤無基壇積石塚으로부터 시작한다. 축조 시기는 2세기 이전이다. 이후 평평히 고른 땅 위에 넓적한 돌로 기단을 마련한 기단돌무지무덤基壇積石塚이 출현한다. 대략 2~3세기로 이때 사용된 돌은 냇돌 뿐 아니라 산돌도 사용하며 무덤의 위치도 강가에서 산기슭으로 점차 이동하는 양상을 보인다. 이어 계단돌무지무덤階

▲ 돌무지무덤의 변천과정 [출처 : KBS 역사스페셜]

段積石塚과 계단돌방돌무지무덤階段石室積石塚이 4~5세기경에 만들어진다. 이때부터 시신은 바닥에서 기단위로 올라가며 외부는 계단모양을 취한다.

집안일대 돌무지무덤은 계단돌무지무덤과 계단돌방돌무지무덤이 주류를 이룬다. 조성시기는 4~5세기로 추정되지만 엄밀히 적용하면 4세기 중반인 고국원왕 때부터이다. 계단돌무지무덤은 주로 귀족계층이 사용한 무덤양식이며 이 보다 발전된 형태인 계단 중상층부에 별도의 돌방을 갖춘 계단돌방돌무지무덤은 태왕을 비롯하여 주로 왕실가족이 사용한 무덤양식이다. 특히 태왕은 무덤정상부에 위패를 모신 전각殿閣을 따로 설치하고 또한 무덤주변에는 제대祭臺를 포함한 제사시설을 갖추며 일정 공간의 능원陵園과 능장陵墻·담장을 따로 조성한다. 전각, 제대, 능원, 능장 등은 고구려 태왕 무덤의 상징물로 태왕릉과 장군총이 대표적이다.

집안일대 흙무지무덤은 외형에 따라 크게 원형흙무지무덤圓形封土墳과 방형흙무지무덤方形封土墳으로 구분한다. 또한 시신을 안치한 돌방石室이 있는 경우는 돌방흙무지무덤石室封土墳으로 분류한다. 특히 입구에서 돌방까지 널길羨道이 나있는 경우는 횡혈식橫穴式이고 널길 없이 입구와 돌방이 맞닿은 경우는 횡구식橫口式이다. 집안일대 흙무지무덤은 처음 계단돌방돌무지무덤의 외형을 모방한 방형의 돌방흙무지무덤을 조성하다가 이후 원형의 돌방흙무지무덤으로 발전한 것으로 보인다. 특히 돌방흙무지무덤은 돌방의 벽면과 천장에 벽화를 그려 넣어 벽화무덤으로 불린다.

국내 명칭의 기원

국내는 국외의 반대말이다. 나라의 안쪽을 가리킨다. 원래 국내는 북부여의 직할지를 말한다. 북부여의 영역은 천제天帝가 다스리는 직할지와 여러 제후국의 제후諸侯가 지배하는 관할지로 구분한다.

국내는 어느 지역일까? 국내 명칭은 유류왕이 천도할 장소를 물색하면서 처음 등장한다. 『고구려사략』〈광명대제기〉이다. '21년[2년] 임인 4월, 위중림으로 사냥을 나갔다. 황후와 함께 국내로 가서 도읍할 곳을 자세히 보았다.[二十一年 壬戌 四月 畋于尉中林 與皇后相都于國內]. 9월, 황후와 함께 또 국내의 웅심, 합환, 위나암 등의 땅을 살폈다.[九月 與皇后 又如國內熊心合歡尉那岩等地]. 22년[3년] 계해 10월, 위나암으로 거처를 옮겼다. 이곳을 북도로 삼았다. 은천령 아래에 신궁을 지었다.[二十二年 癸亥 十月 移居尉那岩 是爲北都 作新宮於銀川岺下]'.

국내는 웅심, 합환, 위나암 등 3개 지역을 말한다. 지금의 요녕성 동북東北평원 북동쪽인 요북遼北지역이다.

먼저 웅심熊心이다. 웅심은 유화부인의 출생지이다. 웅심산성모[유화부인]의 고택古宅이 있는 곳으로 지금의 요녕성 개원開原이다. 동요하의 지류인 청하淸河가 흐르며 유화부인 아버지 옥두진屋斗辰은 청하지역의 북부여 제후인 청하백淸河伯이다.

다음은 합환合歡이다. 합환은 남녀가 만나 사랑을 나눈 장소이다. 지금의 요녕성 은주구銀州區이다. 합환은 유화부인이 해모수를 만나 추모왕을 임신한 장소여서 붙여진 이름이다. 백제 시조 비류의 고구려 미추홀도 합환에 있다. 미추

▲ 국내지역 : 웅심, 합환, 위나암

홀彌鄒忽은 '간난아이彌 추모왕鄒의 고을忽'이라는 뜻으로 유화부인이 추모왕을 임신한 장소를 말한다. 또한 합환은 추모왕이 동부여를 탈출하여 홀본국으로 건너오기 전에 확보한 옛 순노국順奴國이 소재한 지역이기도

한다.

마지막으로 위나암尉那岩이다. 위나암은 해모수의 압록행궁鴨綠行宮이 있던 곳이다. 지금의 요녕성 철령鐵嶺일대이다. 바로 유류왕이 천도한 국내의 위나암성으로 명명한 장소이다. 특히 유류왕이 신궁을 지은 곳은 은천령銀川峯 아래이다. 은천령은 지금의 요녕성 은주구銀州區이며[※ 은천령 유래] 그 아래가 요녕성 철령이다.

집안일대는 옛 비류소국의 소재지

▲《아리모려 묘지명》

집안일대 국내 명칭은 또 어떻게 해서 생겨났을까? 광개토왕시기 활약한 아리모려阿利牟呂의 묘지명墓誌銘에 단서가 나온다. 아리모려 선조에 관한 기록이다. '선조는 왕太祖王을 따라 파저강 상의 비류소국과 싸우고 행인국을 다시 정벌하였다. 관나패자 달가를 보내어 조나를 정벌하였다.[先祖隨王 又戰婆猪江上沸流小國 再伐荇人國來之 遣貫那沛者達賈伐藻那]'. ☞ 237쪽 '해부리와 아리모려 묘지석' 참조 아리모려 선조의 이름은 알 수 없으나 태조왕 때 활약한 장수이다. 기록에 나오는 관나패자 달가達賈가 조나국藻那國을 병합한 시기가 태조왕 때인 72년이기 때문이다.

▲ 비류소국의 위치

아리모려 선조는 파저강婆猪江 주변의 비류소국沸流小國과 싸운다. 파저강은 지금의 혼강인 동가강佟佳江으로 요녕성 환인桓仁지역을 통과하는 압록강의 지류이다. 동가강 주변인 집안일대 역시 비류소국의 영역이다.

비류소국은 송양松讓의 비류국에서 기원한다. 비류국沸流國은 추모왕이 고구려 건국직후인 前36년 가장 먼저 병합한 북부여 제후국 중의 하나이다. 이때 추모왕은 비류국 땅을 탕동湯東, 탕서湯西, 탕북湯北 등 3개 지역으로 나누어 군을 설치한다. 이 중 탕동군이 해모수의 압록행궁이 있던 국내 위나암이다. 또한 추모왕은 병합한 비류국의 송양왕을 다물후多勿侯에 봉한다. 다물多勿은 '옛날로 되돌아간다[復舊]'는 뜻이다. 송양왕이 前54년고구려 건국 이전 빼앗아간 북부여 직할지 국내를 추모왕이 다시 되찾았다는 의미이다. 그래서 '옛 국내북부여의 땅'의 뜻을 가진 '고국원故國原'으로 이름한다.

『추모경』〈상〉. '동명2년前36년 을유 6월 … 송양은 자신이 박덕하고 재능이 졸렬하여 스스로 보존할 수 없음을 깨닫고 나라를 바치며 영원히 신하가 되겠다고 청하였다. 이에 그 땅을 탕동, 탕서, 탕북 등 3개 군으로 삼고 송양을 다물후에 봉하였다. 다물은 옛 땅을 되찾는 것을 뜻한다. 다물은 구촌을 말하며 고국을 뜻하기도 한다. 천제해모수의 웅심산 압록행궁이 탕동 땅에 있었는데 송양에게 빼앗겼다가 지금에 이르러 되찾은 것이다.[讓自知德薄才拙無以自存 請以國獻永爲臣子 乃以其地爲湯東湯西湯北三郡 以讓爲多勿侯 多勿者復舊土之義也 多勿舊村曰多勿故國之義也 天帝之熊心山鴨淥行宮在湯東 爲讓所奪 至是復之]'.

추모왕이 비류국을 병합하자 일부 유민遺民이 동가강 주변일대압록강 중류지역로 피해 들어와 후국後國·망명국인 비류소국沸流小國을 세운다. 그러나 비류소국은 태조왕 시기에 재차 병합되며 고구려에 완전히 흡수된다.

그렇다면 비류소국과 국내는 어떤 관계일까? 무슨 연유로 요북지역웅심/합환/위나암의 국내가 집안지역의 국내가 되었을까? 집안지역의 국내는 비류국 유민이 이 일대에 비류소국을 세우면서 자연스레 명칭 또한 가져온 것으로 보인다. 또한 이들은 국내 명칭 뿐 아니라 돌무지무덤 양식 또한 함께 가져온다. 그래서 비류소국이 위치한 집안지역을 포함한 동가강 일대에 초기단계1~3세기의 돌무지무덤인 무기단돌무지무덤과 기단돌무지무덤이 조성된다.

대륙 동북방 지역의 돌무지무덤 양식은 고조선문명을 대표하는 홍산문화에서 기원한다. 우하량요녕성 조양 건평현 유적에서 발굴된 「총塚·단壇·묘廟」에서 확인된다. 한반도의 돌무지무덤은 서울 석촌동고분이 대표적이다. 백제 고이왕계열이 축조한 계단돌무지무덤이다. 고이왕계열은 기존의 온조왕계열과는 전혀 다른 북방계통으로 압록강 중류지역의 집안세력과 밀접한 관계를 가진다.

▲ 석촌동고분 돌무지무덤 [서울 송파구]

집안지역의 국내 지명은 고국원왕 시기 처음으로 등장한다. 그러나 갑자기 생긴 것이 아니다. 이전에도 국내로 불린 곳이다. 송양의 비류국 유민이 동가강 일대와 압록강 중류지역에 비류소국을 재건하며 자신들의 옛 본거지 명칭인 국내를 함께 가져온 것에 따른다.

집안일대의 국내는 옛 비류소국의 소재지로 고국원왕 시기부터 고구려가 집중해서 관심을 갖기 시작한 매우 특별한 장소이다. 국내는 가장 안전한 장소인 산 자의 피난처Shelter이며 또한 왕을 포함한 왕족 그리고 일부 귀족들이 죽어서 묻히는 가장 신성한 장소인 죽은 자의 안식처resting place이다.

집안 일대의 국내성은 고구려의 네크로폴리스Necropolis·死者의 도시이다.

광개토왕의 무덤 태왕릉

중국 길림성 집안시 태왕향 통구분지의 우산남쪽 기슭에 방형의 계단돌
방돌무지무덤이 하나 있다. 「통구고분군」 중 가장 무덤이 많은 「우산하
무덤떼禹山下墓區」[3,904기]를 대표하는 태왕릉太王陵·우산하541호분이다.

1913년 '願太王陵安如山固如岳' 명문이 새겨진 벽
돌을 발견하며 태왕릉의 명칭을 갖게 된다. 또한 태왕릉
동북쪽 360m 거리에 《광개토왕릉비》가 위치한다. 태
왕릉과 《광개토왕릉비》가 소재하는 주변일대를 배타적
독립공간인 능원陵園으로 본다면 태왕릉이 광개토왕릉
이라는 사실에는 의심의 여지가 없다.

▲ 태왕릉 출토 벽돌 명문

태왕릉의 형태

태왕릉은 하단부의 한 변 길이가 66m인 정
방형의 무덤이다. 하단부 면적만 놓고 본
다면 장군총30m의 4배에 달하며 임강총
71~76m, 천추총62m과 함께 「통구고분군」을
대표하는 대형급의 돌무지무덤이다.

태왕릉 축조는 우선 먼저 밑바닥에 거
대한 석재로 방형의 기단을 만들고 안쪽에
는 깬돌剖石과 자갈을 섞어서 채워 첫번째
단을 쌓고 이어 잘 다듬은 석재로 두번째 기
단을 만들고 또다시 안쪽에 깬돌과 자갈을
채우는 방식으로 계속해서 7단까지 쌓았
다. 그러나 아쉽게도 현존하는 무덤 높이는
14.8m 정도로 하단부를 제외한 대부분의

▲ 태왕릉 전경

▲ 태왕릉 무덤정상부

기단은 소실되고 없다. 또한 하단부의 기단 주위에는 거대한 둘레돌護石을 각 변마다 5개씩 배치하여 무덤의 붕괴를 방지하였다.

무덤의 정상부는 한 변 길이 24m 정도의 평평한 면이며 시신을 안치한 매장주체부가 노출되어 있다. 매장주체부는 매끄럽게 다듬은 석재로 만든 한 변 길이 3.24m, 2.96m의 장방형에 가까운 방형의 돌방石室이다. 돌방은 맞배지붕 형태의 돌덧널石槨이며 돌덧널 안에는 널받침棺臺이 남북 방향으로 두 개가 놓여 있다. 시신은 널받침 위의 나무널木棺에 안치하였을 것으로 추정된다. 서벽 중앙에 길이 5.4m, 폭 1.96m의 널길羡道이 나 있다. 또한 노출된 돌방 주변에서 기와와 연화문 와당, 벽돌 등이 출토되어 돌방 위에 전각이 따로 있었을 것으로 본다.

전각은 무덤주인의 화상畫像이나 위패位牌를 모셔 놓은 묘상건축물이다. 돌무지무덤의 정상부에 전각을 따로 두는 것은 고구려 왕릉의 특징이다.

▲ 태왕릉 능원

2003년 중국은 태왕릉을 세계문화유산에 등재하면서 주변 일대 400여 가옥을 철거하고 대대적으로 정비하며 태왕릉 능원陵園을 복원한다. 발굴결과 무덤의 동쪽 50~68m 거리에 1.5m 높이로 쌓아 올린 2개의 제대祭臺와 무덤의 동북쪽 120m 지점의 건물지를 확인한다. 또한 무덤의 남쪽 3m에 돌널石棺 형태의 딸린무덤陪塚으로 추정되는 흔적이 있다고 하나 확실하지는 않다. 아마도 태왕릉이 훼손되면서 일부 석재를 바로 옆에 쌓아 놓은 듯하다.

태왕릉 널받침의 주인공

태왕릉 돌덧널石槨 안에는 시신을 안치한
널받침棺臺이 2개이다. 왼쪽 널받침은 광
개토왕의 것이다. 오른쪽 널받침의 주인
공은 누구일까?

▲ 태왕릉 널받침

광개토왕은 공식적으로 2명의 왕후
를 둔다. 제1왕후 토산吐山과 제2왕후 평
양平陽이다. ☞ 47쪽 '광개토왕의 가계' 참조 그런데 두 왕후의 죽음에 대한 기록
이 각기 다르다. 토산왕후는 장수왕 시기인 448년 정월 76세373년생로 죽
는다. 자연사일 공산이 크다. 이에 반해 평양왕후는 412년 7월 광개토왕
이 사망하자 곧바로 자결한다. 남편을 따라 죽는 일종의 순사殉死로 54세
359년생이다. 이로 미루어 보아 광개토왕과 함께 묻힌 여성은 제2왕후인
평양일 가능성이 높다. 그러나 평양왕후는 태왕릉에 합장되지 못하고 능
을 따로 쓰게 된다. ☞ 392쪽 '장군총 무덤의 미스터리' 참조 특히 태왕릉의 돌덧널
石槨은 비좁을 정도로 매우 협소하다. 2개의 널받침이 놓인 돌덧널은 여
유공간 자체가 아예 없다. 이는 처음 태왕릉의 돌덧널이 광개토왕 한 사
람만을 위한 공간으로 만들어져 널받침 또한 하나만 준비된 사실을 알 수
있다. 돌덧널의 오른쪽 널받침은 광개토왕의 제1왕후 토산吐山의 것이다.
광개토왕 사후 뒤늦게 사망한 까닭에 광개토왕릉에 합장되며 널받침이
추가된다. 그래서 태왕릉의 돌덧널에는 부장품을 놓아 둘 만한 여유공간
자체가 없을 정도로 비좁다.

『고구려사략』〈장수대제기〉. '장수16년448년 무자 정월, 토산황후가 춘추 일흔여섯76세에
붕하였다. 천원공 연림의 딸이다. 온화하고 어질며 도탑고 고우며 두 분의 제를 섬겼다. 삼산,
해태자, 섬원태자를 낳았다. 모두가 현명하며 무리를 잘 이끌고 학식도 있었다. 황후는 먹이
를 줘 란새를 기르기로 유명하여 일명 란태후로도 불렸다.[長壽十六年 戊子 正月 吐山皇后
崩 春秋七十六 天原公琳女也 溫仁腆麗 歷事二帝 生三山蟹太子纖元太子 皆賢而善御衆
有學識 后以飼鸞有名 一號鸞太后]'.

신묘년 호태왕 청동방울

태왕릉 주변에서는 1,000여 종의 금, 금동, 청동, 철기 및 토기, 와당 등의 다양한 유물을 출토한다. Y자형으로 부조된 연화문 와당을 비롯하여 금동제 장막걸이 장식과 상다리, 등자鐙子, 행엽杏葉, 띠 연결고리 장식의 마구 등이 대표적이다.

특히 2003년 5월 태왕릉 주변을 정리하면서 둘레돌護石 밑에서 5.2㎝의 손가락 정도 크기의 청동방울銅鐸을 출토한다. 청동방울 둘레에 3자씩 4행에 걸쳐 12자의 글자가 새겨 있다. 명문은 '辛卯年好太王▨造鈴九十六'이다. 명문이 담고 있는 태왕릉의 비밀은 무엇일까?

청동방울이 발견된 남쪽 모서리 2번째 둘레돌護石 밑에는 청동부뚜막銅竈을 비롯하여 청동과 금으로 만든 유물 30여 점이 한꺼번에 출토된다. 이들은 도굴당시 남겨진 것으로 추정된다. 다만 청동방울의 명문글자가 조악粗惡한 점을 들어 청동방울 명문 자체를 부정하는 견해도 있다.

辛卯年　　好太王　　▨造鈴　　九十六

▲ '辛卯年好太王' 명문 청동방울

몇 가지를 검토한다. 첫째는 '辛卯年'이다. 호태왕을 광개토왕으로 특정한다면 신묘년은 광개토왕 원년인 391년에 해당한다. 다만 신묘년이 호태왕을 특정하는 기년인지 아니면 청동방울의 제작년도인지는 확실하지 않다. 둘째는 '▨造鈴'이다. '~청동방울을 만들다.'로 해석된다. 결자缺字 '▨'는 청동방울의 제작한 사람 또는 용도를 표기한 글자로 추정된다.['巫'로 보는 견해도 있음] 셋째는 '九十六'이다. 숫자 96을 말하며 청동방울의 갯수를 지칭한다. 아마도 96이 마지막 숫자가 아니라면 청동방울은 100여개 정도 만들었을 것이다.

청동방울의 용도는 무엇일까? 사찰의 법당이나 불탑의 처마옥개 끝에 매달아 소리를 내게 하는 풍탁風鐸·바람방

▶ 사찰 법당의 풍탁

울이다. 풍령風鈴, 풍경風聲, 풍금風琴으로도 불린다. 태왕릉의 청동방울^{동탁}
을 풍탁으로 보는 이유는 무덤정상부에 위치한 전각 때문이다.

풍탁은 백제와 신라의 사찰에서도 출토된다. 백제 미륵사지익산 출토의 금동풍탁과 신라 감
은사지경주 출토의 청동풍탁이다. 특히 풍탁의 방울에는 물고기 모양의 얇은 금속판이 매단
다. 유래는 알 수 없으나 물고기가 잠을 잘 때 눈을 감지 않듯이 수행자는 잠을 줄이고 언제나
깨어 있어야 한다는 의미이다.

특히 태왕릉에서는
명문이 새겨진 청동방
울 말고도 명문이 없는
동일^{유사}한 형태의 청
동방울 2개를 무덤정

▲ 태왕릉(앞2개)과 천추총(뒤3개) 출토 명문없는 청동방울

상부에서 출토한다. 마찬가지로 천추총 무덤정상부에서도 3개의 청동방
울을 출토하여 청동방울이 전각의 처마에 매단 풍탁으로 사용된 점을 확
인할 수 있다.

그렇다면 '辛卯年好太王' 명문은 무슨 의미일까? 여기서 신묘년은
광개토왕의 재위원년인 391년이 아니다. 육십갑자가 다시 시작하는 장
수왕 재위39년인 451년을 말한다. 이유는 광개토왕이 호태왕 칭호를 사
용한 시기가 재위원년인 391년^{신묘년}이 아닌 재위22년인 412년^{임자년}부
터이기 때문이다. [☞] 40쪽 '광개토왕 묘호의 이해' 참조

장수왕은 451년^{신묘년}에 태왕릉을 직접 방문하여 아버지 광개토왕의
등극 60주년을 기념하는 특별제사^{주기제}를 올린다. 특별제사는 광개토
왕의 위대한 정복사업을 계승하여 다시금 정복사업을 실천하겠다는 장
수왕의 의지가 표출된 정치행사이다. 이는 훗날^{475년} 장수왕의 정복사업
을 대표하는 백제 정벌로 이어진다. [☞] 340쪽 '백제 정벌' 참조 그래서 장수왕은
'辛卯年好太王' 명문의 100여 개 풍탁을 무덤정상부의 전각 처마에 줄
줄이 매달아 이를 기념하고 또한 염원하였을 것이다. 특히 『고구려사략』

은 장수왕이 451년辛卯年 3월에 황산黃山에 갔다고 기록한다. 황산은 태왕릉이 소재한 황산원黃山原이다. 명확한 사유는 기록하지 않았으나 장수왕이 신묘년451년에 광개토왕릉을 찾아간 것만은 확실하다.

『고구려사략』〈장수대제기〉. '장수19년451년 신묘 3월. 황산에 당도하니 유송 사람 등 100여 호가 투항하여 왔다. 상이 유송 사람의 참상을 듣고 좌우에 이르길 "그대들은 북위의 강성함만을 얘기하지 그들의 취약함은 보지 못하고 있다. 어찌 아이를 꿰뚫은 창이 춤을 춘다 할 수 있느냐? 북연이 없어져 갈 곳이 없으니 장차 이 사람들을 어디로 보낼꼬?"하였다.[長壽十九年 辛卯 三月 如黃山 宋人董騰等百余戶來投 上聞宋人慘狀謂左右曰 汝等謂魏之強而不見其弱也 豈有貫兒舞槊者乎 燕無之処則人將何之]

태왕릉은 누가 뭐래도 의심의 여지없는 광개토왕의 왕릉이다.

태왕릉이 소재한 「우산하무덤떼」는 광개토왕 때부터 집중해서 조성되기 시작한 고구려 왕족의 무덤떼이다. 광개토왕의 능원을 중심으로 주변일대에는 크고 작은 무덤들이 산재한

▲ 「우산하무덤떼」분포

다. 총 3,904기로 「통구고분군」의 6개 묘역 중에서 가장 규모가 크다. 주요 무덤은 태왕릉, 장군총, 임강총, 각저총, 무용총, 우산하922호분, 우산하2100호분, 오회분, 사회분, 통구사신총, 삼실총, 산련화총, 마조총 등이 있다. 왕릉급의 대형무덤은 태왕릉을 비롯하여 임강총, 우산하922호분, 우산하2100호분 등 4개이다. 모두 태왕릉과 같은 계단돌방돌무지무덤이다.

「우산하무덤떼」는 흙무덤 계통의 고분이 반수가 넘는 2,449기이며 돌무덤 계통은 1,455기이다. 흙무덤 계통의 고분 가운데 돌방흙무지무덤으로 분류될 수 있는 것은 2,320기 정도인데 이와 같은 숫자는 「통구고분군」에 속하는 전체 돌방흙무지무덤의 절반을 넘는다.

임강총 무덤주인은 천강태후

임강총臨江塚·우산하43호은 압록강이 내려다 보이는 곳에 위치하여 붙여진 이름이다.[※『집안현문물지』] 실제 무덤 남쪽 언덕 아래에 일제가 만든 철도가 놓여있고 그 옆으로 압록강이 흐른다. 동쪽에는《광개토왕릉비》가 위치하며 거리상으로도 매우 가깝다. 임강총은 하단부의 밑변 길이가

동서 71m, 남북 76m이며 높이는 10m이다. 무덤양식은 태왕릉과 같은 계단돌방돌무지무덤이다. 또한 무덤 동쪽에 제단祭壇과 2개의 제대祭臺가 나란히 놓여있다. 제대는 폭이 5~9m 길이 50m이다.

▲ 임강총 전경

임강총의 무덤주인은 누구일까? 임강총71m×76m은 하단부 면적만 놓고 본다면 집안일대 「통구고분군」 내에서 가장 규모가 크다. 광개토왕릉인 태왕릉66m×65m과 고국양왕릉인 천추총71m×60m보다도 월등히 크다. 특히 임강총이 태왕릉 가까이에 위치하고 있는 점은 무덤주인을 특정할 수 있는 하나의 단서이다. 광개토왕과 동급 내지는 그 이상의 인물로 추정되기 때문이다.

이에 해당하는 인물은 딱 한 사람이다. 광개토왕의 모후인 천강天罡태후이다. 〈장수대제기〉이다. '장수14년446년 병술 4월, 천강태후가 붕하였다. 춘추 아흔둘92세이다.[長壽十四年 丙戌 四月 天罡太后崩 春秋九十二]'.

천강태후는 천원공天原公 연림淵琳의 딸이다. 355년 출생하여 446년 92세로 사망한다. 장수왕 못지않게 장수한다. 천강은 처음 소수림왕의 왕후가 되어 374년 담덕광개토왕을 낳으며 소수림왕의 유언에 따라 고국양왕소수림왕 동생의 왕후가 된다. 대표적인 형사취수제兄死娶嫂制이다. 당시 소수림왕은 자신의 직계인 담덕이 보위를 물려받는 조건으로 동생 고국양왕에게 보위를 넘기며 형사취수를 허용한다. 이후 천강은 389년 고국양왕의 아들 담윤談允을 낳으며 391년 광개토왕이 등극하자 태후에 봉해진다. 또한 412년 광개토왕이 호태왕의 존호를 받을 때 천강태후는 묘태왕妙太王의 존호를 받는다.

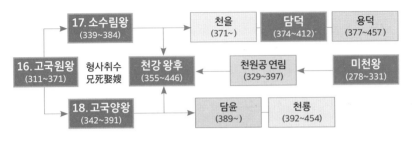

▲ 천강태후 계보도

특히 임강총 출토품 중에 무덤주인이 천강태후 임을 보여주는 유물이 있다. 제대 북서쪽 18m지점 에서 발견한 전사戰士 얼굴을 조각한 길이 17㎜ 두께 2.1~2.4㎜의 아주 작은 청동인형차할靑銅人形車轄이 다. 차할車轄은 수레바퀴와 차축을 연결하는데 사용하 는 막대이다. 그런데 뒷면에 '十열 십'자를 45° 각도로 기울여 놓은 엑스자형[X] 격자살 문양이 새겨 있다.

이 문양은 무엇일까? '하늘의 으뜸'인 천강天罡을 도식화한 디자인이다. 두 개의 실선이 교차하는 중앙

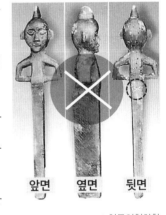

앞면　옆면　뒷면

▲ 청동인형차할

점은 하늘의 중심을 가리킨다. 엑스자형[X] 격자살 문양이 천강임을 증 명하는 결정적인 근거가 고구려 벽화에 나온다. 길림성 집안의 장천1호 분의 널방 천장 덮개돌에 그린 일월성수도日月星宿圖이다. 일월성수도는 엑스자[X]로 교차한 대각선을 그어 4개의 구획으로 나누고 각각의 구획 에 해와 달 그리고 별자리를 그렸다. 서쪽은 해를 그린 원안에 삼족오를, 동쪽은 달을 그린 원안에 두꺼비와 옥토끼를 그렸다. 특히 삼족오와 두꺼 비, 옥토끼의 서 있는 방향이 모두 대각선의 교차점인 중심을 향하고 있

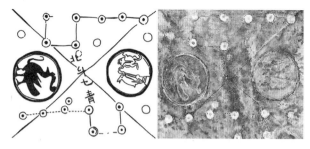
▲ 장천1호분 일월성수도 [모사본/원본]

다. 북쪽과 남쪽은 북두칠성 별자리를 그렸다. 북쪽 북두칠성은 하늘에서 땅을 바라본 모양이고 남쪽 북두칠성은 땅에서 하늘을 바라본 모양이다. 둘 다 역시 대각선의 교차점인 중심을 향하고 있다. 또한 대각선의 교차점인 중앙에는 위아래로 '北斗七靑' 네 글자를 썼다. ☞ 431쪽 '장천무덤떼의 장천1호분 동명단상' 참조 바로 엑스자[X]로 교차한 대각선의 격자살이 천강 문양이다.

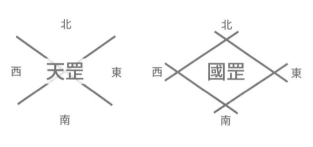
▲ 천강과 국강의 도식도

특히 '하늘의 으뜸'인 엑스자[X]의 천강天罡 문양은 '나라의 으뜸'인 마름모꼴[◇]의 국강國罡 문양과도 직접적으로 연결된다. ☞ 42쪽 '광개토왕의 특별 문양' 참조

천강태후는 사후 첫번째 남편 소수림왕과 두번째 남편 고국양왕의 두 왕릉 어느 쪽에도 합장되지 못한다. 대신 아들 광개토왕의 태왕릉 근처인 임강총에 따로 묻힌다. 사유는 알 수 없으나 아마도 천강태후와 광개토왕 두 모자母子의 애뜻한 관계를 누구보다도 잘 알고 있는 손자 장수왕의 배려가 크게 작용했을 것으로 본다. 물론 기록은 없지만 천강태후 스스로 아들 광개토왕 곁에 묻어달라는 어떤 유언이 있을 수도 있다.

임강총은 묘태왕妙太王의 존호를 받은 광개토왕의 어머니 천강天罡태후의 무덤이다.

우산하922호분 무덤주인은 천원공 연림

우산하922호분은 집안시에서 동북쪽
2.5㎞ 떨어진 과원촌 부근의 우산 남쪽
사면에 위치한다. 동남쪽 1㎞지점에 태
왕릉이 있다. 그 규모가 장대하여 온화
보중대총溫和堡中大塚, 서강북대석릉西崗
北大石陵의 이름도 가지고 있다. 무덤양
식은 방형의 계단돌방돌무지무덤이다.

▲ 우산하922호분 전경

현재 남아있는 하단부의 한 변 길이는 37.5m 높이는 6.5m 정도이다. 안
타깝게도 1930년 일제가 철도를 건설하며 무덤의 돌들을 가져다 사용하
는 바람에 상당부분이 파손된다. 특히 우산하922호분은 독립적으로 존
재한다. 주변에 일체의 다른 무덤이 없는 배타적 공간인 능원을 점유한다.

출토 유물 중에 고구려 문물의 정수을 보여주는 수준 높은 유
물이 하나 있다. 금동으로 도금한 바깥면을 비늘모양 문양으로 촘
촘히 새긴 칼집削鞘이다. 비록 칼은 발견되지 않아 아쉽지만 칼집
하나만 보더라도 무덤주인의 신분을 가히 짐작 할 수 있다.

또한 무덤정상부에서는 기와 파편들의 출토와 함께 건축물전
각의 흔적을 발견한다. 묘상건축물은 무덤주인의 위패를 모신 전
각으로 집안일대 고구려 왕릉급 무덤에서만 공통적으로 등장하

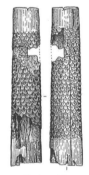
▲ 칼집모사도

는 상징물이다. 기와는 8등분한 방사선 구획안에
양뿔회오리형 운문을 1개씩 배치한 권운문卷雲文으
로 24점의 파편을 출토한다. 그런데 권운문 와당
에 글자가 새겨있다. 파편들을 꿰맞춰 조합하면
와당 중앙에 '泰'가 있고 권운문 바깥을 시계 반
대 방향으로 8등분에 1개 글자씩 양각되어 있다.
'戊戌年造瓦故記歲'로 총 8자이다. 와당은 무

▲ 무술년 명문 와당

술년戊戌年에 제작한 사실을 전한다. 광개토왕 시기 무술년은 398년 뿐이다. 과연 어떤 중요한 인물이 사망해서 왕릉급 무덤을 조성한 걸까?

〈영락대제기〉이다. '7년397년 정유 7월, … 태상황 천원공 연림이 산궁에서 죽었다. 춘추 예순아홉69세이다. 상황의 예로 장사지냈다.[七年 丁酉 七月 太上皇天原公琳薨於山宮 春秋六十九 以上皇禮葬之]'.

우산하922호분의 무덤주인은 천원공 연림淵琳이다. 397년 7월 산궁 즉 황산행궁국내성 행궁에서 사망하여 이듬해인 398년 황산원에 무덤을 만들고 상황上皇의 예로 장사지낸다. 연림은 천강태후임강총 무덤주인의 아버지로 광개토왕에게는 외조부가 된다. 미천왕의 후궁 우잠于潛의 소생인 연림은 미천왕 계열에서 분화된 방계이다. 그래서 고씨가 아닌 연씨이다. 그럼에도 연림은 딸 천강이 소수림왕과 고국양왕의 왕후가 되면서 직계 왕족 이상의 지위를 얻는다. 외손자 광개토왕이 보위에 오르면서 태상황太上皇에 봉해지며 397년 69세로 사망한다.

우산하2110호분은 동서 38m 남북 66m의 장방형으로 남북 길이가 월등히 긴 계단돌방돌무지무덤이다.『고구려사략』이 황산장릉黃山長陵으로 기록한 왕릉급 무덤이다. 무덤주인은 장수왕의 아들이자 문자명왕의 아버지인 조다助多태자[『삼국사기』 고추대가]이다. ☞ 398 쪽 '우산하무덤떼의 왕족묘역' 참조

우산하922호분은 광개토왕의 외할아버지 태상황 연림의 무덤이다.

「마선구무덤떼麻線溝墓區」는 집
안시 서쪽에 위치한 마선하가
압록강에 합류하는 마선구 양
안의 평지와 구릉지에 소재한
다. 총 2,359기가 분포하며 태
왕릉이 소재한 「우산하무덤
떼」 다음으로 규모가 큰 무덤
군이다. 다시 3개 묘역으로 나
누는데 마선향의 마선麻線묘

▲ 「마선구무덤떼」주요 무덤 분포

역, 홍성촌의 홍성紅星묘역, 건강촌의 건강建疆묘역 등이다. 「마선구무덤
떼」의 왕릉급 무덤은 5기 정도로 추정된다. 무덤 명칭이 부여된 서대총과
천추총을 비롯하여 마선구626호분, 마선구2110호분, 마선구2378호분
등이다.

서대총西大塚은 '서쪽에 높이 솟아 있는 큰 무덤'이어서 붙여진 이름이
며, 천추총千秋塚은 '**千秋**' 글자가 새겨진 전돌이 출토되어 붙여진 이름이
다. 일반적으로 서대총은 미천왕의 무덤, 천추총은 고국양왕의 무덤으로
추정한다.

「마선구무덤떼」는 1966년 조사된 「통구고묘군도지 색인」에 따르면 총 2,516기이다. 그러
나 1997년도 실측 보고서인 「통구고묘군」에는 총 2,374기로 파악되어 고분의 수가 줄어든
것을 알 수 있다. 현존하는 1,639기 중 봉토석실분은 102기이며 725기가 적석총이고 나머
지 812기는 석실을 매장부로 한 소형 동실묘이다.

서대총 무덤주인은 고국원왕

서대총마선구500호분은 마선묘역에 속하며 무덤양식은 계단돌방돌무지무덤이다. 밑면은 사다리꼴의 방형으로 한 변 길이가 평균 55m이며^{남변62m} 높이는 11m인 왕릉급의 대형고분이다.

무덤은 약간 비탈진 경사면의 황토층 위에 화강암, 사암, 석회암 등을 가공하여 계단을 쌓았다. 무덤 지면을 평탄하게 만들기 위해 계단 아래 기단부엔 거대한 석재를 층층이 쌓아 수평을 맞춘 듯 보인다. 계단 층수 는 경사면의 가장 낮은 쪽 모서리가 11단이며 나머지 모서리의 계단 층 수는 4~5단 정도로 추정된다. 특히 무덤정상부는 도굴로 추정되는 격심 한 훼손으로 완전히 파헤쳐져 묘실^{매장주체부} 자체가 소실되고 없다. 다만 소실되기 이전의 원래 묘실은 돌덧널^{石槨} 또는 돌방^{石室}으로 추정된다.

▲ 서대총 전경

또한 서대총 남쪽 아래에는 묘설^{墓舌} 이 있다. 위에서 내려다 보면 마치 혓바닥 처럼 불쑥 튀어나와 붙여진 이름이다. 묘 설은 무덤정상부를 훼손하며 생긴 돌들을 옆에 옮겨다 놓은 것이다. 이밖에도 서대 총에는 제대^{祭臺}가 동쪽에 있으며 능원의 경계를 표시한 담장^{陵墻}이 북쪽에 있다.

일반적으로 서대총의 무덤주인은 미천왕으로 본다. 이유는『삼국사 기』에 나오는 342년 전연의 모용황이 고구려를 침공하여 수도 환도성을 유린하고 미천왕릉을 파헤쳐 시신을 탈취한 사건에 따른다.

『삼국사기』〈고구려본기〉 고국원왕. '12년342년, … 모용황이 이를 쫓아 미천왕의 무덤을 파서 그 시신을 싣고 궁궐 창고에서 대대로 이어져 내려온 보물을 훔쳤으며 남녀 5만 여 명 을 사로잡고 궁실을 불태운 뒤에 환도성을 무너뜨리고 돌아갔다.[十二年 … 皝從之 發美 川王廟墓 載其屍 收其府庫累世之寶 虜男女五萬餘口 燒其宮室 毀丸都城而還]'.

서대총 출토품 중에는 무덤의 조성시기를 알 수 있는 권운문^{圈雲紋} 와 당에 명문이 있다. 시계 반대방향으로 새긴 8자의 '己丑年▨▨刊利作' 이다. 기축^{己丑}년 기년을 329년으로 이해하고 미천왕이 사망^{331년}하기 3

년 전에 미리 수릉壽陵형태로 서대총를 만들었다고
보는 견해이다.

　　그러나 서대총은 결코 미천왕릉이 될 수 없다.
모용황이 궁궐을 불태우며 유린한 고구려 수도 환
도성丸都城의 위치 문제가 잘못되었기 때문이다. 환
도성은 현재 우리가 알고 있는 집안 국내성 위쪽의
산성자산성環都山城이 아니다. 환도성은 산상왕이
209년 천도한 지금의 요녕성 해성海城이다. ☞177쪽
'국내성은 수도인가?' 참조

《광개토왕릉비》기록에 따르면 수묘인 연호는 광개토왕의 조왕고국원왕과 선왕고국양왕에
한해서만 두고 있다. 만약 미천왕릉이 집안일대「통구고분군」내에 소재한다면 당연히 수묘
인 연호를 따로 두었을 것이다. 미천왕릉의 소재지를 집안일대라고 단정할 수 없는 이유이다.

　　따라서 모용황이 환도성을 유린하며 수백km 떨어진 길림성 집안 지역
까지 찾아가 미천왕릉서대총을 훼손하고 시신을 가져간다는 자체가 어불
성설에 가깝다. 특히『고구려사략』은 미천왕을 미천美川의 석굴石窟에 장

사지냈다고 분명히 적
고 있다. 미천 석굴은
지금의 요녕성 본계本
溪지역이다. 환도성이
소재한 요녕성 해성에
서 동북쪽으로 수십km
에 위치한다. 더구나
석굴무덤은 반개방적
이다. 모용황이 미천
왕의 시신을 탈취하는

데에는 별다른 어려움은 없었을 것이다.

『고구려사략』〈미천대제기〉. '32년331년 신묘 2월. 상은 병이 위독해져 태자고국원왕를 불러 면전에 다가서게 하고 신검을 건네며 이르길 "… 장례는 검소하고 실속있게 치를 것이며 옥관과 금곽을 쓰지 말라. 귀한 물건을 함께 묻으면 도둑들이 파헤치게 된다. 네 어미 고향의 산수가 아주 좋으니 의당 나를 미천의 석굴에 장사지내고 네 어미가 나를 따라오거든 함께 묻어다오." 타이르고 마침내 붕하였다. 춘추 쉰넷54세이다.[三十二年 辛卯 二月 上疾篤召太子至前 授神釰曰 … 葬宜儉實 無為玉棺金槨 埋以珍玩使盜掘之 汝母鄉之山水甚好 宜葬我於美川石窟 待汝母之從我而合封 戒畢而崩 春秋五十四]'.

서대총은 고국원왕의 무덤이다. 특히 막새기와의 명문의 간지 기축년은 329년이 아니라 60년육십갑자을 더한 389년이다. 389년은 고국양왕 재위5년에 해당한다. 막새기와는 고국양왕이 형 고국원왕의 무덤서대총을 재정비하면서 제작하여 사용한 것으로 추정된다.

그렇다면 서대총의 묘실이 소실될 정도로 심하게 훼손된 이유는 무엇일까?『고구려사략』은 흥미로운 사실을 전한다.〈고국원제기〉이다. '41년371년 경오 10월 … 대행은 고국원의 산천을 아꼈다. 수릉을 만드는 일이 백성에게 폐가 된다 여겨 그만두게 하였는 바 지금에 이르러 시신을 빈궁에 안치하고 고국원에 무덤을 만들었다. 태후가 옥관과 금곽을 쓰고 싶어하고 조왕해현 또한 찬동하여 산호와 상아 그리고 귀한 조가비를 구하였다. … 이때에 이르러 송호, 손긍 등 유생이 글을 올려 "옥관을 쓰면 대행의 검덕에 누가 되니 중지하소서." 아뢰었다. … 이듬해 임신년372년 2월 25일 고국원에 장사지냈다. 끝내 옥관과 금곽을 사용하였다. 춘추 예순하나61세이다. 제는 후궁이 700명이며 황자는 258명이다.[四十一年庚午 十月 … 愛故國原山川擬作壽陵而思民弊而止 至是權安於殯宮而營陵於故國原 太后欲用玉棺金槨祖王亦贊之 求珊瑚象牙宝貝為之飾 … 至是儒生宋浩孫肯等上書言 玉棺累於大行儉德而停之 … 以翌年壬申二月二十五日 葬于故國原 竟用玉棺金槨 春秋六十一 帝後宮七百人皇子二百五十八人]'.

기록은 몇 가지 중요한 정보를 담고 있다. 첫째는 고국원왕이 사후 자신이 묻힐 장지로 고국원을 지명한 점이다. 둘째는 고국원에 고국원왕의 수릉을 만들다가 민폐를 염려하여 중지시킨 점이다. 그래서 고국원왕릉은 사망 5개월만인 비교적 짧은 기간에 완성한다. 셋째는 무덤방에 시신의 안치를 위해 옥관과 금곽을 사용한 점이다. 특히 옥관의 장식품으로 산호와 상아 그리고 조가비를 왕실에서 특별히 구한 점이 눈이 띤다. 적어도 당시에는 매우 진귀하고 값비싼 물건들이다.

특히 기록은 '금관릉이라 칭한다. 영양왕 때에 말갈이 무덤을 파헤쳤다.[稱爲金棺陵 嬰陽時爲靺鞨所掘]'라고 주석을 단다. 고국원왕릉은 옥관과 금곽을 사용한 까닭에 금관릉으로 명명하며 이후 영양왕 때에 말갈에 의해 심하게 파헤쳐져 도굴된다. 영양왕의 재위기간은 590년~618년까지 29년간이다. 이 기간에 영양왕은 수隋의 쓰나마 공격을 막아내며 두 차례 고수전쟁高隋戰爭을 모두 승리로 이끈다. 아마도 고수전쟁기간 중에 고국원왕릉서대총/금관릉이 말갈에 의해

▲「고구려사략」〈고국원제기〉

파헤쳐 도굴된 듯하다. 처음 무덤이 조성된 해가 371년이니 대략 220년이 지난 시점에 고국원왕릉은 무참히 훼손되며 오늘의 모습을 하게 된다.

「고구려사략」〈영락대제기〉. '14년404년 갑진 정월, 해태후가 북도위나암성에서 붕하여 국원릉에 장사지냈다. 춘추 여든둘82세이다.[十四年 甲辰 正月 解太后崩於北都 葬于國原陵 春秋八十二]'. 광개토왕시기 사망한 고국원왕의 왕후 해씨는 국원릉에 합장한다.

서대총은 고국원왕의 무덤이다. 생전에 장지로 지목하여 수릉을 만들다가 중지한 후 다시금 재정비한 무덤으로 이후 고수전쟁기 중에 말갈에 의해 파괴된 뼈아픈 역사를 가지고 있는 집안 일대에 조성된 최초의 고구려 왕릉이다.

천추총 무덤주인은 고국양왕

▲ 천추총 전경

천추총^{마선구1000호분}은 한 변 길이가 63m인 방형의 계단돌방돌무지무덤이다. 서대총과 마찬가지로 왕릉급의 대형무덤이다. 현재 천추총의 외형은 서대총보다는 양호하나 오랜 세월을 거치며 적잖이 훼손되어 있다. 계단 층수는 10층 정도로 추정된다. 무덤은 먼저 지표면을 단단하게 다진 후 커다란 돌로 기단을 만든 후 기단 내부를 돌로 채우고 층단을 쌓았다. 무덤 정상부에는 태왕릉의 집모양돌덧널家形石槨과 비슷한 형태의 석재가 남아 있어 돌방石室의 존재가 확인된다.

▲ '千秋萬歲永固' 명문

천추총의 무덤주인은 누구일까? 출토된 유물들을 통해 일말의 단서를 찾을 수 있다.

첫째는 '千秋萬歲永固'의 명문이 새겨진 벽돌이다. 풀이하면 '천년만년 영원토록 견고하소서'이다. 무덤이 훼손되거나 무너지지 않고 처음 모습 그대로 영원히 보존되길 바라는 일종의 염원念願을 새긴 문구이다. 이는 천추총을 조성할 당시 이 일대에 대한 왕실의 인식을 반영한다. 무덤의 보호와 관리가 용이하지 않기 때문이다.

천추총에서 출토된 벽돌에 새겨진 명문은 '千秋萬歲永固' 말고도 '保固乾坤相畢'도 있다. '하늘과 땅이 다할 때까지 견고하게 유지하소서' 정도로 해석된다. '千秋萬歲永固'와 같은 맥락이다.

둘째는 '▨未在永樂'이 새겨진 기와편이다. 영락永樂은 광개토왕의 연호로 천추총 기와가 광개토왕 시기에 제작된 사실을 부연한다. 영락 연간391년~412년의 간지 '▨未'는 '을미乙未'와 '정미丁未'가 있다. 을미는

395년이며 정미는 407년이다. 다만 기와편의 '未'
자 앞 깨진글자의 하단부에 가로ㅡ획이 일부 확인되
어 '乙'자일 가능성이 높다. 기와는 을미년인 395년
에 제작한 것으로 천추총이 광개토왕 이전에 재위한
왕의 무덤임을 나타낸다. 또한 기와 오른편의 또 다
른 명문 '樂浪趙將軍'은 실제 기와를 제작하여 천
추총에 헌납한 인물로 추정된다.

▲ ▨未在永樂「미재영락」명문

'浪趙將軍'은 문헌기록에 나오지 않는다. 浪趙가 인명이 아닌 직책명이라면 다른 해석이 요
구된다. 浪은 樂浪낙랑이며 趙는 춘추전국시대 전국7웅의 하나인 옛 조나라前403年~前228
년이다. '浪趙將軍'은 대륙의 낙랑하북성 동부과 옛 조나라하북성 중부 지역을 담당하는 고구려
장군의 군호이다.

셋째는 '井우물 정'자 또는 해시기호 '#'을 닮은 마
름모꼴[◇] 격자살 문양이 새겨진 전돌이다. 이 문
양은 '천하의 으뜸국가'를 나타내는 국강國罡의 표식
이다. ☜42쪽 '광개토왕의 특별문양' 참조 또한 고구려 태왕
의 상징이기도 한다. 따라서 마름모꼴[◇] 격자살
문양의 전돌은 천추총이 태왕의 무덤임을 실증하는
유물이다.

▲국강[◇]표식 전돌

이상의 3가지 유물을 종합하면 천추총은 고국양왕의 무덤일 수 밖에
없다.

『고구려사략』의 고국원 설명

서대총고국원왕릉과 천추총고국양왕릉이 소재한 「마선구무덤떼」는 고국원
왕과 고국양왕 그리고 직계왕실 가족이 묻힌 무덤군이다. 남북으로 가로
지르는 마선하를 기준으로 양분된 「마선구무덤떼」는 당시에는 고국원
으로 불린 지역이다. 이를 실증할 수 있는 근거가 〈영락대제기〉에 나온

▲ 고국원 지역

다. '12년402년 임인 6월, 또 고국원으로 가서 국원릉에 후연을 멸하겠다고 고하고 국양릉에 주기제를 올렸다.[十二年 壬寅 六月 又如 故國原告滅燕于國原陵 行 周紀祭于國襄陵]'. 광개토왕이 402년 고국원을 친히 찾아가 국원릉을 참배하고 이어 국양릉에 주기제周紀祭를 올린 내용이다. 국원릉고국원왕과 국양릉고국양왕은 지근거리에 위치한다.

특히 광개토왕이 고국양왕의 주기제를 시행한 대목은 주목할 필요가 있다. 천추총에서 출토된 기와편의 '乙未在永樂' 명문과도 연관되기 때문이다. 광개토왕은 선왕고국양왕의 주기제를 올리며 왕릉을 지속적으로 보수했을 것이다.

서대총은 고국원왕의 무덤이고 천추총은 고국양왕의 무덤이다.

┃ 마선구무덤떼의 왕릉급 무덤 ┃

「마선구무덤떼麻線溝墓區」에는
서대총고국원왕릉, 천추총고국양
왕릉 말고도 왕릉급 무덤이 3개
더 있다. 마선구626호분, 마선
구2110호분, 마선구2378호
분 등이다. 모두 묘상건축물이
있는 계단돌방돌무지무덤이
며 무덤주변은 제대祭臺, 능장
陵墙을 포함한 능원陵園을 갖추고 있다.

▲ 「마선구무덤떼」 분포

마선구626호분은 고국원왕의 어머니 주태후

마선구626호분은 마선향 건강촌 북
쪽 400m 지점의 산비탈에 위치한
다. 무덤 크기는 한 변 길이가 평균
42m인 사다리꼴 방형의 준대형급
이다.남변 48m 무덤 정상부에는 용석
鎔石과 다량의 기와편이 수습되어 묘
상건축물이 있었을 것으로 추정된

▲ 마선구626호분 전경

다. 제대시설은 무덤 동쪽 20m지점에 위치한다.

　　마선구626호분은 종종 서대총과 비교된다. 무덤장소는 서대총고국
원왕릉과 마찬가지로 산비탈 외진 곳에 독립적으로 존재한다[※ 서남쪽
600m에 지점 서대총 위치]. 무덤크기는 서대총보다는 작지만[※ 서대총
한 변 길이 55m] 무덤양식과 형태는 같다. 다만 조성시기는 서대총보다
다소 이른 편이다. 무덤주인은 고국원왕과 직접적으로 관련된 인물로 추

정된다. 누구일까?

〈고국원제기〉이다. '29년[359년] 기미 정월, 주태후가 춘추 예순아홉[69세]에 붕하였다. 태후는 총민하고 지략이 있었으며 신선도를 좋아하였다. 큰 정사에 간여하였으나 큰 잘못을 범하진 않았다. 전연에 있을 땐 모용황의 비위를 잘 맞추었다.[二十九年 己未 正月 周太后崩春秋六十九 后聰敏有智略好神仙 干預大政而不至大誤 居燕媚皝]. 무덤주인은 미천왕의 정실왕후이자 고국원왕의 어머니인 주周태후로 추정된다. 주태후는 342년 전연 모용황이 고구려를 침공하여 수도 환도성을 유린하고 미천왕릉[미천석굴·요녕성 본계]에서 시신을 탈취할 때 모용황에게 사로잡혀 전연으로 끌려간다. 고국원왕은 송환을 요구하나 모용황은 미천왕의 시신은 돌려주고 주태후는 돌려보내지 않는다. 이후 주태후는 포로로 잡혀있다가 355년에 풀려나 고구려로 돌아온다. 그리고 4년 후인 359년에 사망한다.

마선구626호분의 무덤주인을 주태후로 보는 가장 큰 이유는 서대총[고국원왕릉]에 인접하고 있는 점과 무덤양식의 조성시기가 서대총보다는 다소 이른 점 등을 들 수 있다. 고국원왕은 사후 자신의 장지로 고국원을 선택하며 어머니 주태후를 자신보다 먼저 고국원에 장사지냈을 개연성이 높기 때문이다. 또한 마선구626호분의 무덤크기가 서대총보다는 다소 작은 점도 주태후의 무덤 가능성을 뒷받침한다.

마선구 626호분은 고국원왕의 어머니 주周태후의 무덤이다.

마선구2100호분은 고국원왕의 장인 해현

마선구2100호분은 마선향 홍성촌 남쪽 구릉지대에 위치한다. 마선하를 사이에 두고 동쪽 마선구626호분과 마주한다. 무덤 크기는 한 변 길이가 평균 33m인 중형급이다. 현재 4단의 계단이 남아 있으며 무덤 상단과 네 경사면에는 기와편이 널려있어 묘상건축물의 존재가 확인된다. 무덤주변에는 제대시설 2개가 있으며 남쪽 200m 지점의 평지에 건축 유적도 존재한다. 집안일대 조성된 고구려 왕릉의 구비조건을 모두 갖추고 있다.

출토유물은 금기^{보요장식}, 도금기^{마형/}
봉황 투조장식, 동기, 철기, 기와, 토기, 와당 등 다양하다. 출토품 중에는 무덤주인의 권위와 위상을 가늠해 볼 수 있는 상징적인 유물이 하나 있다. 쇠거울 철경鐵鏡이다. 집안일대 무덤에서 유일하게 나온 쇠

▲ 철경(쇠거울)과 모사도

거울은 무덤주인의 권위와 위상을 보여주는 상징적인 유물이다.

『고구려사략』에 무덤주인으로 추정되는 인물이 나온다. 〈소수림대제기〉이다. '5년375년 을해 4월, 해현이 나이 일흔셋73세에 죽어 조황의 예로 장사지냈다. 해현은 잘 생긴 탓에 총애를 받았고 바친 딸이 후가 되니 지위는 지극히 높아 더 이상 새로 만들 수가 없었다. 일생을 음란하고 추하게 살았다.[五年 乙亥 四月 解玄死年七十三以祖皇禮葬之 玄以美兒得幸納女配后 位極至尊無所建設 一生淫穢而己]'. 무덤주인은 고국원왕의 정실 왕후 해解씨의 아버지인 해현解玄으로 추정된다. 해현은 고국원왕의 장인이자 소수림왕의 외조부이다. 해현은 고국원왕 치세에 태보^{국무총리}를 지내며 외척권력의 정점을 찍는다. 이런 까닭

▲ 마선구2100호분 전경

에 『고구려사략』은 해현의 지위가 높을 대로 높아 더 이상 새로운 지위를 만들 수가 없었다고 적고 있다. 해현의 마지막 지위는 조황祖皇이다. 고구려왕실이 최고로 받들고 예우한 작위이다.

마선구2100호분은 소수림왕의 무덤으로 추정하는 견해가 강하다. 그러나 소수림왕의 장지 소수림은 길림성 집안의 고국원이 아니다. 당시 위나암성이 있는 지금의 요녕성 철령 근

처이다. 『고구려사략』〈소수림대제기〉이다. '14년384년 갑신 11월, 수림에서 사냥하다가 갑자기 몸이 심하게 아파 온탕에 들어갔다가 붕하였다. 춘추 마흔여섯46세이다. 유조에 따라 소수림에 장사지냈다.[十四年甲申 十一月 畋于獸林而不豫 入溫湯而崩 春秋四十六 依遺詔 葬于小獸林]'.

마선구 2100호분은 고국원왕의 장인 조황祖皇 해현解玄의 무덤이다.

마선구2378호분은 고국양왕의 부인 무덤

▲ 마선구2378호분 전경

마선구2378호분은 마선향으로 들어가는 첫 들머리 언덕 위에 위치한다. 무덤 크기는 동서 50m, 남북 25m의 장방형이며 높이는 2.5m이다. 적잖은 기와편과 용석鎔石이 수습되어 묘상건축물이 확인된다. 특히 무덤의 동쪽과 북쪽에는 3기의 무덤이 나란히 붙어 있다. 마선구2379호분, 마선구2380호분, 마선구 2381호분이다. 이 중 마선구2380호분와 마선구2381호분은 규모가 크지 않으나 마선구2379호분은 규모도 크며 다량의 기와편을 발견하여 묘상건축물의 존재가 확인된다.

마선구2381호
마선구2380호
마선구2379호
천방무덤
마선구2378호
천양무덤

▲ 고국양왕 부인 무덤

4개의 무덤은 한 세트로 무덤주인들 역시 서로 밀접한 관계가 있는 인물들이다.

무덤주인은 고국양왕의 부인들로 추정된다. 이유는 이들 무덤이 천추총고국양왕릉에 인접하고 평지가 아닌 산비탈이라는 특수 지형에 조성된 점을 들 수 있다. 특히 천추총 능원내에 딸린무덤陪塚이 일체 없는 점도 이들이 고국양왕의 부인들의 무덤일 가능성을 뒷받침한다.

누구일까? 〈국양천왕기〉에 이들의 존재가 나온다. '2년385년 정월, 왕이 천강후와 함께 조묘를 배알하였다. 천양을 좌소후에 천방을 우소후에 서산을 상부인에 봉하였다.[二年 正月 王與天罡后 謁祖廟 以天陽爲左小后 天房爲右小后 西山爲上夫人]'. 고국양왕의 부인은 천강天罡후, 천양天陽 좌소후, 천방天房 우소후, 서산西山 상부인 등 4명이다. 이 중 천강후는 광개토왕을 낳은 소수림왕의 정후로 동생 고국양왕이 형사취수한 왕후이다. 천강은 훗날 장수왕 시기인 446년 92세로 사망하여 광개토왕릉태왕릉 근처인 임강총에 따로 묻힌다. ☞ 197쪽 '태왕릉 주변의 왕릉급 무덤' 참조

4개 무덤 중 묘상건축물이 확인된 비교적 규모가 큰 마선구2378호분과 마선구2379호분은 고국양왕의 좌·우 소후인 천양天陽과 천방天房의 무덤으로 추정되며, 크기가 작은 마선구2380호분과 마선구2381호분 중 하나는 상부인 서산西山의 무덤으로 보인다.

마선구2378호분을 포함하는 주변일대 4개 무덤주인은 고국양왕의 부인들이다.

▎칠성산무덤떼의 왕릉급 무덤 ▎

▲「칠성산무덤떼」주요 무덤 분포

「칠성산무덤떼七星山墓區」는 통구하 서안의 칠성산 남쪽 기슭을 중심으로 형성된 무덤떼이다. 서쪽은 천추총고국양왕릉이 있는 「마선구무덤떼」와 접하며, 동쪽에는 국내성이 소재한다. 분포범위는 약 1㎢ 남짓으로 집안일대 다른 무덤떼에 비해 넓지는 않다. 1966년 조사 당시 돌무덤 855기, 흙무덤 853기 등 총 1,708기를 확인한다. 왕릉급 대형 무덤으로는 칠성산211호분과 칠성산871호분이 있다.

「칠성산무덤떼」는 칠성산 기슭을 따라 가족 또는 혈족 단위별로 구역화되어 질서정연하게 배치된 점이 특징이다. 한 집단의 무덤은 대개 산허리에서부터 일렬로 크고 작은 순서에 따라 차례대로 배열되어 있다.

칠성산211호분의 무덤주인은 제왕 춘태자

▲ 칠성산211호분 전경

칠성산211호분은 무덤떼의 가장 남쪽인 칠성산 남동쪽 기슭 아래 너른 평지 위에 위치한다. 국내성 서벽에서 남서쪽으로 약 1㎞ 떨어진 지점이다. 무덤 크기는 남변 길이 58m, 동변 길이 66m로 태왕릉과 엇비슷한 대형급 무덤이다. 그러나 아쉽게도 「마선구무덤떼」의 서대총^{고국원왕릉}처럼 심하게 훼손되어 있다. 현재 무덤은 원형에 가까우나 원래는 정방형의 계단돌방돌무지무덤으로 추정된다. 특히 무덤가운데는 도굴 구덩이가 크게 나 있으며 돌방은 남아 있지 않다. 북쪽에는 제단으로 추정되는 유적이 있다. 출토 유물은 대부분 도굴된 탓에 금동제 장식을 비롯하여 철제 못 그리고 다수의 기와편만을 수습한다.

무덤주인은 누구일까? 《광개토왕릉비》를 직접 제작하여 세운 춘春태자로 추정된다.^{☞ 104쪽 '광개토왕릉비는 누가 세웠나?' 참조} 〈장수대제기〉이다. '장수원년^{433년} 계유 7월, 제왕 춘태자가 일흔넷^{74세}에 죽었다. … 태왕의 예로 국내에 장사지냈다.[長壽元年 癸酉 七月 齊王春太子薨 年七十四 … 以太王禮葬之國內]'. 장수왕은 춘태자가 74세로 사망하자 태왕^{太王}의 예로 국내 땅에 장사지낸다. 그래서 칠성산211호분은 태왕의 상징물인 제대^{祭臺}를 포함한 일정공간의 능원을 갖춘 대형의 계단돌방돌무지무덤이다.

특히 기록은 칠성산211호분을 포함한 주변일대를 '국내'로 통칭하고 있다. 적어도 당시에는 압록강이 맞닿는 통구하의 하류를 가운데 두고 동안^{東岸}은 거주지인 국내성, 서안^{西岸}은 무덤지인 「칠성산무덤떼」로 구분한 듯 보인다.

그런데 춘태자의 무덤을 국내 땅에 쓴 점은 의문으로 남는다. 태왕릉이 소재한 동쪽의 황산원^{「우산하무덤떼」}도 아니고 서대총과 천추총이 소재한 고국원^{「마선구무덤떼」}도 아닌 딱 중간지점이다. 더구나 춘태자는 광개토왕의 치세에는 통치시스템을 만들고 《광개

▲ 고국원, 국내, 황산원의 구분

토왕릉비》를 제작하였으며, 장수왕의 치세에는 재위초기 장수왕의 집권
기반을 확고히 구축하는데 일조한 인물이다. 춘태자는 어느 누구보다도
황산원에 묻힐 자격이 충분하다.

그렇지만 춘태자는 황산원에 묻히질 못한다. 무슨 이유일까? 춘태자
스스로 광개토왕과 장수왕에게 부담을 주지 않기 위해 황산원이 아닌 국
내 땅을 선택한 것으로 보인다. 또한 아버지 고국원왕이 묻힌 고국원과도
가까운 점도 국내 땅을 선택하게 된 또 하나의 배경은 아니었을까?

칠성산211호분은 제왕齊王 춘春태자의 무덤이다.

칠성산871호분의 무덤주인은 월왕 용덕

▲ 칠성산871호분 전경

칠성산871호분은 통구하 서안西岸
의 칠성산 남쪽 비탈면에 위치한다.
동쪽 500m 거리에 통구하가 흐르
며 바로 건너편에는 국내성이 있다.
무덤양식은 계단돌방돌무지무덤
으로 크기는 동서 48m~40m, 남북
46m, 높이 5~10m의 대형급 무덤
이다. 무덤 가운데는 너비 약 16m
의 커다란 구덩이가 있다. 본래는 널방墓室이 있던 곳으로 가운데 정상부
터 남쪽 벽에 이르기까지 심하게 무너져 있다.

칠성산871호분의 돌무지무덤 양식을 계장식階牆式으로 분류하기도 한다. 계장식은 한 층
씩 쌓아올린 계단식階段式과 달리 담장을 여러겹으로 쌓아올린 형태를 말한다. 일반적으로
계장식은 계단식의 이전 단계로 이해하나, 이는 무덤장소의 특수성에 따른 선택이다. 주로
평평한 평지는 계단식, 경사진 산비탈은 계장식으로 축조한다.

무덤 북쪽에는 딸린무덤陪塚 또는 제대로 추정되는 시설이 있고 서쪽에

는 능원의 경계를 표시한 능장^{陵墙}이 일부 남아 있다. 출토 유물은 동기류
銅器類, 철기류鐵器類, 기와류암키와/수키와 등이다.

특히 칠성산871호분은 집안일
대 다른 왕릉급 무덤에서 볼 수 없
는 독특한 유적이 있다. 계담^{階墻}과
묘역포석^{墓域鋪石}이다. 계담은 급경
사면에 무덤을 만들며 쌓은 담벽이
다. 현재 남아 있는 계담은 서쪽은 8
단, 북쪽은 10단, 동쪽은 12단이며
남쪽은 심하게 파괴되어 단의 수를

▲ 칠성산871호분 표지석

파악하기 어렵다. 묘역포석은 무덤 아래면 산비탈 흙위에 깔아 무덤이 무
너져 내리지 않도록 보호하는 판석^{板石}이다. 무덤의 서북쪽에서 평평하
게 깐 수십 개의 판석을 한꺼번에 출토한다. 크기는 길이 0.5~0.8m, 너비
0.4~0.6m, 두께 0.1~0.2m이다. 계담과 묘역포석판석은 칠성산871호분
의 기술적 보호에 상당한 정성을 들인 경우로 무덤을 개보수한 흔적이기
도 하다.

무덤주인은 누구일까? 추정되는 인물이 〈장수대제기〉에 나온다. '장
수25년454년 정유 4월, 월왕 용덕이 나이 여든하나81세에 훙하였다. 그의
처 호련에게 연곡을 하사하였다.[長壽二十五年 丁酉 四月 越王勇德薨年
八十一 賜其妻胡連年穀]'. 월왕越王 용덕勇德이다. 용덕은 광개토왕담덕의
친동생으로 광개토왕과는 3살 터울이다. 아버지는 소수림왕이며 어머니
는 천강天罡왕후이다. 천강왕후는 474년에 담덕을, 477년에 용덕을 낳는
다. 특히 〈장수대제기〉는 광개토왕 재위시기인 395년 용덕이 형수인 광
개토왕의 제2왕후 평양平陽과 몰래 사통하여 장수왕을 낳았다고 증언한
다. 용덕은 장수왕의 생부이다. ☞ 263쪽 '장수왕의 출신 계보' 참조

또한 〈장수대제기〉는 장수왕이 용덕릉을 개보수한 사실도 소개한다.

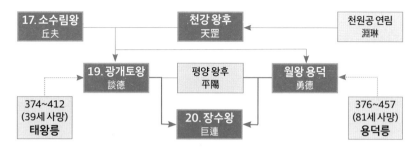

▲ 광개토왕 담덕과 월왕 용덕의 관계도

'갑진년464년 5월, 상은 용덕사당을 찾아가 처연히 말이 없더니만 명을 내려 용덕릉을 개수하고 호경용덕 아들을 월왕으로 삼았다. 상은 점차로 늙어가며 용모와 목소리는 점점 용덕을 닮아가고 너그럽고 부지런하며 후덕한 성품 또한 용덕과 비슷하였다.[甲辰 五月 上如勇德祀惻然良久命改勇德陵以胡景爲越王 上漸老容皃聲音益肖勇德 寬勤腆實之性亦似勇德]'. 때는 464년으로 장수왕의 나이 71세394년 출생이다. 장수왕은 점차로 늙어가며 용모와 목소리가 용덕을 닮아가고 너그럽고 부지런하며 후덕한 성품 또한 용덕과 비슷하게 되자 자신의 생부에 대해 의구심을 갖는다. 그리고 용덕사당을 찾아가 제사지낸 후 용덕릉을 개보수하며 왕릉으로 격상시킨다.

이때 장수왕은 용덕릉을 대대적으로 개보수하며 무덤의 항구적 보존과 보호를 위해 계담階牆과 묘역포석墓域鋪石의 보호장치를 따로 설치한 것으로 추정된다. 특히 결정적 근거가 칠성산871호분에서 출토된 묘역포석 중에 있다. 명문이 새겨진 「태왕차자릉太王次子陵」판석板石이다.

☞ 467쪽 '[최초공개] 태왕차자릉 판석' 참조

칠성산871호분은 장수왕의 생부 월왕越王 용덕勇德의 무덤이다.

《집안고구려비》와 《광개토왕릉비》의 상관성

2012년 7월, 중국 길림성 집안의 마
선麻線향에서 비석 하나를 발견한다.
《집안고구려비》다. 높이 173cm 너
비 60.6~66.5cm 두께 12.5~21cm
무게 464.5kg로 직사각형^{상단부 좌우}
^{측 깨짐} 모양의 비석이다. 비문은 10
행으로 각 행마다 22자^{마지막행 20자}

▲《집안고구려비》발견 장면 [2012년]

가 새겨있다. 총 218자 중 마모가 심하여 최대 156자 정도만 판독이 가능
하다.

《광개토왕릉비》와의 유사성

《집안고구려비》는 《광개토왕릉
비》와 깊은 상관관계를 갖는다.
발견지점은 《광개토왕릉비》와
동일한 장소인 길림성 집안이
며, 특히 비문내용이 《광개토왕
릉비》와 유사하기 때문이다.
　《집안고구려비》는 크게 두
부문으로 구성된다. ① 고구려
건국신화^{1~2행}, ② 수묘인 관련

▲「마선구무덤떼」주요 무덤 분포

3~10행이다. 이는 《광개토왕릉비》의 ㉮ 고구려 건국신화, ㉯ 광개토왕의
행장, ㉰ 광개토왕의 정복사업, ㉱ 수묘인 관련과 비교된다. 다만 차이가
있다면, 《집안고구려비》에는 《광개토왕릉비》의 ㉯,㉰은 없으며, 《집안고
구려비》의 ①,②는 《광개토왕릉비》의 ㉮,㉱를 압축하고 있다. 한마디로

《집안고구려비》는《광개토왕릉비》의 축소판이다.

특히《집안고구려비》와《광개토왕릉비》의 ㉮ 고구려 건국신화 부분에는 공통으로 들어가는 문구가 있다. 추모왕의 역할과 출자出自에 관한 기록이다. '始祖鄒牟王之創基也'와 '天帝之子河伯之孫'이다. 이는《집안고구려비》와《광개토왕릉비》가 동일한 계통의 비석임을 보여주는 대목이다.

《집안고구려비》는 고국양왕의 공덕비

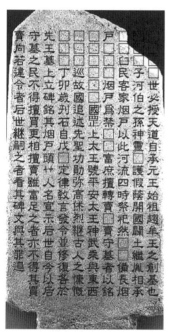

▲《집안고구려비》비문

《집안고구려비》는 어느 왕의 비석일까?《집안고구려비》비문 기록의 검토를 통해 실체에 하나하나 접근해본다.

첫째는 5행의 '國罡上太王'이다. 이 태왕은 다음 문구에서 확인된다. '號平安太王' 즉 평안平安의 휘호를 쓴 태왕이다. 평안태왕은 광개토왕을 말한다. 광개토왕은 등극원년인 391년에 연호 영락永樂과 휘호 평안平安을 제정하며 치세의 기본틀을 마련한다. 103쪽 '광개토왕릉비는 누가 세웠나?' 참조 따라서《집안고구려비》의 제작자는 광개토왕이며 제작시기는 광개토왕 등극원년391년임을 알 수 있다.

둘째는 7행 상단의 '▨▨▨丁卯歲刊石'이다. '~의 정묘 치세에 돌을 새기다'로 해석한다.[※ '돌에 새기다'는 표현은 '刊石'보다 주로 '刻石'을 씀.]

정묘丁卯년은 언제일까?《집안고구려비》가 391년신묘년에 세워진 점을 고려하면 정묘년은 그 이전의 367년일 수밖에 없다. 367년은 고국원왕 재위37년에 해당한다. 다시 말해 정묘년 간석의 대상은 광개토왕의 조왕祖王인 고국원왕이다.[※《광개토왕릉비》고국원왕을 祖王으로 씀]

특히 앞 문장 6행은 정묘년 간석의 배경을 기술하고 있다. '巡故國追述先聖功勛弥高悠烈繼古人之慷慨'이다. 해석하면 '고국故國을 순행하며 들으니 선성先聖의 공훈이 미고유열弥高悠烈하다 이야기하고 또한 옛 사람의 강개慷慨를 따라야 한다'이다. 선성先聖은 광개토왕의 선왕先王인 고국양왕을 가리킨다.[※《광개토왕릉비》고국양왕을 先王으로 씀]

이는 광개토왕이 평안平安 휘호를 제정한 신묘년391년 그 해에 고국양왕의 장지를 알아보기 위해 고국원故國原을 방문한 사실을 설명한다. 따라서 고국원왕의 정묘367년 치세 간석은 고국양왕의 간석을 위한 하나의 선례임을 알 수 있다. 선례의 표현은 '丁卯歲刊石' 앞의 결자缺字에 담았을 것이다. 결자 ▨▨▨는 '例祖王' 정도로 읽혀지며 결자를 포함한 문장은 '例祖王丁卯歲刊石'이다. 즉 '조왕고국원왕의 정묘 치세에 간석한 선례에 따라'이다.

고국원왕의 '정묘 치세 간석'은 고국원왕이 사망371년 5년 전에 스스로 장지를 결정하고 간석을 세운 사실을 부연한다. 이는 고국원왕이 생전에 수릉을 만들다가 민폐를 걱정하여 중지시킨『고구려사략』기록과도 정확히 일치한다. ☞ 205쪽 '서대총과 천추총의 무덤주인' 참조

셋째는 7행의 '自戊▨定律敎言發令'이다. '비로소 무▨년에 율을 정하고 교언하여 발령하다.'이다. 육십갑자 중 '戊'자로 시작하는 간지는 무자戊子, 무술戊戌, 무신戊申, 무오戊午 등이 있다. 무자년388년은 고국양왕 시기, 무술년398년과 무신년408년은 광개토왕 시기, 무오년418년은 장수왕 시기에 해당한다. 비문의 '戊▨'은 고국양왕 시기인 '무자년388년'을 말한다. 고국양왕은 생

▲ 천추총 연화문 수막새

전에 연호 법령을 제정하고 왕의 교언으로 이를 발령한다.

넷째는 8행의 '先王墓上立碑銘其烟戶頭卄人名'이다. '선왕의 묘상에 비석을 세우고 그 연호두 20인의 이름을 새기다'이다. 이는《집안고구려비》가 고국양왕의 능비임을 말하는 결정적인 증거이다. 선왕先王

은 바로 고국양왕이다. 특히 비문은 연호두 20인의 이름을 별도로 새겼다고 적고 있다. 연호두煙戶頭는 연호의 수장頭으로 《광개토왕릉비》의 국연國煙과 같다. 특히 《광개토왕릉비》는 국연國煙과 간연看煙의 숫자 비율을 1:10으로 적시하고 있어 《집안고구려비》의 연호수는 국연연호두 20가, 간연 200가 등 총 220가家 임을 알 수 있다. 또한 이들은 《집안고구려비》와 《광개토왕릉비》가 공히 고구려 백성내국민을 말하는 구민臼民/舊民이다.

《집안고구려비》와 《광개토왕릉비》는 공히 수묘인 연호에 대해 상당한 분량을 할애하고 있다. 특히 생전에 왕의 교언으로 연호 법령을 제정하고 이에 근거하여 연호를 둔 점은 주목할 필요가 있다. 적어도 당시 고국양왕과 광개토왕의 왕릉 보호 관리가 용이하지 않았다는 사실을 반증한다. 이는 국내지역이 수도가 될 수 없는 가장 큰 이유 중의 하나이다. 광개토왕의 부왕인 소수림왕의 경우는 『고구려사략』조차 수묘인 연호에 대한 언급이 전혀 없다. 소수림왕의 장지 소수림은 당시 수도인 위나암성요녕성 철령 근처에 있기 때문이다.

마지막 다섯째는 3행에 언급된 연호煙戶의 임무이다. '烟戶以此河流四時祭祀'이다. '연호는 이에 하류사시에 제사를 지낸다'이다. 하류사시河流四時는 사시사철로 봄·여름·가을·겨울 등 4계절이다. 이는 연호에 의해 매년 계절별로 4번에 걸쳐 제사를 지낸 사실을 설명한다.

『고구려사략』이 기록한 《집안고구려비》

▲ 집안고구려비 발견 신문기사 [동아일보-2013년]

그런데 『고구려사략』에 《집안고구려비》에 대한 기록이 명확히 나온다. 〈영락대제기〉이다. '원년391년 6월, 대행을 고국양에 장사지냈다. 순장과 진귀한 보물을 금하고 단지 연호를 두고 비석만을 세워 공덕을 기록하였다.[元年 六月 葬大行于故國壤 禁殉葬及珍宝 只置烟戶及碑以記功德]'.

광개토왕은 391년 고국양왕을 장사지내며 단지 연호^{수묘인}를 두고 비석만을 세운다. 이는 고국양왕의 연호가 고국양왕 시기 제정된 연호법령에 의거함을 말한다. 따라서 연호법령 제정시기가 《집안고구려비》 기록의 무자년^{388년}임이 다시 한 번 입증된다. 특히 『고구려사략』은 아예 광개토왕이 고국양왕의 비석^{표비}까지 세운 사실을 명확히 증언하고 있다.

《집안고구려비》의 뒷면에도 글자가 새겨있을 것으로 추정되나 완전히 마멸되어 있다. 다만 《집안고구려비》는 연호두 20명의 이름을 새겼다 하고 『고구려사략』은 공덕을 기록했다고 적고 있어 이들 내용은 마멸된 뒷면에 새겨있을 것으로 추정된다. 또한 《집안고구려비》를 실질적으로 제작한 사람은 《광개토왕릉비》를 제작한 춘태자로 보인다.

《집안고구려비》는 천추총의 무덤주인이 고국양왕임을 밝히는 고고학적 증거이다.

| 하해방무덤떼의 염모총 묵서 |

▲ 염모총 전경 [공저자 이석연 / 2016년 10월]

「하해방무덤떼下解放墓區」는 집안분지 동북쪽의 압록강 충적평지와 용산龍山 기슭에 분포한다. 총 51기로 「통구고분군」 중에서는 제일 규모가 작은 무덤떼이다. 대부분 돌방흙무지무덤으로 광개토왕 시기 이후 조성된 귀족무덤들이다. 대표적인 무덤은 염모총, 환문총, 하해방31호분 등이 있다.

염모총 묵서

염모총하해방1호분은 둘레 70m 높이 5m로 고구려고분 중에서는 중간정도 규모의 돌방흙무지무덤이다. 외형은 방형이며 절두방추형으로도 분류한다. 내부는 널길→앞방→이음길→널방으로 이어지는 구조의 두칸 방무덤이다.

무덤은 평면 모양에 따라 방형方形과 원형圓形으로 나눈다. 방형무덤은 피라미드Pyramid처럼 높이 올라갈수록 좁아지다가 맨 위를 평편하게 만든 것으로 이 형상을 절두방추형截頭方錐形 또는 방분方墳이라고 한다. 원형무덤은 쪽박을 엎어 놓은 것과 같은 반구형상半球形狀으로 원형분구圓形墳丘 또는 원분圓墳이라고 한다.

▲ 염모총 앞방 전면의 묵서

널방은 가로 세로 약 3m의 정방형으로 2개의 널받침棺臺이 나란히 놓여 있다. 부부 합장묘어울무덤이다. 앞방은 가로 3m 세로 2m의 장방형이다. 특히 주목을 끄는 부분은 앞방 정면의 윗벽에 마치 두루마리를 펼쳐놓은 듯 기다랗게 써놓은 묵서墨

3 광개토왕의 유적과 유물

書이다. 무덤주인인 염모^{冉牟}의 묘지명^{墓誌銘}이다.

묵서는 가로세로의 계선^{界線}을 긋고 구획안에 글자를 썼다. 총 80행이며 각 행마다 10자씩으로 전체 글자수는 800여 자에 달한다. 다만 아쉽게도 상당부분이 지워져 대략 250여 자만 판독이 가능하다.

염모총인가? 모두루총인가?

염모^{冉牟}총은 모두루^{牟頭婁}총으로도 불린다. 이 무덤은 1935년 9월 집안현의 중학교 교사 왕영린이 무덤 안에 글자가 있다는 제보에 의해 처음 세상에 알려지며 일본학자 이케우치 히로시^{池內宏} 등이 묵서 800여자 중 291자를 해석하여 모두루총으로 명명한다. 이후 일본학자들은 히로시의 입장을 고수하며, 이의 영향을 받은 우리도 모두루총으로 이해한다.

그런데 1940년 7월 중국의 로간^{勞榦}이 새로운 석문^{釋文}과 해석을 내놓는다. 무덤의 주인공은 고구려의 대형^{大兄}인 염모^{冉牟}이며, 염모가문의 가신^{家臣}인 모두루^{牟頭婁}는 묘지명의 작성자에 불과하다는 견해이다. 이후 1994년 집안지역에 홍수가 나며 무덤이 무너져 내리는 사태가 발생하며, 이를 계기로 중국의 경철화^{耿鐵華} 등이 무덤을 정밀조사한다. 그 결과 436자의 석문을 제시하고 무덤주인은 염모이고 모두루가 염모를 흠모하여

▲ 염모총 표지석

쓴 것으로 결론짓는다. 현재 중국 문헌과 현지의 안내문은 모두 염모총^{염모묘}으로 적고 있다.

내용은 크게 여섯 부문으로 나눈다. 제1부문^{1행~8행}은 염모와 조상의 사적^{史蹟}이다. 하백의 손자이자 일월지자인 추모성왕이 북부여로부터 내려와 흘승골성에 건도한 내용이다. 또한 노객 모두루의 선조가 북부여 시절부터 염모 선조의 가신이며 두 가문이 모두 추모왕의 건도 작업에 일정의 역할을 한다. 제2부문^{8행~23행}은 염모의 공덕을, 제3부문^{24~34행}은 염모

의 인격을 찬양하는 내용이다. 제4부문^{35행~45행}은 노객 모두루가 염모의 은혜를 입은 사실을 적고 있다. 제5부문^{46~58행}은 염모의 죽음을, 마지막 제6부문은 염모에 대한 회념과 흠모의 감정을 담고 있다.

염모총 묵서의 시사점

염모총 묵서는 몇 가지 중요한 특징이 있다.

첫째는 묘지명을 비석이 아닌 묵서로 대처한 점이다. 묵서 사용이 비석 준비가 되지 않은 것인지 아니면 처음부터 묵서 사용을 결정한 것인지 그 이유는 확실치 않다. 그럼에도 묵서 묘지명이 집안지역의 고구려무덤 떼에서 유일하게 나온 점이다. 특히 묵서 묘지명은 평안남도 남포의 덕흥리무덤에서 확인된다. ☞ 253쪽 '덕흥리무덤의 무덤주인' 참조 다만 무덤 조성시기가 덕흥리무덤은 광개토왕 때인 408년이고 염모총은 광개토왕이 사망한 412년 이후이다. 이로 미루어 보아 염모총 묵서가 덕흥리무덤 묵서의 사용 전례를 따를 수도 있다.

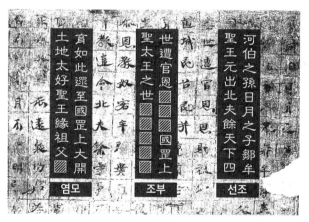

▲ 염모총 묵서의 일부

둘째는 묘지명의 내용 구성이다. 무덤주인인 염모의 행적 뿐 아니라 가문의 출자를 밝힌 선조→조부→염모의 사적^{史蹟}을 따로 기록한 점이다. 특히 이들 사적은 같은 시기의 고구려 왕들의 치세와 연결시켜 설명한다. 선조는 '鄒牟聖王', 조부는 '國罡上太王', 염모 자신은 '國罡上廣開土地好太聖王'이다. 특히 조부의 활동시기인 '국강상성태왕'은 고국원왕^{『삼국사기』 국강상왕}을 가리킨다. 이를 통해 '나라의 으뜸'인 국강國罡의 도입과 국강고구려을 통치하는 태왕太王의 존칭이 고국원왕 때부터 사용된 사실이 확인된다. ☞ 44쪽 '태왕과 호태왕의 사용시기' 참조

셋째는 묘지명에 글자를 구획하는 계선界線을 사용한 점이다. 염모총 묵서 묘지명은 가로세로 계선이다. 각각의 글자를 하나의 정사각형 선으로 감싼 모양으로 오늘날의 원고지와 같다.

계선 사용의 시초

계선은 언제부터 사용하였을까? 시초는 《광개토왕릉비》414년로 추정된다. 이전의 《집안고구려비》391년와 《충주고구려비》397년에는 계선 사용의 흔적이 없기 때문이다. 특히 염모총 묵서 묘지명과 동일한 평안북도 남포의 덕흥리무덤408년의 묵서 묘지명은 계선을 사용하지 않았다. ☞ 253쪽 '덕흥리무덤의 무덤주인' 참조

추정컨대 《광개토왕릉비》가 하나의 표본이 되어 이후 제작되는 묘지명에 계선 사용이 일반화된 것은 아닐까? 특히 염모총 묘지명은 비록 묵서임에도 《광개토왕릉비》의 계선 방식을 철저히 따르고 있다. 또한 묘지명의 계선 사용은 비단 고구려에만 한정된 것은 아니다. 백제와 신라의 묘지명 비석에도 가로세로 계선이 나타난다. 시기적으로는 모두 《광개토왕릉비》414년 이후이다. 대표적으로 백제 《사택지적비》654년와 신라 《문무왕릉비》682년를 들 수 있다.

▲ 《사택지적비》 탁본

《사택지적비》는 1948년 충남 부여 관북리에서 발견된, 백제시대 말기 대좌평의 고위직을 역임한 사택지적이 말년에 늙어 가는 것을 탄식하여 불교에 귀의하고 불당과 탑을 건립한 것을 기념하여 세운 비석이다. 비면에 가로세로 계선을 긋고 그 안에 글자를 새겼다. 비문은 4행이며 각 행마다 14자를 새겨 전체 글자수는 56자이다.

《문무왕릉비》는 경주 사천왕사지에서 출토된 신라 문무왕의 능비이다. 능비는 여러 조각으로 분리되어 발견되는데 공히 상하좌우 계선을 사용하여 각 글자의 구획을 만들었다. 특히 비문의 앞면 4행~6행에 걸친 부분에 '十五代祖成漢王', '祭天之胤傳七葉'의 문구가 있다. 신라 김씨왕조의 선조 투후 김일제와 성한왕의 내력을 담고 있다. 가로세로 계선은 《문무왕릉비》의 이전의 《태종무열왕릉비》661년에서 동일하게 나오나 이후 《흥덕왕릉비》836년에는 가로세로 계선이 사라진다.

◀《문무왕릉비》탁본

염모총 묵서는 고구려의 태왕 칭호 사용시기와 묘지명에 가로세로 계선 사용시기를 밝혀주는 귀중한 유물이다. 아울러 《광개토왕릉비》가 미처 담지 못한 고구려의 권력구조와 사회상을 추론할 수 있는 또 하나의 코드code이다.

| 산성하와 만보정 무덤떼의 특성 |

「통구고분군」 중에 유난히 무덤의 밀집도가 높은 무덤떼가 있다. 「산성하무덤떼山城下墓區」와 「만보정무덤떼萬寶汀墓區」이다. 두 무덤떼는 압록강이 아닌 압록강 지류인 통구하의 하변에 집중 분포하며, 하변 우측은 「산성하무덤떼」,

▲「통구고분군」분포

하변 좌측은 「만보정무덤떼」가 위치한다. 특히 두 무덤떼는 왕릉급 무덤이 소재한 「우산하」, 「칠성산」, 「마선구」 무덤떼와는 달리 협소한 공간에 무덤들이 군집되어 있는 점이 특징이다. 무덤양식은 주로 계단돌방돌무지무덤과 돌방흙무지무덤이다.

「산성하무덤떼」

「산성하무덤떼」는 주로 통구하 우측 하변에 분포하며 다시 6개 묘역으로 나눈다. ① 대천大川묘역은 지금의 산성촌이며, ② 우산후禹山後묘역은 우산 뒤쪽이고, ③ 산성하山城下묘역은 산성자산성환도산성 바로 아래이며, ④ 남대만자南大灣子묘역은 산성자산성으로 들어가는 다리 남쪽이고, ⑤ 동대파東大坡묘역은 우산 서쪽 완사면이며, ⑥ 전창후塼廠後묘역은 국내성 북쪽 산지이다. 전창은 벽돌공장이 있어 붙여진

▲「산성하무덤떼」분포

이름이다. 특히 ⑤ 동대파묘역과 ⑥ 전창후묘역은 주로 2~3세기에 사용된 초기 돌무지무덤 양식인 무기단돌무지무덤과 기단돌무지무덤이 일부 확인된 묘역이다.

주요 무덤으로는 계단돌방돌무지무덤인 절천정총, 형총, 제총 등과, 돌방흙무지무덤은 귀갑총, 연화총, 왕자묘 등이 있다.

▲ 절천정총 전경

절천정총切天井塚·산성하1298호은 천장구조의 특이함 때문에 붙여진 이름이다. 일반적으로 많이 쓰는 고임방식이 아닌 꺾임방식의 천장이다. 무덤은 한 변 길이 20m 높이 7m 정도의 중형급 계단돌방돌무지무덤이며, 널길→곁방→이음길→널방으로 이어진 두칸방무덤이다. 특히 널방 바닥에 쌓여있는 백회 조각 일부에서 인물의 허리 부분과 주홍색 띠, 꽃무늬 등을 확인한다. 생활풍속을 담은 벽화의 흔적이다. 절천정총은 돌무지무덤이면서 돌방 내부에 벽화를 그린 무덤이라는 점에서 크나큰 의미를 갖는다. 벽화가 흙무지무덤뿐 아니라 돌무지무덤에도 확인된 경우이다.

▲ 형총 전경

형총兄塚·산성하635호은 계단돌방돌무지무덤으로 외형은 방형 평면에 5층 계단이다. 맨 아래층 한 변 22.7~23m이고, 높이는 13.6~13.9m이다. 현재는 4층까지만 남아 있으며, 원래는 5층까지 있었을 것으로 추정된다. 석실은 2층에 위치하며 내부는 널길과 널방으로 이루어져 있다. 벽화는 발견되지 않았다.

제총弟塚·산성하636호은 계단돌방돌무지무덤으로 외형은 방형 평면에 5층의 계단이다. 맨 아래층 한 변 길이는 약 19.7m의 방형이다. 석실은 2층에 위치하며 내부는 널길과 널방으로 이루어져 있다. 제총은 전체적인 외

▲ 제총 전경

형과 내부구조가 형총과 같다. 다만 크기가 형총보다 다소 작아 제총으로 불린다. 형총과 마찬가지로 벽화는 발견되지 않았다.

귀갑총龜甲塚·산성하1304호은 돌방흙무지무덤으로 석실 내부는 널길과 널방으로 이루어져 있다. 널방 모서리와 벽면 중앙에 기둥과 들보를 그려 건물 내부를 표현한 것이 특징이다. 벽면에는 거북이 등껍질 무늬 속에 연꽃을 그려 넣은 귀갑연화문이 있다.

▲ 귀갑총 연화문

이상의 4개 무덤은 모두 「산성하무덤떼」의 산성자산성 바로 아래인 산성하묘역[③]에 위치한다. 이 외에도 주요무덤으로 남대만자묘역[④]에는 연꽃무늬가 장식된 돌방흙무지무덤인 연화총蓮花塚·산성하983호이 있으며, 동대파묘역[⑤]에는 '王'자 문양이 장

▲ 「산성하무덤떼」 전경

식된 돌방흙무지무덤인 왕자묘王字墓·동대파331호 등이 있다.

'왕'자 문양이 발견된 고구려 벽화무덤은 왕자묘산성하331호를 비롯하여 집안의 장천2호분, 환인의 미창군장군묘, 평안남도 남포의 감신총 등이 있다. '왕'자는 인강人罡 즉 '사람의 으뜸'을 가리킨다.

「만보정무덤떼」

▲ 「만보정무덤떼」분포

「만보정무덤떼」는 산성자산성山城子山城 서남쪽에서 칠성산七星山 동쪽 기슭에 이르기까지 남북으로 좁고 긴 충적지대에 자리잡고 있으며 크게 3개 묘역으로 나눈다. ① 서대파西大坡묘역, ② 통구11조묘역, ③ 통구10조묘역 등이다. 서대파묘역[①]은 연대가 가장 빠르며 산허리에서 산아래 비탈로 이어져 있다. 통구11조묘역[②]은 비교적 보존상태가 양호하며 통구하 계곡을 따라 분포한다. 통구하 상류에 있는 고분이 하류에 있는 고분보다 축조연대는 다소 이른 편이다. 통구10조묘역[③]은 통구하 하류에 위치하며 고분연대는 비교적 늦다. 대부분 주민 거주지 내에 분포하며 보존상태는 양호하지 못하다.

「만보정무덤떼」의 무덤숫자는 총 1,516기이다. 적석분이 757기이며 나머지 759기는 봉토분이다. 특히 봉토분 중 봉토석실묘는 18기, 봉토석실분은 741기이다. 봉토석실분이 다수를 차지하는 것은 「만보정무덤떼」의 조성시기가 「우산하무덤떼」와 「칠성산무덤떼」보다 늦음을 의미한다.

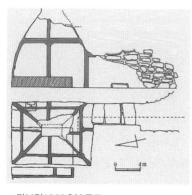

▲ 만보정1368호분 구조

대표적인 무덤은 만보정1368호분을 들 수 있다. 서대파묘역[①]에 속하며 칠성산 동쪽 언덕 중간에 위치한다. 무덤양식은 외형이 절두방추형인 돌방흙무지무덤으로 널길→널방의 한칸방무덤이다. 널길은 널방 동벽에 붙어 있고 널방은 2.44×3.2×3.2m의 방형이다. 천장은 꺾임식穹窿式이다. 널방 서쪽에는 백회를 바른 널받침棺臺이 있으며 동북 모서리에는 돌로 된 아궁이가 있다. 네 벽에는 32㎝~69㎝ 간격으로 쇠못을 박았다. 위로 구부러진 점으로 보아 만장輓章을 걸기 위한 용도이다.

벽화는 널방 전면에 펼쳐져 있다. 다만 무덤주인을 특정할 수 있는 인물상이나 생활상을 담은 벽화는 없다. 대신 벽면과 천장부는 검은색의 기둥과 들보를 그려 건물구조를 표현하였다. 기둥은 네 모서리와 동·서·북 벽의 중앙 등에 1개씩 총 8개이다. 기둥 위에는 가로 방향으로 들보가 있으며 기둥과 들보가 만나는 곳에 2단의 두공斗栱을 그렸다. 바닥의 널받침에도 모퉁이를 따라 6~9㎝ 폭의 검은 색으로 칠을 해 놓았다.

「산성하무덤떼」와 「만보정무덤떼」는 왕릉급 무덤에서 볼 수 있는 배타적 공간인 능원을 갖춘 무덤이 일체 없다. 두 두덤떼는 왕족의 묘역이 아니다. 고구려 지배계층을 상징하는 5부 핵심귀족의 집단묘역이다.

지금까지 알려진 고구려 비석은《광개토왕릉비》를 비롯하여《집안고구려비》,《충주고구려비》등이다. 제작시기는 5세기 전후로 모두 광개토왕과 직간접적으로 연결된다. 이들 비석은 학계의 연구가 활발히 이루어진 탓에 연구 성과 또한 상당하다. 그러나 출처가 불분명하여 학계의 연구가 미치지 못하는 비석도 다수 있다.

▲《동천왕벽비》[토지박물관]

대표적으로 토지박물관한국토지공사이 공개한《동천왕벽비》를 들 수 있다. 한 변 길이 30㎝의 정사각형 점토판에 일정한 간격으로 새로의 계선界線을 긋고 글자를 새긴 후 다시 그 홈에 청동靑銅을 채우고 불로 소성燒成한 상감기법象嵌技法으로 제작한 벽비壁碑이다. 글자는 총 290여 자이다. 첫 문장은 '魏明帝靑龍癸丑五年 主高麗東川王十一年'으로 시작한다. 위명제魏明帝 재위5년과 동천왕11대 재위11년은 237년에 해당한다. 벽비는 237년을 기준으로 이후 벌어진 일들을 담고 있다. 주요 기록은 동천왕이 자살로 생을 마감한 사실과 뒤를 이은 중천왕12대이 국내 위나암성에서 등극한 내용 등이다. 다만 제작시기는 동천왕또는 중천왕 시기로 단정할 수는 없다. 벽비는 사당건축물 내부 벽면에 걸어 놓았을 것으로 추정되기 때문이다. 당대가 아닌 후대에 정리한 일종의 역사기록물일 가능성이 높다.

상감기법象嵌技法은 금속 표면의 상감과 도자기 표면의 상감이 있다. 그러나《동천왕벽비》는 점토 표면에 금속을 상감한 경우이다. 이는 우리나라 뿐 아니라 중국, 일본은 물론 전 세계 어느 나라에서도 사용한 전례가 없는 매우 특수한 기법이다.

특히 석비 중에는 광개토왕 시기와 직접적으로 관련된 인물의 묘지석이 있다. 《해부리묘지석》, 《아리모려묘지석》이다. [※ 출처 : Naver 블로그 kimdr00]

《해부리묘지석》

《해부리묘지석》은 광개토왕 시기에 활약한 계루부桂婁部 소속 태대형2품 해부리解夫利의 묘지명 비석이다. 4면에 세로 계선界線을 긋고 모두 154자를 새겼다. 각 면은 4행이며 각 행은 9~11자이다. 묘지명은 아래와 같다.

▲《해부리묘지석》

[1면] 桂婁部之太大兄解夫利責盡祭文曰辭 先祖隨天帝子聖東明創基兮 四海天下知王最有聖 [2면] 德之治國還至廣開土地圣王 勛老客世受王恩 隨圣王故造業 宜祀稅俟灵祐 叛逆 隨順之益 [3면] 大兄在世遣紹舊部民不困教恩賜牛狗鷄 恩德桓昌老客不忘 忠義世守 我祖先教 滋太隨孰知遷 [4면] 贅涕零 於是爲圣王 馬杍首 昊天不弔奄薨殂 今日月不明 朝灵神祐之永世永生 王恩不忘亨官恩於終

계루부의 태대형 해부리解夫利가 죽어 제문을 쓰다. 선조先祖는 천제의 아들인 동명성왕을 따라 창기創基를 세웠다. 사해천하四海天下가 성덕으로 치국治國하는 동명성왕이 최고임을 알았다. 광개토지성왕廣開土地圣王때에 이르러 동명성왕의 조업造業을 수행한 공훈을 높이 사서 대를 이어 노객老客에게 왕은을 내렸다. 마땅히 제사지내며 거스름을 배척하고 순리에 따라 번성하도록 조상신령께 빌었다. 대형大兄에 있을 때 옛 부민계루부을 다스리게하고 곤핍하지 않도록 소와 개와 닭을 보냈다. 은덕이 항상 넘치니 노객은 잊지않고 충의를 세세토록 지켰다. 선조가 태양을 따르면 융성하고 익으면 죽는 것이라고 가르쳤다. 광개토지성왕을 위해 봉사하고 돌아가시니 해와 달이 어두었다. 조령신이 도와서 영세영생하리라 잊을 수 없는 왕은으로 죽을 때까지 관직에 있었다.

해부리 선조의 이름은 알 수 없으나 동명성왕^{추모왕}의 창기創基에 공헌한 인물이다. ☞ 72쪽 '고구려의 기초를 다진 3대왕' 참조 묘지명은 해부리가 선조의 공훈에 힘입어 광개토왕의 왕은으로 태대형의 관등을 받고 계루부를 다스린 내용이다.

《아리모려묘지석》

▲《아리모려묘지석》

《아리모려묘지석》은 계루대인桂婁大人 소형小兄 아리모려阿利牟呂가 제문을 쓴 조부의 묘지명 비석이다. 3면에 세로 계선界線을 긋고 모두 206자를 새겼다. 묘지명은 아래와 같다.

[1면] 五黃桂婁大人之小兄阿利牟呂奴客文曰 先祖隨王 錚於鴨綠水之上源戰於爲野而破 人臣服王威大赫衆 來賀穀王赦 又庚午盖馬國東彈弩攻城賊見大敗 [2면] 先祖隨王又戰婆猪江上沸流小國 再伐荇人國來之 遣 貫那沛者達賈伐藻那 內田自給智慮淵深傳至十世子 孫承繼 祖先恩德奉王官拜小大兄領總一地以 [3면] 理 一方屬民大感王恩 廣開土地大王生而雄偉 南伐百殘北伐契丹 又戰倭寇蕩盡大勝而歸 又大戰淇水大敗賊虜獲八千餘級而還 我祖爲大王增築宮園隨王南巡 祖對瑰才賢爵 祖鉢氣逸淸邊卓立

오황 계루대인의 소형 아리모려阿利牟呂 노객이 제문을 쓰다. 선조는 왕태조왕을 따라 압록수 상원의 들에서 싸워 깨트렸다. 인신人臣이 왕위王威에 복종하여 대사면을 받았고 무리는 왕의 수레를 끌었다. 또 경오년庚午年 개마국盖馬國 동쪽에서 쇠활을 쏘며 성을 공격하여 적을 대패시켰다. 선조는 왕을 따라 파저강婆猪江상의 비류소국沸流小國과 싸우고 행인국荇人國을 다시 정벌하였다. 관나패자 달가達賈를 보내어 조나藻那를 쳤다. 안으로는 스스로 깨닫고 사려가 깊어 잘 다스리니 10세손이 승계하였다. 조부는 봉왕奉王의 은덕으로 소대형에 이르렀고 한 지방을 다스려 왕은에 크게 감격하였다. 광개토지대왕廣開土地大王은 태어나면서 웅위하였다. 남쪽으로 백잔百殘을 정벌하고 북쪽으로 계주契丹를 토벌하며 또 왜구倭寇와 싸워 모두 쓸어 없애는 대승을 거두고 귀환하였다. 또 패수대전浿水大戰에서 적백잔을 대패시켜 8천여 명을 사로잡고 돌아왔다. 나의 조부는 대왕을 위해 궁중정원을 만들고, 왕을 따라 남쪽을 순행하였다. 조부가 괴재현작塊才賢爵을 대하고 숨을 거두어 주변을 깨끗이 하고 비를 세운다.

묘지명은 아리모려 가문에 대한 정보를 담고 있다. 선조는 태조왕 시기에 활동한 인물이다. 관나패자 달가達賈가 조나藻那를 정벌한 때가 태조왕 재위 20년인 72년이기 때문이다.

『삼국사기』 태조대왕. '20년72년 봄 2월, 관나부 패자 달가를 보내 조나를 정벌하고 그 왕을 사로잡았다.[二十年 春二月 遣貫那部沛者達賈 伐藻那 虜其王]'. 조나藻那국은 지금의 러시아 극동 하바롭스크지방인 연해주 아무르강흑룡강 중류지역에 소재한다. 특히 태조왕은 조나국 정벌 2년 후인 74년 아무르강 하류의 주나朱那국도 추가로 정벌한다. 주나국은 호수가 많아 호국湖國으로 불리며 지금의 러시아 니콜라옙스크尼港 근처에 소재한다. 『고구려사략』 기록에 따르면 태조왕은 98년 동해곤니항 망일령까지 순행하며 오호츠크해 북서쪽 해안의 여러 섬산타르제도의 추장들으로부터 백곰과 물개를 선물로 받는다.

선조는 태조왕 재위18년인 경오년70년에 태조왕을 따라 압록강 상류 일대의 개마국蓋馬國, 행인국荇人國을 다시 정벌하고 압록강 중류인 파저강婆猪江·동가강 상의 비류소국沸流小國을 정벌한다. 비류소국은 송양의 비류국에서 기원한 후국後國·망명국이며,

▲ 비류소국, 행인후국, 개마후국 분포

개마국과 행인국 역시 압록강 상류에 새로 세운 후국이다. 아리모려 선조는 태조왕 시기 활약하며 고구려가 압록강 중상류 일대를 확보하는데 혁혁한 공을 세운다.

개마국과 행인국은 북부여 제후국으로 고구려 초기 추모왕에 의해 병합된다. 개마국은 지금의 하북성 관성寬城 만족자치현 일대이며, 행인국은 지금의 내몽골자치구 적봉赤峰 일대이다. 고구려에의 병합을 거부한 일부 유민이 압록강 상류 일대로 피해 들어와 후국을 세운다. 백두산 남쪽의 개마고원 명칭은 개마국에서 유래한다.

아리모려 조부는 광개토왕 때에 활약한 인물이다. 소대형4品의 관등을 받으며 선조의 공훈에 힘입어 하나의 지방을 다스린다. 조부는 광개토왕의 궁중정원을 만들고 광개토왕의 남쪽 순행시 동행한다. 특히 묘지명은 광개토왕을 광개토지대왕廣開土地大王으로, 백제를 백잔百殘으로 적으며, 광개토왕의 정복사업도 일부 소개하고 있다. 남쪽의 백잔과 북쪽의 계주거란를 정벌하고 왜구를 탕진蕩盡·모두 쓸어 없앰시킨 내용이다. 패수대전浿水大戰은 395년 백제와 싸운 사건으로《광개토왕릉비》에는 나오지 않고『삼국사기』에만 기록된 내용이다.

『삼국사기』광개토왕. '4년395년 가을 8월, 왕이 패수에서 백제와 싸워 그들을 대패시키고 8천여 명을 생포하거나 목을 베었다.[四年 秋八月 王與百濟 戰於浿水之上 大敗之 虜獲八千餘級]'.

묘지석의 고고학적 시사점

《해부리묘지석》과《아리모려묘지석》은 중요한 고고학적 정보를 담고 있다. 묘지명에 계선을 사용한 점과 묘지명의 내용구성이 선조→조부→본인 등으로 이어지는 행장行狀을 나열한 점이다. 이 두 가지는《염모총묘지명》에서도 확인된다. ■ 228쪽 '하해방무덤떼의 염모총 묵서' 참조

특히 두 묘지명의 계선은《광개토왕릉비》과 같은 방식인 세로 계선이다. 가로세로 계선을 사용한《염모총묘지명》과는 다소 차이를 보인다. 세

로 계선은 열列의 글자수에 제약받지 않고 글자수를 임의로 조정할 수 있는 장점이 있다. 가로세로의 규격화된 글자수의 한계에서 좀 더 자유로울 수 있다. 세로 계선은 가로세로 계선의 단점을 보완한 것이다. 다만 세로 계선은 가장 위와 아래는 따로 가로 계선을 그어 전체적으로 비문 글자를 보호하고 있다. 이와 같은 세로 계선방식은 가까이는 충남 공주 송산리고분의 무령왕릉에서 출토된《무령왕묘지석》523년과《무령왕비묘지석》526년에도 나오며, 또한 멀리는 몽골 초원의 톤유쿡暾欲谷 돌궐석비720년경에서도 확인된다. 특히

▲《무령왕묘지석》탁본

지금까지 발견된 중원왕조의 묘지석에는 일체 계선 사용이 없다. 적어도 묘지명의 계선 사용은 고구려에서 처음 사용된 우리의 전통방식일 가능성이 매우 높다.

▲ 톤유쿡 돌궐석비 [몽골]

돌궐석비는 몽골 수도 울란바토르 동쪽 50㎞ 지점의 바얀 촉트 고원지대에 소재한 돌궐시대 톤유쿡의 석비이다. 톤유쿡은 원래 당의 장수이나 돌궐의 반란에 가담하여 돌궐이 당에 맞서는 데 중요한 역할을 한다. 석비는 2개로 720년대에 건립한 것으로 추정된다. 사각형 돌의 사면에 세로 계선을 긋고 고대 돌궐 룬문자로 공적을 새겼다.

묘지석의 출토지역을 찾아서

또한 두 묘지명은 공통점이 있다. 귀족집단의 소속이 같다.《해부리묘지석》의 해부리는 계루부 태대형이고,《아리모려묘지석》의 아리모려는 계루대인 소형이다. 두 사람의 관등은 다소 차이가 나지만 출신 만큼은 둘

다 계루부 소속이다. 계루부는 고구려 5부족 중 지방귀족이 아닌 중앙귀족이다.

고구려 네크로폴리스Necropolis인 길림성 집안의 「통구고분군」은 크게 6개 묘역으로 나뉜다. 이 중 태왕릉광개토왕릉이 소재한 「우산하무덤떼」와 서대총고국원왕릉, 천추총고국양왕릉이 소재한 「마선구무덤떼」는 태왕을 포함한 왕족척족 포함만이 묻힐 수 있는 신성한 장소이다. 「칠성산무덤떼」

▲「통구고분군」분포

도 마찬가지이다. 칠성산 871호분과 칠성산211호분은 별도의 능원陵園을 갖춘 왕릉급의 대형 돌무지무덤이다.🐚 215쪽 '칠성산무덤떼의 왕릉급 무덤' 참조 이들 「우산하무덤떼」, 「마선구무덤떼」, 「칠성산무덤떼」 등 3개는 「통구고분군」내

에서도 가장 성역화된 왕족의 특별묘역이라 할 수 있다.

이에 반해 「산성하무덤떼」, 「만보정무덤떼」, 「하해방무덤떼」 등 3개 무덤떼는 귀족집단의 일반묘역이다. 이들 3개 무덤떼에는 능원을 갖춘 왕릉급의 대형무덤이 존재하지 않는다. 귀족집단은 주로 고구려 지배계층의 주류인 5부 소속의 핵심귀족이다. 다만 가장 동쪽에 위치한 비교적 작은 규모의 「하해방무덤떼」는 5부 핵심귀족과는 다른 일반귀족의 묘역으로 추정된다.

「산성하무덤떼」와 「만보정무덤떼」는 5부 핵심귀족의 집단묘역이다. 통구하 우측에 분포하는 「산성하무덤떼」는 다시 우산후禹山後, 산성하山城下, 남대만자南大灣子, 동대파東大坡, 전창후磚廠後 등 5개 묘역으로 나누며, 통구하 좌측에 분포하는 「만보정무덤떼」는 다시 서대파西大坡, 통구

10조, 통구11조 등 3개 묘역으로 구분한다. 📖 230쪽, 233쪽 '산성하와 만보정 무
덤떼의 특성' 참조

두 무덤떼의 세분화된
묘역은 5부 핵심귀족 각각
의 지정묘역이다. 이 중《해
부리묘지석》과《아리모려
묘지석》이 출토된 계루부
묘역은「산성하무덤떼」의
'산성하묘역'이 유력하다.
이유는 산성하묘역의 지정
학적 위치 때문이다. 산성

▲「산성하무덤떼」의 산성하묘역 전경

하묘역은 산성자산성 바로 아래에 위치하며 묘역 중에서 가장 규모가 크
며 중형급의 돌무지무덤이 집중 분포한다.

《해부리묘지석》,《아리모려묘지석》의 출토지역은「산성하무덤떼」
의 '산성하山城下묘역'으로 추정된다.

┃한반도에서 발견된《충주고구려비》┃

▲《충주고구려비》

1979년 충북지방 향토사연구모임^{예성동호회}에 의해 발견된《충주고구려비》^{중원고구려비}는 한반도에서 발견된 유일한 고구려의 비석이다. 비석은 높이 203㎝, 너비 55㎝의 직사각형 화강암 4면에 3~5㎝ 크기의 글자를 새겼다. 전반적인 형태는 가히《광개토왕릉비》의 축소판이라 할 수 있다. 이 중 앞면과 좌측면은 비교적 마모가 덜하여 판독이 가능하다. 앞면은 10행에 23자씩이고 좌면은 7행에 23자씩이나 비문 중간에 확인이 불가한 글자가 존재하여 대략 400자 정도만 판독이 가능하다. 우측면과 뒷면은 글자 판독 자체가 불가능할 정도로 마모가 심하다. 우측면은 6행이며 뒷면은 9행 정도로 보인다. [※ 총 528자 추정]

《충주고구려비》는 광개토왕의 척경비

비문에는 고구려왕을 가리키는 '高麗太王'을 비롯하여 '大使者', '主簿' 등의 고구려 관등명이 나오며 특히 '新羅土內幢主'라는 고구려의 특별관직명이 명확히 확인되어 당시 고구려가 신라영토인 충주일대를 편입하며 세운 일종의 척경비^{拓境碑}임을 알 수 있다.

《충주고구려비》의 성격은 ㉮ 공적비, ㉯ 척경비 또는 정계비, ㉰ 왕의 순수비 또는 순행비, ㉱ 고구려와 신라간의 회맹비 등 다양한 해석이 있다.

문제는 비석의 건립시기이다. 비문은 년도 표기는 없고 대신 '五月中'으로 시작한다. 월만 5월이 확인된다. 다만 본문 중에 '十二月卄三

日甲寅' 즉 '12월 23일 갑인'이라는 기록에 단서가 있다. 12월 23일이 갑인甲寅일에 해당하는 년도는 5세기를 기준으로 449년과 481년이다. 5세기는 고구려 장수왕 시기로 한반도 중부 내륙지방까지 어느 정도 영향력을 미쳤다는 판단에 근거한다. 그럼에도 449년과 481년 둘 다 역사적 사실과는 거리가 멀다. 장수왕이 남벌을 단행하여 백제 개로왕을 아차산성서울 광진구에서 참수하고 한강유역을 확보한 후 파죽지세로 경기 남부지역까지 밀고 내려온 때는 475년 직후이다. ☞345쪽 '백제 정벌' 참조 따라서 그 이전인 449년은 고구려 장수왕이 신라 눌지왕을 상대로 충주일대에 척경비를 세울 만한 역사적 근거가 매우 희박하다. 더구나 449년을 전후하여 백제와 신라는 제라나제동맹을 성사시키며 고구려 압박에 공동 대응하는 시기다. 481년도 마찬가지다. 이 시기는 신라 소지왕 때로 비록 고구려가 백제로부터 한강유역을 빼앗은 상태이지만 충주지역의 신라 영토를 고구려 수중에 넣을 만한 역사적 근거가 또한 빈약하다. 결과적으로 23일이 갑인일인 5세기의 449년과 481년 둘 다《충주고구려비》의 건립시기로는 맞지 않는다.

한때 이병도 박사가 꿈에 보았다는 '建興四年'의 글자가 회자된 적이 있다. 건흥建興은 장수왕의 연호이다. ☞274쪽 '시호 '장수'의 편견' 참조 건흥4년은 415년에 해당한다. 이는 이병도 박사가《충주고구려비》에 인접한 충주 노은면에서 1915년 출토된 불상의 광배명光背銘에 새겨있는 '建興五年歲在丙辰'에서 착안한 듯 보인다. ☞457쪽 '불상 등에 새긴 고구려 연호' 참조 이병도 박사의 꿈이야기는 역사를 희화화戱畫化한 대표적인 사례이다.

그런데 2019년 뜻밖의 반전이 일어난다. 동북아역사재단과 고대사학회가 공동으로 진행한 연구에서 최첨단 기술인 '3-D 스캐닝'과 'RTI 촬영' 등을 통해 비문 앞면 상단에서 '永樂七年歲在丁酉'의 글자를 추가로 확인한다. '영락7년 정유'는 397년이다. 더구나 397년은 앞면 본문의 '十二月卄三日甲寅' 즉 12월 23일이 갑인일인 해이기도 하다. 현대 과학기술이 고고학의 진실을 밝혀낸 놀라운 쾌거라 할 수 있다.

다만 '永樂七年歲在丁酉'는 본문과 같은 세로쓰기 아닌 가로쓰기인 점과 특히 '丁酉'는 또 가로쓰기가 아닌 세로쓰기인 점이다. 이는 처음 비문을 새길 때 가로쓰기로 진행하다가 여의치 않아 세로쓰기로 전환한 듯 보인다.

《충주고구려비》는 장수왕 시기에 세운 비석이 아니라 광개토왕이 397년영락7년 신라영토인 충주지방을 고구려 영토에 편입하며 세운 척경비이다. ☞ 122쪽 '영락6년 왜잔국 정벌' 참조

《충주고구려비》는 계선을 사용하지 않았다. 당연하다. 계선을 최초로 사용한《광개토왕릉비》414년 이전인 397년에 제작하였기 때문이다. 만약《충주고구려비》가 장수왕 시기에 제작한비석이라면 당연히 계선을 사용하였을 것이다.

《충주고구려비》를 세운 이유

광개토왕은《충주고구려비》를 세우기 한해 전인 396년병신년 한반도 서남부 지방을 대대적으로 정벌한다.《광개토왕릉비》가 기록한 〔영락7년 왜잔국 정벌〕이다. 이때 왜잔국백잔 포함의 58성 600촌이 광개토왕의 말발굽에 무너진다. 한강유역의 백제한성백제 아신왕은 '노객 맹세'로 광개토왕에게 굴복하고 충청도지역의 왜잔국부여백제 여휘餘暉왕은 급히 일본열도로 망명하여 이듬해인 397년 오사카 나라현 일대에 야마토大倭를 건국하며 응신應神·오오진왕으로 재탄생한다.☞ 127쪽 '영락7년 왜잔국 정벌' 참조 이런 까닭에 한반도 서남부지방 전체를 수중에 넣은 광개토왕으로서는 신라와의 국경문제에 대해 보다 민감할 수 밖에 없다. 특히 충주지역은 부여백제왜잔국의 5대 강역 중 곡나谷那지방에 해당한다. 철이 많이 나는 지역으로『일본서기』가 곡나철산谷那鐵山으로 표현한 곳이다.

『일본서기』〈신공왕후기〉. '섭정52년*372년 추정 가을 9월 … "신의 나라 서쪽에 물이 있는데 곡나철산에서 나옵니다. 너무 멀어 7일 동안 가도 미치지 못할 정도입니다. 이 물을 마시다가 문득 이 산의 철을 얻어서 성스러운 조정에 바치겠습니다."[攝政五十二年 秋九月 … 臣國以西有水 源出自谷那鐵山 其邈七日行之不及 當飮是水便取是山鐵以永奉聖朝]'. 충주

지방에서 철을 생산한 기록은『고려사』충렬왕 조,『세종실록지리지』충주목 조,『신증동국여지승람』충주목 토산물 조 등에 나온다.

광개토왕은 396년 왜잔국을 토벌하며 소백산맥을 기준으로 좌측의 서남지방 전체를 고구려 영토로 편입한다. 그런데 신라가 충주지방^{낭자곡}성 소재이 예전에 신라영토임을 들어 어떤 행동을 보이자 광개토왕이 적극 제지에 나선다.

《충주고구려비》앞면 기록이다.

永樂七年 歲在丁酉 五月中 高麗太王相王公
▨新羅寐錦世世爲願如兄如弟上下相和守天
東來之 寐錦忌太子共前部大使者多桓奴主
簿道德▨▨▨安▨▨去▨▨到至營▨ …… 十二
月卄三日甲寅東夷寐錦上下至于伐城敎來前
部大使者多桓奴主簿▨▨▨境▨募人三百新
羅土內幢主下部拔位使者補奴▨▨▨奴▨▨▨▨
盖盧共▨募人新羅土內衆人拜動▨▨

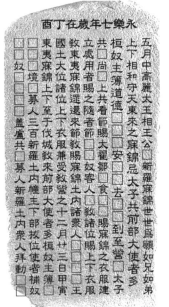

▲《충주고구려비》앞면 비문

영락7년^{397년} 세재 정유 5월 중에 고구려 태왕의 상왕공相王公이 신라매금^{新羅寐錦}과 ▨▨만나서 세세로 형처럼 아우처럼 위아래를 서로 알게 하고 수천^守^天·조약을 맺기 위해 동쪽으로 왔다. 매금이 꺼려하자 태자太子 공共과 전부前部 대사자大使者 다환노多桓奴, 주부主簿 도덕道德이 함께 … 영營▨▨에 이르렀다. …… 12월 23일 갑인甲寅에 동이매금東夷寐錦의 상하上下·신하가 우벌성于伐城에 왔다. 왕공이 교敎를 내려 전부 대사자 다환노, 주부 ▨▨를 ▨경境·국경으로 오게하여 ▨할 사람 3백명을 모았다. 신라토내新羅土內 당주幢主 하부下部 발위사자拔位使者 보노補奴, ▨▨노奴, ▨▨▨▨, 개로盖盧가 공히 신라 영토안의 무리를 배拜·굴복시키고▨

▨로 옮겼다.

몇 가지를 검토한다. 첫째는 「高麗太王」이다. 당연히 광개토왕을 지칭한다. 광개토왕이 호태왕의 존호를 사용한 때는 광개토왕 치세 말기인 412년영락22년이다.☞ 40쪽 '광개토왕의 묘호 이해' 참조 따라서 397년 당시의 광개토왕 호칭은 태왕이다. 둘째는 「相王公」이다. 相은 일반적으로 '서로'를 뜻하나 '담당擔當'의 뜻도 있다. 이 경우 相王은 광개토왕의 대행자대리자를 말한다.〈장수대제기〉 기록에 王相이 나온다. 相王과 王相은 한자의 순서만 뒤바뀌었을 뿐 둘 다 왕의 대행자이다.

『고구려사략』〈장수대제기〉. '장수25년457년 정유 9월, 연길을 형주의 왕상王相에 봉하였다.[長壽二十五年 丁酉 九月 以淵吉爲荊王相]'.

'相王公'은 광개토왕으로부터 전권을 위임받은 파견관의 직책이다. 오늘날로 치자면 특명전권대사特命全權大使 정도이다. 그래서 상왕공은 광개토왕의 권위를 대행하여 교敎와 령令을 내린다.

학계 일부는 '相王公'을 '祖王令'으로 판독하기도 한다. 이를 근거로 '祖王'을 장수왕의 할아버지인 소수림왕으로 이해하고 또한 소수림왕이 율령을 반포한 점을 들어 '令'을 소수림왕의 령과 연관시키기도 한다. 그러나 이는 완전히 잘못된 해석이다. 쌍방이 영토조약을 체결하며 오래전 사망한 한쪽의 과거 왕이 만든 령을 들먹인다는 것이 우습지 아니한가!《충주고구려비》의 건립시기를 장수왕 때로 잘못 판단하며 발생한 해프닝이다.

셋째는 「太子」이다. 태자는 고구려왕을 '태왕'이라 칭하면서 붙인 왕자의 호칭이다. 태자는 태왕의 후계자는 아니다. 넷째는 「新羅寐錦」 또는 「東夷寐錦」이다. 매금寐錦은 신라 김씨왕조내물왕 계열가 사용한 왕호이다. 당시 신라왕은 내물왕이다. 마지막으로 「新羅土內幢主」이다. 당주幢主는 고구려의 군부대 지휘관을 말한다.《광개토왕릉비》에 나오는 왕당王幢·왕의 군대과 같은 개념이다.☞ 146쪽 '영락14년 왜적 격퇴' 참조 '新羅土內幢主'는 신라땅에 주둔한 파견부대 사령관이다.

매금寐錦은 신라 김씨왕조의 마립간 계열이 사용한 왕호이다. 마립간 계열의 최초 왕은 내물왕이다. 『통전』〈신라〉편에 내물왕의 본래 이름 모루한慕樓寒이 나온다. 모慕씨는 북방 선비족의 일파인 모용慕容씨를 말한다. 매금은 마립간계열이 모용선비 출신임을 나타내는 왕호로 '모씨 이사금'을 축약한 말이다. 모+이사금→모+니금→마이금→매금의 음운 변화를 거친다.

비문앞면 내용을 정리하면 이렇다. 광개토왕은 397년 상왕공相王公·전권대사을 보내 신라와의 국경조약守天을 체결하게 하나 내물왕이 이를 꺼려하자 태자 공共과 대사자 다환노, 주부 도덕 등을 추가로 보낸다. 이때 내물왕의 일부 신하가 반대하자 신라영토내의 당주 보노가 주둔군파견부대을 움직여 이들을 제압한다.

이후는 어떻게 되었을까? 비문 좌·우측면과 뒷면에 기록되어 있을 것으로 추정된다. 다만 대부분 글자가 마모되어 아쉽지만 다행히도 좌측면 5~7행에서 일부 글자가 확인되어 어느 정도 상황을 예측할 수 있다. '東夷寐錦土', '斯色＝謝絶', '古鄒＝鄒加共軍至于伐城', '古牟婁城守事下部大兄耶▨' 등이다. 추정해 보면 '내물왕이 [영토문제에 대해 고구려 제안을] 사절거절하자 고추가 공共의 군사가 우벌성에 이르렀고 고모루성 수사 야耶▨가 뒤따랐다.' 정도로 읽혀진다. 고추가 공은 비문 앞면의 태자 공과 동일한 인물이다.

공태자는 『고구려사략』 기록에도 나오지 않는다. 다만 당시 관작이 고추가古鄒加인 점으로 보아 상당한 지위의 인물이다. 공태자는 고국원왕의 아들로 광개토왕의 삼촌 뻘인 왕족의 방계로 추정된다. 『고구려사략』에는 고국원왕의 아들태자이 258명이라는 기록이 있다.
☞ 205쪽 '서대총과 천추총의 무덤주인' 참조

문제는 비문에 언급된 우벌성于伐城과 고모루성古牟婁城의 위치이다. 이의 비정에 대해서는 다양한 견해와 해석이 존재한다. 먼저 우벌성은 경북 경주설, 충북 충주설, 경북 상주설, 경북 순흥설 등이 있다. 이 중 마지막 순흥설이 유력하다. 이유는 비문 기록의 우벌성이 '新羅土內幢主'

즉 신라 영토내의 고구려 파견부대의 주둔지로 이해되기 때문이다. 특히 순흥에는 한반도 남쪽지방에 유일하게 발견된 고구려식 무덤인 '영주 순흥 벽화무덤'이 있다. 무덤주인은 파견부대 지휘관급 인물로 추정된다.

경북 영주시 순흥 읍내리 비봉산 기슭의 '영주 순흥 벽화고분'1985년 발굴은 한반도 남쪽지방에 소재한 고구려식 벽화무덤이다. 무덤양식은 널길과 돌방을 갖춘 돌방흙무지무덤이다. 돌방내에는 봉황, 역사力士, 구름과 연꽃 등이 그려져 있다. 특히 남벽에는 '己未中墓像人名▨▨'의 묵서가 있다. 간지 '己未'는 419년이며 무덤주인은 《충주고구려비》의 '신라토내당주'와 관련된 인물이다.

다음 고모루성은 충남 덕산설, 충북 음성 고산성高山城설, 경기 포천 고모리산성古毛里山城설 등이 있다. 그러나 이는 모두 잘못된 비정이다. 고모루성의 위치는 《광개토왕릉비》 비문에서 찾을 수 있다. 〔영락6년 왜잔국 정벌〕 기사와 〔수묘인 연호〕 기록에 고모루성이 나온다. 〔영락6년 왜잔국 정벌〕의 경우 광개토왕이 경략한 왜잔국백잔 포함 58성 중에 고모루성이 포함된 성의 앞뒤는 거발성居拔城→고모루성→윤노성閏奴城 순이다. 122쪽 '영락6년 왜잔국 정벌' 참조 거발성은 당시 왜잔국의 수도인 충남 공주이며, 윤노성은 충남 청양이다. 따라서 고모루성은 충남 공주와 청양 사이 또는 인근 지역이다. 또한 〔수묘인 연호〕에도 새로 약취해온 한예韓濊의 출신이 윤노성閏奴城→고모루성→전성瑑城 순이다. 168쪽 '수묘인 연호 구성' 참조 윤노성 다음으로 고모루성을 적는다. 고모루성은 충남 청양 인근 지역에서 크게 벗어나지 않는다. 이상으로 추정해 볼 때 고모루성은 충남 공주 인근 지역으로 비정해도 무리는 없다.

또한 비문은 '古牟婁城守事下部大兄耶▨'로 적는다. 수사守事는 광개토왕이 정복지역에 파견한 지방관이다. 대륙 땅에 임명한 태수太守 또는 자사刺史에 해당하는 관직으로 대형大兄 관등의 고위직이다. 특히

《염모총묘지명》은 염모의 가신 모두루의 관직을 북부여수사北夫餘守事로 적는다. 옛 북부여 지역을 다스린 지방관이다. 마찬가지로 고모루성수사 古牟婁城守事는 광개토왕이 정복한 옛 왜잔국의 충남지역韓 전체를 다스리는 지방관이라 할 수 있다. 다만 당시 왜잔국부여백제의 옛 수도 거발성은 완전히 파괴되어 명칭을 대신할 수 없다. 그래서 《광개토왕릉비》의 〔수묘인 연호〕 기록에 나오는 신래인의 출신지 명단에 거발성은 아예 빠진다. [☞]168쪽, 169쪽 '수묘인 연호 구성' 참조

《충주고구려비》와 국원성

『삼국사기』에 충주지방을 고구려의 국원성國原城으로 적은 기록이 있다. 〈지리지〉잡지 신라편이다. '중원경은 본래 고구려의 국원성이다. 신라가 이를 평정하여 진흥왕이 소경을 설치하고 문무왕 때 여기에 성을 쌓았는데 둘레가 2천 5백 92보이다. 경덕왕이 중원경으로 개칭하였다. 지금의 충주이다.[中原京 本高句麗國原城 新羅平之 眞興王置小京 文武王時築城 周二千五百九十二步 景德王改爲中原京 今忠州]'.

충주지방은 어떻게 해서 고구려의 국원성이 되었을까? 우선 국원성 명칭은 충주지역을 나타내는 토속적인 용어가 아니다. 일반적으로 '國原'의 뜻을 '나라의 중심지'인 '中原'으로 해석한다. 이와 같은 풀이는 신라 진흥왕이 충주지역에 '중원소경中原小京'을 설치한 데에 따른다. 그러나 고구려 입장에서 보면 충주지역은 결코 나라의 중심지가 될 수 없다. 그저 변방일 뿐이다. 국원은 '국내의 땅'을 말한다. 고구려의 직할지 영역을 표시하는 용어이다. 고국원왕의 '고국원故國原'이 '옛 국내의 땅'을 다시 회복하는 것과 같은 맥락이다. [☞]188쪽 '집안일대 고구려무덤떼의 이해' 참조

그렇다면 광개토왕은 충주지역을 국원이라 이름하였을까?《충주고구려비》가 명확히 사유를 밝히고 있다. 신라와 영토조약을 체결하기까지의 지난한 과정을 모두 기록하고 있기 때문이다. 그래서 '고구려 직할지

땅'이라는 뜻의 일종의 선언문과 같은 '국원'의 명칭이 생겨난다.

▲ 충주 장미산성 전경

국원성의 치소는 충주시 북서쪽의 장미산 능선을 감싸는 포곡식 산성인 '장미薔薇산성'으로 추정된다. 성의 크기는 둘레 약 2.9㎞, 너비 약 5~10m 정도이다. 1992년 지표조사 결과 일부에서 고구려 산성임을 확인한다. 주변에는《충주고구려비》와 충주 봉황리 마애불상, 충주 탑평리 칠층석탑 등이 있다.

《충주고구려비》는 397년 왜잔국을 정벌이후 충주지역에 국원성을 설치한 배경과 역사를 기록한 푯말이다.

▌평안남도 덕흥리무덤의 주인공 ▌

평안남도 남포시 강서구역 덕흥동에 고
구려 벽화고분인 '덕흥리무덤'이 있다.
무덤주인의 이름을 따서 '유주자사진
묘幽州刺使鎭墓'로도 불린다. 1976년 북
한 고고학계가 공식적으로 발굴한 일제
강점기 일본인이 손대지 않은 처녀분에
가까운 무덤이다.

▲ 덕흥리무덤 주변 분포

　덕흥리무덤은 둘레 70m 높이 5m
인 방형의 돌방흙무지무덤이다. 내부
는 널길→앞방→이음길→널방으로 이
어지는 두칸방무덤이다. 앞방은 길이
2.97m 너비 2.02m 높이 2.85m의 장방형이고 널방은 길이와 너비가 각
각 3.28m 높이 2.9m의 정방형이다. 앞방과 널방의 천장구조는 평행고
임식이다. 벽화는 다양하다. 천장에는 일월성신도日月星辰圖를 비롯하여

길리, 벽독, 성성, 부귀, 비어 등
의 상상의 동물인 괴수도怪獸圖
와 견우직녀도가 있다. 벽면은
의장행렬도儀裝行列圖, 마상유희
도馬上遊戲圖, 불교의 칠보행사도
七寶行事圖 등의 생활상을 표현하
고 있다.

▲ 벽화[견우직녀도]

무덤주인은 모용선비 출신 모용진

특히 무덤 내부에는 총 600여 자의 다양한 묵서墨書가 있다. 이 중 앞방 후

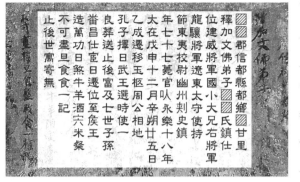

벽에 쓴 14행 154자의 묵서 묘지명은 무덤주인의 정보를 오롯이 담고 있다. 무덤주인은 ▨▨군 신도현信都縣 출신의 불교신자釋加文佛弟子인 ▨▨씨氏 진鎭이다. 군호와 관직관등은 건위장군·국소대형, 우장군, 용양

▲ 덕흥리무덤 묵서

장군·요동태수, 사지절·동이교위·유주자사 등이다. 무덤주인은 77세에 사망하여 영락18년408년인 무신戊申년 12월 25일 을유일에 시신을 옮겨와 장사지낸다. 또한 무덤주인의 공으로 7세 후손까지 부를 누릴 것이며 그 지위는 날로 올라 후왕侯王에 이르기를 기원하는 내용을 담고 있다.

고구려 후왕제도는 옛 중원왕조의 대륙 땅에 대한 고구려의 실질 지배력과 영향력이 강화되면서 시행된 것으로 추정된다. 시기는 광개토왕 때부터이다. 『고구려사략』에 따르면 최초의 후왕은 춘태자가 받은 제왕이다. 장수왕 시기부터 후왕의 범위는 점차 확대되며 연왕, 양왕, 제왕, 월왕, 초왕, 오왕, 한왕 등이 등장한다. 안장왕 시기에는 후왕에 봉해진 인물이 30명이라는 기록도 나온다.☞ 375쪽 '중원왕조 왕명을 수여한 장수왕' 참조

무덤주인은 누구일까? 단서는 성씨가 단성單性이 아닌 복성複姓이며 또한 '▨▨씨'인 점이다. 당시 이에 해당하는 성씨는 선비족 모용慕容씨 뿐이다. 고구려의 경우 설사 성씨가 복성이더라도 '씨'를 붙이지 않는다. 특히 묘지명의 내용 구성은 선조→조부→본인으로 이어지는 고구려 전통방식의 행장 나열이 아닌 무덤주인 본인의 행장만을 기술한다. 또한 묘지명 묵서는 일체의 계선界線을 사용하지 않는다. 이는 무덤주인이 고구려 내부 출신이 아닌 외부 출신이라는 사실을 단적으로 보여주는 증거이다.☞ 227쪽 '하해방무덤떼의 염모총 묵서' 참조

무덤주인의 출신은 '▨▨郡 信都縣 都鄕▨甘里'이다. 북한학계는 '신도현信都縣'을 『고려사』〈지리지〉에 나오는 평안북도 박천博川, 운전雲田을 '신도군新都郡'으로 보나 일반적으로 중국 하북성의 안평군安平郡 신도현信都縣으로 이해한다.

무덤주인은 남연南燕에서 재상으로 활약한 선비족 모용씨인 모용진慕容鎭이다. 남연398년~410년은 모용덕慕容德이 광고廣固·산동성 익도현에 세운 왕조이다. 남연의 건국자 모용덕은 후연384년~409년 건국자 모용수慕容垂의 동생이다. 모용덕은 모용수를 도와 후연 건국에 기여하며 줄곧 후연에서 활동하다가 398년 후연으로부터 독립하여 모용진과 함께 남쪽으로 내려와 남연을 건국한다. 모용덕과 모용진은 비슷한 나이로 평생동지이다. 모용진은 모용덕398년~405년 재위시 거기대장군車騎大將軍과 계림왕桂林王에 봉해지며[※『진서』〈모용덕전〉], 모용덕 사후 뒤를 이은 모용초慕容超 재위시 지금의 국무총리인 개부의동삼사·상서령開府儀同三司·尙書令에 봉해진다[『※ 진서』〈모용초전〉]. 그러나 모용진은 모용초의 독단과 전횡에 반발하여 현직에서 물러났다가 다시금 복직된 후 기록에서 사라진다. 408년 모용초에게 제거된 것으로 추정된다.

▲ 벽화 [길리,옥녀,성성]

무덤주인 모용진은 322년 하북성 신도현에서 출생하여 408년 남연의 수도 광고에서 77세로 사망한다. 모용진의 출신 계보는 알 수 없으나 주로 후연에서 활동하다가 모용덕이 남연을 건국할 때 함께하며 이후 남연의 재상을 지낸다.

묘지명 묵서에 기록된 모용진의 직위는 5개이다. 나열하면 건위장군·국소대형→우장군→용양장군·요동태수→사지절·동이교위·유주자사 순이다.

① 건위장군·국소대형建威將軍·國小大兄은 모용진이 고구려로부터 받은 군호와 관등이다. 건위장군은 4품 군호이며, 국소대형은 4품 관등이다.

고구려 관등 명칭에 국소대형國小大兄은 없다. 국國은 고구려를 가리켜 모용진의 관등은 '고구려 소대형'으로 이해한다. 대형大兄 관등은 태대형2품, 중대형3품, 차대형4품으로 나누는데 소대형은 차대형을 지칭한 듯하다.

특히 주목을 끄는 부분은 모용진이 고구려의 관등만을 받은 점이다. 고구려 관직을 받지 못한 것은 모용진이 이미 사망했기 때문이다. 그래서 광개토왕은 관직을 줄 수 없기에 관등만을 추증한다.

② 우장군右將軍은 모용진이 후연에서 처음으로 받은 4품 군호이다.

③ 용양장군·요동태수龍驤將軍·遼東太守는 모용진이 후연의 요동태수로 부임하여 받은 관직이다. 용양장군은 4품 군호이다. 태수는 오늘날의 시장市長에 해당한다.

④ 사지절·동이교위·유주자사使持節·東夷校尉·幽州刺使는 모용진이 '용양장군·요동태수'에서 승차하며 후연에서 새로 받은 관직이다. 사지절使持節은 황제로부터 부절符節을 받은 군사통수권을 대행하는 직책이며, 동이교위東夷校尉는 동이東夷로 분류된 여러 종족들과의 외교관계를 관리하고 필요시 군사력을 행사하는 파견관이다. 유주자사幽州刺使는 유주지방의 자사를 말한다. 유주幽州는 지금의 중국 북경北京이며, 자사刺使는 오늘날의 도지사道知事에 해당한다. 도지사 예하에 시장이 있듯이 자사 예하에 태수가 있다.

특히 고분의 앞방 좌측 벽에는 무덤주인인 유주자사 모용진이 13군의 태수로부터 하례賀禮를 받는 장면이 실감나게 묘사되어 있다. 13군 태수의 명칭이 각각 하례자의 우측에 묵서로 쓰여 있다. 또한 하례자의 하례 방식도 내조來朝, 내론內論, 내조하內朝賀 등의 다양한 표현을 쓴다. 13

군 태수의 명칭은 상단의 연군燕郡, 범양范陽, 어양漁陽, 상곡上谷, 광녕廣寧, 대군代郡 등 6개와 하단의 북평北平, 요서遼西, 창려昌黎, 요동遼東, 현토玄兎, 낙랑樂浪,  등 7개이다. 이들 13군은 모두 지금의 하북성 중·북부 지역에 소재한다.

▲ 13군 태수 하례도

이처럼 모용진은 생전에 후연에서 '우장군'→'용양장군·요동태수'→'사지절·동이교위·유주자사'의 군호와 관직을 받으며 사후에는 광개토왕으로부터 '건위장군·국소대형'의 고구려의 군호와 관등을 받는다. 다만 모용진이 남연에서 받은 '거기대장군'과 '계림왕' 그리고 '개부의동삼사·상서령' 등은 묘지명의 관직 이력에서 빠져 있다.

모용진을 특별 예우한 광개토왕

묘지명 묵서는 모용진의 죽음을 두고 '薨官'과 '遷移玉柩'의 표현을 쓴다. '薨官'은 '현직에 있으면서 사망'한 것이며, '遷移玉柩'는 '시신을 널棺·槨에 넣어 옮겨 온' 것을 말한다. 모용진은 남연의 '개부의동삼사·상서령'의 최고 관직에 있으면서 수도 광고산동성 익도현에서 사망하여 시신을 널에 넣어 한반도평안남도 남포 고구려 땅으로 옮겨와 장사지낸다.

그렇다면 남연에서 사망한 모용진이 바다 건너 한반도 고구려 땅에 묻힌 이유는 무엇일까? 이의 답은《광개토왕릉비》가 기록한〔영락17년 후연 공격〕에서 찾을 수 있다. 광개토왕은 영락17년407년 5만 군사를 보내 후연을 공격하여 수많은 갑옷과 군수물자 획득하고 이어서 6개 성을 빼앗는다.🖅 150쪽 '영락17년 ▧▧ 공격' 참조

광개토왕이 407년 후연 모용희慕容熙를 대파시킨 장소는 '장무의 서

▲ 사구성 등 6성 공취

쪽'이다. 장무章武는 지금의 하북성 남쪽지방인 황화黃驊·고현촌로 바로 북쪽에는 천진天津이 위치한다. 장무황화의 서쪽은 지금의 창주滄州 정도로 추정된다. 이어 광개토왕은 사구성沙溝城과 루성婁城 등 6개 성을 공격하여 빼앗는다. 이들은 지금의 황하 하류 일대로 장무 남쪽에 소재한 성들이며 당시는 남연의 영역에 속한다. 광개토왕은 후연모용희을 대파시킨 여세를 몰아 남연모용초의 성들도 수중에 넣는다.

이때 모용초의 독단에 반기를 든 모용진이 광개토왕의 6개 성 공략에 일정의 역할을 했을 것으로 추정된다. 『십육국춘추』 기록에 따르면 광개토왕은 모용초가 즉위한 이듬해인 406년 남연에 사신을 파견한다. 모용초의 즉위 축하를 겸한 남연의 내부사정을 알아보기 위한 외교적 제스처로 이해된다. 그리고 407년 후연을 공격하여 대승을 거둔 후 남연의 6개 성을 따로 공취한다. 이어 이듬해인 408년 다시 남연에 사신을 파견한다. 기록은 천리인 10명과 천리마 1필을 보냈다고만 적는다. 아마도 모용초에게 제거된 모용진의 시신과 맞교환하였을 것이다. 그리고 모용진의 시신을 고구려로 가져와 후하게 장사지낸다.408년 12월

『십육국춘추』 권64 남연. '태상2년406년 … 이 해에 고구려가 사신을 파견하여 천리마와 곰 가죽, 장니말다래를 모용초에게 보내왔다. 모용초는 크게 기뻐하며 물소와 앵무새를 답례하였다.[太上二年 … 是年 高句驪遣使獻千里馬生熊皮障泥於超 超大悅荅以水牛能言鳥]'. '태상4년408년 … 고구려가 다시 사신을 파견하여 천리인 10인과 천리마 1필을 보내왔다.[太上四年 … 高句驪復遣使至獻千里人十人千里馬一疋]'.

광개토왕이 모용진을 특별히 예우한 이유는 명확하다. 모용진이 407

년 광개토왕의 남연 6개 성 공취에 나름의 공
을 세웠기 때문이다. 특히 널방 후벽에 그린
무덤주인의 모습을 보면 광개토왕의 모용진
에 대한 배려와 예우를 실감할 수 있다. 머리
에 쓴 관은 검은색 내관에 백라관白羅冠 [※실
제는 비라관]의 외관을 겹쳐 쓰고 의복은 섶
이 서로 겹치지 않게 맞닿은 붉은색 도포를 걸

▲ 모용진 모습

쳤다. 오른손에 부채를 들고 평상 위에 앉아 있는 모습은 다소 근엄하기
까지하다. 또한 주변에는 부채질을 하거나 시중을 드는 시종 몇 명이 열
심히 보좌하고 있다.

『구당서』〈동이열전〉 고구려 편에 왕은 백라白羅·흰색관을 쓰고, 귀자貴者는 청라靑羅·청색관
과 비라緋羅·적색관을 쓴다는 기록이 있다. 귀자신분이 높은 사람는 후왕을 말한다. 청라관은 고
구려왕족 출신의 후왕이 쓴 관모이고, 비라관은 후왕의 대우를 받은 망명자가 쓴 관모이다.

  덕흥리무덤의 주인공은 광개토왕의 〔영락17년 후연 공격〕시 남연의
6개 성을 공취하는데 공을 세운 남연南燕의 재상 모용진慕容鎭이다.

제2장

장수왕

1
수성군주 장수왕

▌장수왕의 출신 계보 ▌

장수왕의 이름은 거련巨連이다. 『삼국사기』는 장수왕을 광개토왕의 원자元子로 소개한다.[開土王之元子] 원자는 태자에 책봉되기 전의 장자長子를 말한다. 그런데 『고구려사략』은 장수왕을 광개토왕의 원자 또는 장자가 아닌 차자次子로 설명한다.[永樂帝之次子]

『삼국사기』는 거련巨連을 외자인 연璉[一作 璉]으로도 소개한다. '璉호련 연'은 곡식을 담아 천지의 신에게 제사를 지낼 때 사용하는 제기인 호련瑚璉을 말한다. 이런 까닭으로 장수왕을 성스러운 제기 가운데서도 가장 큰 그릇으로 이해하기도 한다. 그러나 '璉'은 본래의 '連잇닿을연'에 '王'자 부수를 붙여 존칭화한 이름일 뿐이다.

장수왕은 광개토왕의 둘째아들

광개토왕의 장자는 경鯨이다. 경은 거련장수왕의 이복형으로 거련과는 2살 터울이다. 경은 광개토왕의 제1왕후 토산吐山의 소생으로 392년생이며, 거련은 제2왕후 평양平陽의 소생으로 394년생이다.

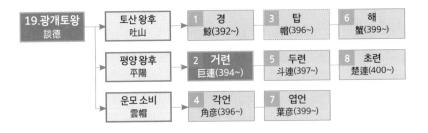

▲ 광개토왕의 기록상 아들

그렇다면 『삼국사기』는 차자인 장수왕을 원자로 설정한 걸까?

〈영락대제기〉이다. '19년[409년] 4월, 거련을 동궁태자에 봉하고 명하여 장자 경을 선왕에 봉하였다.[十九年 四月 以巨連爲東宮太子 命長子鯨爲仙王]'. 경은 거련이 후계자[동궁태자]가 되면서 선왕[仙王]에 봉해지며 후계자그룹에서 탈락한다. 경은 장자임에도 불구하고 광개토왕으로부터 후계자 낙점을 받지 못한다. 왕위계승 서열을 정함에 있어 모계혈통을 우선시한 결과이다. 장수왕의 어머니 평양왕후는 비록 제2왕후이지만 왕족 골품이 가장 높은 광개토왕의 이복누나이다. 왕실내 족내혼에 의해 출생한 아들이 후계자서열의 상위자이다. 차자인 거련이 후계자로 낙점받고 장자인 경이 탈락한 이유이다.

광개토왕의 경우도 마찬가지이다. 광개토왕의 아버지 소수림왕은 귀족출신 연燕씨가 낳은 장자 '강岡'을 제쳐두고 왕족출신 왕후 천강天罡이 낳은 담덕談德을 후계자로 낙점한다. 강은 선왕仙王에 봉해지며 자연스레 후계자그룹에서 탈락한다.☞ 35쪽 '광개토왕의 이름 담덕' 참조

생부는 광개토왕의 동생 용덕

그런데 장수왕이 아버지 광개토왕을 부정하는 장면이 『고구려사략』에 나온다. 장수왕은 자신의 아버지를 담덕談德이 아닌 용덕勇德으로 이해한다. 〈장수대제기〉이다. '52년[464년] 갑진 5월, 상은 용덕사당을 찾아가 처

연히 말이 없더니만 명을 내려 용덕릉을 개수하고 호경용덕 아들을 월왕으로 삼았다. 상은 점차로 늙어가며 용모와 목소리는 점점 용덕을 닮아가고 너그럽고 부지런하며 후덕한 성품 또한 용덕과 비슷하였다.[三十二年 甲辰 五月 上如勇德祀惻然良久命改勇德陵以胡景爲越王 上漸老容皃声音益肖勇德 寬勤腆實之性亦似勇德]'. 때는 장수왕의 나이 71세^{394년 출생인} 464년이다. 장수왕은 점차로 늙어가며 용모와 목소리가 용덕을 닮아가고 너그럽고 부지런하며 후덕한 성품 또한 용덕과 비슷하게 되자 자신의 생부에 대해 의구심을 갖는다. 그리고 용덕사당을 찾아가 제사지낸 후 용덕릉을 개수하여 왕릉으로 격상시킨다.

용덕은 누구일까? 광개토왕 담덕의 동생이다. 어머니는 소수림왕과 고국양왕의 왕후가 된 천강天罡이다. 천강왕후는 소수림왕 시기인 374년에 담덕을, 377년에 용덕을 낳는다. 담덕과 용덕은 동복형제로 3살 터울이다.

덧붙여〈장수대제기〉는 용덕이 광개토왕의 제2왕후 평양平陽과 사통私通한 일도 적고 있다. '계사년^{393년} 5월에 용덕이 비를 피하여 종종 평양후의 궁에 뛰어들었다. 이리하여 평양궁에서 낮잠을 자기도 하였는 바 평양후와 몰래 증하여 제를 낳았다. 평양후가 영락의 노여움을 겁내어 이를 숨겼고 마련과 호련 또한 일찍이 들어서 알고 있었다 한다. 상이 늘 이것이 진실인지를 의심하다가 이때에 이르러 결국 용덕을 존숭하려는 뜻을 가졌다.[以爲癸巳 五月 勇德因驟雨躍入平陽宮 因宮之午睡而潛烝而生帝 平陽畏永樂之怒而諱之云 馬連胡連亦嘗有聞云 上常疑其真仮 至是遂有尊勇德之意]'.

좀 더 거슬러 올라가면 장수왕 출생 한해 전인 393년 5월이다. 용덕은 형수인 평양왕후의 궁에 비를 피해 자주 드나들다 어느 날은 평양왕후가 낮잠을 자는 틈을 타서 평양왕후와 증烝·사통한다. 그리고 이듬해인 394년 평양왕후는 장수왕을 낳는다. 이런 연유로 평양왕후는 남편 광개토왕의 노여움을 겁내어 이 사실을 꼭꼭 숨긴다. 그렇지만 어찌하다 일부^{마련/}호련가 알게 되고 장수왕 또한 뒤늦게 알게 된다. 그리고 장수왕은 이를 항상 의심해오다 늙어서 결단을 내린다.

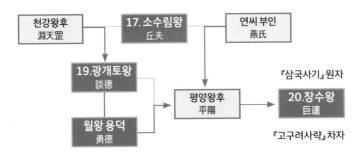
▲ 광개토왕과 장수왕의 계보도

그렇다면 장수왕의 생부는 용덕일까? 사실여부는 당사자인 평양왕후만 알 일이다. 오늘날처럼 DNA검사라도 해보면 금방 확인할 수 있지만 장수왕은 이를 두고 오랜 기간 고심한다. 특히 광개토왕을 계승한 정통성 확보차원에서 장수왕 스스로 외면하였을 가능성 또한 배제하기 어렵다. 그러나 장수왕은 왕권이 안정되고 점점 나이가 들어가자 자신의 정체성을 분명히 하며 일말의 의구심을 스스로 떨쳐낸다.

불행하게도 우리는 역사적 실체를 정확히 알지 못한다. 모두『삼국사기』가 왕통계보를 단순화하여 1차원으로 기록하고 있기 때문이다. 그러나 당시 상황을 2차원, 3차원으로 확대해 보면 역사적 사실은 전혀 다른 얼굴을 하고 있다.

장수왕의 생부生父는 담덕^{광개토왕}일까? 용덕^{광개토왕 동생}일까?

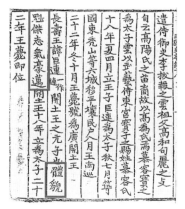

▲『삼국사기』장수왕

『삼국사기』가 기록한 장수왕의 외모와 성품이다. '체격과 용모는 괴걸하고 뜻과 기백은 호매하다. [体貌魁傑 志気豪邁]'. 괴걸魁傑과 호매豪邁, 두 단어가 장수왕을 관통한다.

더벅머리에 뚱뚱한 체형

괴걸魁傑은 '체구가 크고 걸출한 사람'을 말한다. 『고구려사략』역시 괴걸의 표현을 쓴다. 『삼국사기』〈백제본기〉개로왕 기록에 장수왕의 외모를 추정할 수 있는 단서가 나온다. 472년 백제 개로왕이 북위 효문제탁발굉에게 보낸 표문외교문서에 장수왕을 지칭한 표현이 있다. 소수小竪 즉 '더벅머리 어린아이'이다.

> 『삼국사기』〈백제본기〉개로왕 조에 표문의 전문이 실려있다. 지금이 고구려를 멸망시킬 기회이니 백제와 북위가 손을 잡고 고구려를 함께 치자는 내용이다. 이때 개로왕은 고구려를 가리켜 '시랑豺狼·승냥이와 이리', '장사長蛇·큰 뱀', '추류醜類·추악한 무리' 등의 표현을 쓴다. 현대사에 있어 남북한이 격한 이데올로기 경쟁을 벌이던 시기에 우리는 북한을 가리켜 '북괴', '빨갱이'라 칭하고, 북한은 우리를 '종간나 새끼', '애미나이', '철천지 원쑤'라고 칭했다.

다소 비하적이지만 소수小竪는 장수왕의 외모를 단적으로 보여주는 표현이다. 더벅머리는 덥수룩더부룩한 머릿털또는 수염을 일컫는다. 장수왕은 머릿털, 턱수염, 눈썹 등의 숫이 현저히 많고 짙어 다소 이목구비가 뚜렷한 선이 굵은 얼굴형이다. 특히 어린아이에 대비시킨 점으로 보아 장수왕의 키는 그리 크지 않았을 것이다.

또한 『신라사초』에는 장수왕의 체형에 대한 구체적인 묘사가 나온다. 〈소지명왕기〉이다. '13년491년 백양 10월, 고구려왕 거련이 죽었다. 거련

은 오소리 같은 마음과 이리 같은 욕심을 가지고 있으며 곰과 큰 호랑이
같이 뚱뚱하고 한 끼에 양 한 마리를 먹어 치웠다. 전쟁을 좋아하고 여자
를 탐하여 아들이 백명이나 되었다.[一十三年 白羊 十月 麗君巨連死 連獲
心狼慾 熊大虎胖 一食一羊 好兵貪淫 有子百]'. 장수왕은 대식가로 뚱뚱
한 체구이다. 오늘날의 표현을 빌리자면 고도비만일 가능성이 무척 커 보
인다.

정리하면 이렇다. 장수왕은 다소 작은 키에 뚱뚱한 체구
이며 머릿털, 콧수염, 눈섭 등 숫이 많고 짙어 이목구비가 뚜
렷해 보이는 비교적 강렬한 인상을 풍기는 외모이다. 괴걸
魁傑한 장수왕의 실체이다.

▲ 장수왕 초상화

중국화가 성병예成秉芸가 그린 장수왕의 초상화이다. 중국「장백산 문화」
편찬위원회 미술 편집자인 성병예는 고구려 벽화에 나오는 평민들의 얼굴
을 바탕으로『삼국지』,『삼국사기』등의 기록과 학자들의 연구를 참고해 시
조 추모왕부터 마지막 보장왕까지 고구려 왕들의 초상화를 모두 그린다.
대부분 고구려왕들의 얼굴은 매우 험악한 모습을 담아 해학적으로 그렸으
나 장수왕 만큼은 나름의 풍모가 느껴진다.

호매한 성품의 지략가

'호매豪邁'는 '성격이 호탕하고 인품이 뛰어난 사람'을 일컫는다.『고구려
사략』은 '홍인弘仁'을 쓴다. '너그럽고 인자한 사람'이다. 일견 호매와 홍
인은 상충되는 듯 보이나 성격이 호탕하고 인품이 뛰어나야 너그럽고 인
자한 마음도 생기는 것이니 호매와 홍인은 같은 맥락이다. 특히『고구려
사략』은 덧붙인다. 〈장수대제기〉이다. '효성과 우애가 깊으며 백성을 사
랑하였다. 경적과 사서에 통달하고 예절을 익혔으며 장병을 잘 이끌고 기
이한 지략도 있었다.[孝友愛民 通経史習禮節 善將兵有奇略]'.

장수왕은 군주의 자질을 모두 갖춘다. 효성과 우애 그리고 애민愛民은
가장 기본이 되는 군주의 덕목이다. 또한 경적과 사서에 통달한 지식인이

며 예절을 익힌 군자이다. 특히 장수왕은 장병을 잘 이끄는데 탁월한 역량을 갖춘 지략가이기도 한다.

괴걸魁傑과 호매豪邁, 장수왕의 외모와 성품을 대변한다.

┃ 장수왕의 등극 내막 ┃

광개토왕의 사망년도와 장수왕의 등극년도가 기록마다 약간씩 차이가 난다. 문헌기록인 『삼국사기』와 『고구려사략』 그리고 비문기록인 《광개토왕릉비》의 비교이다.

왕	년도	『삼국사기』	『고구려사략』		《광개토왕릉비》
			〈영락대제기〉	〈국강호태왕기〉	
광개토왕	등극년도	392년	391년	391년	391년
	재위기간	22년	24년	22년	(22년)
	사망년도	413년	414년	412년	412년
장수왕	등극년도	413년	414년	414년	-

▲ 광개토왕의 사망년도와 장수왕의 등극년도 비교표

『삼국사기』는 광개토왕의 등극년도를 고국양왕의 사망년도[392년]에 맞춰 조정하고 또한 광개토왕의 재위기간을 22년으로 고정시키며 광개토왕의 기년설정을 1년씩 늦춰 잡는다. 당대 기록인 《광개토왕릉비》의 신뢰도를 감안하면 광개토왕은 412년에 사망한 것이 맞다. 그런데 장수왕의 등극년도에 대해 『고구려사략』은 〈영락대제기〉와 〈국강호태왕기〉 공히 414년으로 적는다. 특히 〈국강호태왕기〉는 광개토왕 사망이후 장수왕이 등극하기까지 2년의 공백기간이 있다고 설명한다. 도대체 2년 동안 무슨 일이 벌어진 걸까?

『고구려사략』〈국강호태왕기〉. '영락22년412년 임자 10월, 왕이 단왕궁에서 붕하였다. 태후가 목놓아 울부짖으며 차마 발상을 못하였다. 도사 등에게 수재하고 기도하라 명하였다. 왕자들 대다수가 이를 알지 못하였다. 장춘원년414년 9월에 이르러서야 비로소 능에 안장하고 사당을 세웠다.[永樂二十二年 壬子 十月 王崩於丹王宮 太后号哭不忍発喪 命道士等修斋祈祷 諸王子多不知之 至長春元年九月始蔵陵立廟]'. 《광개토왕릉비》의 '갑인년414년 9월 29일 을유에 산릉으로 옮겨와 장례를 치뤘다.[甲寅年九月卄九日乙酉遷就山陵]'는 비문기록과 정확히 일치한다.

기록에서 삭제된 광계토왕의 후계자

광개토왕의 아들 중에 『삼국사기』는 물론이고 『고구려사략』〈영락대제기〉조차 언급하지 않은 후계자가 따로 있다. 탑欘이다. 396년 출생하여 414년 19세의 어린나이로 사망한다. 거련이 394년 출생하니 탑은 두 살 터울의 동생이다. 그런데 광개토왕은 탑이 14세가 되던 409년 정식 후계자인 사태자嗣太子에 봉한다. 〈국강호태왕기〉이다. '영락19년409년 을유 4월, 탑태자를 사태자로 삼고 거련을 아태자로 삼았다.[永樂十九年 己酉四月 以欘太子為嗣太子 巨連為亜太子].'

사태자嗣太子는 보위를 물려받을 정正후계자이고, 아태자亜太子는 사태자에게 변고가 생겼을 때 이를 대신하는 보補후계자이다. 광개토왕의 뒤를 이을 왕위 서열은 탑이 1순위이고 거련이 2순위이다. 다만 『삼국사기』는 이때 광개토왕이 탑이 아닌 거련을 태자로 삼았다[立王子巨連為太子]고 기록한다.

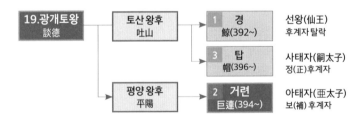

▲ 거련과 탑의 관계도

원래 탑은 허약한 체질이다. 그래서 광개토왕이 탑을 사태자에 봉하자 천강태후는 이를 탐탁치 않게 여긴다. 하지만 광개토왕은 천강태후의 염려를 뿌리치고 410년 탑[17세]을 인강소왕人罡小王에 봉하며 411년 자신을 대신하여 신하들로부터 조회까지 받게 한다. 탑은 명실상부한 광개토왕이 선택한 후계자이다.

『고구려사략』〈국강호태왕기〉. '영락20년[410년] 경술 정월, 왕이 태후를 높여 천강태왕에 스스로를 국강태왕에 탑태자는 인강소왕에 봉하였다.[永樂二十年 庚戌 正月 王尊太后為天罡太王 自為國罡太王 以榻太子為人罡小王]'.

익원왕 천익의 보위 찬탈

그러나 이듬해인 412년 광개토왕의 신상에 변화가 생기며 상황이 급변한다. 광개토왕은 9월에 황산원黃山原·길림성 집안으로 사냥을 나갔다가 돌아온 후 몸이 좋지 않게 되자 천강태후가 자신의 동생인 천익天益과 탑에게 광개토왕을 대신하여 감국監國할 것을 명한다. 감국은 왕권을 대행하는 권한이다.

『고구려사략』〈국강호태왕기〉. '영락22년[412년] 임자 9월, 왕이 황산원에서 사냥하였다. 사로잡은 원숭이와 사슴을 놓아주라 명하고 마침내 사냥을 파하고 돌아왔다. 왕의 몸이 좋지 않게 되자 태후가 이를 걱정하였다. 천익과 탑태자에게 감국을 명하였다. 이에 천익은 자신의 아들 천혜와 천웅으로 하여금 내위군을 나누어 맡게 하고 6위를 파하여 내위군에 속할 것을 명하였다.[王畋于黃山原 得猿鹿命放 逐罷猟而帰 不予太后憂之 命天益与榻太子監國 天益乃使其子天橲天雄分掌内尉軍 命罷六衛属之]'. 광개토왕의 황산원 사냥은 사후 자신이 묻힐 장지를 알아보기 위함으로 추정된다.

문제는 감국을 맡은 천익이 엉뚱한 마음을 품는다. 탑[19세]을 제쳐두고 자신의 아들들[천혜/천웅]로 하여금 내위군內尉軍를 나누어 맡게하며 고구려 군권을 장악한다. 그리고 한 달 후인 10월에 광개토왕이 사망하자 아예 본색을 드러낸다.

해가 바뀌어 413년 정월, 천익은 스스로 익원왕益原王을 칭하며 보위를 찬탈한다. 〈국강호태왕기〉이다. '영락23년[413년] 정월, 천익이 스스로 익원왕이 되었다. 그의 처 혜문, 양평, 우당, 각씨 등을 후로 삼았다. 혜문릉을 고릉으로 고치고 관속을 배치하며 크게 지었다. 태후천강과 탑태자는 이를 막지 못하였다.[永樂二十三年 癸丑 正月 天益自爲益原王 以其妻樒門陽平于棠權氏爲后 改樒門陵爲高陵置官属大營之 太后及榻太子不能禁之]'.

이어 2월, 천익은 탑태자마저 폐하고 자신의 아들 천혜[天樒]를 태자로 삼으며 본격적으로 치세를 시작한다.

『고구려사략』〈국강호태왕기〉. '영락23년413년 2월, 천익이 탑태자를 폐하여 예박도위로 삼았다. 자신의 아들 천혜를 태자로 삼고 태후를 위협하여 천후로 삼았다. 태후가 말하길 "네가 천하를 다스리면 족할 터인데 어찌하여 늙은 몸을 이용하는가? 나는 탑과 함께 달원에서 생을 마치는 것이 옳을 것이다." 하였으나 천익이 허락하지 않았다.[永樂二十三年 二月 天益廢榻太子爲枘博都尉 以其子天樒爲太子逼太后爲天后 太后曰 汝治天下足矣 何用老物吾可与榻児老於獀院天益不許之]'.

원래 천익은 고구려 왕족의 방계혈족이다. 아버지는 미천왕이 낳은 연림[淵琳]이다. 연림은 천원공[天原公]에 봉해지며 천강[天罡]과 천익[天益]을 낳는다. 직계혈족[고씨]과 달리 방계혈족은 새로운 성씨를 차용한다. 천익의 경우는 고씨에서 연씨로 또다시 천씨로 성씨가 분화한다. 이는 천익이 보위를 찬탈하게 된 배경이기도 한다. 비록 천익은 방계혈족이지만 엄연한 고구려 왕족 출신이다.

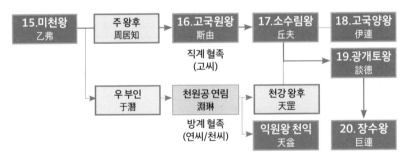

▲ 미천왕에서 갈려나온 직계혈족과 방계혈족

천익의 보위찬탈을 제압한 거련

그러나 익원왕 천익의 치세는 오래가지 못한다. 9개월 간의 단명으로 끝난다.

〈국강호태왕기〉이다. '영락23년⁴¹³년 9월, … 거련이 태후궁으로 달려가 천강태후를 받들고 평태자를 시켜 천익을 타일러 항복시켰다. 마침내 천익이 간신 다부 등을 죽이고 무릎으로 걸어 죄를 청하니 태후가 울며 거련에게 말하길 "천익이 비록 죄가 있으나 그 본심이 아니니 차마 주살되는 것은 보지 못하겠구나." 하였다. 이에 거련이 태후의 뜻을 받들어 천익을 폐하여 서인으로 삼아 태백산에 가두고 그 무리는 모조리 잡아 죽였다.[永樂二十三年 九月 … 巨連馳入太后宮奉太后使平太子論天益降之 天益乃誅其奸臣茶夫等而膝行諸罪 太后泣謂巨連曰 天益雖有罪非其本心 不忍加誅 巨連乃從太后旨廢益為庶人 囚于太伯山 悉捕其党誅夷之]'.

드디어 거련이 등장한다. 거련은 천강태후의 후원에 힘입어 보위를 찬탈한 익원왕 천익을 제압하며 태백산에 유폐시킨다. 그리고 천익을 따르던 무리 모두를 죽인다.

『삼국사기』〈백제본기〉 개로왕 기록의 북위에 보낸 국서의 일부이다. '지금 거련장수왕의 죄로 나라고구려는 스스로 어육이 되고 대신과 호족의 살육 행위가 끊이지 않아 죄악은 넘쳐나고 백성은 뿔뿔이 흩어지고 있습니다.[今璉有罪 國自魚肉 大臣彊族 戮殺無已 罪盈惡積 民庶崩離]'.

이제 고구려는 거련의 세상이다. 그러나 거련은 탑榻을 선택한다. 아버지 광개토왕이 선택한 후계자이기 때문이다. 하지만 평소 탑을 못마땅하게 여긴 천강태후는 탑을 인강태왕人罡太王에 존하되 거련을 소왕감국小王監國에 봉하며 탑을 견제시킨다. 그러나 탑은 이듬해인 414년 3월 갑자기 사망한다. 〈국강호태왕기〉이다. '영락24년⁴¹⁴년 3월, 탑태자가 온탕에서 붕하였다. 왕은 태후와 함께 가서 널을 대신원으로 옮겼다. 탑태자는 하루도 빠짐없이 여러 후, 비빈과 색에 빠져 지내다가 기가 다하여 붕

하였다.[永樂二十四年 三月 榻太子崩於溫湯 王与太后如之移柩於大神院 榻太子与諸后及妃殯荒色無虛日気尽而崩]'.

탑의 사망원인은 색에 빠져 기를 소진한 점이다. 그럼에도 기록은 일설을 따로 적고 있다. 탑이 거련을 짐독^{鴆毒}으로 죽이려다 실패하며 오히려 자신이 그 짐독에 의해 죽임을 당했다고 한다. 여하히 탑이 사망함에 따라 거련은 비로소 고구려 태왕에 즉위한다.[小王即位於明堂]

▲ 전설상의 짐새

『고구려사략』〈국강호태왕기〉. '혹은 탑태자가 소왕거련을 싫어하여 여러 차례 백산후를 시켜 짐독을 소왕에게 올리게 하였으나 백산은 차마 이를 못하고 오히려 그 짐독을 탑태자의 음식에 넣었다고 하며 혹은 백산이 두양에게 울면서 고하자 두양이 그 독을 빼앗아 탑태자를 해쳤다고도 한다.[或云 榻太子忌小王累使白山后献鴆于小王 白山不忍之 反以其鴆置於榻太子食中 或云 白山泣告于斗陽 斗陽奪其鴆而中榻太子]'

광개토왕 사망 이후 장수왕이 등극하기까지 2년간 벌어진 일련의 사태는 한편의 드라마이다. 다만 『삼국사기』는 장수왕을 '광개토왕의 원자[開土王之元子]'로 설정하며 이 모든 사건을 전부 덮어버린다.

그런데 말이다. 만약에 익원왕 천익이 거련마자 제압하고 고구려 태왕의 입지를 확고히 구축했다면 이후 고구려 역사는 어떻게 쓰여졌을까? 역사에는 가정이 없다하지만 결과가 자못 궁금하다.

광개토왕과 장수왕 사이에는 보위를 찬탈한 익원왕^{益原王} 천익^{天益}과 광개토왕이 선택한 비운의 후계자 탑^榻이 있다.

왕은 살아서 연호年號를 남기고 죽어서 시호諡號를 남긴다. 연호는 생전의 치세연차治世年次로 왕의 정치적 지향점을 담은 산 자의 칭호이다. 시호는 사후에 치세기간의 공적을 감안하여 붙여진 죽은 자의 칭호이다. 광개토왕의 경우 생전 연호는 영락永樂이며 사후 시호는 '국강상광개토경평안호태왕'이다.

장수왕은 394년 출생하여 19세인 412년실제 414년에 등극하며 80년을 재위하고 98세인 491년에 사망한다. 39세에 사망한 아버지 광개토왕과 비교하면 장수왕은 광개토왕의 2배 이상을 산다. 장수長壽는 유달리 수명이 길어서 붙여진 사후의 시호이다. 『삼국사기』는 분명히 '장수'를 시호로 적는다.[王薨 年九十八歲 號長壽王]

장수왕의 다양한 연호

그렇다면 장수왕은 아버지 광개토왕의 경우처럼 사후의 시호 말고 생전의 연호는 없었을까? 혹여 있다면 무엇일까? 그런데 『고구려사략』은 「장수長壽」를 연호로도 소개한다. 장수왕 재위21년433년에 장수로 연호를 바꿨다고 기록한다. 〈장수대제기〉이다. '장수원년433년 계유 8월, 상이 산궁으로 가서 꿈에 본 무량수불을 배알한 바 이는 괴왕을 찾아 본 것이다. 사만의가 연호를 장수로 바꾸자 청하여 허락하였다.[長壽元年 癸酉 八月 上如山宮謁夢見無量壽佛 即 是槐王也 謝万義請改元長壽許之]'. '장수長壽'는 사후의 시호인 동시에 생전의 연호이다. 또한 기록은 장수연호 이전에 또 다른 연호가 있음을 부연한다. 무엇일까?

『태백일사』〈고구려국본기〉가 기록한 장수왕의 재위초기 연호「건흥建興」이다.[長壽弘濟好太烈帝 改元建興] 특히 건흥연호는 1915년 충북 충주 노은면에서 출토된 금동불상의 광배명光背銘을 통해 정확히 확인

된다. '建興五年歲在丙辰' 즉 건
흥5년은 병진丙辰년이다. 병진년은
416년으로 장수왕 재위5년에 해당
한다.☞ 457쪽 '불상에 새긴 고구려 연호' 참조
건흥建興은 '다시 세워 흥하게 한다.'
는 뜻이다. 건흥연호는 광개토왕 사
후 벌어진 왕위승계의 혼란을 반영
한다. 장수왕은 보위를 찬탈한 익원

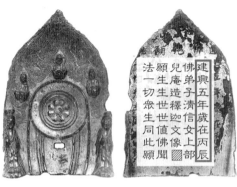

▲ 건흥5년명 불상광배 [국립중앙박물관]

왕益原王 천익天益의 쿠데타를 제압하고 뒤늦게 등극한다.☞ 271쪽 '장수왕의
등극내막' 참조 건흥은 천天씨로 넘어간 왕통을 다시금 고高씨로 회복함과 동
시에 계속해서 흥興하게 만든다는 장수왕의 정치적 지향점을 담고 있다.
덧붙여 〈국강호태왕기〉는 장수왕이 등극하면서 한시적으로나마 「장춘
長春」 연호를 사용한 사실도 전한다.

「고구려사략」〈국강호태왕기〉. '영락24년414년 정월, 태후와 소왕장수왕이 조회를 받았다.
3월 소왕이 명당에서 즉위하였다. 대사면을 실시하고 연호를 장춘長春으로 하였다.[永樂
二四年 正月 太后与小王受朝 三月 小王即位於明堂 大赦 改元長春]'

한편 1926년 경북 경주
서봉총에서 출토된 은합명
銀盒名은 장수왕의 또 다른
연호 「연수延壽」를 소개한
다. 은합의 바닥면에는 '延
壽元年太歲在辛'이, 뚜
껑 안쪽면에는 '延壽元年

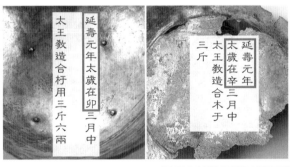

▲ 연수원년명 은합 [국립중앙박물관]

太歲在卯'가 각각 새겨 있다. 재신在辛과 재묘在卯는 간지 신묘辛卯년을
말한다. 즉 연수원년은 신묘년이다. 신묘년은 451년으로 장수왕 재위39
년이다.☞ 458쪽 '불상에 새긴 고구려 연호' 참조 특히 연수延壽는 '수명을 더욱 더

▲ 연가7년명 불상 [국립중앙박물관]

늘려간다'는 뜻으로 장수長壽 이상의 의미를 담고 있다.

그런데 장수왕의 연호는 연수 말고도 또 있다. 1963년 경남 의령에서 출토된 금동불상의 광배명光背銘에 나오는 「연가延嘉」이다. 명문은 '延嘉七年歲在己未'이다. 즉 연가7년은 기미己未년이다. 기미년은 479년이다. 따라서 연가원년은 장수왕 재위61년인 473년에 해당한다.☞ 460쪽 '불상에 새긴 고구려 연호' 참조 특히 연가는 '연수를 기리다'는 의미를 내포하고 있어 연가연호는 연수의 계승임을 알 수 있다.

장수왕은 재위기간중에 4~5개의 연호를 사용한다. 대략 20년 간격으로 연호를 바꾼다. 재위초기는 건흥建興 또는 장춘長春, 재위중기는 장수長壽와 연수延壽, 재위후기는 연가延嘉이다. 물론 사후 시호는 당연히 장수長壽이다.

연호	년도	기간	근거
건흥建興 (장춘長春)	412년~432년	21년	• 『태백일사』, 『고구려사략』 • 「건흥5년세재병진」명 불상
장수長壽	433년~450년	18년	• 『고구려사략』
연수延壽	451년~472년	22년	• 「연수원년태세신묘」명 은합
연가延嘉	473년~491년	19년	• 「연가7년세재기미」명 불상

▲ 장수왕 연호 정리표

장수왕은 무량수불의 화신

그런데 한 가지 의문이 남는다. 정말로 장수왕은 스스로 장수할 줄 알아서 장수연호를 사용한 걸까? 아니다. 의외의 단서가 〈장수대제기〉에 나온다. 바로 무량수불無量壽佛이다. 장수왕의 어머니 평양平陽왕후는 꿈에 무량수불을 보고 장수왕을 낳는다. 또한 장수왕은 장수 연호로 바꿀 때 433년도 꿈에 무량수불을 본다.

『고구려사략』〈장수대제기〉. '전하길 제는 휘가 거련 또는 연이다. 영락제의 둘째아들이다. 평양후가 꿈에 무량수불을 보고 낳았다.[傳曰 帝諱巨連亦曰璉 永樂帝之次子也 平陽后夢 見無量壽佛而生]'.

무량수불은 부처 가운데서 가장 신봉되는 아미타불阿弥陀佛이다. 이루 헤아릴 수 없을 정도로 수명이 끝이 없는 무량수無量壽 부처이다. 무량수불은 말 그대로 장수의 상징이다. 장수왕은 어머니의 태몽과 자신의 현몽을 통해 본 무량수불을 자신과 일체화하였을 공산이 크다. 스스로 장수할 운명을 타고났다는 정신적 믿음이다. 무량수불의 화신化神이 바로 장수왕인 셈이다. 특히 〈장수대제기〉는 장수왕이 아버지 광개토왕을 대신하여 동

▲ 삼존불화[전남 강진 무위사]

자 닮은 불로초산삼을 먹은 사실도 전한다. 장수왕은 육체적으로도 장수할 수 있는 요건을 갖춘 셈이다. 참고 97쪽 '광개토왕의 등극년도와 사망년도' 참조

장수왕은 생전에도 사후에도 오로지 장수로만 기록된 왕이다. 말 그대로 장수의 표상이다. 장수왕은 과거에도 현재에도 미래에도 여전히 장수왕으로 남을 것이다. 우리 역사가 계속되는 한 영원히 장수왕으로 기억될 것이다.

장수왕은 무량수불無量壽佛의 화신이다.

| 장수왕의 가계 |

고구려 왕의 부인은 「후·비·빈」체제이다. 후后는 정실이며 비妃와 빈嬪은 후실측실이다. 또한 이들은 신분계급골품에 따라 용골龍骨, 선골仙骨, 잡색雜色 등으로 나눈다. 용골은 왕족을 포함한 종실 출신이고 선골은 5부 귀족 출신이며 잡색은 그 외 기타 출신이다. 정실 왕후는 오로지 용골에서만 배출한다.

5후 7비 16빈 등 28명

장수왕은 재위초기 춘태자의 건의를 받아들여 「5후·7비·16빈」 등 도합 28명의 부인 숫자를 공식화한다.〈장수대제기〉이다. '5년418년 무오 2월, 상이 이르길 "동명추모왕께선 후가 셋이고 광명유류왕께서는 후가 일곱이며 대무대주류왕께서는 후가 다섯입니다. 짐도 이들 숫자 중에서 하나를 택하려 하는데 어찌하면 좋겠습니까?"하였다. … 춘태자가 아뢰길 "다섯 후와 더불어 일곱 비, 열여섯 빈으로 하여 스물여덟 궁을 채우시면 하늘의 성수와도 맞습니다." 하였다. … 다섯 후는 당연히 용골로 하고, 일곱 비 중 넷은 용골, 셋은 선골로 하며, 열여섯 빈을 잡색으로 하였다.[五年 戊午 二月 上曰 東明三后 光明七后 大武五后 朕欲取其中何如 春曰 五后 七妃十六嬪二十八宮応天之宿矣 … 五后当用龍骨 七妃龍四仙三 十六嬪雜用]'.

이들 28명은 모두 정正부인에 해당한다. 아래는〈장수대제기〉에 나오는 5후后·왕후이다.

구분	이름	출신 관계	왕자
제1왕후	천룡 天龍	고국원왕 딸	장, 양태
제2왕후	삼산 三山	장수왕 이복 여동생	린
제3왕후	**가란 嘉蘭**	**북위 탁발사 딸**	**조다 → 나운(문자명왕)**
제4왕후	호련 胡連	장수왕 동복 누나	창
제5왕후	경 鯨	경태자 손녀	보연(안장왕), 보기, 거

다만 제3왕후 가란嘉蘭은 북위 명원제 탁발사拓跋嗣의 딸로 고구려 왕족출신이 아니다. 고구려와의 관계개선을 희망한 태무제 탁발도拓跋燾가 자신의 누이 가란을 장수왕에게 보낸다. 처음에는 비妃의 신분이나 이후 장수왕의 아들 조다助多를 낳고 왕후에 봉해진다.

장수왕은 정正부인 말고도 보후補后, 보비補妃로 기록된 보補부인도 여러 명을 둔다. 보부인은 다른 왕족의 부인으로 일정 기간 장수왕의 보후 또는 보비에 봉해져 장수왕에게 봉사한 후 다시 원래 남편에게 돌아간다. 보후는 왕족출신 여성이고 보비는 귀족출신 여성이다. 이들이 자녀를 낳으면 장수왕의 왕자, 공주로 입적된다. 장수왕의 보補부인은 신라의 마복자摩腹子 풍습과 유사하다. 시기적으로는 장수왕의 보부인이 신라의 마복자보다 다소 빠르다.

마복자는 『화랑세기』 기록에 나온다. 하위계급 남성의 부인이 상위계급 남성과 관계를 가져 자식을 낳으면 그 자식을 '배를 쓰다듬어 낳은 자식'라는 의미에서 붙여진 이름이다. 마복자 풍습은 신라 왕족과 화랑 사이에서 널리 행해진 것으로 추정된다.

장수왕은 이들 정부인과 보부인을 통해 수많은 자식을 둔다. 〈장수대제기〉에 기록된 실명이 나오는 왕자만 29명이다. 기록에 포함되지 않은 왕자와 공주를 모두 합하면 최소 백 명은 될 것이다.

장수왕이 남긴 불편한 유산

장수왕은 불편한 유산을 남긴다. 모두 장수왕이 장수하며 수많은 자녀를 둔 탓이다. 우선 후계체계가 정상적이지 못한다. 한 세대를 건너뛰는 상황이 발생한다. 장수왕의 뒤를 이은 왕은 손자 문자명왕 나운羅雲이다. 나운의 아버지는 조다助多로 장수왕의 19번째 아들이다.『삼국사기』막내아들 또 하나는 과잉 공급된 왕자들로 인해 귀족들간의 세력다툼이 발생한다. 장수왕이후 고구려는 문치文治시대를 맞는다. 문자명왕, 안장왕, 안원왕, 양원왕, 평원왕 등으로 이어지며, 중원을 통일한 수隋의 공격이 시작되는 영양왕 이전까지 고구려는 말 그대로 최전성기를 구가한다. 그럼에도 이 시기는 왕권을 놓고 왕실내부에서 적잖은 갈등을 일으킨다. 장수왕의 직계 후손들이 귀족세력과 결탁하여 왕권을 넘보는 사태가 자주 발생하며 이로 인해 귀족세력의 힘이 왕권을 압도하는 비정상적인 상황이 이어진다.

문치시대의 색바램, 장수왕이 남긴 불편한 유산이다.

▌장수왕 죽음에 대한 의문 ▌

『삼국사기』는 왕의 죽음을 단편적으로 기록한다. 예를 들어 '00년 00월 왕이 죽었다.'는 식이다. 기록만 놓고 본다면 대부분의 왕은 자연사일 공산이 크다. 다만 특수한 경우에는 좀 더 구체적이다. 신하에게 살해되거나 또는 용의 출현에 빗대어 쿠데타 발생을 암시하는 경우이다. 장수왕도 마찬가지이다. 『삼국사기』는 491년 12월 '왕이 죽었다.[王薨]'고 짤막하게 기록한다. 사망당시 장수왕의 나이가 98세^{394년 출생}임을 감안하면 자연사일 공산이 크다.

『신라사초』의 장수왕 죽음

그런데 『신라사초』는 자연사가 아니라고 설명한다. 나운^{문자명왕}이 할아버지 장수왕을 궁중에 유폐시켜 죽였다고 기술한다. 〈소지명왕기〉이다. '13년^{491년} 백양 10월, 고구려왕 거련이 죽었다. … 거련은 점차로 늙어가자 의심과 시기로 자주 화를 내니 나운은 변고가 생길까 두려워 거련을 궁중에 가두었는데 몇 달 후에 죽었다. 이에 거련의 신하들을 모두 내쫓고 즉위하였다.[十三年 白羊 十月 麗君巨連死 … 連年漸老疑獲多怒 雲恐有変囚連于宮中数月而死 乃尽逐連臣而立]'. 특히 기록은 사유를 밝힌다.

나운은 노년의 장수왕이 변심하여 혹여 화가 자신에게 미칠까 두려워 장수왕을 궁중에 유폐시킨다. 한 마디로 나운이 먼저 선수를 쳤다는 얘기가 된다.

이는 역사적 사실일까? 정말로 나운이 할아버지 장수왕을 유폐시키는 강수를 두며 보위를 획책한 걸까? 그러나 당시 장수왕은 98세의 말로末路이다. 군이 외부적^{정신적} 압박이나 인위적^{육체적} 수단을 가하지 않아도 장수왕의 명운은 얼마 남지 않았다.

『고구려사략』기록의 이면

이에 반해 『고구려사략』은 또 다른 이면을 소개한다. 장수왕의 죽음을 전혀 다르게 설명한다. 〈장수대제기〉이다. '장수59년^{491년} 신미 9월, 상이 하양, 욱호와 함께 황산으로 갔다. … 이 해는 국화가 색을 잃고 피었는데 상은 황산행궁에 머물며 나날을 하양과 함께 즐거움을 탐하였다. 욱호가 말려도 듣지 않다가 12월 7일 하양의 침소에서 붕하였다. 때에 큰 눈이 닷새나 내려 길은 모두 끊기고 하양은 상이 붕한지도 모른 채 깊은 잠에 빠져 있었다. 욱호가 아침 일찍 일어나 가서 맨처음 발견하고 감국을 불러 발상하였다. … 감국이 황산행궁에서 즉위하니 12월 15일이다. 공경들은 큰 눈으로 인해 참석하지 못한 자가 태반이었다.[長壽五十九年 辛未 九月 上与河陽勗好如黄山 … 是年 菊華無色 上仍留黄山行宮日与河陽耽樂勗好諫之不聴 十二月七日崩于河陽寢 時 大雪五日道路皆塞 河陽不知上崩睡熟勗好 曉至始見召監國発喪 … 監國卽位於黄山行宮十二月十五日也 公卿因雪未叅者太半]'.

몇 가지를 정리한다. 황산행궁^{黄山行宮}은 길림성 집안의 국내성^{통구성}내에 소재한 별궁을 말한다. 장수왕의 사망장소이며 문

▲ 국내성(통구성) 서북지역[조선고적도보]

자명왕^{나운}의 등극장소이다. 하양^{河陽}과 욱호^{勗好}는 장수왕의 부인이다. 두 사람은 황산행궁에서 장수왕의 마지막 여정을 함께한다. 특히 하양은 장수왕의 마지막 잠자리를 지킨다. 감국^{監國}은 장수왕을 대신하여 왕권을 행사한 손자 나운의 칭호이다.

『고구려사략』〈장수대제기〉. '장수55년487년 정묘 5월, 경후가 아들 거태자를 낳았다. 황손 나운을 감국소황, 경후를 감국황후, 욱호를 집정황후로 삼고 기거와 출입을 모두 상의 지위에 준하게 하였다.[長壽五十五年 丁卯 五月 鯨后生子琚太子 命皇孫爲監國小皇 鯨后爲監國皇后 勗好爲執政皇后 起居出入皆準上位]'.

『고구려사략』은 장수왕이 9월부터 12월까지 대략 3개월간 황산행궁에 머물다가 12월 7일 취침 중에 사망한 것으로 기록한다. 장수왕의 죽음은 자연사일 뿐이지 나운이 관여한 것이 아니라는 설명이다.

그렇다면 『신라사초』는 무슨 연유로 자연사한 장수왕을 나운이 궁중에 유폐시켜 죽였다고 기록한 걸까? 단서는 나운이 등극한 12월 15일의 상황에 답이 있다. 『고구려사략』은 눈이 많이 내려 대부분의 공경^{公卿}이 나운의 황산행궁 등극식에 참석하지 못한 사실을 전하고, 『신라사초』는 나운이 등극식에 앞서 장수왕의 신하들을 모두 내쫓은 일을 전한다. 결국 당시의 사정이 어떻든 간에 장수왕의 측근들과 공경들은 나운의 등극식에서 철저히 배제된다.

『고구려사략』이 당사자인 고구려의 기록이라면 『신라사초』는 제3자인 신라의 기록이다. 『신라사초』 기록은 신라인이 직접 목격한 사실보다는 누군가의 전언을 옮겼을 가능성이 높다. 아마도 그 누군가는 나운의 등극식에 참석하지 못한 장수왕의 측근들이나 공경들일 것이다. 이들이 어떤 형태로든지 장수왕의 죽음과 문자명왕의 등극을 신라에 알리는 과정에서 다소 와전된 내용을 전했을 것이다.

역사 기록에는 사실과 진실이 있다. 사실은 실제한 사건의 기록이라면 진실은 실제한 사건을 재정리한 기록이다. 특히 당사자가 아닌 제3자의 기록은 역사적 사실보다는 역사적 진실에 가깝다. 얼마든지 필요에 의해 각색될 개연성이 존재한다.

장수왕의 죽음은 의심의 여지가 없는 자연사이다. 더구나 취침 중에 하늘의 부름을 받은 이승에서의 가장 행복한 죽음이다.

▌평양 천도의 실상 ▌

수도는 정치, 경제, 사회, 문화의 중심지이다. 특히 고대의 수도는 왕실과 이를 뒷받침하는 지배층의 본거지이기도 한다. 수도 이동은 오늘날 일반의 이사처럼 용달차 불러 하루아침에 뚝딱 해치울 수 있는 성격이 아니다. 적어도 지배층의 사전 동의가 선행되어야 하며 또한 새로운 천도지 역시 궁궐 공사 등의 사전 준비가 철저히 이루어져야 한다.

5도 체제의 고구려 수도

장수왕 시기 고구려 수도는 「5도都」 체제이다. 5개 도성이 동시에 운용된다. 이들 5도는 수도 변천 과정을 통해 자연스레 형성되며 지리적 위치로 인해 방위적 성격을 띤다.

『고구려사략』〈장수대제기〉. '7년420년 갑인 4월, 5도에 4학四学을 세웠다.[七年 甲寅 四月 立四学于五都]'. 장수왕의 평양 천도427년 이전에 존재한 5도이다.

5도는 동도, 서도, 남도, 북도, 그리고 평양성이다. 동도는 최초 도읍지인 흘승골성요녕성 북진이며, 서도요녕성 부신는 옛 황룡국의 도성이다. 동도와 서도는 시조 추모왕 시기에 조성된다. 북도는 유류왕이 천도한 국내지역의 위나암성요녕성 철령이며, 남도는 산상왕이 천도한 옛 환나국의 도성

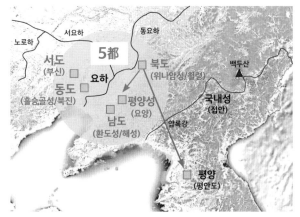

▲ 고구려 5도와 장수왕의 평양 천도

인 환도성요녕성 해성이다. 평양성요녕성 요양은 동천왕이 천도한 옛 고조선의 수도로『삼국사기』가 '선인왕검의 집이 있다.[平壤者本仙人王儉之宅也]'고 소개한 평양이다. 5도는 모두 대륙 동북방에 소재한다.

발해의 수도는「5경」체제이다. 중경, 동경, 서경, 남경, 상경 등이다. 고구려의「5도」체제를 모방한 수도 체제이다. 마찬가지로 발해의 뒤를 이은 거란족의 요遼와 여진족의 금金도「5경」체제이다.

다만 남도 환도성은 고국원왕 시기 전연 모용황으로부터 대대적인 침공을 받아 심하게 훼손되며 도성의 기능을 상실한다.☞ 180쪽 '국내성은 수도인가?' 참조 평양성 또한 환도성의 지근에 위치한 관계로 비슷한 운명을 맞는다. 이는《광개토왕릉비》에서 확인할 수 있다. 비문은 평양성을 양평襄平으로 쓴다. 광개토왕이 영략5년395년 비려를 토벌하고 돌아오는 순행길에 언급된 관도官道인 양평도襄平道의 양평이다.☞ 110쪽 '영략5년 비려 토벌' 참조 평양平壤의 한자 순서를 뒤바꿔 양평襄平으로 이름 자체가 변경된다. 평양성의 수도 기능이 약화된 까닭이다.

장수왕 당시 주도主都는 북도 위나암성요녕성 철령이다. 고국원왕 이후 소수림왕, 고국양왕, 광개토왕 등이 주로 기거한 수도이다. 광개토왕의 경우 위나암성의 주유궁에서 사망하며[上崩扵朱留宮], 장수왕 역시 위나암성에서 등극한다[卽位扵北都朱留宮].

평양 천도의 배경

장수왕은 427년 평양으로 천도한다. 장수왕의 평양을 동천왕이 천도한 옛 고조선의 수도 평양성^{요녕성 요양}으로 이해하기도 하나 《광개토왕릉비》가 양평으로 썼으니 동천왕의 평양성은 될 수 없다. 장수왕의 평양은 한반도 평양이다. 지금의 북한 평양특별시 대

▲ 북한이 복원한 안학궁 전경

성구역일대로 대성산성과 안학궁성이 소재한다.☞ 358쪽 '평양 안학궁과 대성산성' 참조

《광개토왕릉비》는 한반도 평양을 평양平壤으로 쓴다. 영락10년400년 신라 구원 사건 기록에 나온다. 광개토왕은 신라 구원 한해 전인 영락9년399년 평양平壤에 행차하며 신라사신으로부터 내물왕의 긴급한 구원 요청을 받고 신라를 돕겠다는 밀계를 내린다.☞ 132쪽 '영락 10년 신라 구원' 참조

장수왕의 평양 천도 배경은 크게 네 가지로 압축할 수 있다.

첫째는 국내 정치상황이 정리되며 천도가 훨씬 수월해진 점이다. 장수왕은 등극에 앞서 천익天益의 보위 찬탈로 2년의 공백기를 갖는다.☞ 267쪽 '장수왕 등극 내막' 참조 이때 장수왕은 반란을 제압하며 대대적인 숙청작업을 단행한다. 천익을 서인으로 폐하여 태백산에 유폐시키고 나머지 추종세력 모두를 주살한다. 장수왕에게 있어 수도 위나암성은 수많은 피를 뿌린 매우 불편한 장소이다. 당연히 이곳을 벗어나고 싶은 강한 충동이 새로운 장소에 대한 열망으로 표출된다. 더구나 반대파가 모두 제거된 마당에 장수왕의 천도 의지를 꺾을 만한 세력은 존재하지 않는다.

둘째는 백제와 신라에 대한 직접적인 압박 강화이다. 『신라사초』〈눌지천왕기〉이다. '2년418년 황마 2월, 왕의 동생 보해복호가 제상박제상과 더

불어 고구려를 탈출하여 국경에 이르렀다. 때에 거련은 남하하여 평양으로 도읍을 옮기고자 하여 우리에게 부여^{백제}를 침탈하라 권하였다. 제상이 이에 미녀와 보화를 거련에게 바치며 말하길 "소국은 동쪽에 야인^{왜국}이 있고 서쪽은 부여^{백제}와 접하니 원하옵건대 성심을 다해 상국^{고구려}을 섬김으로써 인민을 보전코자 합니다."하였다. 거련이 크게 기뻐하며 이르길 "짐이 장차 부여를 토벌함으로써 네 나라의 원한을 갚아 주겠다"하였다.[二年 黃馬 二月 王弟宝海与堤上出麗境上 時巨連欲南下移都平壤 勸我侵扶余 堤上乃以美女宝貨納于巨連曰小國東有野人西接扶余願尽 誠以事上國得保人民 巨連大喜曰朕將討扶余以報爾國之怨].' 장수왕은 등극초부터 백제와 신라에 대해 압박 강도를 높일 계획을 수립한다. 한반도 평양은 군사를 직접 동원할 수 있는 최적의 장소이다.

▲ 장수왕의 수도 평양

셋째는 지역적 연고성이다. 한반도 평양은 과거 고국원왕이 서벌남정을 추진하면서 밀도^{密都}로 개발한 동황성이 소재한 지역이다. 동황성은 지금의 북한 평양특별시 낙랑구역 정백동 일대의 의암동토성으로 추정된다. 대동강을 사이에 두고 동북쪽에 장수왕의 평양성^{안학궁/대성산성}이 소재한 대성구역과 맞닿는다.

마지막 넷째는 국내지역의 지리적 접근성이다. 국내지역^{길림성 집안}은 고국원왕 시기부터 왕가묘역이 조성된 매우 신성한 장소이다. 한반도 평양은 당시 수도인 북도 위나암성보다 훨씬 가까운 거리에 위치한다.

장수왕이 평양 천도를 결심한 시기는 언제일까? 재위초기이다.〈장수대제기〉에 명확히 나온다. '원년^{414년} 갑인 9월, 대행을 황산에 장사지내고 춘태자가 비석을 만들어 세웠다. 10월, 두 태후천강/토산와 함께 대행의 능을 배알하고, 사천원에서 사냥하여 흰 노루를 잡아 천룡후제1왕후에게 주었다. 이날 저녁 천룡후가 승은을 입어 아이가 생겼다.[元年 甲寅 九月 葬大行于黃山 春太子作碑立之 十月 与二太后 謁大行陵 畋于蛇川原獲白 獐賜天龍后 是夕天龍后受幸得娠]'. 장수왕은 등극직후 광개토왕의 장례가 정리되자414년 9월 남쪽으로 내려가 사천원에서 사냥한다414년 10월. 사천원蛇川原은 지금의 평양특별시 중심구역으로 보통강蛇川 주변 벌판이다. 이때 장수왕은 평양특별시 대성구역을 천도 후보지로 낙점한다.

장수왕은 천도를 결심하고 꼬박 13년간을 수도 조성공사에 매진한다. 기간은 사천원 사냥 이듬해인 415년부터 실제 천도가 이루어진 427년까지이다. 이렇게 해서 장수왕의 수도 평양안학궁/대성산성의 웅장한 모습이 탄생한다.

우리는 장수왕의 평양 천도를 고구려의 「한반도시대」 개막으로 이해한다. 그럼에도 아쉬움은 남는다. 만약 장수왕의 선택이 한반도가 아닌 대륙 쪽으로 방향을 틀었다면 이후 펼쳐진 고구려 역사는 어떻게 전개되었을까? 당연히 중원의 역사 또한 상당부분 영향을 받았을 것이다.

한반도 평양은 장수왕이 안학궁과 대성산성을 신축하면서 수도로 자리매김한 새로운 이름이다.

❙ 장수왕의 대외정책 이해 ❙

장수왕 시대를 고구려 최전성기로 이해하는 데는 이론의 여지가 없다. 가장 광활한 영토와 가장 잘 갖추어진 제도 그리고 선진화된 문화를 꽃피운다. 장수왕 시기 중원왕조는 북위北魏 8명, 동진東晉 2명, 유송劉宋 8명, 남제南齊 5명이 교체되며, 한반도는 백제 7명, 신라 4명이 교체된다. 장수왕은 80년을 재위하며 이들 왕조의 부침을 손바닥 보듯이 목도한다.

조공과 책봉의 불편함

그런데 『삼국사기』 장수왕 기록을 보면 숨이 막힌다. 온통 조공기사로 도배되어 있다. 대상은 중원왕조 남북조이다. 북조 북위는 42회, 남조 동진은 1회, 유송은 3회, 남제는 1회 등 총 47회가 나온다. 주로 북위에 치중한다. 『삼국사기』 기록대로라면 장수왕은 중원왕조 조공에 80년 치세를 온전히 바친 완벽한 조공왕이다.

아래는 『삼국사기』와 『고구려사략』의 사신을 주고 받은 견사遣使기록이다.

구분		『삼국사기』 장수왕			『고구려사략』〈장수대제기〉		
		상대국 입장		계	고구려 입장		계
		조공	파견		파견	래조	
하북 (북조)	북위	42	1	43	3	28	31
	북연		1	1		6	6
	유연				1	3	4
	선선				1	3	4
하남 (남조)	동진	1		1			
	유송	3	1	4	1	6	7
	남제	1	1	2		2	2
한반도 열도	백제				1	5	6
	신라		1	1	1	9	10
	가야					1	1
	왜					2	2
계		47	5	52	8	65	73

『삼국사기』는 상대국의 입장이다. 조공과 파견의 표현을 쓴다. 조공朝貢은 고구려가 상대국에 보내는 경우로 '○○에 사신을 보내 조공하였다.[遣使入○○朝貢]'로 적는다. 파견은 상대국이 고구려에 오는 경우이다. 이에 반해 『고구려사략』은 고구려의 입장이다. 파견과 래조를 쓴다. 파견은 고구려가 상대국에 보내는 경우이고, 래조來朝는 상대국이 고구려에 오는 경우이다. 기록은 '○○가 사신을 보내 래조하였다.[○○遣使來朝]'로 쓴다. 또한 래헌來獻·래조하여 방물을 바침으로 표기한 기록도 다수 나온다.

두 기록의 차이는 극명하다. 『삼국사기』는 주로 고구려가 상대국에 견사한 내용을 기록한 반면 『고구려사략』은 주로 상대국이 고구려에 견사한 기록을 담고 있다. 횟수를 보더라도 고구려가 상대국에 조공한 횟수는 47회인 반면 상대국이 고구려에 래조한 횟수는 65회이다. 물론 일부는 조공과 래조의 시기가 겹치기도 한다. 또한 『삼국사기』는 견사 대상이 남북조 왕조에 국한한 반면 『고구려사략』은 남북조 뿐 아니라 북연北燕, 유연柔然, 선선鄯善 등이 추가되며, 한반도의 백제, 신라, 가야와 일본열도의 왜까지 확대된다.

특히 『삼국사기』는 장수왕이 남북조 왕조로부터 책봉冊封받은 내용도 싣고 있다. 북위의 「도독요해제군사정동장군영호동이중랑장요동군개국공고구려왕」, 동진의 「고구려왕낙랑군공」, 유송의 「거기대장군개부의동삼사」, 남제의 「표기대장군」 등이다. 『고구려사략』에는 아예 나오지 않는다.

원래 조공朝貢과 책봉冊封은 천자天子국과 제후諸侯국 사이에서 주고받는 일종의 주종관계의 표식이다. 그러나 한漢 멸망이후 북방 유목민족의 신생국이 중원 하북지역에 우후죽순 생기며 조공과 책봉은 본래의 기능을 상실한다. 신생국 모두가 천자국을 자처하면서 주변국의 지지를 얻어내기 위한 외교수단으로 변질된다. 북위 역시 마찬가지이다.

그렇다면『삼국사기』는 무슨 연유로 조공기록만으로 장수왕의 치세를 편집하였을까? 아쉽게도『삼국사기』기록은『위서』북위,『진서』동진,『송서』유송,『남제서』남제 등 중국사서에 대부분 나온다. 굳이『삼국사기』를 변명하자면 편찬당시 장수왕 기록이 절대 부족하여 중국사서를 집중 인용할 수도 있다. 그렇다고 해서 이를 어찌 장수왕의 치세 기록이라 감히 말할 수 있겠는가?

『삼국사기』의 장수왕 기록은 완전히 뒤엎어야 한다. 새로이 밭갈이를 해야한다. 조공朝貢나무는 모두 뽑아내고 래조來朝나무로 다시 심어 놓아야 한다.

장수왕의 대외정책 이해

장수왕의 대외정책은 대상에 따라 확연한 차이를 보인다. 한반도 국가는 적대적 군사정책을 편다. 대표적인 경우가 백제이다. 백제는 개로왕이 장수왕에게 잡혀 죽임을 당하며 국가기반의 중심인 한강유역을 소실한다. 이로 인해 백제는 한성시대를 마감하며 새로이 웅진시대를 맞는다. 이에 반해 대륙 중원왕조는 유화적 외교정책을 편다.『삼국사기』를 보면 장수왕은 재위80년 간 중원왕조와 전쟁을 벌인 기록이 단 한 차례도 나오지 않는다. 이는 과거 역대 왕들이 벌였던 치열한 군사적 대결과 비교하면 상상할 수 없는 일이다. 그렇다고 장수왕 시기 중원왕조 상황이 녹록한 것은 결코 아니다. 그럼에도 전쟁 한 번 치르지 않고 고구려를 굳건히 지켜낸 것은 가히 기적에 가깝다.

특별한 비결이 있었을까? 〈장수대제기〉에 명확히 나온다. '8년421년 신유 8월, 춘태자가 아뢰길 … 멀리 있는 자는 교류하고 가까이 있는 자는 공격하며 붙어 있는 자는 떼어놓고 떨어진 자는 가까이 해야합니다. 수성함으로 정복을 이어가고 교화함으로 수성을 이어가야 합니다. 그런 까닭에 동명추모왕께선 정벌하시고 광명유류왕께선 수성하신 겁니다. 폐하 역시 응당 선제광개토왕의 땅을 지키면서 남방을 치화한 이후에 서쪽으로 나가심이 옳을 듯 합니다."하였다. 상이 이르길 "숙부 말씀이 옳습니다."하였다.[八年 辛酉 八月 春太子曰 … 遠者交之 近者攻之 接者割之 離者近之 以守継征 以化継守 故東明征伐 光明守之 陛下亦宜守先帝之域 消化南方 然後可以西進 上曰 叔父之言善]

참으로 놀라운 기록이다. 장수왕의 대외정책 4대 원칙이다. ① 「원자교지遠者交之」 멀리 있는 자와 교류한다. ② 「근자공지近者攻之」 가까이 있는 자는 공격한다. ③ 「접자할지接者割之」 붙어있는 자는 떼어 놓는다. ④ 「이자근지離者近之」 떨어진 자는 가까이 둔다. 이 원칙은 대외정책의 전술적 핵심가치core value들이다. 또한 기록은 전략적 비전vision도 명확히 설정하고 있다. 「이수계정以守継征 이화계수以化継守」 즉 수성함으로 정복을 이어가고 치화함으로 수성을 이어간다.

치화治化로 번역한 한자 원문은 그냥 '化'이다. 우리 민족의 사상체계인 삼신일체三神一体의 작동원리 화化는 조화造化, 교화教化, 치화治化 등으로 발현된다. 조화는 하늘天이 낳고, 교화는 땅地이 기르며, 치화는 사람人이 다스린다. 《광개토왕릉비》와 『고구려사략』에는 왕화王化로 적은 기록도 있다. ☞ 109쪽 '영락5년 비려 토벌' 참조

장수왕의 대외정책은 임기응변식의 기법技法정책이 아니다. 전략과 전술이 치밀하게 계획되어 실행된 정법定法정책이다.

그렇다면 장수왕이 대외정책을 통해 달성하고자 하는 목표Goal와 미션Mission은 무엇일까? 장수왕이 최종적으로 만들고자 한 고구려의 실제 모습이다. 이 역시 〈장수대제기〉에 나온다. '8년421년 신유 10월, 상이 춘태자와 함께 란궁서도 남당에서 나랏일을 논하였다. 상이 이르길 "수성의 도는 응당 부국강병이 주가 되어야 할 것입니다. 장차 계책을 어찌 세워야 하겠습니까?"하니, 춘태자가 아뢰길 "상께서는 근면하시니 부국을 이루실 것이며 용맹하시니 강군이 될 것이고 검소가 미약하면 모으면 될 것

이며 의로우시니 충성이 따를 겁니다."하였다. 상이 기뻐하며 화색한 얼굴로 이르길 "숙부 말씀이 옳습니다."하였다.[八年 辛酉 十月 上与春太子 座鸞宮南堂論國事 上曰 守成之道 当以富國强兵爲主 計將安出 春曰 上好勤則富 上好勇則强 未若儉而蓄 義而忠 上喜形于色曰 叔父之言善]

장수왕의 최종 목표Goal는「수성守成」이다. 광개토왕이 확보한 광활한 영토를 굳건히 지키는 것이다. 그러나 장수왕의 수성은 단순히 지킨다는 의미의 수동적 수성이 아니다. 교류외교와 정복을 병행한 능동적 수성이다. 이는 장수왕 스스로 설정한「부국강병富國强兵」에 잘 녹아있다. 나라는 부강하고 군대는 강성하다. 바로 장수왕이 수성을 목표로 하면서 스스로 정한 미션Mission이다.

▲ 장수왕의 대외정책 개념도

장수왕의 미션은 광개토왕의 미션과도 일맥 상통한다. 광개토왕의 미션은「국부민은國富民殷」이다. 나라는 부강하고 백성은 부유하다. 다만 지향점은 다소 차이가 있다. 광개토왕은 부유한 백성民殷에, 장수왕은 강성한 군대强兵에 방점을 둔다.

장수왕의 수성守成은 외교와 정복을 병행한 능동적 수성이다.

2
장수왕 치세의 올바른 이해

1부 장수왕의 외교사업

장수왕의 외교사업은 천하의 으뜸국가國冕 고구려를 중심에 놓고 그 위상과 권위를 주변국으로 확장하는 일련의 교류활동이다. 이를 위해 장수왕은 대외정책 4대 원칙 중 「원자교지」, 「접자할지」, 「이자근지」 등 세 가지를 적용한다. 290쪽 '장수왕의 대외정책 이해' 참조

▲ 장수왕의 외교사업 대상

첫째 「원자교지遠者交之」의 대상은 대륙의 중원왕조와 그 주변 국가이다. 중원왕조는 북조 북위北魏와 남조 동진東晉, 유송劉宋, 남제南齊 등이며, 주변 국가는 유연柔然과 선선鄯善이다. 장수왕은 이들 나라들과 상호 교류한다.

둘째 「접자할지接者割之」의 대상은 한반도의 백제와 신라이다. 광개토왕시기 고구려의 속국체제에 편입된 두 나라는 장수왕 시기 제라나제동맹을 성사시키며 탈고구려화脫속곡화를 꾀한다. 이에 장수왕은 이들 두 나라를 떼어 놓기 위해 여러가지 전술적 작업을 진행한다.

셋째 「이자근지離者近之」의 대상은 일본열도의 왜이다. 광개토왕 시기 고구려의 속국체제에 편입된 왜는 장수왕 시기에도 속국 관계를 유지한다.

장수왕의 외교사업은 대상에 따라 전략적 차이를 보인다. 대륙은 주로 확장성의 원심력을 작동시킨 경우로 교류적 성격이 강하다. 반면 한반도^{일본열도 포함}는 수축성의 구심력을 작동시킨 경우로 고구려 속국체제 강화에 힘쓴다.

장수왕은 외교의 중요성을 선각先覚하고 이를 국가정책에 적극 반영한 외교군주이다.

┃ 북위와의 교류 ┃

▲ 운강 석굴 [중국 산서성 대동]

북위北魏·386년~534년는 선비족 탁발부拓跋部가 하북지역에 세운 남북조시대 최초의 북조北朝·북방민족계통이다. 건국자는 도무제 탁발규拓跋珪다. 탁발규는 전진前秦이 비수淝水대전에서 동진東晉에게 패한 틈을 타서 스스로 황제라 칭하며 북위를 건국한다³⁸⁶년. 이어 내몽골 여러 부족을 평정하고 참합파参合陂전투^{394년}에서 후연後燕을 격파하며 중원의 새로운 강자로 자리잡는다. 수도는 평성平城·산서성 대동이다.

북위는 명원제탁발사 때 남조 유송劉宋을 공략하여 하남지역 일부를 얻고, 태무제탁발도 때 하夏, 북량北涼 등을 멸하며 하북지역을 통일한다439년. 이후 한화정책을 펴면서 왕족 성씨를 탁발씨에서 원씨元氏로 바꾸며, 효문제 때 수도를 평성에서 낙양으로 옮긴다494년.

북위와의 교류는 크게 세 가지로 축약할 수 있다. 첫째는 북위 탁발씨의 선대에 관한 기록 정리이고, 둘째는 북연의 처리를 둘러싼 갈등이며, 셋째는 왕실간 혼인을 두고 벌인 밀당사건이다.

탁발씨 선대에 관한 기록 정리

먼저 북위 선대에 대한 기록 정리이다. 『삼국사기』 장수왕 기록이다. '23년435년 6월, 왕이 북위에 사신을 보내 조공하며 국휘황제 이름를 요청하였다. 세조탁발도가 그 정성을 가상히 여겨 황제의 계보와 이름을 적어 보냈다.[夏六月 王遣使入魏朝貢且請國諱 世祖嘉其誠款使録帝系及諱以与之]'. 장수왕이 북위 선대 왕의 계보와 이름을 요청하여 받은 내용이다. 이 기록은 『위서』〈열전〉 고구려 편에도 나온다. 『삼국사기』 편찬자가 인용한 기록이다. 그런데 배경 설명에 대한 언급이 없다. 한마디로 이 기록은 뜬금없고 황당하다. 더구나 건국한 지 얼마 안되는 신생국 북위의 선대 왕 계보와 이름을 장수왕이 굳이 알아야 할 필요가 있었을까?

어느 역사학자의 해석. '당시 중국왕조에서는 지존인 천자와 그 조상의 이름 글자를 문서에 함부로 적지 않는 것이 관례이다. 고구려가 북위 황제 일족의 이름 글자를 알고 싶다고 요청한 것은 곧 북위를 황제국으로 받들겠다는 의사를 밝힌 정치적 행위로 해석된다. 고구려가 북위와의 적극적인 외교 의지와 동시에 황제의 뜻에 순순히 따르겠다는 뜻을 밝혀온 것이다.' 『삼국사기』 기록보다 더 황당무궤한 해석이다.

그런데 『고구려사략』은 반대로 설명한다. 〈장수대제기〉이다. '장수3년435년 을해 정월, 북위가 자신들의 선대 역사를 꾸미려 우리 조정에 래조한 사실과 휘명에 대해 물어왔다. 답하길 "북위 조정이 왕의 이름을 명확히 하는 것은 그대 나라의 일이니 내가 알 바 아니다."하였다. 북위가 자기 선대의 이름을 명확히 하지않고 제멋대로 이름을 고치거나 바꾼 것이 많았다.[長壽三年 乙亥 正月 魏欲修其先世史問其來朝史實又問諱名 答以國朝不諱御名汝國之事非我可知 魏乃諱其先世擅自改易其名者多矣]'. 북위가 선대 역사를 정리하기 위해 고구려에 래조한 사실과 휘명諱名·왕이름을 물어 왔다고 적는다.『삼국사기』기록은 중국 원전『위서』을 옮기는 과정에서 발생한 편찬자의 착오이다.

특히『고구려사략』은 이전에도 북위의 요청이 있어 선대 계보와 이름을 정리하여 보낸 사실도 밝힌다.〈장수대제기〉이다. '9년422년 임술 4월, 북위가 사신을 보내와 자신들의 선대에 대해 물었다. 개략 탁발십익건과 탁발규 시기에 대충 꾸며 가지고 있었으나 난리로 인하여 또다시 분실한 탓이다. 애초에 섭신이 딸 고두를 을두지에게 처로 주었고 나중에 고두가 낳은 딸 을증을 취하여 섭득을 낳았으며 섭득이 사만을 낳고 사만이 응점을 낳았다. 응점이 수건을 낳고 신명제제사의 딸 적공주를 취하여 적인을 낳았으며 적인이 수산을 낳고 수산이 태조왕의 딸 비공주를 취하여 수진을 낳았으며 수진이 섭인을 낳았다. 섭인이 섭진을 낳고 섭진이 응발을 낳고 응발이 이록비를 낳았다. 이록비가 노율을 낳고 노율이 의이와 의로를 낳았다. 이록비는 또 중천왕의 딸 운공주를 취하여 실록관을 낳고 노율의 처 사이에서 불을 낳았다. 불이 울률을 낳고 울률이 탁발십익건을 낳았으며 탁발십익건이 탁발식을 낳고 탁발식이 탁발규를 낳았다. 섭신이 귀화한 이래로 조정의 은혜를 받아왔으며 한 자리에서 만나면 서열로는 백제의 다음이고 신라와는 동등하였다. 세세토록 장인과 사위 사이로 있어 온 것이 이와 같고 또한 이런 까닭으로 섭득시절부터 이미 선사를 받아들이더니 지금에 이르러 크게 번창하였다.[九年 壬戌 四月 魏遣使來問其先 盖犍珪之時略有所修而因乱又失也 初涉臣以其女皐頭妻乙豆智 既而又娶皐頭女乙蒸生涉得涉得生射満 射満生応点 応点生樹健 尚神明女荻公主生荻仁 荻仁生樹山 樹山尚太祖女裶公主生樹真樹真生涉仁 涉仁

生涉真 涉真生応勃 応勃生伊鹿肥 伊鹿肥生奴律 奴律生倚𥙿倚盧伊鹿肥
又尚中川女雲公主生悉禄官 与奴律妻生弗 弗生爵律 爵律生犍 犍生寔 寔
生珪矣 涉臣帰化以来受朝延恩 遇次於済而等於羅 世作舅甥如此 故自涉
得時已奉仙師 至是大昌]'.

북위 건국자 탁발규의 선조는 섭신涉臣이다. 섭신은 옛 비리국卑離國
왕이다. 건국초기 추모왕이 비리국을 병합하자 섭신은 고구려에 귀화한
다. 또한 기록은 섭신의 후손과 고구려 왕실과의 관계도 일목요연하게 정
리하고 있다. 신명왕『삼국사기』고추가 재사, 태조왕, 중천왕 등의 딸과 혼인한
내용이다. 그래서 탁발규의 선조인 섭신가문은 대대로 고구려 왕실의 사
위부마가 된다.

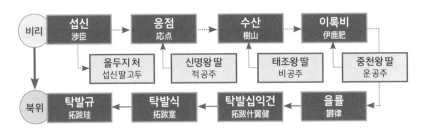
▲ 북위탁발씨의 선대 계보도

특히 장수왕은 북위의 서열을 따로 정한다. '백제의 다음이고 신라와
동등하다.[遇次於済而等於羅]'. 북위는 출발부터가 고구려의 부마국인
것이다.

『고구려사략』〈영락대제기〉. '15년405년 2월, 탁발규가 사신을 보내와 낙타를 바치고 스스
로 을두지의 외예라며 동명의 업을 함께 이루자고 청하였다.[十五年 二月 珪遣使來献駱
駝 自言乙豆智外裔 請共建東明之業]'.

북연 처리를 둘러싼 갈등

다음은 북연 처리를 둘러싼 갈등이다.

북연北燕·407년~436년은 고구려 왕족 출신 모용운慕容雲·고운이 후연 모용희慕容熙를 무너뜨리고 세운 왕조이다. 고구려와 북위사이에 위치한다. 수도는 용성龍城이다.

436년 북위 태무제 탁발도拓跋燾는 북연 정벌에 나선다. 목표는 북연의 멸망과 흡수이다. 이때 탁발도는 정벌 계획을 장수왕에게 알리고, 이를 입수한 북연의 풍홍馮弘 역시 장수왕에게 도움을 요청한다. 장수왕의 선택은 북위가 아닌 북연이다. 〈장수대제기〉이다. '장수2년434년 갑술 4월, 상이 남소에 가서 군대를 사열하니 풍홍이 사신을 보내와 신하를 칭하고 구원을 요청하였다. 상이 이르길 "북위 탁발도가 내게는 그대의 땅을 침입하지 않겠다 약속하고 몰래 침식한다 하니 이는 쥐새끼나 고양이와 무엇이 다르겠느냐! 요수 서쪽은 짐이 알 바 아니나 만약 용성을 침입하면 짐이 맡아 토벌하겠다."하였다.[長壽二年 甲戌 四月 上如南蘇閱武 馮弘遣使稱臣請救 上曰 魏燾約我以不侵汝境 而暗自侵蝕 是何異於鼠猫哉 遼隧以西 朕所不知 若入於龍城 朕当伐之]'. 장수왕은 북연의 수도 용성 만큼은 반드시 지켜주겠다는 약속을 한다.

436년 4월, 북위 탁발도는 북연을 공격한다. 이 내용은 『삼국사기』와 『고구려사략』 공히 자세히 기술한다. 또한 내용도 크게 차이나지 않는다. 북위는 먼저 접경지역의 백랑성白狼城을 공격하여 빼앗는다. 소식을 접한 장수왕은 갈로葛盧와 맹광孟光에게 2만 군사를 주어 북연의 수도 용성龍城에 급파한다. 그리고 북위군이 도착하기 전에 성안을 초토화하고 풍홍과 북연 백성을 탈출시킨다. 『삼국사기』와 『고구려사략』은 용성 초토화를 공히 '大掠城中' 즉 '성안을 크게 노략하다'로 쓴다. 장수왕은 용성을 북위에게 내주더라도 아무 것도 취할 수 없게 미리 조치한 것이다. 다만 용성을 지켜주겠다는 풍홍과의 약속은 지키지 못한다. 대신 풍홍과 북연 백성을 용성에서 탈출시켜 평곽平郭으로 이전시킨다.

북위 탁발도는 장수왕의 조치에 격분한다. 사신을 보내 풍홍의 소환을 강력히 요구한다. 〈장수대제기〉이다. '장수4년436년 병자 5월 … 풍홍을 평곽에 머물게 하자 북위 사신 산기상시 봉발이 찾아왔다. 봉발은 봉시의 아들인데[※고구려 출신] 풍홍을 내어달라 청하였다. 상이 이르길 "풍홍이 비록 북위에게 죄를 지었어도 나의 점화이니 죽게 놔둘 수는 없다."하였다.[長壽四年 丙子 五月 … 置弘于平郭 魏使散騎常侍封撥來 撥時子也 請得弘 上曰 弘雖得罪於魏 帰我沾化 不可殺之]'. 그러나 장수왕은 탁발도의 요구를 단호히 거절한다. 이유는 풍홍이 장수왕의 점화沾化이기 때문이다. '沾化'는 속민屬民을 말한다. 장수왕은 고구려 속민인 풍홍을 탁발도에게 내주지 않고 보호한다.

장수왕은 북연 처리 문제를 놓고 탁발도와 대결한다. 북연 정벌을 처음 계획하고 실행에 옮긴 사람은 탁발도이다. 그러나 장수왕은 탁월한 책략을 발휘해 탁발도의 계획을 무산시키며 오히려 북연을 흡수하는 놀라운 결과를 창출한다. 아마도 축계망리逐鷄望籬 즉 '닭 쫓던 개 지붕 쳐다본다'는 속담은 탁발도를 두고 한 말일 것이다.

왕실간 혼인 밀당의 전모

마지막으로 고구려와 북위 왕실간 혼인 밀당사건이다.

왕실간 혼인은 435년 태무제 탁발도가 보낸 명원제 탁발사拓跋嗣의 딸 가란嘉蘭을 장수왕이 왕후로 맞이하면서 시작한다. 〈장수대제기〉이다. '장수3년435년 을해 6월, 북위가 산기시랑 이오 등을 보내 탁발사의 딸 가란을 호송해왔다. 하란탁발사 왕후의 딸이라고도 한다. 상이 담윤을 영접대사자에 봉하여 서하로 나가 맞이하고 탕수궁에 들여 근례를 행하고 이오 등에게는 수림 온궁에서 연회를 베풀었다. 이오가 부마대왕 금인과 대선우 옥새 등을 바치니 상이 웃으며 이오 등에게 이르길 "그대 나라가 여러 차례 불사약과 불로주를 보내 짐이 장수하길 축원해 주었고 청평공주로 하여금 짐을 섬기게 하였다. 백년을 함께 한 양국의 우의가 산 같고 바다 같다 함은 이를 두고 이르는 말이다.”하였다.[長壽三年 六月 魏散騎侍郞李敖等送嗣女嘉蘭來 乃賀蘭之出云 上以談允爲迎接大使者出西河迎之 入泪水宮行吞礼 宴敖等于獸林温宮 敖等献駙馬大王金印大単于玉璽等 上笑謂敖等曰 汝國累遣不死薬不老酒而祝朕長壽 又以清平公主事我 百年兩國之情如山若海者 此之謂也]’. 장수왕이 북위 공주 가란嘉蘭과 혼인한 사유는 기록이 없으나 적어도 국혼에 이르기까지는 여러 차례 사신을 주고 받으며 상당한 조율을 했을 것이다. 그런데 정작『삼국사기』는 혼인 사실을 아예 뺀다. ‘23년435년 6월, … 북위 세조가 … 원외산기시랑 이오를 보내 왕을 「도독요해제군사정동장군영호동이중랑장요동군개국공고구려왕」에 봉하였다. 가을, 왕이 사신을 북위에 보내 은혜에 감사를 표하였다.[二十三年 夏六月 … 世祖 … 遣員外散騎侍郞李敖 拜王爲都督遼海諸軍事征東將軍領護東夷中郎將遼東郡開國公高句麗王 秋 王遣使入魏謝恩]’. 혼인 사실을 빼다 보니 기록자체가 엉뚱하게 변질된다.

▲ 중국드라마 북위풍태후

이후 두 나라의 혼인문제는 중단된다. 그러다가 30년이 지난 465년 헌문제 탁발홍拓跋弘이 즉위하면서 다시 불거진다. 이번에는 풍태후문성태후가 아들 탁발홍의 후궁으로 고구려 공주를 요구한다. 이 내용은『삼국사기』에 상세히 나온다. 다만『삼국사기』는 466년 한 해에 발생한 사건으로 압축한다. 정리하면 이렇다. 풍태후가 헌문제탁발홍의 후궁으로 장수왕의 딸을 요구한다. 이에 장수왕은 딸이 출가한 이유를 들어 대신 동생의 딸을 보내겠다는 의사를 표명한다. 풍태후는 장수왕의 수정 제의를 받아들이고 혼인을 성사시키기 위해 폐백을 보낸다. 그러나 장수왕은 동생의 딸이 사망하여 보낼 수 없다고 알린다. 이에 북위는 종실의 딸로 대신할 것을 요구하고 장수왕은 수락한다. 여기까지가 『삼국사기』의 설명이다. 그리고 '마침 현조^{탁발홍}가 죽어 이 일은 중단되었다.[会 顕祖崩 乃止]'며 혼인문제를 마무리한다. 『삼국사기』 기록대로라면 혼인 대상은 장수왕의 딸→장수왕 동생의 딸→종실의 딸 등으로 교체된다. 불은 지피지 않고 불판만 바꾼 꼴이다. 북위와의 혼인은 실제 이루어지지 않은 미수사건으로 설명한다.

그런데 『고구려사략』은 완전히 다르다. 장수왕의 딸, 장수왕 동생의 딸 등은 아예 언급이 없으며 처음부터 종실의 딸이 등장한다. 또한 사건 발생년도는 466년 한 해가 아닌 466년~470년까지 계속해서 이어진다. 〈장수대제기〉이다.

465년 (장수52)	5월, 탁발준이 죽어 그 아들 탁발홍이 보위에 올랐다. 나이는 12세이다. 五月 濬殂子弘立 年十二
466년 (장수53)	정월, 탁발준의 처 풍씨가 자기 아들 탁발홍을 위해 청혼하여 6궁을 갖추고자 하였다. 이미 혼인한 자는 정후가 될 수 없으니 사양한다 하였다. 正月 濬妻馮氏為其子弘 請婚以備六宮 云辞以已婚者非其正后故也 7월, 풍씨가 또 정준을 보내 종실의 딸을 청하여 고련의 딸 원씨를 보냈다. 七月 馮氏又令程駿來請宗室女 乃送以皐連女元氏
467년 (장수54)	2월, 정준이 찾아와 채단 백필을 바쳤다. 고련의 처 보인이 이를 받았다. 二月(閏正月) 程駿來献綵段百疋 皐連妻宝仁受之 7월, 원씨가 임신하여 보인과 고련을 북위로 보내니 딸 마보를 낳았다. 七月 以元氏娠 宝仁皐連徃魏生女馬宝
468년 (장수55)	4월, 북위가 또 다른 딸을 달라 청하였다. 상이 웃으며 이르길 "풍녀 자신이 출가하겠다면 짐이 응당 맞아들이겠다."하였다. 四月 魏又請他女 上笑曰 馮女欲自嫁則朕当納之
469년 (장수56)	2월, 북위가 또 청혼하였다. 안락왕 진과 상서 이돈 등이 찾아와 채단을 바치고 나이가 어리면 사양한다 하였다. 二月 魏又請婚 安樂王真尚書李敦等來献彩段 辞以年幼
470년 (장수57)	2월, 북위가 혼인하고도 또 찾아와 혼인을 재촉하였다. 황금 천냥과 백마 오십필을 폐물로 바쳤다. 二月 魏婚又來促婚納幣及黃金千両白馬五十匹
471년 (장수58)	9월, 북위 탁발홍이 아들 탁발굉에게 보위를 넘겼다. 九月 魏弘傳位于子宏 [※ 탁발홍 476년 사망]

종실의 딸은 고련^{皐連}의 딸 원^元씨이다. 또한 원씨는 헌문제 탁발홍의 딸 마보^{馬宝}를 낳는다. 그러나 풍태후는 이에 만족하지 않고 계속해서 고구려 딸을 요구한다. 468년, 469년, 470년 등 매년 폐백을 보내며 집요하

게 요청한다. 그리고 471년 헌문제 탁발홍이 아들 효문제 탁발굉^{원굉}에게
보위를 넘기며 풍태후의 혼인요구는 중지된다.

그렇다면 『삼국사기』는 고구려와 북위의 왕실간 혼인관계를 모두 뺏
을까? 이 역시 김부식이 살아 돌아와 설명하지 않는 한 정확한 사유는 알
수 없다. 다만 장수왕의 경우 북위 공주 가란嘉蘭을 통해 아들 하나를 얻는
다. 조다助多태자이다『삼국사기』고추대가 조다. 또한 조다태자가 낳은 아들이
장수왕의 뒤를 이은 문자명왕 나운羅雲이다. 혹여 김부식은 문자명왕이
북위 왕실의 피를 받은 사실을 감추고자 했던 것은 아닐까?

풍태후의 혼인 요구는 중단되나 이후 고구려 왕족출신 여성이 풍태
후의 선택을 받아 북위왕실과 새로운 인연을 맺는다. 481년 효문제 탁발
굉^{원굉}의 후궁이 된 고조용高照容이다.『위서』<황후열전>이다. '효문제의
문소황후 고씨는 사도공 고조의 여동생이다. 아버지는 고양이고 어머니
는 개씨이며 4남 3녀로 모두 동쪽에서 태어난 후손^{고구려인}이다. 고조<sup>효문
제</sup> 초에 집안이 서쪽으로 귀의하여 용성진에 도달하였다. 문명태후^{풍태후}
가 친히 북부 마을에 행차하여 그 용모를 살펴보고 기히 여겨 나이 13세
에 궁궐로 들였다.[孝文昭皇后高氏司徒公肇之妹也父颺母蓋氏四男三女
皆生於東裔 高祖初乃擧室西帰達龍城鎮 鎮表后德色婉豔任充宮掖及至
文明太后親幸北部曹見后姿貌奇之 遂入掖庭時年十三]'. 이후 고조용은
483년 효문제^{탁발굉}의 아들 탁발각^{원각}을 낳으며 499년 탁발각이 선무제

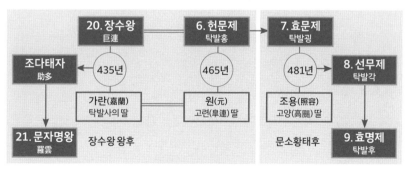

▲ 고구려-북위 왕실간 혼인 관계도

에 즉위하면서 문소황태후^{文昭皇太后}에 봉해진다.

장수왕을 특별히 예우한 북위

특히 효문제 탁발굉^{元宏}은 장수왕이 사망하자 직접 동쪽 교외로 나가 의관을 갖추고 애도식을 행하며 장수왕의 죽음에 대해 최대한의 예우를 표한다. 『삼국사기』 장수왕 기록이다. '79년^{491년} 12월, 왕이 사망하였다. 나이는 아흔여덟^{98세}이다. 호는 장수왕이다. 북위 효문제가 이 소식을 듣고 흰색의 위모관과 베로 만든 심의를 지어 입고 동쪽 교외에서 애도식을 거행하였다. 그리고 알자복야 이안상을 보내와 왕을 「거기대장군태부요동군개국공고구려왕」으로 추증하고 시호를 '강'이라 하였다.[七十九年冬十二月 王薨 年九十八歲 号長壽王 魏孝文聞之制素委貌布深衣舉哀於東郊 遣謁者僕射李安上 策贈車騎大將軍太傅遼東郡開國公高句麗王 諡曰康]'. 효문제는 장수왕에게 '강^康'의 시호를 내린다. '康'은 북위가 당시 이민족 왕에게 부여한 최고의 시호이다.

중국은 시호 '康'을 사직안강^{社稷安康}으로 설명한다. 사직왕조를 평안하게 하다는 뜻이다. 이를 들어 중국은 장수왕이 시종일관 중원왕조에 신속^{臣屬}하였으며 또한 고구려가 중원왕조의 지방정권임을 인정한 것이라고 주장한다. 참으로 어처구니 없다.

효문제가 장수왕을 특별히 예우한 이유는 무엇일까? 고구려 출신인 왕후 고조용^{문소왕후}과의 역학관계가 크게 작용했을 것으로 본다. 효문제로서는 왕후의 나라인 고구려의 국상^{國喪}을 외면하기가 어려웠을 것이다. 그러나 이는 어디까지나 표면적인 이유이다. 장수왕과 북위간에 이어온 외교적 행로를 고찰해보면 장수왕의 존재는 마치 태산과 같다. 결코 거스르지도 극복할 수도 없는 지존인 것이다.

북위는 장수왕을 높게 평가한다. 이는 북위가 장수왕을 지극히 경계한 반증이기도 한다. 북위 입장에서 보면 장수왕은 참으로 고마운 존재일 수밖에 없다. 만약 장수왕이 유화적인 외교정책을 취하지 않고 적대적인 군사정책을 취했다면 북위와 고구려의 군사충돌은 필연이 된다. 이는 장수왕 이전의 하북지역을 장악했던 북방민족 중원왕조들[5호16국]이 모두 단명한 사례에서 확인할 수 있다. 만약 고구려와 북위의 군사충돌이 잦았다면 북위의 국력은 약화되어 조기에 멸망할 수도 있다. 북위는 장수왕 시기에 하북지역의 장악한 통일국가로 150여년을 존속한다. 장수왕의 선택이 북위의 국가명맥을 유지시킨 셈이다.

당연히 북위는 장수왕에게 감사해야하지 않을까?

▌동진·유송·남제와의 교류 ▌

대륙 하북지역을 북방 유목민족인 선비족[모용선비/탁발선비]에게 내주고 대신 남쪽으로 피신하여 하남지역을 차지한 한족왕조는 거듭하여 군벌정권이 출현하며 왕조가 교체된다. 장수왕 시기 남조는 동진→유송→남제 등으로 변화한다. 전통적으로 남조는 백제의 우방이다. 372년 백제 근초고왕이 처음 동진에 사신을 파견하며 이후 남조와 서로 사신을 주고 받으며 활발히 교류한다. 그런데 장수왕이 이들 남조와도 교류를 시작하며 외교전에 뛰어든다.

▲ 동진 고개지의 「여사잠도」

동진 교류

동진東晉·317년~419년은 서진西晉의 왕족 출신인 사마예司馬睿가 양쯔강揚子江 이남을 영토로 하여 317년 건업建業·남경에 세운 한족왕조이다. 백여 년간 명맥을 유지한 왕조로 장수왕 재위 초기는 동진 말기에 해당한다.

『삼국사기』에 장수왕이 동진에 사신을 보낸 기록이 나온다. 그것도 장수왕 편년기록의 첫 문장에 실려 있다. '원년413년 왕이 장사 고익을 동진에 보내 표문을 올리고 자백마를 바쳤다. 안제가 왕을 「고구려왕낙랑 군공」에 봉하였다.[元年 遣長史高翼入晉奉表献赭白馬 安帝封王高句麗 王樂浪郡公]'. 이는 동진과의 교류 사실을 설명하는 유일한 기록이다. 『삼 국사기』에 딱 한 번 언급된 기록이며, 『고구려사략』에는 아예 나오지 않는다. 또한 『삼국사기』의 출처로 추정되는 『진서』〈제기〉에는 '방물을 바쳤다[献方物]'는 기록만 있다.

『진서』〈제기〉 안제 편. '의희9년413년 … 이 해에 고구려, 왜국, 서남이의 동두대사가 모두 함께 방물을 바쳤다.[義熙九年 … 是歳 高句麗倭國及西南夷銅頭大師並献方物]'.

이는 역사적 사실일까? 장수왕이 사신을 파견한 사건은 사실일 것이다. 시기가 장수원413년인 점으로 보아 장수왕은 자신의 등극을 동진에 알린 것으로 보인다. 그 이상도 이하도 아니다. 아마도 『고구려사략』이 기록을 남겼다면 다음과 같이 썼을 것이다. '제가 장사 고익을 동진에 보내 등조를 알리고 자백마 한 필을 선물로 주었다.'

이후 동진과의 교류 기록은 더 이상 나오지 않는다. 당연하다. 동진은 419년 멸망한다. 그럼에도 장수왕이 자신의 등극을 동진에 알린 점은 나름 의미가 있다. 동북아의 절대강자 고구려 태왕의 등극을 만천하에 선포한 사건이기 때문이다.

유송 교류

유송劉宋·420년~479년은 420년 동진東晉 장군 유유劉裕가 동진 공제로부터 선양을 받아 세운 남북조시대 남조의 첫 번째 군벌왕조이다. 유유는 팽성출신의 하급군인으로 손은과 환현의 반란을 진압하는데 공을 세우며 군벌로 성장한다. 이어 후연後燕의 침공을 격퇴하고 후진後秦 요흥姚泓

▲ 유송 건국자 유유

을 멸망시킨 유유는 북부군의 병권을 배경으로 귀족층의 지지를 얻어 유송을 건국한다. 수도는 건강建康·남경이다.[※ 건업→건강 명칭변경] 왕조 존속기간은 8대 59년으로 479년 남제를 세운 소도성에 의해 멸망한다.

장수왕이 유송과 처음 만난 때는 북연北燕 처리 문제를 놓고 북위 탁발도와 갈등을 벌이던 시기이다.☞ 297쪽 '북위와의 교류' 참조 장수왕은 북연의 풍홍馮弘을 고구려로 피신시켜 살 길을 마련해 주는데 풍홍이 복위를 꾀하며 유송을 끌어들인다.『삼국사기』장수왕 기록이다. '26년438년 3월, … 유송 태조유의륭가 사신 왕백구 등을 보내 풍홍을 맞이하고 우리에게 송환하라 명령하였다. 왕은 풍홍이 남쪽유송으로 가는 것을 원치 않아 장수 손수와 고구 등을 북풍으로 보내 풍홍과 그의 자손 10여 명을 죽였다. 왕백구 등은 풍홍이 지휘했던 7천여 명을 이끌고 손수와 고구를 습격하여 고구를 죽이고 손수를 생포하였다. 왕은 왕백구 등이 마음대로 고구를 죽이니 그를 생포하여 사신 편에 보냈다.[二十六年 春三月 … 宋太祖遣使者王白駒等迎之并令我資送 王不欲使弘南來 遣將孫漱高仇等殺弘于北豊并其子孫十余人 白駒等帥所領七千余人掩討漱仇 殺仇生擒漱 王以白駒等專殺 遣使執送之]'. 풍홍은 유의륭劉義隆에게 망명을 신청하고 유의륭은 왕백구王白駒를 장수왕에게 보내 풍홍의 망명을 받아달라 요구한다. 장수왕이 이를 거부하며 유송과 전투가 벌어진다. 처음 전투에서 고구려 장수 고구高仇는 사망하고 손수孫漱는 생포되나 이후 전투에서 장수왕은 유송을 물리치며 왕백구를 생포한다. 다만『고구려사략』은 이 사건의 전체 상황을 다른 각도에서 기술하고 있어 사실여부 판단은 좀 더 검토가 필요하다.

이외에도 유송과 교류한 기록이『고구려사략』에 여러 차례 나온다. 대부분 유송이 고구려에 사신을 보내 래헌來獻한 내용이다.

437년 (장수25)	정축 7월, 유의륭이 견단과 말을 교환하자 청하였다. 상이 평곽앞 바다에서 잡히는 물개 500마리로 교환하라 명하였다. 丁丑 七月 義隆請以絹緞換馬 命換於平郭前海狗五百匹
439년 (장수27)	기묘 정월, 유송사람 도연과 손개만이 찾아와 투항하였다. 己卯 正月 宋人陶堧孫介万來投
440년 (장수28)	경진 8월, 유의륭이 찾아와 약재와 의원을 바치며 화해를 청하고 백제로 향하였다. 庚辰 八月 義隆來献薬材及医請和而向済
451년 (장수39)	신묘 3월, 황산에 당도하니 유송사람 동등 등 100여 호가 투항하여 왔다. 辛卯 三月 如黃山 宋人董騰等百余戸來投
455년 (장수43)	을미 2월, 유송 유준이 찾아와 상을 고하고 방물을 바쳤다. 장사 동등을 보내 조문하였다. 동등은 고구려를 찾아와 투항한 유송사람이다. 乙未 二月 宋駿來告喪献方物 遣長史董騰徃吊之 騰來投宋人也
463년 (장수51)	계묘 4월, 유송이 사신 번운을 래조시켜 옥기와 약재 70가지를 바쳤다. 癸卯 四月 宋使藩雲來献玉器薬材七十事

특히 유송출신의 망명객이 적잖이 나오는 점은 시사하는 바가 크다. 장수왕의 고구려는 어느 누구에게나 개방된 대국이다.

하남 왕조에서 고구려로 망명한 기록상의 최초 인물은 주선周仙이다. 오吳 명신 주유周瑜의 서손인 주선은 동천왕 때 오의 사신단 일행으로 처음 고구려에 왔다가 귀화한다. 이후 주선은 선결仙潔을 낳고, 선결은 선방仙方을 낳으며, 선방의 딸 거지居知는 미천왕의 왕후가 되어 고국원왕을 낳는다. 주周태후이다.

남제 교류

남제南斉·479년~502년는 유송劉宋 장군 소도성蕭道成이 유송 순제로부터 선양을 받아 세운 두 번째 군벌왕조이다. 소도성은 난릉출신의 하급군인으로 유휴범의 반란을 진압하며 성장한다. 이후 양주 북부의 군사권을 장악한 소도성은 형주 심유지와의 대결에서 승리하며 귀족층의 전폭적인 지지를 얻어 남제를 건국한다. 수도는 건강建康·남경이다. 남제의 존속기간은 7대 23년간으로 502년 양梁·502년~557년을 세운 소연蕭衍에 의해 멸망한다.

▲ 남제 건국자 소도성

남제와의 교류는 480년 소도성이 자신을 즉위를 장수왕에게 알리는 과정에서 한 차례 나온다. 『삼국사기』와 『고구려사략』이다.

『삼국사기』 장수왕	68년480년 4월, 남제 태조 소도성이 왕을 「표기대장군」에 책봉하였다. 왕은 사신 여노 등을 보내 남제에 조빙케 하였는데, 북위의 광주사람이 바다에서 여노 등을 붙잡아 궁궐로 보냈다. 북위 고조가 왕에게 조서를 보내 책망하길 "소도성은 제 임금을 살해하고 강좌에서 임금 이름을 훔쳤다. 짐은 바야흐로 멸망한 옛 나라를 다시 일으켜 끊긴 대를 유씨에게 이어주려 한다. 그런데 경은 월경하여 멀리 임금을 찬탈한 도적과 외교를 하려 하니 어찌 번신으로서 절개를 지키는 도리라 하겠는가? 이제 하나의 잘못으로 경이 옛적에 보인 정성을 덮지는 않겠다. 잡혀온 자를 곧장 돌려보내니 용서하는 것을 감사히 여기고 자신이 저지른 허물을 생각해 봐. 공경히 가르침을 받들어 다스리는 곳을 평안히 안정시키고 하는 일을 보고토록 하라."하였다. 六十八年 夏四月 南齊太祖蕭道成 策王爲驃騎大將軍 王遣使余奴等朝聘南齊魏光州人於海中得余奴等送闕 魏高祖詔責王曰 道成親弑其君 窃号江左 朕方欲興滅國於旧邦 継絶世於劉氏 而卿越境外交遠通簒賊 豈是藩臣守節之義 今不以一過掩卿旧款 即送還藩 其感恩思愆 祗承明憲 輯寧所部 動静以聞 69년481년 남제에 사신을 보내 조공하였다. 六十九年 遣使南斉朝貢
『고구려사략』 〈장수대제기〉	장수48년480년 경신 4월, 소도성이 사신을 보내와 능라금수와 공작 등을 바쳤다. 장사 왕진에게 명하여 돌아가는 사신을 호송케 하였는데 북위 함선이 이를 붙잡아 억류하였다. 북위 임금이 말하길 "소도성은 임금을 살해한 도적인데 숙황께서는 어찌 그들과 통교하십니까?"하였다. 상이 이르길 "찾아오는 자는 막는 것이 아니다."하였다. 四十八年 庚申 四月 道成遣使來貢綾羅錦繡孔雀等物 命長史王晉 苔使送逢 魏船執留 魏主曰 弑君之賊 叔皇何以通之 上曰 來者不拒故也 장수49년481년 신유 2월, 소도성의 사신이 또 찾아왔다. 四十九年 辛酉 二月 道成使又至

『삼국사기』 기록은 『남제서』〈동이열전〉과 『위서』〈열전〉의 고구려 편에 나온다. 소도성이 장수왕을 「표기대장군驃騎大將軍」에 봉한 기록은 『남제서』에, 사신 여노余奴를 붙잡아 북위로 압송한 내용은 『위서』에 실려 있다. 특히 북위 효문제탁발굉가 여노를 풀어주며 장수왕에게 보냈다는 조서는 글자 하나까지 모두 똑같다. 『삼국사기』는 이 부분에 있어 『남제

서』와『위서』의 기록을 짜집기하여 장수왕의 편년기록에 삽입한다. 그래서『삼국사기』는 남제와 북위의 입장만을 반영한다.

그런데 고구려 입장인 〈장수대제기〉 기록은 완전히 다르다. 특히 북위 효문제 조서는 문서가 아닌 전언으로 적고 있다. 북위 사신은 조서 자체를 장수왕에게 전달하지 못한다. 만약 북위 사신이 '짐효문제이 어떻고 경장수왕은 어떠야 하며 번신으로 책임을 다하라'는 등의 효문제 조서를 내밀었다면 장수왕이 이를 받고 가만히 있었겠는가? 아마도 북위 사신은 장수왕의 면전에서 목이 잘렸을 것이다. 그래서 북위 사신은 효문제의 전언을 빌어 "소도성이 임금을 살해한 도적인데 어찌 태왕께서는 이들과 통교하십니까?"하며 조서는 숨기고 말로 하소연한다. 그래서 장수왕은 "찾아오는 자는 막는 것이 아니다.[來者不拒故也]"라고 일갈한다.

마찬가지로 소도성이 보낸「표기대장군」책봉서도 장수왕에게 전달되지 못한다. 아니 전달할 수 없었을 것이다. 남제 사신이 고구려를 찾아온 목적은 소도성의 즉위를 알리기 위함이지 책봉서를 전달하기 위해서가 아니다. 더구나 책봉서는 상대국 사신이 찾아올 때 주는 것이지 상대국을 찾아가 주는 것은 외교 상식에 어긋난다. 그래서 사신은 능라금수와 공작 등을 바치며 장수왕에게 남제를 건국한 소도성을 인정해달라는 선물 공세를 편다. 이에 화답하듯 장수왕은 사신의 귀국행로에 특별히 장사長史 왕진王瑨을 딸려 보낸다.

북위가 붙잡은 여노餘奴라는 인물도 고구려 사신이 아닌 남제 사신일 것이다. 〈장수대제기〉는 북위의 사신 억류 사건이 발생한 이듬해481년에 남제 사신이 또 왔다고 적고 있다. 남제 사신이 무사히 귀국할 수 있도록 조치해 준 장수왕의 배려에 대한 소도성의 감사표시이다. [※『삼국사기』는 고구려 사신이 남제에 갔다 함]

『삼국사기』는 상당부분 중국기록을 인용한다. 특히 삼국 중 고구려의 역사 기록은 그 인용 빈도가 매우 심하다. 중국기록은 소위「춘추필법」으로 얼룩진 중원왕조의 입장만을 반영한 일방의 주장이다. 이를 액면 그대로 받아들이는 것은 역사적 사실 자체를 왜곡하는 우리 스스로의 잘못된 판단이다.

「춘추필법春秋筆法」은 『춘추』의 문장에 나타나 있는 공자孔子의 역사비판에서 비롯된 것으로 대의명분을 세워 사필史筆의 준엄한 논법을 비유하여 이르는 말이다. 존화양이尊華攘夷, 상내약외詳內略外, 위국휘치爲國諱恥 등이 있다.

│ 유연과의 교류 │

▲ 예예국(유연) 사신 [양직공도 모사본]

유연柔然·402년~554년은 5~6세기 몽골초원에서 활동한 훈족匈奴계통의 유목왕조이다. 예예芮芮, 연연蠕蠕, 여여茹茹로도 불린다. 왕족 성씨는 욱구려郁久閭이다. 3세기 경 선비족에게 종속되었다가 선비족이 남하하여 중원왕조를 세우며 빠져나가자 그 일대를 차지하고 세력을 확장한다. 실질적인 왕조의 출발은 '가한可汗' 칭호를 처음 사용한 사륜社崙이다. 이후 북위와 국경을 맞대면서 대립하며 여러 차례 북위의 공격을 받기도 한다. 그러다가 6세기 중엽인 552년 가한 아나괴阿那壞가 신흥 세력인 돌궐突厥·투르크에게 패하며 점진적으로 멸망한다.

『위서』〈열전〉연연. '그 서쪽은 언기 땅이고, 동쪽은 조선 땅이다. 북쪽은 사막을 너머 한해바이칼호에 이르며, 남쪽은 대적고비사막에 임한다.[其西則焉耆之地 東則朝鮮之地 北則渡沙漠窮瀚海 南則臨大磧]'. 유연은 동서 길이가 수만리에 달하는 매우 길다란 영토를 보유한 유목 국가이다.

『고구려사략』의 유연 교류 기록

〈장수대제기〉에 나오는 유연과의 교류 기록이다.

460년 (장수47)	9월, 유연이 사신을 보내 래조하고 낙타를 바쳤다. 九月 柔然遣使來献駱駝
472년 (장수59)	정월, 유연이 사신을 보내 래조하고 토산물을 바쳤다. 正月 柔然遣使來献土物
473년 (장수60)	2월, 북위 사신이 래조하고 돌아갔다. 이어 유연이 와서 옥배와 옥마를 바치고 청혼하였다. 8월, 북위와 유연에 사신을 파견하였다. 二月 魏使來朝而去 柔然継至献玉盃玉馬而請婚 八月 遣使于魏及柔然

유연은 460년을 시작으로 472년, 473년 등 세 차례 고구려를 방문한다. 한자는 모두 '使來献'을 쓴다. '사신이 래조하여 바치다.'이다.

이 시기 유연은 북위와 대치하며 세력을 확장하는 중흥기이다. 460년은 처라가한^{토하진}^{토하진}, 472년과 473년은 수라부진가한^{여성} 때이다. 두 가한은 북위와 수 차례 전쟁을 벌이면서 또한 북위에 사신을 파견하는 등 강온양면을 구사하며 북위를 지속적으로 압박한다.

유연이 고구려에 래헌^{來献}하며 손을 내민 이유는 무엇일까? 일말의 단서가 『삼국사기』〈백제본기〉에 나온다. 472년 개로왕이 북위와의 군사동맹을 추진하며 효문제 탁발굉^{원굉}에게 보낸 국서의 일부이다. '고구려는 의롭지 못하여 거스르고 속이는 일이 한 두가지가 아닙니다. 겉으로는 번국인 척 말을 낮추지만 속으로는 흉악한 재앙과 저돌적인 행위를 품고, 남으로 유씨^{유송}와 내통하고 혹은 북으로 연연^{유연}과 약조하여 서로 입술과 이처럼 의지하며 왕략을 능멸하고 있습니다.[且高句麗不義 逆詐非一 外慕隗囂藩卑之辞 内懐凶禍豸突之行 或南通劉氏 或北約蠕蠕 共相脣歯 謀凌王略]'. 개로왕은 당시 고구려 장수왕이 유연과 어떤 조약을 맺고 북위의 정책에 반하고 있음을 꼬집는다. 고구려와 유연의 조약은 오늘날의 표현을 빌자면 '전략적 동반자 관계' 정도는 될 듯 싶다.

'전략적 동반자 관계'는 하나의 목적을 위해 서로 다른 이익을 추구하는 것이 아니라 그 목적을 달성하기 위해 서로 협의하며 파트너쉽을 맺는 것을 말한다. '관계가 우선된 동반자'가 아닌 '전략이 우선된 동반자'이다.

고구려에 군사적으로 도움을 요청

특히 유연은 472년, 473년 연이어 사신을 고구려에 파견한다. 무슨 이유일까? 『위서』는 470년 북위 헌문제^{탁발홍}가 「여수_{女水}전투」에서 유연을 대파하여 5만을 참수하고 1만을 포로로 잡아간 사건을 싣고 있다. 아마도 여수전투 대패한 수라부진가한^{여성}이 위기 위식을 느껴 장수왕에게 급히 도움을 요청한 것으로 추정된다.

『위서』 연연전. '황흥4년470년 여성유연 가한이 변방을 침범하자 헌조북위 헌문제는 북방으로 쳐부서러 갔다. … 여러 장수와 헌조는 여수女水 물가에 모였다. … 정병 5천을 뽑아 싸움을 걸며 기습하도록 하였다. 오랑태 무리는 무너져 도망갔다. 북쪽으로 3천 여리를 뒤쫓아 목을 벤 자가 5만이요 항복한 자가 1만 여이다. 빼앗은 군마와 기계는 이루 헤아릴 수 없었다. 19일 간에 걸쳐 6천 여리를 갔다 돌아왔다. 여수를 무천으로 고치고 마침내 북방에서 쳐부순 것을 기리는 글을 지어 돌에 공적을 새겼다. [皇興四年 予成犯塞 車駕北討 … 諸將会 車駕于女水之浜 … 乃選精兵五千人挑戦 多設奇兵以惑之 虜衆奔潰 逐北三千余里 斬首五万級 降者万余人 戎馬器械不可称計 旬有九日 往返六千余里 改女水曰武川 遂作北征頌刊石紀功]

▲ 옥마

특히 유연은 옥배와 옥마를 바치며 고구려에 청혼한다. 혼인은 유사시 상호 군사를 지원하는 군사동맹을 전제로 한다. 그러나 기록은 유연의 청혼 요구에 대해 장수왕이 수락한 내용이 없다. 장수왕은 유연의 청혼 요구를 거부한 것으로 판단된다. 굳이 유연과의 군사동맹을 체결하면서까지 북위를 자극할 필요가 없기 때문이다.

비록 군사동맹까지는 발전하지 않지만 유연과의 우호적 관계는 지속된다. 479년 장수왕은 유연과 공동으로 지두우地豆于를 분할 점령하여 고구려와 유연사이에 위치한 지두우 일부 땅을 고구려 영토에 편입한다.

☞ 348쪽 '지두우 분할 점령' 참조

비록 군사동맹은 미완으로 끝나지만 유연과의 우호적 관계는 계속 유지된다.

▎선선과의 교류 ▎

▲ 누란유적

누란樓蘭은 타클라마칸사막 동쪽 끝인 지금의 중국 신장위구르자치구 로프노르Lopnor·방황하는 호수 주변에 소재한 고대 오아시스왕국이다. 본래 이름은 크로라이나 Kroraina로 누란은 중국식 표기이다. 누란은 과거 훈족匈奴과 한족 사이에 위치하면서도 지정학상 으로 실크로드의 중요 거점에 위치, 막대한 부를 축적하며 번성한다. 주요 구성원은 중앙아시아의 원주민이며 티베트계, 이란계가 섞여 있는 혼혈민족이다.

누란이 문헌상에 등장하는 시기는 前2세기 부터이다. 『사기』〈흉노열전〉에 훈족의 묵돌선우冒頓單于가 한漢 효문제에 보낸 편지 속에 훈족이 누란을 평정한 내용이 나온다.

『사기』〈흉노열전〉. '지금 흉노의 작은 관리가 두 나라의 화친 맹약을 깨트렸기 때문에 그 죄를 물어 우현왕에게 그 벌로써 서쪽으로 월씨국를 정벌하도록 했습니다. 다행히 하늘이 돕고 관리와 정예 병사와 강건한 말로써 월씨를 멸하고 항복한 적을 죽였습니다. 누란, 오손, 호게와 인접 26개 국을 평정해 이들을 모두 흉노에 병합했습니다. 이리하여 각 유목민족은 모두 한 집안이 되었고 북쪽 지방은 이미 안정을 찾았습니다.[今以小吏之敗約故 罰右賢王 使之西求月氏擊之 以天之福 吏卒良 馬彊力 以夷滅月氏 尽斬殺降下之 定楼蘭烏孫呼揭及其旁二十六國 皆以為匈奴 諸引弓之民 並為一家 北州已定]'.

▲ 선선(누란)의 위치

이어 한무제 시기인 前77년 누란은 한에 복속된다. 한무제가 파견한 부개자傅介子가 누란 왕을 죽이고 새 왕을 옹립하며 이름도 누란에서 선선鄯善으로 바꾼다. 이때 한무제는 누란을 포함한 이 일대하서회랑에 무위, 장액, 주천, 돈황 등 4군을 설치해 직할지로 삼는다. 이후 1세기 후반에 한의 영향력이 약화되자 선선누란은 한의 속국에서 벗어나며 대략 5세기까지 독립 왕국을 유지한다.

『고구려사략』의 선선 교류 기록

〈장수대제기〉가 전하는 선선과의 교류 기록이다.

434년 (장수21)	7월, 선선 사신이 래조하여 말, 낙타, 공작을 바쳐서 후하게 위로하고 돌려보냈다. 북위가 침입할 뜻이 있어 우리가 북위의 형이 됨을 알고 찾아와 도움을 청하였다. 長壽二年 甲戌 七月 鄯善使來朝献馬及駝孔雀厚慰以送之 魏有侵意故 聞我為魏之兄而來求救援也 10월, … 이 해에 선선과 북량 또한 여인을 바치고자 하였다. 혼인을 통해 화친하는 풍속이 차츰 잦아졌다. 十月 … 是年鄯善北涼亦欲納女 婚和之風漸滋
442년 (장수29)	4월, 선선 사신이 래조하여 낙타, 공작, 타조 등을 바쳐서 융숭하게 대접하고 돌려보냈다. 四月 鄯善使來献駱駝孔雀駝鳥等 優待送之

445년 (장수35)	3월, 선선 사신이 돌아가더니 다시금 래조하여 낙타와 좋은 말 50필을 바치고 청혼하였다. 명을 내려 해달의 딸을 보내며 이르길 "그대 왕이 성심으로 사대하며 멀리서 찾아와 조공하니 짐이 어찌 한 여인만을 아낄 수 있겠느냐?"하였다. 三月 鄯善使去曾來献駱駝完馬五十疋請婚 命以解樏女送之曰 爾王誠心事大 遠來朝貢 朕何愛一女哉
	6월, … 북위가 선선을 병합하였다. 六月 … 魏併鄯善
446년 (장수36)	3월, 해달의 딸이 선선에서 돌아왔다. 三月 解樏女自鄯善還

선선은 434년, 442년, 445년 등 세 차례 걸쳐 고구려에 사신을 보낸다. 또한 사신은 빈손이 아닌 말, 낙타, 공작 등을 가지고 방문한다. 특히 마지막 445년은 정식으로 청혼하며, 장수왕은 해달解樏의 딸을 보낸다. 그리고 그해 선선은 북위에 병합되며, 3년 후인 448년 북위에게 완전히 멸망한다.

선선 교류의 숨은 주역 경태자

그렇다면 선선은 무슨 연고가 있어 고구려에 사신을 파견하였을까? 이전까지 고구려와 선선이 교류한 역사는 없다. 말그대로 어느날 갑자기 이루어진 사신 파견이다.

여기에는 의외의 인물이 등장한다. 〈장수대제기〉이다. '장수30년[462]년 임인 3월, 북위 사신 돈익이 래조하여 낙타를 바치며 경태자가 선선에서 죽었다고 알려왔다. 상은 조정을 폐하고 거애하였다. 경태자는 옥엽친족으로 선도를 위해 멀리 나가 있다가 외딴 곳에서 죽었다. 평생토록 고기반찬을 입에 대거나 비단옷을 입지 않았다. 나라 안과 북위에 머무르며 공주와 시첩 사이에서 모두 15명의 자녀를 두니 북위에 있는 자녀가 7명이고 선선에 있는 자녀가 2명이다. 조정은 비용과 물자를 멀리 보내 폐백이 모자라지 않게 하였다. 상은 경태자가 나라[북위]를 양보한 큰 의로움이 있기에 숭덕선제로 추존하고 사당을 세워 그 장자 회일로 하여금 돌보게

▲ 여성 미이라 [누란 출토]

하였다.[長壽三十年 壬寅 三月 魏使敦益來献駱駝言
鯨太子薨于鄯善 上廃朝挙哀 太子以玉葉之親為道
遠征殞身絶域 平生不御肉饌錦衣 在國及魏皆尚公
主而又有侍妾生子女十五人 在魏者七人 鄯善者二
人 朝廷遠送費資為幣不少 上以鯨太子有讓國大義
追尊為崇德仙帝立其廟 使其長子懐祖主之]'.

462년 선선에서 사망한 경鯨태자이다. 경태자
392년생는 광개토왕의 장자로 제1왕후 토산吐山왕후
소생이다. 광개토왕의 차자인 장수왕 거련394년생이 제2왕후 평양平陽왕
후 소생이니 경태자는 장수왕의 이복형이다. 그러나 경태자는 장자임에
도 불구하고 아버지 광개토왕으로부터 후계자 낙점을 받지 못한다. 대신
409년 선왕仙王에 봉해지며 왕위계승 서열에서 탈락한다. 이후 경태자는
고구려를 벗어나 주로 북위北魏와 선선鄯善에서 활동하며 462년 선선에
서 사망하여 그 곳에 묻힌다. ☞ 421쪽 '각저총과 무용총 벽화' 참조

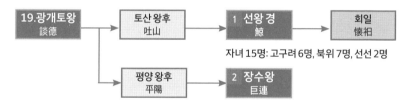
▲ 선왕 경태자의 관계도

선선 교류의 숨은 주역은 경태자이다. 경태자가 선선에 머무르며 교
류의 물꼬를 튼다. 특히 사신을 처음 파견한 434년 기록은 사유가 명확하
다. '북위가 침입할 뜻이 있어 우리가 북위의 형이 됨을 알고 찾아와 도움
을 청하였다.[魏有侵意故聞我為魏之兄而來求救援也]'. 선선은 경태자의
조언에 따라 장수왕에게 도움을 요청한다. 또한 445년 기록은 당시 선선
의 다급한 사정을 전한다. 북위의 군사적 압박 강도가 점점 높아지자 선

선은 장수왕에게 청혼한다. 어떻게 해
서든지 고구려의 직접적인 도움을 받
을 요량이다. 이를 모를 리 없는 장수
왕이다. 그럼에도 장수왕은 선뜻 청혼
을 받아들이고 해달의 딸을 보낸다. 장
수왕은 선선의 위급한 사정보다는 경
태자의 요청을 받아들인다. 그러나 선

▲ 선선 궁성 추정도

선은 아쉽게도 북위의 공격을 막지 못하고 병합된다.

누란의 멸망 원인에 대해서는 다양한 설이 있다. 외족침입설, 실크로드변경설, 자연환경변
화설, 기후악화설, 수원고갈설, 질병생물설 등이다.

경태자 후손을 추적하며

경태자는 사망 당시 15명의 자녀를 둔
다. 이 중 선선에서 낳아 그곳에 남은
자녀는 2명이다. 이들의 행방은 어떻
게 되었을까? 선선은 북위에 병합된
이후 폐허가 되며 경태자의 자손들은
선선인과 더불어 타클라마칸사막의
북동쪽인 지금의 투루판 동쪽에 인접

▲ 고창 고성 입구[공저자 이석연_2016년]

한 고창국高昌國 등으로 이주했을 가능성이 높다. 또한 이들은 고구려인
의 피를 간직한 채 서역의 여러 나라들로 퍼져 나갔을 것이다.

　전북 순창에 경주설씨慶州偰氏 집성촌이 있다. 경주설씨는 원元시기 고
려로 귀화한 설손偰遜의 후손이다. 선조는 투르판 고창국에 살던 위구르
인이라고 한다. 혹여 이들은 경태자의 후예가 아닐런지? 또한 사마르칸
트우즈베키스탄 아프라시압Afrasiab궁전벽화에는 고구려사신이 나온다. 7세
기 중엽 고구려 연개소문이 당태종을 견제하기 위해 사마르칸트왕국에

▲ 고구려사신 [아프라시압궁전벽화]

파견한 사신들로 보여진다. 연개소문의 사신이 고구려에서 5,000여㎞ 떨어진 아주 멀고 먼 사마르칸트까지 간 사실은 무얼 의미할까? 만약 어떤 연고가 있어 찾아갔다면 이 역시 경태자의 후예들과 결코 무관하지 않을 것이다.

선선 교류에는 왕이 되지 못한 장수왕의 이복형 선왕仙王 경鯨태자가 있다.

┃ 백제와의 관계 ┃

장수왕 시기 백제는 8명의 왕이 교체되며 고구려의 속국屬國체제 하에서 크게 세 차례 변곡한다. 속국 → 탈속국 → 재속국 등의 과정을 겪는다.

대	왕명	재위기간	고구려왕	고구려와 관계
17	아신왕	392년~405년 (16년) 392년~405년 (16년)	광개토왕	속국
18	전지왕	405년~420년 (16년)		
19	구이신왕	420년~427년 (8년)	장수왕	
20	비유왕	427년~455년 (16년)		
21	개로왕	455년~475년 (16년)		탈속국
22	문주왕	475년~477년 (3년)		
23	삼근왕	477년~479년 (3년)		
24	동성왕	479년~420년 (16년) 479년~420년 (16년)	문자명왕	재속국

속국기屬國期·396년~426년는 아신왕, 전지왕, 구이신왕 시기이며, 탈속국기脫屬國期·427년~475년는 비유왕, 개로왕 시기이고, 재속국기再屬國期·476년~501년는 동성왕 시기이다.

고구려 속국체제하의 백제

396년 광개토왕의 남정南征으로 한반도 서남부 지방은 고구려의 지배하에 들어간다. 이때 백제 아신왕은 '노객 맹세'를 통해 한성왕조를 보존하며 고구려의 속국체제를 선택한다. _{참조} 120쪽 '영락6년 왜잔국 정벌' 참조 이후 아신왕은 광개토왕에게 깨져 일본열도로 망명한 부여백제^{부여기마족}의 후신後身 야마토^{왜국}왕조에 전지태자를 볼모로 보내며 옛 부여백제의 한반도 서남부 땅을 인수한다. 아신왕 사후 야마토에서 귀국한 전지왕은 야마토뿐 아니라 남조인 동진과도 관계 개선을 모색하는 등 외교활동을 벌인다. 『고구려사략』에는 전지왕이 사망하여 장수왕이 사신 연식을 보내 조문한 기록도 있다.[腆支死 久爾辛立 遣淵息吊之-<장수대제기>] 그러나 구이신왕시기 백제의 왕권은 극도로 약화된다. 구이신왕의 어머니 팔수八須·야마토 인덕왕 딸부인이 섭정하며 난정亂政을 펼치자 이를 수습하는 과정에서 신왕조가 탄생한다.

『고구려사략』〈영락대제기〉. '15년405년 을사 7월, 전지는 그의 처가 팔수이니 인덕의 딸이다. 서구의 첩과 어머니가 같다. 섬강화도 중에서 아들을 낳으니 바로 구이신이다.〔十五年 乙巳 七月 腆支其妻八須仁德女也 与胥狗妾同母生子于島中 乃久爾辛也〕'. 서구胥狗는 〔영락10년 신라구원〕시 광개토왕의 5만 군사를 이끈 사령관이며,〔영락10년 왜적 격퇴〕시 왜적의 실체를 파악하기 위해 야마토에 파견된 고구려 사신이다.

왕조 교체와 제라동맹 체결

신왕조의 주인공은 비유왕이다. 『송서』가 여비余毗로 소개한 최초 부여씨 왕이다. 비유왕은 부여기마족^{부여백제}의 한반도 잔류세력인 여신余信·최초 상좌평계열로 427년 구이신왕을 실각시키고 부여씨왕조를 개창한다. 이로써 백제는 온조溫祚계열의 해씨왕조를 마감하고 구태仇台계열의 부여씨왕조가 들어선다.

『삼국사기』〈백제본기〉는 비유왕을 전지왕의 서자庶子 또는 구이신왕의 아들子로 설정한다. 그러나 이는 어디까지나 계보상의 편입이다. 비유왕은 백제 최초의 부여씨인 상좌평 여신余信의 아들로 한반도 부여기마족부여백제의 잔류세력이다.

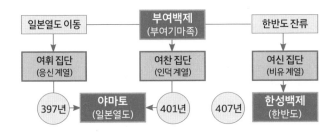

▲ 부여기마족(부여백제)의 분화과정

▲ 백제-야마토의 관작 파동

비유왕은 두 가지 일에 매달린다. 하나는 부여기마족의 서열논쟁이다. 한반도 백제와 일본열도 야마토왜국간의 '형'의 위치를 놓고 벌인 헤게모니hegemony싸움이다. 두 나라는 남조 유송을 대상으로 외교전을 펼치며 옛 부여백제 삼한 땅의 영유권을 놓고 관작 파동을 일으킨다. 유송은 처음에는 유보적인 자세를 취하나 결국은 야마토의 손을 들어준다. 이로 인해 서열싸움도 정리된다. 비유왕의 뒤를 이은 개로왕은 야마토를 형왕兄王으로 인정한다.

『일본서기』〈웅략기〉. '5년461년 가을 7월, 군군곤지이 수도에 들어왔다. 이미 다섯 아들을 두었다. 『백제신찬』에 이르길 '신축년461년에 개로왕이 아우 곤지군을 보내 대왜로 가서 천왕을 모시게 하였는 바 이로써 형왕의 우호를 닦았다'고 한다.[五年 秋七月 軍君入京 既而有五子 百済新撰云 辛丑年蓋鹵王遣王遣弟昆支君 向大倭侍天皇 以脩先王之好也]'.

또 하나는 신라와 맺은 왕실간 혼인이다. 「제라나제동맹」이다. 『삼국

사기』는 비유왕이 먼저 신라에 화친을 제안하고 좋은 말良馬 2필과 흰 매
白鷹를 보내자 신라 눌지왕이 양금良金과 명주明珠를 답례하였다고만 적
고 있다. 다소 실체가 모호하다. 그러나 『신라사초』에는 혼인동맹의 대상
이 구체적으로 나온다. 비유왕은 여동생 소시매蘇時昧를 눌지왕에게 보내
며, 눌지왕은 딸 주周씨를 비유왕에게 보낸다. 특히 비유왕은 주씨를 통해
아들 하나를 얻는다. 훗날 문주왕이 된 여문余文/文周이다. 문주의 이름에
'周'자가 들어간 이유는 주周씨가 낳은 아들이기 때문이다.

▲ 백제-신라 혼인동맹계보

　　비유왕의 제라동맹은 탈脫고구려 선언이다. 부여씨왕조 창업자인 비
유왕은 이전 해씨왕조가 굴복한 고구려 속국체제 탈피를 위해 과감히 신
라와 손을 잡는다. 『고구려사략』에 제라동맹 추진을 지켜보던 장수왕의
불편한 심기가 나온다. 〈장수대제기〉이다. '장수원년433년 계유 5월, 눌지
가 비유와 다시 화친하였다. 간사한 무리배들이 이랬다저랬다 하기가 무
상하니 스스로 누룩을 만들 것이다.[長壽元年 癸酉 五月 訥祇与毗有復和
奸輩之反复無常自作其蘖也]'. 장수왕은 간사한 무리배奸輩의 표현을 써
가며 격분한다. 그리고 스스로 누룩蘖을 만들 것이라며 백제를 손보겠다
는 의지를 표명한다.

　　장수왕의 백제 응징작업은 개로왕 시기에 구체화된다. 개로왕이 북위
와의 군사동맹을 추진하자 장수왕은 전면적인 남벌南伐을 감행한다. 475
년 3만 군사를 이끌고 한성을 초토화하며 개로왕에게 죽음의 철퇴를 가
한다. 이로 인해 백제는 한성을 포함한 한강유역을 소실하며 「한성시대」

를 마감한다. ☞ 340쪽 '백제 정벌' 참조

대륙을 호령한 동성왕의 굴복

신라의 군사지원으로 장수왕의 남벌을 억제한 문주왕은 「웅진시대」를 연다. 그러나 해구解仇 등 기존 왕족 출신인 해씨계의 반발로 문주왕과 삼근왕은 연거푸 단명한다. 백제는 왕통이 끊기는 최악의 상황을 맞는다. 이때 동성왕이 등장한다. 동성왕은 곤지昆支·비유왕아들의 아들로 야마토웅략왕 후원에 힘입어 백제 왕에 즉위한다.

『일본서기』〈웅략기〉. '23년479년 4월, 백제 문근왕이 죽었다. 천왕이 곤지왕의 다섯 아들 중 둘째 말다왕이 어린 나이임에도 총명하여 칙명을 내려 궁궐로 불러 직접 머리를 쓰다듬고 은근히 조심하도록 타일러 그 나라 왕으로 삼았다. 그리고 병기를 주고 아울러 축자국 군사 5백을 호위해 보냈다. 이 사람이 동성왕이 되었다.[廿三年 夏四月 百済文斤王薨 天皇以昆支王五子中 第二末多王幼年聰明 勅喚内裏 親撫頭面誡勅慇懃 使王其國 仍賜兵器 并遣 筑紫國軍士五百人 衛送於國 是為東城王]'.

동성왕은 반反고구려 정책을 견지한다. 당연하다. 475년에 행해진 장수왕의 남벌을 어느 누구보다도 잘 알고 있기 때문이다. 그러나 이로 인해 동성왕은 고구려의 공격을 받는다. 482년 장수왕은 말갈을 동원하여 한산성漢山城·북한산성을 공략하여 3백 여호를 사로잡는다. 그럼에도 동성왕은 신라와는 혼인동맹의 기조를 유지한다. 신라 이찬 비지比智의 딸 요황瑶黃을 부인으로 맞이한다.

『신라사초』〈소지명왕기〉. '흑계493년 정월, 국공에게 명하여 비지의 집에서 군신들과 함께 연회를 열었다. 비지의 딸을 모대의 처로 한 까닭이다. 비지의 딸 요황이 왕과 천궁을 용궁에서 알현하였다.[黑鷄 正月 命國公宴群臣于比智家 將以比智女妻牟大故也 比智女瑶黃謁王及天宮于龍宮]'.『삼국사기』에는 요황의 이름이 나오지 않는다.

이 시기 동성왕은 대륙 정벌에 감행한다. 480년 대륙 백제군百済郡·요서군/진평군의 모도牟都왕이 북위 효문제 탁발굉원굉의 공격을 받아 사망하자 직접 응징에 나선다. 484년과 488년 두 차례 산동반도 북단의 등주登

州·산동성 봉래로 직접 군사를 이끌고 건너가 청하淸河·산동성 청하현와 성양城
陽·산동성 청도을 공략하여 백제의 영토로 삼는다. 이때 동성왕은 장수왕에
게 상서上書를 올리며 '한남漢南땅을 되돌려 준다면 서쪽 중원으로 쳐들어
가 버릇없는 싹수북위를 주살하고 참하겠다'고 호언한다. 한남은 백제 시
조 온조왕의 발원지로 지금의 대릉하大陵河 중류요녕성 조양일대이다. 동성
왕의 결기가 대륙을 호령한다.

『고구려사략』〈장수대제기〉. '장수
56년488년 무진 2월, 모대가 상서
하며 스스로 하소연하길 "신의 조
상 온조는 동명의 친아들이며 유리
의 양아들로 한남 땅과 구다국에 봉
함을 받았습니다. … 한남 땅을 돌
려주셔서 이 골육이 그 땅에 발붙이
고 근본께 보답할 수 있게 해주시
면 신은 우익이 되어 동명의 큰 꿈
을 좇아 서쪽 중원으로 쳐들어가버
릇없는 싹수를 주살하고 참할 것입
니다. 이리 한다면 천손의 후예는
크나큰 행운입니다."하였다.[長壽

▲ 동성왕 북위정벌

五十六年 戊辰 二月 牟大上書自訴曰 臣祖温祖東明之親子而琉璃之義子也 故封以汗南
之地勾茶之國 … 還付汗南之地使此骨肉得以容足報本 則臣当羽翼得遂東明大計 西入
中原誅斬諸蘖樹 此天孫之裔幸甚]'.

그러나 동성왕은 대륙 정벌 이듬해인 489년 이복 여동생 진화眞花를
장수왕에게 바치고 또 이듬해인 490년 자신의 딸을 나운문자명왕에게 바
친다.

『고구려사략』〈장수대제기〉. '장수57년489년 기사 3월, 모대가 여동생 진화를 감국황제에게
바치자 감국이 상황에게 바쳐 침비로 삼았다.[長壽五十七年 己巳 三月 牟大献其妹真花于
監國皇帝 監國献于上皇為枕碑]', '장수58년490년 경오 9월, 모대가 딸을 감국에게 바치니
열두살12세이다.[長壽五十八年 庚午 九月 牟大以女献于監國 年十二]'.

〈장수대제기〉는 다음과 같이 마무리한다. '장수57년489년 기사 11월,

모대^{동성왕}가 또 사신 연희를 보내 내조하고 조공하였다.[長壽五十七年 己巳 十一月 牟大又遣使燕喜來貢]'.

동성왕의 백제는 다시금 고구려의 속국체제에 편입된다.

▎신라와의 관계 ▎

장수왕 시기 신라는 5명의 왕이 교체된다. 백제와 마찬가지로 고구려의 속국屬國체제 하에서 크게 세 차례 변곡한다. 속국 → 탈속국 → 재속국 등의 과정을 겪는다.

대	왕명	재위기간	고구려왕	고구려와 관계
18	내물왕	356년~402년 (47년)	광개토왕	속국
19	실성왕	402년~417년 (16년)		
22	눌지왕	417년~458년 (42년)	장수왕	탈속국
23	자비왕	458년~479년 (22년)		
24	소지왕	479년~500년 (22년)	문자명왕	재속국

속국기屬國期·396년~426년는 내물왕, 실성왕 시기이며, 탈속국기脫屬國期·427년~475년는 눌지왕, 자비왕 시기이고, 재속국기再屬國期·476년~501년는 소지왕 시기이다.

속국을 자처한 내물왕

내물왕은 마립간麻立干 왕호를 처음 사용한 신라 김씨왕조의 중시조이다. 이름은 모루한慕樓寒이다.[※『통전』신라전] 성씨 모慕는 선비족鮮卑族 모용慕容씨를 말한다. 4세기 중엽^{342년} 후연 모용황慕容皝이 고구려를 침공하여 수도 환도성을 유린하고 미천왕의 시신을 탈취하는 등 천인공노할 만행을 저지를 때 모용황을 따라온 한 일파가 곧장 신라로 내려와 석씨왕조흘해왕를 접수한다. 바로 모용선비 출신의 내물왕 계열이다.

신라 김씨왕조 시조 미추왕은 오환족烏丸族계통이고, 중시조 내물왕은 선비족鮮卑族계통이다. 둘 다 북방 유목민족 출신인 까닭에 김씨 성을 공유한다. 김씨왕조의 원조는 훈족 출신의 김일제金日磾이다.

그런데 내물왕은 391년 자신의 두 딸 운모雲帽와 하모霞帽를 광개토왕에게 바치며, 또한 다소 껄끄러운 상대인 각간 대서지大西知·미추왕 계열의 아들 실성實聖을 볼모로 보내며 고구려의 속국체제에 편입된다.

『고구려사략』〈영락대제기〉. '원년391년 신묘 정월, 서구를 보내 내밀의 딸 운모와 하모를 맞아들여 좌·우 소비로 삼고 보금을 비궁대부로 삼았다.[元年 辛卯 正月 遣胥狗迎奈密女雲帽霞帽為左右小妃 以宝金為妃宮大夫]'.

그 덕에 내물왕은 고구려로부터 직접적인 군사지원을 받는다. 400년 삼한백성은 이끈 궁월군이 경남 남해안에서 일본열도로 엑소더스를 준비할 때 삼한백성이 신라의 국경을 범탈하는 일이 자주 발생하자 내물왕은 급히 광개토왕에게 SOS하고 광개토왕은 5만 군사를 보내 신라를 구원한다. ☞ 133쪽 '[영락10년 신라 구원]' 참조

▲ 고구려계통 은관[경주 황남대총]

내물왕 사후 402년 볼모로 가 있던 실성이 돌아와 즉위한다. 실성왕의 즉위에는 고구려의 뒷배가 작용한다. 실성은 고구려에 볼모로 있을 때 광개토왕의 배려로 소수림왕의 딸 천성天星과 혼인하며 딸 효진曉辰 등 여러 자식을 얻는다. 뒷배의 힘은 고구려 왕실과의 혼인이다. 특히 실성왕은 즉위하면서 어린 효진을 눌지내물왕 아들의 비로 준다. 내물계를 경계한 조치이다. 적어도 내물왕과 실성왕 시기의 신라는 왕실간 교차 혼인에 기반하여 고구려의 속국체제를 유지한다.

『고구려사략』〈영락대제기〉. '원년391년 신묘 정월, 보금은 내밀의 유자조카로 키도 크고 유식하였다. 홀로 된 공주 천성을 처로 주었다. 천성은 태상후 해씨 소생이다.[元年 辛卯 正月

宝金奈密之猶子也 身長而有識 以寡公主天星妻之 星太上后解氏出也]'. '12년402년 임인 2月, 춘태자를 금성으로 보내 내밀을 조상하고 보금을 신라 주로 천성을 신라 비로 봉하였다. 천성의 장녀 효진을 내밀의 친아들 눌지의 처로 삼았다. 나이 열하나11세이다.[十二年 壬寅 二月 遣春太子于金城吊奈密冊宝金羅主 天星為羅妃 以天星之長女曉辰 為奈密子 訥祇之妻 時年十一]'.

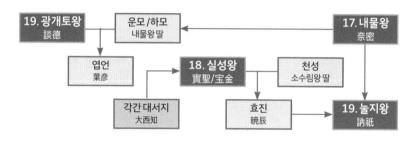

▲ 고구려-신라 왕실간 혼인 계보도

눌지왕의 탈고구려화

그러나 눌지왕이 즉위하면서 고구려와의 관계는 변화한다. 군사쿠데타를 일으켜 실성왕을 실각시킨 눌지왕은 탈고구려를 추진한다. 백제 비유왕과 혼인동맹제라동맹을 체결하며 고구려의 압박에 군사적으로 공동 대응한다. 이를 단적으로 보여주는 기록이 〈장수대제기〉에 나온다. '장수 22년454년 7월, 아슬라 수졸이 또 다시 경계를 범하였다. 눌지는 천성과 효진이 죽은 뒤로 비유와 서로 통혼하며 속으로 불측한 마음을 키우더니 이때에 이르러 그 속셈을 드러냈다. 관노소형 주건이 장령을 쳐서 목책 3개를 빼앗으니 눌지가 사신을 보내 애걸하여 이내 중지하였다.[長壽 二十二年 甲午 七月 阿瑟羅戌卒再犯境 訥祇自天星曉辰死後 與毗有相婚 而陰養不測之心 至是露骨 灌奴小兄朱虔討長嶺三柵拔之 訥祇遣使來乞 乃止]'. 장수왕은 제라동맹을 몹시 못마땅해하며 불쾌한 심사를 드러낸다. 신라와 백제는 장수왕의 응징 대상으로 전락한다.

장수왕은 먼저 백제를 응징한다. 475년 대대적인 남벌을 감행한 장수왕은 파죽지세로 밀고 내려가 백제를 초토화한다. 당시 개로왕은 급히 문주를 신라 자비왕에게 보내 군사지원을 요청한다. 문주는 비유왕이 눌지왕의 딸 주씨를 통해 낳은 아들로 제라동맹의 상징적 존재이다. 자비왕은 문주의 외삼촌이다. 이때 자비왕은 1만 군사를 보내 장수왕의 남진을 억제한다.☞ 334쪽 '백제 정벌' 참조

눌지왕과 자비왕 시기의 신라는 제라동맹에 기초하여 백제와 공동 보조를 맞추며 탈고구려화를 가속화한 시기이다.

고구려에 굴복한 소지왕

장수왕은 소지왕이 즉위하자 응징 작업에 나선다. 다만 전쟁성격이 백제의 경우와는 다르다. 백제는 전면적 공격이라면 신라는 부분적 공격이다. 장수왕의 공격은 481년, 484년, 489년 등 3차에 걸쳐 이루어진다. 1차481년는 호명성狐鳴城·경북 청송, 2차484년는 모산성母山城, 3차489년는 호산성狐山城·경북 영덕이다. 모두 신라의 경북 내륙지역이다. 특히 1차의 호명성 전투의 경우 수도 경주가 목전인 경북 포항의 미질부彌秩夫까지 밀고 내려한다.☞ 352쪽 '신라 공격' 참조

장수왕의 공격을 받은 소지왕은 어떻게 대응하였을까? 〈장수대제기〉는 다음과 같이 마무리한다. '장수57년489년 기사 9월, 비처소지왕가 사신을 보내 보옥을 바치고 옛날처럼 조공할 터이니 영원토록 생자로 삼아 달라 청하였다. [長壽五十七年 己巳 九月 毗処遣使來献宝玉請修旧貢永為甥子]'.

소지왕의 신라는 백제동성왕와 마찬가지로 고구려의 속국체제에 다시 편입된다.

▌왜와의 관계 ▌

▲ 인덕왕릉(대산고분) 전경

왜倭는 한반도 부여기마족 부여백제《광개토왕릉비》 왜잔국가 광개토왕에게 일방으로 패해 일본 열도로 망명하여 세운 야마토왕조이다397년. 일본 천왕가의 본류로 실질시조는 부여백제 여휘余暉왕인 응신應神·오오진왕이다. 이어 궁월군弓月君이 부여기마족의 본진삼한백성을 이끌고 응신왕을 뒤따라 일본열도로 엑소더스한다400년. 궁월군은 『송서』가 왜5왕 중 찬贊으로 기록한 인덕仁德·닌토쿠왕이다. ☞ 147쪽 '영락14년 왜적 격퇴' 참조

403년 인덕왕은 자신의 두 딸을 광개토왕에게 바치며 고구려 속국체제하에 놓인다. ☞ 48쪽 '광개토왕의 가계' 참조 그리고 이듬해인 404년 왜적《광개토왕릉비》 왜구이 고구려 대방지역황해도을 침입한 사건을 계기로 사신을 주고받는 실질적인 교류가 이루어진다.

『고구려사략』《영락대제기》. '14년404년 갑진 5월. 이때 왜가 대방을 쳐들어왔기에 붕련에게 군사를 주어 왜의 선박을 공격하니 목을 베고 사로잡은 자가 이루 헤아릴 수 없었다. 이들은 해적 무리이며 인덕이 그 소재를 알지 못하는 자들이다. 인덕은 사신을 보내 사죄하고, 상은 서구胥狗를 왜에 보내어 그 진상을 알아보게 하였다.[十四年 甲辰 五月 時倭寇帶方 命朋連移攻倭船斬獲無算 此皆海賊之徒仁德之所不知者也 仁德遣使謝罪 上命胥狗如倭探其眞狀]'.

왜는 고구려 속국

장수왕 시기 왜는 고구려왕실에 청혼하는 등 보다 적극적으로 고구려에 밀착한다. 〈장수대제기〉이다. '장수13년445년 을유 정월, 왜 사신이 래조하여 진주와 어피물개가죽, 산호 등을 바치고 청혼하였다. 상이 이르길 "당신네 나라는 왕자가 찾아와 수학하고 돌아가더니 이후는 소식이 없구나.

더욱이 백제, 신라와는 싸우며 화친하길 무상히 되풀이하니 어찌 믿을 수 있겠는가? 짐이 한 무리 군대를 보내 누란 밟듯 하고 싶으나 허물없는 백성에게 잔인할 수는 없는 노릇이다. 돌아가거든 당신네 주인에게 알아듣게 이르라."하였다.[長壽十三年 乙酉 正月 倭使 來獻珍珠魚皮珊瑚等物請婚 上曰 汝國王子來學而去 仍無消息 且與濟羅爭和反復無常安可信哉 朕欲一旅 之師壓如累卵 不忍其無咎之民也 往戒爾主]'.

▲ 고구려 여인옷 [일본 다카마쓰총]

당시[445년] 왜왕은 인덕계열의 윤공允恭·인교이다. 윤공왕은『송서』가 왜5왕 중 진珍으로 기록한 인덕왕의 다섯째 아들이다 [※『일본서기』기준]. 다만 장수왕이 왜의 혼인 요구를 수용했는지는 명확하지 않다.

'왜5왕'은『송서』에만 나오는 야마토 왕들이다. 찬贊, 진珍, 제濟, 흥興, 무武 등 5명이다. 이들 왜5왕은 남조 유송에 9차례 사신을 파견한다. 그런데 이 내용 자체가『일본서기』에 나오지 않는다. 그런 까닭으로 비슷한 시기『일본서기』왕력에 포함된 야마토 왕들을 왜5왕에 대비시켜 이해한다. 찬은 인덕仁德, 진은 반정反正, 제는 윤공允恭, 흥은 안강安康, 무는 웅략雄略이다. 특히 왜5왕의 이름은 모두 외자이다. 부여기마족을 상징하는 부여씨 냄새가 물씬 풍긴다.

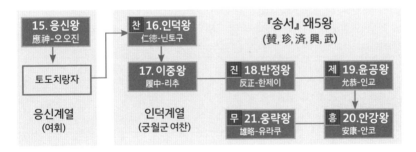
▲ 왜왕 계보도

특히 기록은 장수왕 시기 왜와의 관계를 단적으로 보여준다. 첫째, 왜의 '왕자가 고구려를 찾아와 수학'한 내용이다. 〈장수대제기〉이다. '6년 419년 을미 4월, 왜가 아들을 수학하러 보내와 이불란사에 머물게 하였다.[六年 己未 四月 倭遣子來学 命置伊弗蘭寺]'. 왜왕은 인덕왕이며, 고구려에 수학한 아들은 인덕왕의 뒤를 이은 이중履中·리추왕이다. 이름은『고구려사략』이 맥수麦穂로 기록한『일본서기』의 거래수去來穂별이다. 둘째, 왜가 '백제, 신라와 싸우며 화친하길 무상히 되풀이'한 대목이다. 백제의 경우, 전지腆支태자가 397년 왜에 볼모로 가며 인덕왕의 딸 팔수八須와 혼인한다. 이때 낳은 아들이 구이신왕이다. 그러나 백제는 부여기마족부여백제의 한반도 잔류세력인 여신余信계열의 비유왕이 한성백제를 장악하면서 부여기마족 왕조간에 치열한 서열경쟁을 벌인다. 서열경쟁은 한반도 지배권을 놓고 벌인 관작 파동이다. 신라의 경우, 400년 미사흔왕자가 왜에 볼모로 가며 인덕왕의 딸 보미宝美와 혼인한다. 이때 낳은 아들이 보신宝信이다. 그러나 신라는 박제상이 미사흔왕자를 왜에서 탈출시킨 이후로 지속적인 공격을 받는다.

▲ 왜와 백제,신라 혼인 관계도

셋째, 장수왕이 왜 사신에게 '돌아가서 왜왕에게 알아듣게 이르라'고 주문한 대목이다. 한마디로 장수왕은 속국이면 속국답게 똑바로 처신하라는 경고장을 날린다.

신라 평정을 명한 장수왕

그런데 장수왕이 왜에게 신라 평정을 명령한 기록이 있다.〈장수대제기〉이다. '장수45년477년 정사 7월, 왜가 다섯 길로 신라에 쳐들어갔다가 이기지 못하고 물러났다. 상이 왜에 조서를 보내 신라를 평정하면 작위를 주겠다 했는데 그들 왜의 성의가 이러하였다.[長壽四十五年 丁巳 七月 倭以五道侵羅不克而去 上詔倭以平羅則爵之 故其誠如是]'. 때는 477년으로 장수왕이 백제 정벌475년을 단행한 직후이다. 장수왕은 신라 자비왕이 군사 1만을 보내 백제를 지원한 점을 문제 삼는다. 그래서 속국인 왜에 조서를 보내 신라 공격을 명한다. 당시 왜왕은 웅략雄略·유라쿠이다. 왜는 다섯 길로 신라를 공격한다. 대규모 정규군이 투입된 전쟁이다. 그러나 왜의 공격은 실패로 끝난다. 『삼국사기』 역시 '끝내 아무런 성과없이 돌아갔다.[竟無功而還]'고 적는다.

『삼국사기』〈신라본기〉자비왕. '20년477년 여름 5월, 왜인이 병사를 일으켜 다섯 길로 침입하였으나 끝내 아무런 성과 없이 돌아갔다.[二十年 夏五月 倭人擧兵五道來侵 竟無功而還]'.

장수왕 시기 왜는 명백한 고구려의 속국이다.

2부 장수왕의 정복사업

▲ 장수왕의 정복사업 대상

장수왕의 정복사업은 천하의 으뜸국가 고구려의 제국화帝國化 실현을 위해 벌인 일련의 군사활동이다. 이를 위해 장수왕은 대외정책 4대 원칙 중 「근자공지近者攻之」 즉 '가까이 있는 자는 공격한다'를 적용한다. ☞ 290쪽 '장수왕의 대외정책 이해' 참조

　　북방 주변국의 경우, 북연北燕을 흡수하며, 몽골계통인 실위室韋와 지두우地豆于를 각각 정복하고 분할점령하여 이들 지역을 고구려 영토에 편입한다. 남방 한반도의 경우, 백제와 신라가 대상이다. 두 나라는 광개토왕 시기 고구려의 속국체제에 편입되나 장수왕 시기 제라나제동맹을 맺고 고구려에 대항하며 탈속국화를 추진한다. 이에 장수왕은 이들 두 나라를 군사를 동원하여 강력히 응징한다.

　　장수왕의 정복사업은 대상에 따라 다소 차이를 보인다. 주변국은 고구려 영토화를 전제로 군사적 병합을 단행한다. 반면 한반도는 고구려의 속국체제 유지를 위해 군사적 징벌로 대응한다.

　　장수왕은 광개토왕의 정복사업을 보다 확대시킨 정복군주이다.

| 북연 흡수 |

북연北燕·407년~436년은 고구려 왕족 출신 모용운慕容雲·고운이 세운 비교적 단명한 왕조이다. 407년 후연 모용희慕容熙의 폭정에 반발한 풍발馮跋이 모반을 일으켜 모용운을 옹립하고 북연을 출발시킨다. 이어 409년 모용운이 근신에 의해 살해당되자 풍발이 뒤를 이으며 내부 안정을 꾀한다. 그러나 북위北魏의 위협이 상존하여 크게 왕조를 일으키진 못한다. 431년 아우 풍홍馮弘이 즉위하며 내부혼란이 가중된다. 특히 풍홍은 남조 유송에 번국을 칭하며 조공을 바치고 관작을 받기까지 한다.[※ 당시 강남은 북연을 황룡국이라 부름] 그러나 436년 북위의 공격을 받고 고구려로 망명한 풍홍은 복위를 꿈꾸다 이를 용납하지 않은 장수왕에게 죽임을 당하며 망한다. 수도는 용성龍城이다.

북연은 고구려와 같은 종족

북연 건국자 모용운고운의 출신에 대해 『삼국사기』는 '모용운의 조부 고화는 고구려의 지속방계혈족이다. 스스로 고양씨의 후손이라 하여 '高'를 성씨로 삼았다.[雲祖父高和 句麗之支屬 自云高陽氏之苗裔 故以高為氏焉-〈광개토왕〉]'고 적는다. 모용운의 조부는 고구려 왕족의 방계인 고화高和이다. 다만 '고양씨의 후손'의 표현은 어디까지나 정리된만들어진 기록이다.

3황5제三皇五帝는 중국 고대의 전설적 제왕을 말하며 이들로 부터 중국 역사가 시작되었다는 설화속 인물이다. 3황은 복희씨伏羲氏, 신농씨神農氏, 여와씨女媧氏이며, 5제는 황제헌원黃帝軒轅, 전욱고양顓頊高陽, 제곡고신帝嚳高辛, 제요방훈帝堯放勳, 제순중화帝舜重華이다.[※ 사마천 분류] 전욱고양은 황제헌원의 손자로 고양지역의 제후에 봉해져 고양씨高陽氏로 부른다.

이에 반해 『고구려사략』은 모용운의 선조를 '동명추모왕의 서류[東明

之庶流]'이자 '고루의 후손[高婁之裔]'으로 기록한다. 고루高婁는 시조 추모왕이 환나국桓那國여왕 계루桂婁를 부인으로 맞이하여 얻은 아들이다.[※ 계루부는 계루에서 기원] 그래서 고루는 추모왕의 서류庶流·방계가 된다. 특히 고루는 고구려 고씨의 원조이기도 한다. 고씨왕조를 출발시킨 태조왕은 고루의 증손자이다. ☞90쪽 '광개토왕은 17세손인가' 참조

북연을 구원한 장수왕

고운模容雲의 뒤를 이어 한족 출신 풍발馮跋이 뒤를 잇는다. 풍발은 천왕天王을 자칭하며 국내 안정에 힘을 쏟는다. 대외적으로는 고구려와 우호관계를 유지하고 북위와는 다소 대립한다.『고구려사략』의 풍발 관련 기록이다.

〈영락대제기〉	21년411년 신해 정월, 풍발이 사신을 보내 조공하며 아뢰길 "신은 앞선 신하 고운이 남긴 조서를 쫓아 보위를 잇고 고운의 딸을 처로 삼았습니다. 세세토록 조국(고구려)의 신하가 되겠습니다. 삼가 저희 땅에서 나는 토산물을 바쳐 정성을 표합니다."하였다. 二十一年 辛亥 正月 馮跋遣使來貢曰 臣受先臣高雲之遺詔而継立 以雲女為妻 世為祖國之臣 勤修土物以献芹誠
	22년412년 임자 3월, 풍발이 딸을 후궁으로 바치고 장무와 숙거 땅을 달라 청하였으나 허락하지 않았다. 二十二年 壬子 三月 馮跋納女于後宮請得章武宿車 不許
〈장수대제기〉	2년415년 을묘 정월, 보금실성왕, 전지전지왕, 풍발 등이 사신을 보내 조공하였다. 상이 진남루에서 접견하고 춘태자에게 명하여 즐겁게 해주고 동명력을 나눠주었다. 二年 乙卯 正月 宝金腆支馮跋等遣使來貢 上接見于鎮南楼 命春太子享之以配頒東明暦 上与三山后如温湯祷子而還 大閱于汗浜 命春太子 発勧農詔 設籍蚕司而示民
	7년420년 갑인 5월, 풍발이 인삼 100근, 호피 20장, 면포 50필을 바치니 상이 목화씨를 구하라 명하였다. 七年 甲寅 五月 馮跋献人蔘百斤虎皮二十張白綿布十五匹 上命求棉種

북연은 고구려의 속국체제에 편입된다. 그래서 풍발은 여러 차례 광개토왕과 장수왕에게 사신을 보내 조공한다. 특히 415년은 북연 뿐 아니라 백제, 신라도 함께 조공한다. 장수왕의 등극을 축하하는 속국의 사신

단이다.

풍발 사후 동생 풍홍馮弘이 골육상쟁을 벌이며 태자 풍익馮翼을 죽이고 즉위한다. 북연이 내부 혼란에 빠지자 북위 탁발도拓跋燾는 북연 정벌의 야심을 드러낸다. 이때 탁발도는 정벌 계획을 장수왕에게 알리고, 이를 입수한 풍홍 역시 장수왕에게 도움을 요청한다. 장수왕은 어느 쪽을 선택할까? 북위 탁발도일까? 아니면 북연 풍홍일까? 장수왕의 선택은 풍홍이다.

『고구려사략』〈장수대제기〉. '장수2년434년 갑술 4월. 상이 남소에 가서 군대를 사열하니 풍홍이 사신을 보내와 신하를 칭하고 구원을 요청하였다. 상이 이르길 "북위 탁발도가 내게는 그대의 땅을 침입하지 않겠다 약속하고 몰래 침식한다 하니 이는 쥐새끼나 고양이와 무엇이 다르겠느냐! 요수 서쪽은 짐이 알 바 아니나 만약 용성을 침입하면 짐이 맡아 토벌하겠다." 하였다.[長壽二年 甲戌 四月 上如南蘇閱武 馮弘遣使称臣請救 上曰魏約我以不侵汝境 而暗自侵蝕 是何異於鼠猫哉 遼隊以西 朕所不知 若入於龍城 朕当伐之]'.

436년 4월, 북위는 북연 정벌을 감행한다. 이 내용은 『삼국사기』와 『고구려사략』에 자세히 나온다. 간략히 정리하면 이렇다. 북위가 먼저 북연의 백랑성白狼城을 공취하자 장수왕은 갈로葛盧와 맹광孟光에게 2만 군사를 주어 북연 수도 용성龍城에 급파한다. 이어 고구려군은 용성을 초토화하고 풍홍과 북연 백성을 빼내 고구려로 피신시킨다. 『삼국사기』와 『고구려사략』은 용성 초토화를 공히 '大掠城中' 즉 '성안을 크게 노략하다'로 쓴다. 장수왕은 설사 북위

❶북연 흡수
(436년)

북연   장수왕

▲ 정복사업 : 북연 흡수

가 용성을 점령하더라도 아무 것도 취할 수 없게 초토화한다. 이후 장수왕은 풍홍 일행을 평곽平郭으로 옮긴다.

북위 탁발도는 장수왕의 행동에 격분한다. 그리고 사신을 보내 풍홍

의 소환을 요구한다. 〈장수대제기〉이다. '장수4년^{436년} 병자 5월 … 풍홍을 평곽에 머물게 하자 북위사신 산기상시 봉발이 찾아왔다. 봉발은 봉시의 아들로 풍홍을 내어달라 청하였다. 상이 이르길 "풍홍이 비록 북위에게 죄를 지었어도 나의 점화이니 돌려 보낼 수 없다."하였다.[長壽四年 丙子 五月 … 置弘于平郭 魏使散騎常侍封撥來 撥時子也 請得弘 上曰 弘雖得罪於魏 帰我沾化 不可殺之]'.

『삼국사기』 장수왕. '24년^{436년} 5월, … 산기상시 봉발을 고구려에 보내 연왕을 보내라 명령하였다. 왕이 북위에 사신을 보내 표를 바치고 풍홍과 함께 모두 왕화를 받겠다고 하였다.[二十四年 五月 … 魏主聞之 遣散騎常侍封撥來 令送燕王 王遣使入魏奉表 称当与馮弘 俱奉王化]'. 아무리 봐도 황당한 기록이다.

장수왕은 탁발도의 요구를 단호히 거절하고 풍홍을 보호한다. 이후 탁발도는 고구려를 공격하려다가 유혈劉絜과 낙평왕 비조가 말려서 그만둔다. 『삼국사기』가 에둘러 표현한 탁발도의 공허한 메아리이다. 탁발도는 풍홍 처리 문제를 놓고 장수왕과의 정면 대결을 피한다. 오히려 대결을 회피하며 은근슬쩍 꼬리를 내린다.

북연을 흡수한 장수왕

그런데 고구려로 망명한 풍홍이 딴마음을 먹는다. 평곽에서 살 길을 열어준 장수왕을 배신하고 복위를 도모한다. 이에 분노한 장수왕은 풍홍의 처제와 자식을 인질로 잡고 풍홍을 북풍北豊·요녕성 심양으로 강제 이송시킨다. 그러자 풍홍은 남조 유송을 끌어드리며 망명을 요청한다. 이에 유송 유의륭劉義隆은 사신 왕백구王白駒를 보내 장수왕에게 풍홍의 송환을 요구한다.

다음은 이후의 상황을 정리한 『삼국사기』와 『고구려사략』 기록이다.

『삼국사기』 장수왕	26년438년 봄 3월, … 유송 태조가 사신 왕백구 등을 보내 풍홍을 맞이하고 우리에게 송환하라 명령하였다. 왕은 풍홍이 남쪽유송으로 가는 것을 원치 않아 장수 손수와 고구 등을 북풍으로 보내 풍홍과 그의 자손 10여 명을 죽였다. 왕백구 등은 풍홍이 지휘했던 7천여 명을 이끌고 손수와 고구를 습격하여 고구를 죽이고 손수를 생포하였다. 왕은 왕백구 등이 마음대로 고구를 죽이니 그를 생포하여 사신 편에 보냈다. 春三月 … 宋太祖遣使者王白駒等迎之并令我資送 王不欲使弘南來 遣將孫漱高仇等殺弘于北豊并其子孫十余人 白駒等帥所領七千余人掩討漱仇 殺仇生擒漱 王以白駒等專殺 遣使執送之
『고구려사략』 〈장수대제기〉	장수6년438년 무인 3월, 풍홍과 유의륭이 상통하더니 유의륭이 백구, 차흥, 구의 등을 보내 무리 수천을 이끌고 평곽앞 바다에 정박하기에 용기와 손인수 등에게 명하여 그들을 격살하고 함선 78척을 빼앗았다. 5월, 상이 북위와 함께 유의륭을 정벌하려다가 서구가 말려 그만두었다. 長壽六年 戊寅 三月 弘与義隆相通 義隆遣白駒次興具義等引衆数千人舶于平郭前海 命龍具義孫人漱等擊殺之奪其船七十八艘 五月上欲与魏共伐義隆 胥狗諫止之

언뜻 두 기록은 차이가 나지만 면밀히 비교해 보면 몇 가지 사실이 확인된다. 첫째는 고구려와 유송이 싸운 전투장소이다. 평곽 앞 바닷가이다. 평곽平郭은 산해관이 있는 지금의 하북성 진황도秦皇島시 북쪽 지역이다. 둘째는 양쪽 군대를 이끈 주장主將 즉 사령관이다. 고구려는 용기龍杞이고 유송은 왕백구王白駒이다. 특히 전투 중에 사망한 고구려 장수 고구高仇가 『고구려사략』에는 나오지 않는다. 아마도 고구는 하급 지휘관 정도일 것이다. 넷째는 양쪽이 생포한 인물의 계급이다. 고구려는 사령관인 왕백구를, 유송은 부사령관인 손수孫漱·손인수를 각각 생포한다. 아마도 전투 이후 두 사람의 교환은 이루어졌을 것이다. 그래서 장수왕은 왕백구를 풀어주며 유송으로 돌려보낸다. 마지막으로 전투 결과이다. 『고구려사략』은 분명히 '유송의 함선 78척을 빼앗았다.[奪其船七十八艘]'고 적는다. 고구려의 완벽한 대승이다. 특히 장수왕은 풍홍이 던진 낚시밥을 덜컥 물은 유의륭의 경솔함에 꾸짖는다. '상이 북위와 함께 유의륭을 정벌하려다가 서구가 말려 그만두었다.[上欲与魏共伐義隆 胥狗諫止之]'.

북연北燕은 고운→풍발→풍홍의 이어진 3대 29년간[407년~436년]의 단명한 왕조이다. 어찌보면 북연은 처음부터 대국 고구려와 북위사이에 끼어있는 탓에 성장에는 한계가 있다. 그럼에도 장수왕은 북위과 유송의 도전을 단호히 물리치고 당당히 북연을 껴안은 점은 높이 살 만하다.

▌실위 정복▐

▲ 몽올실위 표지석[중국 내몽골자치구]

실위室韋는 동호족東胡族에서 갈려 나온 북방 유목민족이다. 거란의 별종으로 지금의 중국 내몽골자치구 동북쪽 호륜패이呼倫貝爾 일대에 거주한 족속이다. 장수왕 시기인 5세기부터 중국사서에 등장하기 시작하여 이후 수隋대에는 점점 더 영역을 넓히며 남실위, 북실위, 발실위, 심실위, 대실위 등 5부족으로 분화한다. 당唐대에는 다시 몽올蒙兀실위 등 9부족[또는 20부족]으로 분화하며 눈강嫩江 연안, 대흥안령大興安嶺 서부, 내몽골자치구의 아르군강 연안 등에 거주한다. 우리가 잘 아는 몽골제국 징키스칸은 몽올실위의 후예이다.

『위서』〈열전〉 실위국전. '실위국은 물길에서 북으로 천리, 낙양에서 6천리에 있다. 실室 혹은 실失이라 하며 대개 계주거란의 무리에 속하며 그 남쪽에 있는 것을 계주라 하고 북쪽에 있는 것을 실위라 부른다. … 국토는 땅이 낮고 물기가 많으며 언어는 고막해, 계주, 두막루국과 같다.[室韋國 在勿吉北千里 去洛陽六千里 室或為失 蓋契丹之類 其南者為契丹 在北者号為失韋 … 國土下湿 語与庫莫奚契丹豆莫婁國同]'.

실위를 정벌한 장수왕

그런데 『고구려사략』에 실위를 정복한 기록이 있다. 〈장수대제기〉 471

년 기록이다. '2월, 장군 연길과 호해 등을 보내 장병 3만과 숙신군 3천을 이끌고 실위를 정벌하였다. 북해에 이르러 2천여 리의 땅을 넓히고 그들의 금인 12개를 노획하여 돌아왔다[二月 遣將軍淵吉胡海等將兵三万与肅愼軍三千伐室 韋 至北海拓地二千余里 獲其金人十二而還]'. 장수왕은 고구려군 3만과 숙신군 3천을 포함한 3만 3천의 대규모 군사를 보내 실위를 정벌한다. 그리고 북해北海 인근의 2천여 리 땅을 고구려 영토로 편입시킨다.

▲ 정복사업 : 실위 정복

북해는 어디일까? 지금의 내몽골자치구 동북부에 소재하는 중국의 5대 담수호 중의 하나인 호륜호呼倫湖·후룬호이다. 호륜은 몽골어로 '바다, 호수'라는 뜻이다. 호수는 길이 약 60km 너비 35km로 면적은 2,315㎢에 달한다. 물은 남서쪽의 케룰렌강과 남쪽의 오론촌강에서 흘러 들어온다. 수심은 대체로 평균 1m 정도로 얕으나 9m에 이르는 곳도 있다.

▲ 호륜호 전경 [중국 내몽골자치구]

북해北海를 바이칼Baikal호수로 보는 견해도 있다. 이를 근거로 실위의 위치를 보다 북쪽으로 이해하기도 하나 여러 문헌기록을 종합해 볼 때 실위는 지금의 내몽골자치구에서 크게 벗어나지 않는다.

실위를 정복한 이유

장수왕이 실위를 정벌한 이유는 무엇일까? 그것도 3만 3천의 대규모 병력을 동원하였을까? 구체적인 사유는 기록이 없어 알 수 없다. 다만 『고구려사략』은 장수왕의 실위 정벌 이전인 361년에도 북해를 정벌한 사실을 밝히고 있다. 〈고국원제기〉이다. '3월, 고성이 북해를 정벌하여 1천 리의 영토를 넓히고 무이 12명을 두었다.[三月 高成伐北海拓地千里 置撫夷十二人]'. 고국원왕의 361년 정벌은 장수왕의 471년 정벌과 비교하면 시간상으로 정확히 110년^{471년-361년} 차이가 난다. 특히 기록은 정벌 대상을 북해로 쓰고 있다. 북해는 장소를 지칭하는 것이 아니라 북해 주변에 거주하는 족속을 말한다. 이로 미루어 볼 때 고국원왕 시기에는 이들 족속의 명칭^{나라}이 성립되지 않았음을 알 수 있다. 다시 말해 장수왕은 이들 북해 주변의 족속이 '실위'라는 나라 이름을 가지고 고구려로부터 독립하려 하자 정벌에 나선 것이다. 이는 중국사서에 실위의 명칭이 장수왕 시기부터 등장하는 점과 정확히 일치하는 결과이다. 결국 장수왕의 정벌은 실위의 독립을 용납하지 않겠다는 대국 고구려의 징벌적 조치로 이해할 수 있다.

특히 〈고국원제기〉와 〈장수대제기〉의 실위^{북해} 정벌기록을 통해 중요한 사실 하나를 발견할 수 있다. 〈고국원제기〉는 12명의 무이撫夷를 두고[置撫夷十二人], 〈장수대제기〉는 12개의 그 금인金人을 획득한다[獲其金人十二]. 12의 숫자가 같다. 이는 실위가 12부족의 연합체임을 말한다. 12명의 무위는 고구려의 파견관이며, 12개의 금인은 12부족장의 징표이다. 장수왕이 금인을 획득한 점은 12부족장의 직위를 모두 박탈했다는 의미로 읽혀진다. 장수왕의 정벌은 단순한 정벌이 아니라 아예 실위를 해체시킨 정복이라 할 수 있다.

무이撫夷는 '오랑캐를 달랜다'는 뜻으로 특정 집단을 가리키는 것이 아니다. 대국이 주변국 또는 주변족속의 원할한 감시와 통제를 위해 파견된 파견관을 일컫는다. 황해도 안악의 '안악3호무덤' 묵서에 동수가 고국원왕으로부터 받은 호무위교위 낙랑상護撫夷校尉 樂浪相은 낙랑지역 고구려 교위부의 파견관이며, 황해도 봉산의 '장무이묘'의 벽돌 명문 대방태수 장무이帶方太守 張撫夷는 대방태수의 이름이 아니라 대방태수 장張씨가 파견관임을 말한다.

실위는 크게 두 부류로 나눈다. 숲이 있는 지역은 수렵을 생업으로 주

로 담비와 날다람쥐를 사냥하며, 초원이 있는 지역은 유목을 위주로 수렵과 일부 농업을 겸한다. 이런 까닭에 실위는 각 부족마다 발전 정도가 달라 제대로 고대국가를 형성하지 못한다. 특히 『동사강목』은 '실위국은 철鐵이 나지 않아 고구려에서 공급을 받았다'고 적고 있어 장수왕의 정벌이 후에도 고구려가 실위를 속국으로 관리했음을 알 수 있다.

916년 야율아보기가 거란 8부를 통일하고 이 지역의 해奚와 실위를 평정하며 요遼를 건국한다. 10세기 실위의 각부는 모두 요에 통합된다.

장수왕의 실위 정벌은 실위를 해체시켜 속국으로 삼은 정복전쟁이다.

| 백제 정벌 |

475년 7월, 장수왕은 3만 대군을 이끌고 남벌을 단행한다. 이는 광개토왕이 396년 벌인 첫 번째 남벌과 맥락을 같이하는 80년 만에 다시 벌인 두 번째 남벌이다. 다만 차이가 있다면 광개토왕의 정벌대상은 충청도의 부여백제倭殘國인 반면 장수왕의 정벌대상은 경기도의 백제한성백제이다.☞120쪽 '영락6년왜잔국 정벌' 참조

▲ 정복사업 : 백제 정벌

장수왕의 남벌로 백제는 치명상을 입는다. 시조 온조가 터전을 마련한 한강유역을 상실하며 장수왕에게 사로잡힌 개로왕과 왕실가족은 대부분 목숨을 잃는다. 이로 인해 백제는 「한성시대」를 마감하고 「웅진시대」를 새로이 연다.

남벌을 위한 사전 공작

장수왕은 남벌에 앞서 두 가지 사전 공작을 펼치며 개로왕을 압박한다.

▲ 개로왕의 강둑공사

하나는 464년 간첩 도림道琳을 백제에 은밀히 파견한다. 도림은 개로왕이 바둑을 좋아한다는 사실을 알고 개로왕에게 접근하여 신임을 얻으며 왕실고문인 상객上客의 대우를 받는다. 그리고 여러 가지 이유를 들어 개로왕을 부추겨 토목공사를 일으키게 만든다. 토목공사는 사성蛇城의 동쪽으로부터 숭산崇山 북쪽에 이르는 강둑공사이다. 사성은 지금의 서울시 송파구 풍납토성이며, 숭산은 경기도 하남시 검단산黔丹山이다. 또한 도림은 궁궐의 누각과 대사를 웅장하고 화려하게 꾸미도록 개로왕을 꼬드기며, 들판에 가매장된 선왕비유왕의 능묘를 새로이 조성하고 장례식도 치르게 한다. 도림이 벌인 일련의 작업들은 장수왕이 백제 재정을 악화시키고 민심을 이반시키기 위해 치밀하게 계획하고 실행한 사전 공작이다.

또 하나는 백제와 북위의 군사동맹 체결을 방해하여 백제의 숨통을 조인다. 472년 개로왕은 북위에 국서를 보내 고구려를 성토하고 전격적으로 군사동맹을 제안한다.

개로왕의 국서는 『삼국사기』〈백제본기〉에 전문이 실려 있다. 총 539자로 보기 드문 명문이다. 백제와 고구려는 원래 한 뿌리인데 고구려가 우호를 깨고 백제를 공격하며 핍박하니 백제와 북위가 군사동맹을 맺어 북위가 고구려를 공격하면 백제도 고구려를 공격하겠다는 내용을 담고 있다. 특히 사마천의 『사기』에 나오는 맹상군孟嘗君과 신릉군信陵君의 고사가 실려 있어 당시 백제 지배층의 지식수준을 알 수 있다. 또한 백제사회에 『사기』가 널리 읽혀졌음을 엿볼 수 있다.

그러나 표문내용이 고스란히 장수왕에게 노출되고 장수왕은 선제적 방어에 나선다. 백제에 파견된 북위사신을 억류하는 등 백제와 북위사이의 연결고리를 차단한다. 결국 북위의 답변을 초조히 기다리던 개로왕은 북위로부터 아무런 연락이 없자 아예 없던 일로 해버린다. 『삼국사기』〈백제본기〉는 개로왕이 북위에 표문을 올려 군사를 요청하나 북위가 들어주지 않자 '왕이 이를 원망하여 마침내 조공을 중단하였다.[王怨之遂絶朝貢]'고 기록한다. '백제-북위'간 어정쩡한 동맹은 장수왕의 방해로 유야무야 끝난다.

개로왕의 다섯 가지 죄

장수왕은 남벌을 앞두고 과거 할아버지 고국원왕이 백제 근초고왕에 패하며 사망한 사건471년 평양성 전투에 대한 복수를 다짐한다. 『고구려사략』〈장수대제기〉에 출정식 장면이 나온다. '7월, 상이 주유궁으로 갔다가 황산으로 돌아와 영락대제를 지내고 종실과 3보에게 이르길 "선제광개토왕께서는 국강고국원왕이 당한 치욕을 씻고자 하셨으나 하늘이 목숨을 여유있게 주지 않았고 짐은 군사를 키워 오랫동안 기회가 오기를 기다렸다. 이제 때가 무르익었다. 아이들 사이에 백제해골은 물 건너 도망가고 신라사람은 몸을 사리고 경계를 지킨다는 말이 떠돌고 있다. 인심은 암암리에 천심을 살피는 것이니 이제 경사개로왕놈이 반드시 망하는 가을이 될 것이다." 신하들이 이구동성으로 찬동하였다. 상은 화덕에게 명하여 3만 병사를 이끌고 먼저 떠나라 하였다.[七月 上如朱留宮而還至黃山行永樂大祭謂宗室三輔 曰先帝欲雪國罡之恥而天不假壽 朕養兵待機已久 今其期已熟 兒童皆唱伯濟骸骨南渡水慈悲爲之警界云 人心察天心于黙之中此乃慶奴必亡之秋也諸臣異口同讚上命華德引兵三万先発]'.

475년 9월, 장수왕은 3만 군사를 동원하여 파죽지세로 밀고 내려가 수도 한성풍납토성/몽촌토성을 점령하고 개로왕을 사로잡는다. 그러나 장수왕은 막상 개로왕이 사로잡혀 자신의 눈앞에 무릎 꿇린 상황에서는 스스로 결정을 내리지 못한다. 대신 군신들에게 처분을 맡긴다. 이는 『신약성경』〈마태복음〉에 나오는 예수의 처형문제를 두고 유대총독 본디오 빌라도Pontius Pilate가 취한 행동과 흡사하다. 쉽게 말해 장수왕은 자신이 손에 피를 묻히지 않겠다는 의사를 표명한다.

『고구려사략』〈장수대제기〉. '9월 5일에 재증걸루가 경사개로왕를 함거에 싣고 도착하니 상이 경사를 살려주려 하였으나 군신들이 목을 베어 수급을 국강릉고국원왕릉에 바치길 청하였다. 사로잡은 8천 명은 5부에 나눠주어 노비로 삼고 경사의 처첩과 궁인은 공경과 공을 세운 여러 장수의 비첩을 삼아 하사하였다.[九月五日 桀婁檻慶而至 上欲活之 群臣請斬乃献首級于國罡陵 以其生口八千為五部奴婢 慶司妻妾及宮人賜公卿及有功諸將為婢妾]'.

그렇다면 개로왕은 무슨 연유로 죽었을까? 여기에는 의외의 인물이 등장한다. 백제출신 재증걸루再曾桀婁와 고이만연古爾万年이다. 두 사람은 고구려로 망명한 후 장수왕의 향도嚮導·길잡이가 되어 남벌전쟁의 선봉에 선다. 특히 재증걸루는 탈출하는 개로왕을 사로잡아 얼굴에 침을 세 번 뱉고 죄를 묻는다.

▲ 마조총 참수장면[길림성 집안]

『신라사초』〈자비성왕기〉에 재증걸루가 지목한 개로왕의 다섯 가지 죄가 나온다. ① 재증걸루의 아내와 딸을 범해 색욕을 채운 것. ② 고이만년의 처를 빼앗은 것. ③ 도림道琳의 말에 혹하여 토목공사를 일으킨 것. ④ 고구려를 받들지 않고 북위北魏와 내통한 것. ⑤ 신라와 모의하여 변방의 성을 침략한 것 등이다. ①②는 개로왕의 사적 죄이며, ③④⑤는 개로왕의 공적 죄이다. 특히 ①②는 개로왕이 참수당한 직접적인 동인이다. 재증걸루와 고이만년 두 사람은 과거 자신들의 처와 딸을 범한 개로왕에게 철저히 복수한다. 결국 개로왕은 장수왕의 복수가 아니라 재증걸루의 복수에 의해 목숨을 잃는다.

『신라사초』〈자비성왕기〉. '9월, 재증걸루가 한산 아래에서 왕을 추격하여 잡았다. 말에서 내려 자기를 향해 절하게 하고 3번 침을 뱉으며 말하길 "너의 죄를 알겠느냐?"하니 경사개로왕가 "알고 있다"하였다. 걸루가 그 수를 세며 말하길 "너는 간신의 말만 듣고 백성을 돌보지 않았다. 내 처를 빼앗아 너의 여자로 삼아 색욕을 채운 죄가 첫째이다. 고이만년의 처를 빼앗은 것이 둘째이다. 도림에 혹신하여 토목을 일으켜 낭비한 것이 셋째이다. 고구려를 섬기지 않고 스스로 중국북위와 내통한 것이 넷째이다. 계림신라와 공모하여 변방의 성을 침략한 것이 다섯째이다." 이에 포박하여 아차성 아래로 보내어 처형하였다.[九月 再曾桀婁追王于漢山之下得之 使下馬拜己而向而三唾之曰 汝知汝罪乎 慶司曰 知之 桀婁乃数之曰 汝聽奸臣之言而不恤百姓 奪我妻女以養色慾罪一也 奪万年之妻二也 惑信道琳浪起土木三也 不奉上朝而自通中國四也 与鷄林共謀以侵邊城五也 乃縛送于阿且城下弒之]'.

신라 지원병 파견을 이끈 문주왕

장수왕의 고구려군이 아차산성에 당도하자 개로왕은 뒤늦게 사태의 심각성을 깨닫고 급히 신라에 지원을 요청한다. 이때 신라에 급파된 사람이 문주文周이다.

문주는 개로왕의 이복동생으로 당시는 조정영수인 상좌평이다. 비유왕이 신라와 왕실간 혼인동맹을 체결하면서 맞이한 신라 눌지왕의 딸 주周씨가 낳은 아들이다. 문주의 몸속에는 신라왕실의 피가 흐른다. 『삼국사기』는 '문주가 신라에 파견되어 군사 1만을 얻어 돌아왔다[使文周求救於新羅得兵一万廻]'고 만 기록한다. 전후 맥락에 대한 설명이 없어 상상만을 자극한다. 그런데 상세한 정황이 『신라사초』에 나온다. 신라에 파견된 문주는 순망치한脣亡齒寒[※『춘추좌씨전』출처]의 고사를 들어 외삼촌 자비왕을 설득하여 신라지원군 1만을 얻어낸다.

『신라사초』〈자비성왕기〉. '7월, 고구려왕 거련이 병사 3만을 이끌고 남하하여 부여를 급습하였다. 부여왕 경사가 태자 문주를 보내어 우리에게 구원을 청하며 말하길 "순망치한이오니 바라건대 대왕께서 살펴주소서" 하였다. 왕이 조정에 의논케 하니 기보가 말하길 "거련의 이리같은 마음은 막기가 불가합니다" 아뢰었다. 이에 비태에게 서북로군 1만을 이끌고 가서 구하라 명하였다 [七月 麗主巨連引兵三万南下攻扶余甚急 扶余君慶司使其太子文洲請救於我曰 脣亡齒寒願大王察之 王下其議于朝廷期宝曰 巨連之狼心不可不制也 乃命比太引西北路軍一万往救之]'.

▲ 장수왕의 남진과 삼국의 대치전선

그러나 신라지원군은 일모성충북 청원 양성산성에 주둔하며 더 이상 북진하지 못한다. 한성을 초토화한 장수왕의 군대가 파죽지세로 충청남도 북부지역까지 밀고 내려왔기 때문이다. 결과적으로 신라지원군의 출동은 너무 늦는다. 이때 백제는 하남河南·곡교천 남쪽에서 고구려군을 막아내고 신라는 감매甘買·충남 풍세벌판에서 고구려군을 맞이하여 승리한다. 이로서 곡교천을 사이에 두고 대치전선이 형성된다.

『신라사초』〈자비성왕기〉. '비태와 벌지가 고구려군을 감매 벌판에서 크게 쳐부수었다. 해구와 연신도 하남에서 역시 고구려 병사를 쳐부수었다.[比太伐智大破麗軍于甘買之原 解仇燕信亦破麗兵于河南]' 하남의 '河'는 충남 아산의 곡교천이다.

그렇다면 신라지원군은 북진하였을까? 북진하지 않는다. 자비왕은 백제-고구려 전쟁이 신라로 확전되는 것을 경계한다. 그래서 지원군은 보내되 고구려의 추가적인 남진을 억제하는 수준에서 멈춘다. 그런데 이 대목에서 『고구려사략』은 흥미로운 내용 하나를 전한다. 장수왕이 신라에 사신을 파견하여 백제 땅을 나눠 갖자고 신라에 제안한다. 자비왕은 사신으로 온 고구려 풍옥風玉태자에게 자신의 두 딸을 시침侍寢케 하며 단안을 내리지 못한다.[遣風玉太子于慈悲議分済地 慈悲以其女二人献于太子侍枕 太子以慈悲不奉詔責之 慈悲疑弐不断] 자비왕은 백제와 왕실 간 혼인으로 맺은 '제라동맹'을 결코 외면하지도 버리지도 않는다.

문주는 신라의 지원에 힘입어 웅진충남 공주에 새로이 도읍을 정하고 즉위한다. 웅진시대를 개막한 문주왕이다. 이후 문주왕은 왜국야마토에서 급거 귀국한 이복형 곤지昆支를 신라에 파견한다. 풍옥태자는 신라 자비왕의 중재로 곤지와 정전협상을 벌이며 장수왕의 남벌전쟁은 종결된다.

개로왕의 무덤을 찾아서

장수왕은 참수된 개로왕의 무덤을 따로 만들었을까? 기록은 없으나 최소한의 예의 차원에서 어떤 형태로든지 개로왕의 무덤을 만들어 주었을 것으로 본다.

서울 광진구 아차산 중턱에 '굴식돌방무덤횡혈식석실묘'이 덩그러니 하나 있다. 돌방 내부에는 아무 것도 남아있지 않다. 특이한 것은 땅흙이 아닌 너럭바위 위에 무덤을 조성한 점이다. 부여의 매장풍습에 따르면 죽은 자의 시신을 흙속에 매장하지 않는 것이 가장 혹독한 처벌이다. 다시 말해 죽

▲ 너럭바위 돌방무덤[서울 아차산]

은 자의 영혼 부활을 박탈하는 가혹한 형벌이다. 너럭바위 위에 조성된 무덤은 죽은 자를 또 다시 죽이는 지극히 의도된 형벌의 무덤이다. 개로왕의 무덤으로 추정해 볼 수 있다.

충남 공주의 송산리고분군은 백제 웅진시대의 왕가묘역이다. 이 중 정상부에 '방단계단형 적석유구'가 있다. 명칭이 다소 어렵다. 일반적으로 제사시설로 보는 견해가 우세하나 개로왕의 가묘로 보는 의견도 있다.[※이병도 추정]

▲ 적석유구 [공주 송산리고분군]

특히 『신라사초』에는 자비왕이 웅진에 사신을 파견하여 죽은 개로왕을 조문한 내용도 있다. 개로왕의 장례식은 공식적으로 거행된다. 따라서 어떤 형태로든지 개로왕의 무덤은 조성되었을 것이다. 설사 적석유구가 아니더라도 개로왕의 시신없는 무덤은 송

산리고분군 내에 존재할 가능성이 여전히 존재한다.

개로왕은 삼국의 왕 중 가장 비극적인 최후를 맞은 왕이다. 왕의 영혼을 위로하기 위해서라도 우리 고고학이 그의 무덤을 찾아주길 기대해 본다.

▌지두우 분할 점령 ▌

▲ 쿠빌라이칸전신상[중국내몽골자치구]

지두우地豆于는 5세기경 대흥안령산맥 서쪽인 지금의 중국 내몽골자치구 석림곽륵맹錫林郭勒盟 일대에 소재한 유목 부족국가이다. 지두우는 중국어로 '디더우위'로 읽는데 '디더우地豆'는 몽골어 '달단韃靼·몽골'이며, '위于'는 '간干·왕'의 와전으로 이해한다. 지두우는 '달단 왕' 즉 '몽골 왕'이다. 특히 이곳에는 원元의 4대 쿠빌라이칸이 건설한 원상도元上都 유적지가 남아 있어 동쪽의 몽올실위가 있던 호륜패이呼倫貝爾와 더불어 몽골의 발상지로 이해한다.

지두우 분할 모의 기록

그런데 『위서』〈열전〉 계주거란국 전에 흥미로운 기록이 있다. '태화3년

479년 고구려가 연연유연과 함께 몰래 계략을 꾸
며 지두우 땅을 빼앗아 나눠 가지려 하니 계주
가 고구려의 침략을 두려워하였다.[太和三年
高句麗窃与蠕蠕謀 欲取地豆于分之 契丹懼其
侵軼]'. 태화太和는 북위 효문제탁발굉의 연호로
태화3년은 장수왕 재위 67년인 479년에 해당
한다. 장수왕이 유연과 더불어 지두우 땅을 나
눠갖기 위해 모의하자 거란이 고구려의 침략을
두려워한 내용이다.

▲ 정복사업 : 지두우 분할

그렇다면 이는 사실일까? 또한 실행이 없는 모의만하고 실제 분할은
일어나지 않았을까? 아쉽게도 『삼국사기』는 당연하고 『고구려사략』조
차도 이 내용이 나오지 않는다. 따라서 사건의 역사적 실제성과 사실성을
쉬이 예단하기 어렵다.

지두우 분할의 사실성

다만 『위서』는 사건 발생 이듬해인 480년에 지두우가 북위의 북쪽 변경
을 자주 침범했다는 기록을 남겨 지두우 본거지에 어떤 사달이 났음을 암
시한다.

『위서』《열전》 지두우국 전. '태화4년480년 지두우가 변경을 자주 침범하였다. 지두우가 노
략질하는 것이 두려워 잘 타일렀다. 다른 한편으로 조서를 내려 몹시 꾸짖었다[太和四年 輒
入塞内 辞以畏地豆于鈔掠 詔書切責之]'.

또한 『고구려사략』은 지두우 분할에 대한 직접적인 언급이 없음에
도 『위서』기록의 지두우 분할 모의로 '거란이 고구려 침략을 두려워했
다.[契丹懼其侵軼]'는 실체를 명확히 적고 있다.〈장수대제기〉이다. '장수
47년479년 북위가 계주거란와 상통하였다. 계주는 매년 조공하며 여색을
바쳐왔는데 요사이 들어 북위에 딸을 바치고 신하의 도리를 게을리한 까

닭에 장사 하세를 보내 꾸짖었다.[長壽四十七年 己未 四月 唯魏与契丹相通 契丹歲修朝貢而献女色 至是納女於魏而怠其臣道 遣長史賀世責之]'. 장수왕은 거란이 고구려를 멀리하고 북위에 달라붙자 급히 장사長史 하세賀世를 파견하여 꾸짖으며 신하된 도리를 충실히 시행해라 압박한다. 이는 거란의 변절을 설명할 수 있다. 거란은 장수왕과 유연이 지두우 땅을 분집分執·분할점령하자 이에 위기의식을 느끼고 급히 북위에 손을 내민다. 어찌보면 거란의 선택은 살아남기 위한 생존의 몸부림이라 할 수 있다.

결과적으로 장수왕이 유연과 함께 지두우 땅을 분집한 사건은 역사적 사실일 가능성이 높다. 당연히 군사적 행동을 동반한 분할점령일 것이다. 다만 지두우 땅을 고구려와 유연이 분집하게 된 배경은 확실하지 않다. 유연의 고토 회복, 고구려의 북방 진출 등의 견해가 있으나 이는 어디까지나 추론일 뿐이다.

지두우 땅의 분집사건은 현대사의 남북분단과 유사하다. 일제강점기가 해체되며 미국과 소련이 한반도를 분할점령하며 둘로 갈라 놓고 이승만과 김일성을 앞잡이로 세워 이 땅을 분할통치하였다.

역사는 시대적 상황과 사정만 다소 차이가 날 뿐 계속해서 반복된다.

| 신라 공격 |

장수왕은 481년, 484년, 489년 등 세 차례에 걸쳐 신라를 공격한다. 1차481년는 호명성狐鳴城·경북 청송 등 주변 7개 성을 공략하고 내친걸음으로 경주 북쪽의 미질부弥秩夫·경북 흥해까지 밀고 내려가며, 2차484년는 모산성母山城을 공격하고, 3차489년는 호산성狐山城·경북 영덕을 공격한다. 공격지역은 모두 신라의 경북 내륙지역이며, 대상은 소지왕이다. 다만 신라 공격의 성격을 이전 백제 정벌[475년]과 비교하면 확연한 차이가 난다. 백제 정벌은 개로왕을 대상으로 한 전면전全面戰이라면 신라 공격은 소지왕을 대상으로 한 부분전部分戰·국지전이다.

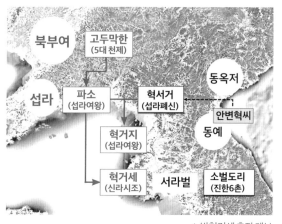

▲ 정복사업 : 신라 공격

신라 공격의 도화선 비열홀

장수왕의 신라 공격 배경은 비열홀比烈忽 문제이다. 장수왕은 1차 공격 5개월 전인 480년 11월, 말갈을 동원하여 전격적으로 신라의 비열홀 점령을 시도하다가 실패한다. 비열홀 점령실패가 신라 공격의 직접적인 도화선이다. 비열홀은 과거 동예東濊가 소재한 곳으로 지금의 함경도 안변이다. 신라 수도 경주에서 북쪽으로 수백km로 떨어진 곳에 위치한 고구려 영토내에 존재한 신라의 외딴 섬이다. 이는 마치 냉전시대 동독 땅 한복판에 소재한 서독의 서베를린과 같다.

그렇다면 비열홀은 신라와 어떤 관계이기에 신라의 영토가 되었을까? 비열홀은 신라시조 박혁거세의 출자와 관계가 깊다. 박혁거세의 어머니 파소娑蘇는 북부여 천제 고두막한[5대]의 딸로 섭라국涉羅國·요동반도 남단 여왕에 봉함을 받고 이곳을 다스리다 폐신嬖臣 혁서거奕西居와 인연을 맺어 박혁거세를 낳는다. 섭라국은 북부여 제후국으로 요동남도 남단에 소재한 모계중심의 여왕국이다. 특히 여왕은 지혜와 풍

▲ 박혁거세 출자 계보

채가 뛰어난 남성을 폐신으로 두고 딸을 낳으면 무녀巫女로 삼으며 그 중 가장 나이 어린 딸이 다음 여왕을 승계한다. 박혁거세의 아버지 혁서거는 바로 함경도 안변東曦출신의 섭라국 폐신이다. 지금은 현존하지 않지만 과거 안변에는 안변혁씨의 집성촌이 있었다고 전해진다.

『위화진경魏華真経』남당필사본. '옛적에 선도산 원시성모 파소천왕이 머리에 진홍색 금관을 쓰고 겉은 은색 비단 신의를, 안은 자황록 49가지 색깔의 옷을 입고 대표, 벽해, 가야의 삼선 고를 이끌고 채운을 타고 선도산 천년 묵은 복숭아인 두왕의 궁에 내려와 6부의 신이 되었다. 이에 천신이 뇌신, 화신, 풍신 등 삼신을 이끌고 내려와 성모와 합환하여 대일광명을 임신하였다. 천신은 혁서거이다.[昔者 仙桃山元始聖母波鯀天王 頭戴絳色金冠身被銀色錦神衣内着紫黄緑四十九彩 率大瓢碧海加耶三仙姑乗彩雲而下降于仙桃山千年老桃桓王之宮以為六部之神 天神乃率雷火風三神而下降与聖母合歡而娠大日光明 天神是為奕西居]'.

비열홀은 신라시조 박혁거세의 아버지 혁서거의 고향이다. 그래서 신라는 건국초부터 비열홀을 중시한다. 특히 신라 기림왕은 300년 비열홀을 순행하며 몸소 나이 들고 가난한 사람들을 위로하고 곡식을 차등있게 내려주기도 한다.[巡幸比列忽 親問高年及貧窮者 賜穀有差-『삼국사기』] 학계는 기림왕이 뜬금없이 경주에서 북쪽으로 수천리 떨어진 안변까지 찾아간 배경을 전혀 해석하지 못한다. 혹여 기림왕은 원조 혁서거의 또 다른 후손들을 찾아가 특별히 위무한 것은 아닐까?

1차 호명성 공격의 전개과정

비열홀은 고구려 입장에서 보면 눈엣가시와 같은 곳이다. 그래서 장수왕은 말갈을 동원하여 비열홀 점령을 시도한다. 그러나 공격은 실패로 끝나고 이때 소지왕은 비열홀을 직접 방문하여 군사들을 위무하고 군포까지 하사한다.481년 2월 장수왕은 소지왕의 행위에 격분하며 전격적으로 신라 공격을 명령한다.

장수왕의 1차 공격은 세 차례 전투가 벌어진다. 첫 번째 전투는 고구

려군이 호명성狐鳴城 등 주변 7개 성을 공취
하며 끝나며, 두 번째 전투는 고구려군이
미질부弥秩夫까지 내려오자 신라 소지왕은
급히 백제, 가야의 구원병과 함께 고구려군
을 저지하고, 세 번째 전투는 물러나는 고
구려군을 뒤쫓아 니하泥河까지 치고 올라
가 혈전을 벌인다.

▲ 미질부성[경북 포항 흥해]

니하泥河는 강원도 강릉을 가로지르는 남대천으로 보는 견해와 남한강 상류인 강원도 정선
의 동강으로 보는 견해 등이 있다. 동강이 유력하다.

아래는 481년 3월에 벌어진 1차 공격을 정리한『고구려사략』,『신라
사초』,『삼국사기』〈신라본기〉기록이다.

『고구려사략』〈장수대제기〉	2월, … 양덕이 말갈병 2천을 이끌고 창태자와 함께 호명 등 7성을 쳐서 빼앗고 미질부로 진군하니 신라, 백제, 가야의 군사가 와서 니하를 막았다. 니하 서쪽에서 맞싸워 천여 급의 목을 베고 사로잡았다. 덕지가 사자를 보내 화친을 청하였으나 허락하지 않았다. 二月 … 陽德率末曷兵二千与昶太子伐狐鳴等七城取進軍弥秩夫羅濟加耶等軍來禦泥河 相戰于其西斬獲千余級 德智遣使請和不許
『신라사초』〈소지명왕기〉	3월, 고구려와 말갈이 호명 7개 성을 약탈하였다. 미질부로 진군해 와서 군주 오함이 북로장군 벌지, 서로장군 덕지, 부여백제장군 진로, 가야장군 산호 등과 함께 길을 나누어 방어하고, 패퇴하는 적을 니하 서쪽까지 추격하여 크게 쳐부수었다. 천여 급의 목을 베고 사람, 말, 병장기를 무수히 포획하였다. 三月 高句麗末曷 掠孤鳴七城 以進軍弥秩父 軍主烏含 与北路將軍伐智 西路將軍德智 扶余將軍真路 加耶將軍山戶 分道禦之 賊敗退 追擊泥河之西 大破之 斬首千余級 捕獲人馬兵仗甚衆
『삼국사기』〈신라본기〉소지왕	3월, 고구려가 말갈과 함께 북쪽 변경에 쳐들어와 호명 등 7개 성을 빼앗고 또 미질부로 진군하였다. 우리 군사가 백제, 가야의 원병과 함께 길을 나누어서 그들을 막았다. 적이 패하여 물러가자 니하 서쪽까지 추격하여 쳐부수고 천여 급의 목을 베었다. 三月 高句麗与靺鞨入北邊 取狐鳴等七城 又進軍於弥秩夫 我軍与百済加耶援兵 分道禦之 賊敗退 追擊破之泥河西 斬首千余級

3개 기록 모두 기본적인 내용은 같다. 고구려의 공격과 후퇴 경로는
‘호명성→미질부→니하’이다. 다만 차이가 나는 점은『삼국사기』는 출전

장수의 이름을 아예 기록하지 않은 반면,『고구려사략』과『신라사초』는 출전 장수의 이름을 꼬박꼬박 적고 있다. 고구려측 장수는 창鄒태자와 양덕陽德이며, 신라측 장수는 오함烏含을 비롯한 벌지伐智와 덕지德智 그리고 백제의 진로眞路와 가야의 산호山戶 등이다. 특히 신라가 자체 병력으로 고구려에 대항하지 못하고 백제와 가야의 병력까지 지원받은 점은 나름 시사하는 바가 크다. 당시 신라는 고구려의 공격을 국가차원에서 상당한 위기로 판단한 것이다.

그런데 마지막 니하尼河전투의 결과가 서로 상이하다. 승패의 결과가 서로 엇갈리며 천여 명의 목을 벤 대상 또한 다르다.『고구려사략』은 고구려가 신라군의 목을 벴다하고,『삼국사기』〈신라본기〉와『신라사초』는 신라가 고구려군의 목을 벴다고 적는다. '斬首千余級'의 대상은 누구일까? 어느 기록이 사실일까?

『고구려사략』기록이 역사적 사실에 가깝다. 특히 신라장수 덕지가 고구려에 사자를 보내 화친을 청하나 허락하지 않은 점은 하나의 단서이다. 만약 신라가 승리하고 고구려군 천여 명의 목을 베었다면 이러한 표현은 가능하지 않다. 신라가 패하였기에 화친을 청했다는 표현이 좀 더 합리적이다. 특히『삼국사기』〈고구려본기〉장수왕 기록에는 이 사건 자체가 아예 없다.『삼국사기』는 이 사건을 〈신라본기〉에는 기록하고 〈고구려본기〉에는 기록하지 않는다. 하나의 사건을 두고 해당 〈본기〉에 교차하여 기록하는 것이『삼국사기』의 일관된 필법이다. 그럼에도『삼국사기』는 이 사건에 대해서는 교차기록을 남기지 않는다.

2차 모산성과 3차 호산성 공격

장수왕의 신라 공격은 계속 이어진다. 484년2차에는 신라의 모산성母山城, 489년3차에는 신라의 호산성狐山城을 각각 공격한다. 둘 다 경북 내륙 지역에 소재한다.

신라 모산성을 『삼국사기』〈지리지〉와 〈동국여지승람〉은 전북 남원 운봉의 아막성阿莫城으로 비정한다. 그러나 당시 고구려가 전북 남원까지 내려왔다고 보기는 어렵다. 또한 충북 진천의 대모산성大母山城/할미산성으로 보는 견해도 있다.

아래는 484년 7월, 2차 모산성 전투의 『고구려사략』, 『신라사초』, 『삼국사기』〈신라본기〉 기록이다.

『고구려사략』 〈장수대제기〉	7월, 양덕이 모산성을 빼앗으니 신라와 백제가 병사를 합쳐 쳐들어와 그들을 크게 쳐부수었다. 七月 陽德拔母山城羅済合兵來侵大破之
『신라사초』 〈소지명왕기〉	7월, 덕지와 모대동성왕군이 고구려 병사를 모산성에서 크게 쳐부수었다. 七月 德智与牟大軍大破麗兵于母山城
『삼국사기』 〈신라본기〉 소지왕	7월. 고구려가 북쪽 변경을 침범하여 우리 병사가 백제군과 함께 공격하여 모산성 아래에서 크게 쳐부수었다. 秋七月 高句麗侵北邊 我軍与百済 合擊於母山城下大破之

3개 기록 모두 기본적인 내용은 같다. 다만 승패의 결과는 다르다. 『고구려사략』은 고구려의 승리를 기록한 반면 『신라사초』, 『삼국사기』〈신라본기〉는 신라의 승리를 기록하고 있다. 특히 『삼국사기』〈고구려본기〉 기록은 없다. 『삼국사기』는 앞의 호명성 전투와 마찬가지로 모산성 전투도 교차기록을 남기지 않는다.

다음은 489년 9월, 3차 호산성 전투의 『고구려사략』, 『신라사초』, 『삼국사기』〈신라본기〉 기록이다.

『고구려사략』 〈장수대제기〉	9월, 양덕이 호산성을 함락시켜 실죽 군대와 서로 대치하였다. 비처가 사신을 보내 보옥을 바치고 옛날처럼 조공할 터이니 영원토록 생자로 삼아달라 청하였다. 九月 陽德陷狐山城与實竹軍相持 毗処遣使來献宝玉請修旧貢永為甥子
『삼국사기』 〈고구려본기〉 장수왕	9월, 병사를 보내 신라의 북쪽 변경을 침공하여 호산성을 함락시켰다. 秋九月 遣兵侵新羅北邊 陷狐山城 冬十月 遣使入魏朝貢

| 『신라사초』
〈소지명왕기〉 | 9월, 고구려 장수 맹불이 그 군과 유민을 이끌고 우리의 과현을 습격하여 수비하던 장수 산진을 죽이고 처 회래를 고구려 장수가 얻었다. 그 미모를 좋아하여 총애였는데 잠자는 틈을 타서 목을 베고 그 머리를 가지고 도망하여 돌아왔다. 날이 밝아 이를 알게 된 고구려군이 혼란에 빠지니 아군이 진격하여 크게 쳐부수었다. 10월, 고구려인이 맹불의 원수를 갚고자 다시 호산성에 쳐들어왔다. 수비하던 장수 시설이 적에게 항복하자 지불로가 성산, 가두 등에게 다시 공격하게 하니 고구려인이 성을 불태우고 도주하였다.
九月 句麗將孟弗以其軍作流民襲我戈峴 守將山珍死之其妻回來為麗將所得愛其美而寵之來乘其睡而斬之携其頭而逃歸 天明而知麗軍乱我軍進擊大破之
十月 麗人欲報孟弗之仇再挙入狐山城 守將柴舌降于敵 智弗路命城山賈頭等 進攻復之 麗人焚城而走 |
| 『삼국사기』
〈신라본기〉
소지왕 | 9월, 고구려가 북쪽 변경을 습격하여 과현에 이르렀다. 10월, 호산성이 함락되었다.
秋九月 高句麗襲北邊至戈峴 冬十月 陷狐山城 |

호산성 전투에 대해서 『삼국사기』는 교차기록을 남긴다. 〈고구려본기〉, 〈신라본기〉 공히 고구려의 승리로 기록한다. 특히 『고구려사략』은 고구려가 호산성을 점령하자 신라 소지왕이 사신을 보내 조공을 약속한 점을 추가로 명기하고 있다. 의심의 여지가 없는 고구려의 승리다. 그럼에도 『신라사초』는 다른 각도에서 호산성 전투를 기술한다. 신라의 승리로 설명한다. 등장인물도 내용도 다르다. 아마도 호산성 전투 전체가 아닌 일부분을 떼어내어 기록한 듯하다.

신라 공격의 본질은 고구려의 속국화

장수왕의 신라 공격은 세 차례 이루어진다. 모두 신라의 경북 내륙지방이다. 적어도 당시 경북 내륙의 북부지역은 고구려의 영향력하에 놓여있다. 고구려가 이들 지역에 진출하기 위해서는 소백산맥의 죽령과 계림령을 장악해야 한다. 죽령은 충북 단양과 경북 영주를 잇는 고개이고, 계림령은 충북 충주와 경북 문경을 잇는 고개이다. 고구려의 죽령과 계림령의 장악은 475년 백제 정벌의 부산물로 추정된다.

장수왕의 신라 공격은 비열홀 점령 실패로부터 시작한다. 그러나 이

는 어디까지나 하나의 도화선이지 본질
적인 문제는 아니다. 그렇다면 장수왕
은 신라를 공격하며 압박강도를 계속해
서 높였을까? 단서는 3차 호산성 전투
이후 신라 소지왕이 취한 태도에서 확
인할 수 있다. '비처^{소지왕}가 사신을 보

▲ 장수왕의 신라공격

내 보옥을 바치고 옛날처럼 조공할 터
이니 영원토록 생자로 삼아달라 청하였
다.[毗処遣使來献宝玉請修旧貢永為甥
子_〈장수대제기〉]'. 생자甥子는 사위와
아들을 말한다. 소지왕은 장수왕에게
중단한 조공의 재개를 선언하며 고구려
의 사위와 아들이 되겠다고 약속한다. 고구려 속국으로서의 신라를 다시
한 번 천명한 셈이다.

장수왕의 신라 공격은 탈고구려화를 지향한 소지왕에 대한 응징이다.

3부 장수왕의 통치사업

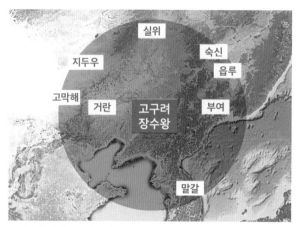

▲ 장수왕 시기 고구려 주변국

장수왕의 통치사업은 천하의 으뜸국가 고구려의 제국화帝國化를 위해 벌인 일련의 내부 정비활동이다. 이를 위해 장수왕은 몇 가지 혁신적 조치를 단행한다.

첫째는 황제국 고구려의 위상 정립이다. 선대 왕의 존호를 모두 황제로 바꾸며 또한 역사서 「유기」도 '왕기王紀'에서 '제기帝紀'로 바꿔 편찬한다. 둘째는 전문화된 교육체제의 확립이다. 기존의 태학太学을 확대하여 사학四学과 기원技院을 설립한다. 셋째는 백성의 등급관리를 체계화한다. 특히 주변국 예속인隸属人을 고구려 백성인 우족寓族에 편입한다. 넷째는 중앙행정조직을 확대 개편한다. 부部와 원院의 조직을 재정비하며 이에 걸맞게 관등과 관모의 착용기준도 변경한다. 다섯째는 화폐 개혁을 단행한다. 금전과 은전의 사용을 중지시키고 유엽전楡葉錢을 제작하여 유통시킨다. 유엽전은 유사시 화살로 대치할 수 있는 전폐箭幣이다. 여섯째는 사회기반시설을 확충한다. 관도官道·국도, 우역郵驛·육상통신망, 숙장宿場·관용숙소 등을 대대적으로 정비한다.

『고구려사략』〈장수대제기〉. '장수 55년 487년 정묘 3월, 관도와 우역 그리고 숙장을 수리하였다.[長壽五十五年 丁卯 三月 修理官道郵驛宿場]'.

장수왕의 통치사업은 「부국강병」을 실현하기 위한 제국화帝國化 사업이다.

▎선대 왕의 존호제정 ▎

장수왕은 429년 선대 왕의 존호를 「皇황」에서 「帝제」로 바꾼다.〈장수대
제기〉이다. '16년^{429년} 기사 정월, 상이 졸본으로 가서 동명성황을 추모
대제로, 유리명황을 광명대제로, 주유신황을 대무신제로, 국조선황을 신
명선제로, 태조상황을 태조황제로 존하였다.[十六年 己巳 正月 上如卒本
尊 東明聖皇爲鄒牟大帝 琉璃明皇爲光明大帝 朱留神皇爲大武神帝 國祖
仙皇爲神明仙帝 太祖上皇爲太祖皇帝]'.

고구려의 제국화 선언

대상은 모두 5명이다. 고구려 건국의 기초를 다진 추모왕, 유류왕, 대주
류왕 등 해씨왕조의 초기 3대 왕과 [☞] 72쪽 '고구려 기초를 다진 3대왕' 참조 그리고
고씨왕조를 출발시킨 신명왕^{『삼국사기』고추가 재사}과 태조왕이다. [☞] 90쪽 '광개
토왕은 17세손인가?' 참조

| 대수 | 『삼국사기』 | 《광개토왕릉비》 | 『고구려사략』 | | 성씨 |
			皇 (前)	帝 (後)	
1대	주몽왕	추모왕	동명성황東明聖皇	추모대제鄒牟大帝	해씨
2대	유리왕	유류왕	유리명황琉璃明皇	광명대제光明大帝	
3대	대무신왕	대주류왕	주유신황朱留神皇	대무신제大武神帝	
-	재사	-	국조선황國祖仙皇	신명선제神明仙帝	고씨
6대	태조왕	-	태조상황太祖上皇	태조황제太祖皇帝	

　　선대 왕의 존호를 바꾼 이유는 무엇일까? 장수왕은 광개토왕이 이룩
한 정복사업 결과물에 기반하여 공식적으로 고구려 제국화帝國化를 선언
한다. 선대 왕의 존호 격상은 「제국帝國」 고구려의 첫 번째 작업이다.

皇과 帝는 둘 다 천자天子를 뜻한다. 붙여서 皇帝로도 많이 쓴다. 엄밀히 따지면 약간의 차이
가 난다. 皇은 규모가 큰 대국大國의 왕을, 帝는 규모가 클 뿐 아니라 주변 속국을 거느린 제국
帝國의 왕을 가리킨다. 皇을 처음 쓴 사람은 진시황秦始皇이다.

그러나「帝」의 존호는 선대 왕에 국한되지 않고 이후 고구려 왕 전체로 확대된다. 칭호는 ‘帝’자 앞에 ‘烈’을 붙인「烈帝열제」이다.『수서』고구려 전이다. ‘위궁太祖王 현손의 아들 소열제는 모용씨에 의해 공파되었다. 모용씨가 환도로 들어가 그 궁실을 불태우고 크게 약탈한 후 돌아왔다. 소열제는 뒤에 백제에 의해 죽임을 당하였다.[位宮玄孫之子曰昭烈帝 為慕容氏所破 遂入丸都 焚其宮室 大掠而還 昭烈帝後為百済所殺 其曾孫璉]’. 고국원왕을 소열제昭烈帝로 표기한다. 다만 ‘昭소’는 고국원왕 이름 ‘釗쇠’의 오기로 보여 고국원왕은 소열제가 아닌 쇠열제釗烈帝이다. 같은 맥락에서『태백일사』〈고구려국본기〉도 고구려 왕을 모두 열제烈帝로 표기한다. 장수왕은 장수홍제호태열제長壽弘済好太烈帝, 문자명왕은 문자호태열제文咨好太烈帝, 평원왕은 평강상호태열제平岡上好太烈帝, 영양왕은 영양무원호태열제嬰陽武元好太烈帝 등이다. 호태열제好太烈帝가 공통으로 들어간다. 특히『태백일사』기록은 광개토왕을 열제烈帝로 부르게 된 사유도 소개한다. ‘광개토경호태황은 융공성덕하여 어느 왕보다 탁월하였다. 사해안에서는 모두 열제라 칭한다.[広開土境好太皇 隆功聖徳卓越百王 四海之内咸称烈帝]’. [※ 광개토왕의 칭호 ‘호태황’은 선대 왕의 이전 칭호 ‘황’과 맥락이 같음]

사해四海는《광개토왕릉비》에도 나온다. ‘태왕의 은택이 황천에 미치고 무위는 사해에 가득하였다.[太王恩沢洽于皇天武威振被四海]’. 사해는 천하를 가리키는 말로 ‘국강國罡’의 개념이 도입되면서 정리된 고구려의 천하지배관을 반영한 용어이다.

정리하면 이렇다. 광개토왕 시기 처음 만들어진「烈帝열제」칭호는 장수왕이 선대 왕의 존호를「皇황」에서「帝제」로 격상시키면서 일반화된다. 고국원왕의 열제 칭호는 소급된 경우이다.

고조가 된 장수왕

그런데「烈帝」에「祖조」와「宗종」을 추가하여 추존한 기록이『고구려사

략』에 나온다. 〈안장대제기〉이다. '안장원년519년 4월, 장수황제를 고조
효무황제로, 명치황제를 태종효문황제로, 조다태자를 인종효숙황제로,
경태자를 선종효양황제로 추존하고, 모두에게 큰 제사를 올렸다.[安藏元
年 四月 追尊 長壽皇帝爲高祖孝武皇帝 明治皇帝爲太宗孝文皇帝 助多太
子爲仁宗孝肅皇帝 鯨太子爲仙宗孝讓皇帝 皆行大祭]'. 안장왕은 519년
등극하자마자 장수왕을 고조高祖, 문자명왕을 태종太宗, 그리고 왕이 되지
못한 조다태자문자명왕 아버지와 경태자장수왕 이복형는 각각 인종仁宗과 선종仙
宗에 추존한다. 참으로 놀라운 기록이다. [※ 열제는 황제와 같음]

사마천의 『사기』〈효문본기〉에 祖와 宗의 시호를 붙이는 기준이 나온다. 祖는 덕업德業을 쌓
은 왕이며 宗은 공업功業을 쌓은 왕이다. 고려와 조선은 왕의 시호에 祖와 宗을 붙인다.

특히 장수왕을 고조高祖에 추존한 점은 우리의 눈을 의심케 한다. 고조
는 건국자에게만 붙이는 특별칭호이기 때문이다. 이는 어떻게 받아들이
고 이해해야 하나? 장수왕의 고조 추존에는 두 가지 의미가 담겨 있다. 하
나는 「제국帝國」고구려 건국자로서의 장수왕의 권위와 위상이며, 또 하
나는 장수왕의 혈통상 문제이다. 장수왕의 생부는 광개토왕담덕이 아닌
월왕 용덕이다. ☞ 262쪽 '장수왕의 출신계보' 참조 바로 이 점들로 인해 장수왕은
후대 왕안장왕에 의해 당당히 고조高祖로 자리매김한다.

조종祖宗의 추존 기록은 이후에도 계속된다. 안장왕은 안종화황제, 안
원왕은 세종경황제에 각각 추존된다. ☞ 463쪽 '불상 등에 새긴 고구려 연호' 참조

『고구려사략』〈안장대제기〉. '신해 안장13년531년 5월, 상이 황산행궁에서 붕하였다. 춘추
쉰다섯55세이다. 우산 장옥지원에 장사지내고 안장릉이라 명하였다. 안장화제로 추존하
였다.[辛亥 安藏十三年 五月 上崩於黃山行宮 春秋五十五 葬於牛山葬玉之原 名曰安藏陵
追尊爲安宗和皇帝]'. 〈안원대제기〉. '제는 휘가 보연이고 이름은 흥수이며 명치제의 둘째
아들이다. … 이에 등조하여 대장으로 개원하였다. 후에 세종경황제로 존하였다.[帝 諱宝延
字興壽 明治帝之第二子也 … 乃登祚改元大蔵 後尊爲世宗景皇帝]'.

대수	왕명 (연호)		존호	추존 시기
20	장수왕	장수황제長壽皇帝	**고조효무황제高祖孝武皇帝**	
21	문자명왕	명치황제明治皇帝	태종효문황제太宗孝文皇帝	안장왕
-		조다태자助多太子	인종효숙황제仁宗孝肅皇帝	(519년)
-		경태자鯨太子	선종효양황제仙宗孝讓皇帝	
22	안장왕	안장황제安蔵皇帝	안종화황제安宗 和皇帝	안원왕
23	안원왕	대장황제大蔵皇帝	세종경황제世宗 景皇帝	평원왕

장수왕은 「제국帝國」 고구려를 선포한 위대한 황제열제이다.

▌사학과 기원의 설립 ▌

소수림왕 시기인 372년 국가주도의 인재양성기관인 태학太学을 설립한
고구려는 장수왕 시기 광개토왕의 정복사업에 힘입어 확충된 국가역량
을 한층 강화하면서 교육체계를 일대 혁신한다. 태학은 오늘날의 국립 종
합대학교와 같다.

소수림왕의 태학 설립은 불교를 전래한 전진의 승려 순도의 권고에 따른다. 『고구려사략』
〈소수림제기〉. '2년372년 9월, 순도가 상에게 고하길 "신이 폐하의 나라를 돌아보니 무를 숭
상하고 귀를 섬기길 좋아하며 하민은 우매하고 대부는 황음합니다. 대학을 세워 문자와 예
의를 가르치길 청하옵니다."하였다. 상이 이를 태후와 상의해보니 종척 대부분이 불편하여
하였다. 상은 부견이 전한 것이기에 잠시 시험케 하였다.[二年 九月 順道説上曰 臣観陛下之
國 尚武好鬼下民多愚大夫淫乱 請立大学以教文字禮義 上与太后議之 宗戚多以為不便
上以苻堅之送姑試之]'.

장수왕은 420년 사학四学과 기원技院을 설립한다. 〈장수대제기〉이다.
'7년420년 갑인 4월, 5도에 4학을 세웠다. 교학은 선·불·유를, 군학은 기
사와 용병을, 예학은 역·성·수·의를, 정학은 사·변·농·공을 가르쳤다.
또한 기원을 세워 백성 모두가 하나씩 기술을 배워 가업으로 잇게 하였
다.[七年 甲寅 四月 立四学于五都 教学者仙佛儒也 軍学者騎射用兵也 芸

学者曆星数医也 政学者史辯農工也 又立技院 使民皆得一技以傳家]'.

사학은 국립 단과대학

사학四学은 교학教学, 군학軍学, 예학芸学, 정학政学 등이다.

구 분	내 용	비 고
교학教学	선仙, 불佛, 유儒	종교학, 철학 (선교,불교,유교)
군학軍学	기사騎射, 용병用兵	군사학
예학芸学	역曆, 성星, 수数, 의医	역학, 천문학, 수학, 의학
정학政学	사史, 변辯, 농農, 공工	사학, 법학, 농학, 공학

다만 사학이 국학에 소속된 단과대 성격의 교육기관인지 아니면 국학에 소속되지 않은 별도의 교육기관인지 그 구분은 명확하지 않다. 그럼에도 사학의 편제로 보아 국학에 소속된 학문영역별 학제일 가능성이 높다. 국학의 수장은 '태학사太学師'로 오늘날의 대학총장에 해당한다.

사학의 면면을 보면 참으로 놀랍다. 오늘날 대학의 학제과 비교해도 결코 부족하지 않다. 오히려 당대 최고의 전문화된 학제로 볼 수 있다. 특히 『고구려사략』은 고구려의 동명력東明曆의 존재를 기록한다. 〈장수대제기〉이다. '2년415년 을묘 정월, 보금신라, 전지백제, 풍발북연 등이 사신을 보내와 공물을 바쳐 상이 진남루에서 접견하고 춘태자에게 명하여 즐겁게 해주고 동명력을 나눠주었다.[二年 乙卯 正月 宝金腆支馮跋等遣使來貢 上接見于鎮南楼 命春太子享之以配頒東明曆]'. 동명력은 농사의 절기와 국가 중대 기념일 등을 수록한 독자적인 고구려의 달력이다. 이러한 동명력은 예학의 역曆을 공부한 전문가에 의해 제작되었을 것이다.

기원은 직업 전문학교

기원技院은 전문기술을 습득하는 교육기관이다. 오늘날의 직업 전문학교와 같다. 장수왕이 설립한 기원은 한 사람이 하나의 기술을 가지는 「一人一技일인일기」로 정리할 수 있다. 백성 모두가 먹고 살 수 있는 경제적 기반을 국가차원에서 마련하고 제공한 셈이다. 그럼에도 장수왕의 「一人一技」정책은 온전히 정착되지 못한 듯하다.〈장수대제기〉이다. '장수57년489년 정월, 조서에 이르길 "근래에 놀고먹는 백성이 점차 많아지고 있다. 궁핍하면 곧장 산으로 들어가 도적이 될 것이니 성상 치세에 이런 일이 있어서는 아니 될 것이다. 놀고먹는 백성을 기록하고 농사를 지을 수 있게 하되 농토와 농기구가 없는 자는 관에서 나눠주고 직을 맡을 수 있는 자는 직을 줘라."하였다.[長壽五十七年 己巳 正月 詔曰 近來遊食之民漸多 窮則入山為盜 非聖世之化 其録遊民使之帰農 其無田具者 自官給之 才可任職者職之]'. 장수왕은 놀고 먹는 유식민遊食民이 점차 늘어나자 이들을 농사일에 투입하는 특별조치를 단행한다.

　　장수왕 시기 고구려는 전문화된 학문과 기술에 기반한 고도화된 사회이다.

| 일반백성 분류와 관리 |

고구려는 지배층인 왕족과 피지배층인 백성으로 구성된 계급사회이다. 백성은 귀족, 평민, 노예 계층이다. 귀족층은 상호上戶, 평민층은 하호下戶라고 부른다. 장수왕은 458년 백성을 4등급으로 나눈다. 〈장수대제기〉이다. '26년458년 4월, 백성을 4등급으로 나눴다. 호족, 토족, 우족, 천족이다. 천족의 자식이 재능과 자질이 우수하면 국학에 입교할 수 있게 하고 재능이 인정되어 출사하면 천족을 면하여 토족이 되게 하였다. 종실과 외척이 호족과 혼인하면 반드시 경부와 림부의 허락을 받고 난 후에 호족으로 내려 호적에 등재하였다.[長壽二十六年 戊戌 四月 之民四秩 豪族土族 寓族賤族 賤族之子才質可者許入國學而得士則使之免賤爲土 宗室外戚 與豪族相婚者 必經瓊琳之許 然後落豪而入戶籍]'.

우족은 주변 족속의 예속민

백성은 호족豪族, 토족土族, 우족寓族, 천족賤族 등 4등급이다. 호족은 귀족층, 토족은 평민층. 천족은 천민층이다. 그런데 토족과 천족사이에 우족이 들어간다. 우족은 어떤 계층일까?

우족寓族은 예민隸民을 말한다. 고구려에 정복되어 예속된 주변 족속의 백성예속민이다. 장수왕 시기 우족에 대한 기록이 적잖이 나온다. 남쪽의 말갈鞨鞨, 북동쪽의 숙신肅愼과 읍루挹婁, 서쪽의 계주契丹·거란와 고막해庫莫奚 등이다. 말갈은 신라 공격에 동원되며, ☞ 352쪽 '신라 공격' 참조 숙신은 실위 정복에 동원된다. ☞ 338쪽 '실위 정복' 참조 읍루는 《광개토왕릉비》의 수묘인 기록에 나오는 배루俳婁이다. ☞ 165쪽 '수묘인 연호 구성' 참조 특히 계주와 고막해는 군정軍丁과 우마牛馬를 징발한 기록도 있다.

『고구려사략』〈장수대제기〉. '8년421년 신유 5월, 서구가 3만 군사를 이끌고 남하하여 천서에서 대거 검열하였다. 계주 12부락과 고막해 5부락에게 요구하여 우마와 군정을 징발하였다.[八年 辛酉 五月 胥狗引軍三万南下大閱于川西 招契丹十二部落奚五部落徵其牛馬軍丁]'.

천족 관리의 개방성

천족은 천민층인 노비이다. 크게 관노官奴과 사노私奴로 구분한다. 『고구려사략』은 이와는 별도로 산노産奴, 부노俘奴, 형노刑奴 등을 두었다고 소개한다. 산노는 노비가 낳은 자식이고[婢産之子], 부노는 전쟁포로이며[戰俘], 형노는 죄를 지어 형을 받은 자이다[犯罪被刑]. 또한 이들 노비를 8등급으로 나누어 세부적으로 관리한 내용도 있다.

『고구려사략』〈고국원제기〉. '37년367년 화토 8월, 「노비8등례」를 정하였다. … 신원, 궁원, 공당은 2, 3등을 쓴다. 황자, 황녀 전택은 3, 4등을 쓴다. 공신 사택은 5, 6등을 쓴다. 공역은 7, 8등을 쓴다. 스스로 군에 들어가기 원하는 자는 보군으로 편성하며 2, 3, 4등을 준다.[三十七年 火兎 八月 定奴婢八等例 … 神院宮苑公堂用二三等 皇子女田宅用三四等 功臣私宅用五六等 公役用七八等 自願從軍者編補軍 許其二三四等]'.

특히 장수왕은 천족의 자식이 재능과 능력이 뛰어나면 국학國学에 입교시켜 교육을 받게하고 이후 벼슬 길로 나아가면 천족을 면하며 토족평민이 되게한다. 이는 조선의 장영실 사례와 비슷하다. 천민출신 장영실은 세종에게 발탁되어 천문관측 업적을 쌓아 대호군大護軍까지 승차한다. 마찬가지로 장수왕의 경우도 장영실 사례와 유사한 어떤 천족출신의 자식이 뛰어난 재능과 실적을 보여 이러한 규정을 만들었을 것이다. 그럼에도 장수왕이 면천免賤 규정을 따로 만들어 시행한 점은 가히 파격이라 하겠다. 이와 반대로 왕족의 경우는 보다 엄격하고 단호하다. 장수왕은 왕족이 호족귀족과 혼인하면 신분을 박탈하고 호족으로 강등시킨다. 이 역시 유사한 사례가 있어 규정이 만들어졌을 것이다.

역사의 발전에는 의도하든 의도하지 않든 변화를 촉발하는 계기적 사건이 반드시 존재한다. 일종의 티핑포인트Tipping Point이다. 일대 혁신을 가져오는 급변점을 거치며 역사는 새로운 단계로 진입한다.

▎관등 개정과 관모 착용 기준 ▎

장수왕은 418년 중앙 행정조직 관원의 관등官等을 개정하고 관등별로 관모冠帽 착용을 차등화한다. 〈장수대제기〉이다. '5년418년 무오 2월, 관등을 개정하였다. 3보는 2품으로 금화관을 쓰게 하고, 외·형·병·민·곡을 관장하는 2품 하는 은화관을 쓰게 하며, 신·빈·약·농·축을 관장하는 3품은 은화관을 쓰게 하고, 위·시·공·평·훈을 관장하는 3품 하는 치화관을 쓰게 하며, 적·주·선·야·장·직·주 등 7원을 관장하는 4품은 치화관을 쓰게 하였다. 나머지는 종전과 같게 하였다.[五年 戊午 二月 改官等 三輔二品金花 畏刑兵民穀二品下銀花 神賓藥農畜三品銀花 衛施供評訓三品下雉花 籍厨船冶匠織酒七院四品雉花 他皆從前]'.

행정조직 관원의 관등 개정

고구려는 5부족 연맹체로부터 시작한다. 계루부, 순노부, 소노부, 관노부, 절노부 등이다. 건국초기 5부족은 독자적인 세력권을 형성하나 차츰 중앙집권체제가 강화되면서 방위의 명칭으로 변화하며 정식으로 중앙 행정조직에 편입된다. 계루부는 내부黃部, 순노부는 동부左部, 서노부는 서부右部, 관노부는 남부前部, 절노부는 북부後部 등이다. 「5부部」 체제이다. 이후 소수림왕 때부터 「5부」 체제는 보다 업무별로 세분화하여 확대 개편된다. 「15부 7원」 체제이다. 오늘날로 치자면 부部는 여러 행정부서이며, 원院은 산하 기관인 행정청 정도로 이해된다. 「3보輔」는 왕을 직접적으로 보좌하는 최상급 기관으로 태보, 좌보, 우보를 말하며 조선의 3정승_{영의정/좌의정/우의정}에 해당한다.

영의정/좌의정/우의정에 해당한다.

『고구려사략』〈소수림제기〉. '5년375년 을해 2월, 「시부」를 설치하여 가난한 이들에게 먹을 것을 주고 병을 치료하여 구휼하는 일을 담당케 하고, 「적원」을 설치하여 선·군·향의 3적을 담당케 하였다. 남녀 모두 15세가 되면 적을 받았다. 이전에는 우태가 이를 맡았다. 요즘들어 상은 서민 대다수가 호족들로부터 상해를 입어 구휼의 공정성에 차질이 생기자 이련을 시켜서 널리 살피게 하고서 이러한 부와 원을 설치한 것이다.[五年乙亥 二月 置施部掌賑貧療恤 置籍院掌仙軍鄕三籍 男女十五歲受籍 先是于台主之 至是上以庶民多爲豪族傷害施恤不公命伊連巡視而置此部院]'.

장수왕의 관등 개정은 품계의 조정이다. 최상급 기관인 「3보」의 품계는 1품에서 2품으로 내리고, 2품, 3품, 4품의 「15부」는 각각 2품 하, 3품, 3품 하로 조정하며, 5품의 「7원」은 4품으로 올린다.

행정 명칭	관장 업무	관등		관모	
		기존	변경	기존	변경
보輔	3보 (태보/좌보/우보)	1품	2품	금화관	금화관
부部	외畏·형刑·병兵·민民·곡穀	2품	2품 하下		은화관
	신神·빈賓·약藥·농農·축畜	3품	3품	은화관	
	위衛·시施·공供·평評·훈訓	4품	3품 하下		치화관
원院	적籍·애廚·선船·야冶·장匠·직織·주酒	5품	4품	치화관	

그런데 이상한 점은 3보의 품계가 하향 조정되면서^{1품→2품} 1품의 존재가 사라진다. 새로 조정된 1품은 어떤 관직일까? 고구려 후왕侯王이다. 장수왕은 「제국帝國」 고구려를 선포하면서 황제열제에 오르며 예하에 후왕을 둔다. 후왕은 주로 치세에 공헌한 왕족출신에게 부여한 옛 중원왕조의 왕명 관작이다. ☞ 373쪽 '중원왕조 왕명을 수여한 장수왕' 참조 장수왕은 후왕제도 도입에 따라 중앙 행정조직 관원의 품계를 조정한 것이다.

장수왕의 관등 개정은 후왕제도 시행에 따른 일부 품계의 조정이다.

관모 착용 기준

관모는 머리를 보호하는 일종의 쓰개^{모자}이다. 관모는 신분을 나타내는 상징물이다. 고구려 관모는 금, 은, 꿩 깃털로 장식한 금화관金花冠, 은화관銀花冠, 치화관雉花冠 등이다. 관모 명칭에 '花^{꽃 화}'가 들어간다. 금화는 금꽃, 은화는 은꽃, 치화는 꿩 깃털 꽃이다. 치화관은 흔히 말하는 새 깃털 관인 조우관鳥羽冠이다. 그런데 꿩 깃은 결코 꽃의 형태가 아니다. '花'는 훈차이다. '花'의 '꽃'과 '꽂다'의 '꽃'은 둘 다 '곶'의 음이다. '花'는 '꽃'이 아닌 '꽂다'이다. 금화관은 금을 꽂은 관, 은화관은 은을 꽂은 관, 치화관은 꿩 깃을 꽂은 관을 이른다. 이들「화관花冠」은 고깔 모양의 절풍折風에 각각 금, 은, 꿩 깃을 꽂아 장식한 관모이다.

▲ 고구려사신[『양직공도』]

장수왕은 관등을 개정하며 이에 맞춰 관모 착용 기준도 변경한다.[※ 표 참조] 특히 기존 1품, 2품이 쓴 금화관은 3보의 품계를 1품에서 2품으로 낮추며 3보만이 금화관을 쓰게 하며, 기존 2품, 3품이 쓴 은화관은 2품 하, 3품으로, 기존 4품, 5품이 쓴 치화관은 3품 하, 4품으로 변경한다. 참으로 합당하고 절묘한 조정이다.

그렇다면 개정된 1품의 후왕侯王들은 어떤 관모를 썼을까? 금화관일까? 아니다. 후왕이 쓴 관모는「화관」이 아닌「라관羅冠」이다. 라羅는 가로 세로로 빗대어 짠 성긴 구멍이 촘촘한 가볍고 부드러운 견직물이다. 라관은 고깔 모양의 절풍을 라羅로 감싼 관모이다.『구당서』<동이열전> 고구려 편이다. '의상과 복식은 오직 왕만이 다섯가지 색이며 백라관을 쓰고 백피소대를 착용한다. 관과 대는 모두 금으로 장식한다. 귀자는 청라관을 쓰고 그 다음은 비라관을 쓴다.[衣裳服飾 唯王五彩 以白羅

▲ 고분 벽화속의 라관[안악3호무덤]

為冠 白皮小带 其冠及带鹹以金飾 官之貴者則青羅為冠 次以緋羅]'. 왕은 백라白羅·흰색관을 쓰고, 귀자貴者·신분이 높은 사람는 청라青羅·청색관과 비라緋羅·적색관을 쓴다. 귀자는 후왕을 말한다. 청라관은 고구려왕족 출신의 후왕이 쓴 관모이고, 비라관은 후왕의 대우를 받은 망명자가 쓴 관모이다.

라관을 쓴 무덤주인의 벽화무덤은 길림성 집안의 '각저총', 평안도의 '쌍영총', '안악3호무덤', 황해도의 '덕흥리무덤' 등이 있다. 각저총 무덤주인은 장수왕 시기 초왕의 관작을 받은 경태자의 아들 회일이며, 쌍용총 역시 고구려 왕족출신의 후왕으로 추정된다. 두 사람은 청라관을 쓴다. 다만 안악3호무덤과 덕흥리무덤의 무덤주인은 각각 후연과 남연에서 재상을 지낸 망명객 모용인慕容仁과 모용진慕容鎮이다. 두 사람은 비라관을 쓴다.

태왕과 1품 후왕은 「라관羅冠」을 쓰고, 2품 3보와 이하 관원은 「화관花冠」을 쓴다.

| 고구려 화폐의 추적 |

『고구려사략』〈안장대제기〉이다. '12년530년 3월, 북위의 오수전 사용을 금하였다. 상이 안장원보를 주조하였으나 그 돈이 너무 크고 사용하기가 불편하였다. 백성이 다시 오수전으로 바꿔 사용하니 손해가 적지 않았다.[庚戌安蔵十二年 三月 禁行魏五銖錢 上鑄安蔵元宝而以其銅大而不便於用 民皆易五銖錢用之其為損不少]'. 『삼국사기』에 나오지 않는 고구려 화폐에 관한 기록이다. 안장왕은 오수전五銖錢 사용을 금하고 대신 안장원보安蔵元宝를 주조하여 보급하다가 실패한다.

중원왕조 화폐의 변천

형태를 갖춘 화폐의 시작은 춘추전국시대로 거슬러 올라간다. 칼모양의 명도전明刀錢과 농기구호미모양의 포전布錢이 대표적이다. 이전에는 조개

모양의 패전貝錢이 사용된다. 이후 중원을 통일한 진시황이 도량형을 정리하면서 화폐의 모양에도 변화가 생긴다. 원형의 형태를 기본으로 가운데 네모구멍을 파낸 오늘날의 동전과 유사한 규격화된 화폐가 만들어지며 또한 화폐의 무게를 동전에 표기한 수량銖両화폐가 본격적으로 도입된다.

진시황이 만든 화폐는 우측에 '半' 좌측에 '両'을 새긴 반량전半両錢이다. 이어 한漢대에는 오수전五銖錢과 왕망전王莽錢·화천이 제작된다. 오수전은 무게의 단위인

▲ 반량전, 오수전, 왕망전

수銖를 표기한 수량화폐이다. 1수는 0.65g으로 5수는 3.25g에 해당한다. 우측에 '五' 좌측에 '銖'를 새긴다. 특히 오수전은 한漢대에 처음 만들어져 수隋대에 이르기까지 700여년 가까이 널리 통용된 화폐의 주류이다.

오수전 출토의 시사점

오수전은 비단 중원왕조 뿐만 아니라 인접 왕조국가에서도 널리 사용된다. 오늘날로 치자면 오수전은 달러dollar화나 위완元화와 같은 일종의 국제화폐기축통화이다. 오수전은 한반도에서도 다량 출토된다. 대부분 중원왕조와 직접 국경을 맞댄 고구려에 집중된다. 길림성 집안과 평양 주변의 무덤에서 다수 출토되고, 황해도 지역의 무덤에서도 발견된다.

길림성 집안지역의 화폐 출토 사례이다. 첫째는 서대묘 동편의 파괴된 적석총 바닥의 포석 아래 갱에서 나온 화폐뭉치로 전국시대 명화전, 한대의 반량전, 왕망의 화천, 그리고 오수전 등이다. 둘째는 태왕릉 서쪽에서 발견된 항아리속의 화폐로 전국시대 명도전, 포전, 한대의 반량전, 왕망전화천, 오수전 등이다. 셋째는 장군총 인근 밭의 석판아래 작은 갱에서 발견된 오수전 등이다.

또한 출토빈도나 수량에 있어 북부지방에 비교할 수 없지만 남부지방

에서도 출토된다. 한강유역과 영호남 내륙지역, 남해안의 해안지역, 강원도 동해안지역 등이다. [※ 충남 공주 무령왕릉에서도 철제 오수전 90여개 출토]

고구려 화폐 유엽전과 안장원보

그렇다면 고구려는 오수전만을 사용하였을까? 아니다. 『고구려사략』은 안장왕 이전에도 고구려가 독자적인 화폐를 사용한 사실을 전한다. 〈장수대제기〉이다. '36년^{448년} 4월, 명하여 금전의 유통을 파하고 금 캐기와 구리 캐기 그리고 금·은으로 만든 그릇을 함부로 사용하는 것을 금하였다.[命罷金錢 禁採金採銅金銀器亂用]. 52년^{464년} 3월, 유엽전을 주조하고 패전과 잡은의 사용을 금하였다.[鑄楡葉錢 禁貝錢雜銀]'.

장수왕은 먼저 귀족계층이 사용한 금전金錢 사용을 금하고^{448년}, 이어 일반 평민계층이 사용한 패전^{貝錢}과 잡은^{雜銀} 사용을 중지시킨다^{464년}. 금전과 패전, 잡은은 당시 고구려사회에 널리 유통된 고구려 화폐이다. 또한 장수왕은 사용을 금한 화폐를 대신하여 새로이 유엽전^{楡葉錢}을 주조하여 보급한다. 유엽전은 장수왕시기 만들어진 고구려의 법정^{法定}화폐이다.

고구려는 금전금화 뿐만 아니라 은전은화도 제작하여 사용한다. 『한원』 번외부 고려편이다. 『제서』동이전에 이르길 은산은 나라의 서북지역에 있다. 고구려는 은을 채굴하여 화폐로 만들었다. 『고려기』에 은산은 안시성 동북쪽 100여리에 있다. 수백 가구가 나라에서 사용할 은을 채굴하여 제공하였다.[齊書 東夷傳曰 銀山在國西北高驪採以爲貨 高驪記云 銀山在安市東北百余里 有數百家採之以供國用也]'.

장수왕의 유엽전은 버들잎을 닮은 화살촉 모양의 전폐^{箭幣}로 추정된다. 평시에는 화폐로, 전시에는 군사용으로 사용하는 이중목적의 화폐이다. 『조선왕조실록』에 전폐^{유엽전} 주조 기록이 나온다. 세조가 화살대 양면에 '팔방통화^{八方通貨}'를 새겨 만든 전폐이다. 당시 세조는 신하들이 반대하자 "전폐는 비록 옛사람들이 사용하지 않았던 것이지만 군국에 유익

하면 시행하지 않을 수 없다.[箭幣雖古人所未用 然有益於軍國 不可不行也]"며 전폐 주조를 강력히 밀어붙인다. 세조의 말 속에는 전폐 주조가 최초라는 의미를 담고 있다. 그러나 『고구려사략』은 장수왕이 유엽전전폐을 제작하여 보급한 사실을 명확히 전한다. 유엽전의 시초는 조선 세조가 아니라 고구려 장수왕이다.

『조선왕조실록』〈세조실록〉 세조10년1464년 11월 13일 기록. '명하여 전폐를 해마다 10만 개씩 주조하게 하니 전폐 모양은 유엽전과 같으며 살촉 길이가 1촌 8푼이고 줄기는 1촌 7푼이고 줄기 끝의 양면에 팔방통화라는 네 글자를 나누어 주조하고 1개 값이 저화 3장에 맞먹었다.[命鑄箭幣歲十万箇 箭幣形如柳葉箭 鏃長一寸八分 莖一寸七分 莖端両面分鑄八方通貨四字 以一箇準楮貨三張]'

안장왕의 안장원보安蔵元宝는 또 무엇일까? 원보元宝는 말굽을 닮은 화폐이다. 일반적인 동전과는 모양과 크기가 다르다. 재질은 금, 은, 구리 등이다. 아마도 안장원보 표면에는 '안장安蔵' 글자를 새겼을 것이다.

▲ 원보

그렇다면 안장왕은 무슨 연유로 원보를 제작하였을까? 당시 고구려사회에 널리 유통된 북위의 오수전을 경계한 조치로 이해된다. 독자적인 화폐 제작과 유통을 통해 고구려 상업을 보호하기 위한 경제정책의 일환이다. 그럼에도 안장원보 사용의 불편함 때문에 화폐 개혁이 실패로 끝난 점은 아쉬움으로 남는다.

고구려 화폐는 장수왕시기 유엽전楡葉錢과 안장왕시기 원보元宝가 있다.

▌중원왕조 왕명을 수여한 장수왕 ▌

▲ 춘추전국시대 중원왕조

『고구려사략』을 보면 장수왕이 옛 중원왕조의 왕명王名관작을 수여한 인물이 다수 나온다. 왕명은 춘추전국시대의 연燕, 양梁, 제齊, 월越, 초楚, 오吳, 한漢 등 7개 중원왕조이며, 관작을 받은 자는 고구려 왕족 출신이다. 다만 왕명 중에 양梁은 춘추전국시대에 포함되지 않아 남북조시대의 소연蕭衍이 세운 남

조 양梁·502년~557년으로도 이해하나, 장수왕이 관작을 수여한 시기가 양왕조 성립 훨씬 이전이어서 이 또한 확실치 않다.

왕명 관작을 받은 인물 정리

중원왕조 왕명과 왕명관작 수여자 명단이다.

왕명	왕명 관작 수여자				활동시기
	최초 봉임자 (시기)		차후 계승자 (관계)		
연왕	붕련朋連	415년 ~ 420년	다련多連	붕련 아들	광태토왕
양왕	서구胥狗		화덕華德	서구 아들	
제왕	춘春태자	421년	담윤談胤	고국양왕 아들	
월왕	용덕勇德	444년	호경胡景	용덕 아들	
초왕	회일懷衵	465년	-		장수왕
오왕	연황淵晃	473년	-		
한왕	각恪태자	533년	-		안장왕

① 붕련朋連과 서구胥狗는 고국원왕의 아들로 광개토왕의 정복사업을 최일선에 수행한 인물이다. 장수왕 재위초기인 415년~420년에 각각 연

왕燕王과 양왕梁王에 봉해지며, 사후 아들 다련多連과 화덕華德이 각각 승계한다. 특히 서구의 아들 화덕은 장수왕의 백제정벌475년을 주도한다.
☞ 342쪽 '백제 정벌', ☞ 410쪽 '삼실총과 마조총의 공통점' 참조

② 춘春태자는 고국원왕의 아들로 《광개토왕릉비》를 제작한 인물이다. 광개토왕 시기에는 연호 '영락'을 제정하고 역사서 『유기』를 개수 편찬하는 등 주로 내치에 기여하며, 장수왕 재위전반기에는 국정을 자문하며 421년 제왕齊王에 봉해진다. 사후 고국양왕의 아들 담윤談胤이 승계한다. ☞ 103쪽 《광개토왕릉비》는 누가 세웠나?' 참조

③ 용덕勇德은 장수왕의 생부이며 광개토왕의 동복아우이다. 444년 월왕越王에 봉해지며, 사후 아들 호경胡景이 승계한다. ☞ 218쪽 '칠성산무덤떼의 왕릉급 무덤' 참조

④ 회일懷袒은 광개토왕에게 보위를 양보한 광개토왕의 이복형 경鯨태자의 아들이다. 465년 초왕楚王에 봉해진다. ☞ 422쪽 '각저총과 무용총의 벽화' 참조

⑤ 연황淵晃은 장수왕의 아들인 황晃태자이다. 장수왕 재위후반기 국정을 자문하며 473년 오왕吳王에 봉해진다. ☞ 427쪽 '오도신총 사진 한장의 비밀' 참조

마지막으로 ⑥ 각慤태자는 가장 늦은 시기에 왕명관작을 받는다. 안장왕의 아들로 당시 태자 자리를 아들 평성平成·양원왕에게 넘긴 댓가로 533년 안원왕에 의해 한왕漢王에 봉해진다. ☞ 438쪽 '평양 한왕묘의 무덤주인' 참조

이들은 모두 왕족 출신이라는 공통점을 가지고 있다. 또한 광개토왕과 장수왕의 치세에 남다른 역할과 기여를 한 인물이다.

왕명관작을 수여한 배경

그렇다면 장수왕이 왕명관작을 수여한 배경은 무엇일까? 그것도 대상은 옛 중원왕조이다. 어떤 근거와 이유가 있을까?

일찍이 최치원은 '고구려와 백제의 전성기에는 백만 강병을 두고 남으로 오, 월을 침범하고 북으로 유, 연, 제, 노를 뒤흔들어 중국의 커다란

고민거리가 되었다.[高麗百済 全盛之時 强兵百万 南侵吳越 北撓幽燕斉魯 爲中國巨蠹]'고 자신의 문집에 적고 있다.[※『삼국사기』<열전> 최치원] 이는 고구려^{백제 포함}가 옛 중원왕조의 대륙 땅을 어떤 형태로든지 확보하고 지배하며 영향력을 행사한 역사적 증언이다. 같은 선상에서『태백일사』도 고구려가 옛 중원왕조 땅을 귀속시켰다고 기록한다.

『태백일사』〈고구려국본기〉. '문자호태열제는 연호를 명치로 바꿨다. 11년502년 제, 노, 오, 월의 땅이 우리에게 귀속되니 이때에 이르러 나라의 강역이 점점 더 확대되었다.[文咨好太烈帝 改元明治. 十一年 斉魯吳越之地属我 至是國疆漸大]'.

왕명 관작은 고구려 후왕

장수왕이 수여한 왕명관작은 고구려의 후왕^{侯王}이다. 후왕은 광개토왕과 장수왕 시기 제국화帝國化된 고구려의 위상을 상징적으로 대변한다. 오늘날의 대통령이 태왕이라면 후왕은 도지사에 해당한다. 특히 평안남도 덕흥리무덤의 묵서에도 후왕이 나온다. '좋은 땅에 옮겨와 장사지내니 7세후손까지 부를 누릴 것이며 날로 번창하여 관직은 후왕에 이르도록 하라[**良葬送之後富及七世子孫 番昌仕宦日遷位至侯王**]'. ☞ 253쪽 '평안남도 덕흥리무덤의 주인공' 참조

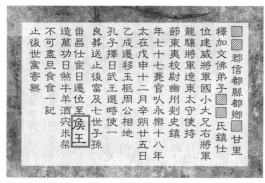

▲ 덕흥리무덤의 묵서[평안남도 남포]

후왕은 장수왕 시기로 끝나지 않고 이후에도 점차 숫자를 늘려가며 확대된다.『고구려사략』은 안장왕 시기에 왕실 종친과 척족 30명이 '왕후왕'에 봉한 사실도 소개한다.

『고구려사략』〈안장대제기〉. '정미 안장9년527년 춘정월, 보척보록이 완성하였다. 수첩된 자는 215명이며, 왕에 봉해진 자가 30명이다. 종전과 척전을 설치하고 모두에게 골고루 나누

어 주었다.[丁未 安蔵九年 春正月 宝戚宝籍成受牒者二百十五人 封王者三十人 置宗田戚田以周其給]'.

    안타깝게도『삼국사기』는 이런 기록을 일체 남기지 않았다. 그래서 우리는『삼국사기』가 기록한 역사만을 강요받는다. 이런 까닭에 우리가 아는 고구려는 중원왕조의 지배를 받아 온 동방의 작은 소국에 불과하다. 또한 실제 황제국을 표방하며 중원왕조보다 우위 또는 대등한 거대제국 고구려는 아예 우리 머릿속에 없는 것이다.

    장수왕이 왕족에게 수여한 옛 중원왕조의 왕명관작은 고구려 후왕侯 王이다.

| 고구려 역사서『유기』의 행방 |

600년 영양왕은 태학박사 이문진李文真에게 역사서 편찬을 명한다. 이때 이문진은 기존의『유기留記』100권을 정리하여『신집新集』5권으로 요약한다.『삼국사기』가 딱 한 번 언급한 고구려 역사서『유기』의 존재이다.

『삼국사기』영양왕. '11년600년 춘정월, 왕이 태학박사 이문진에게 옛 역사를 요약하여 5권의『신집』을 만들라 명하였다. 건국 초기 처음 문자를 사용하였을 때 어떤 사람이 사적을 기록한 100권의 책을 쓰고 이것을『유기』라 하였는데 이때에 와서 이를 정리하고 수정하였다.[十一年 春正月 詔太学博士李文真約古史為新集五巻 國初始用文字時有人記事一百巻 名曰留記至是刪修]'.

고구려 역사서『유기』와『대경』

『유기』는 어떤 역사서일까?『고구려사략』에 나오는 고구려 역사서 편찬 기록이다.

〈영락대제기〉 광개토8 398년	9월, 춘태자가 개수『유기』70권을 바치니 상이 황금 100근을 하사하였다. 춘태자는 효성으로 해태후를 섬기면서 천을비와 함께『유기』와『대경』을 개수하느라 10여 년을 파묻혀 보냈다. 나라 안의 악행과 악습을 없애고 조종 열위께서 하신 여러 훌륭한 말씀과 이루신 업적을 드높이는 일은 가히 정경으로 삼을 만하다. 九月 春太子上改修留記七十卷 上賜黃金百斤 春太子孝事解太后而与妃天乙沈潛留記代鏡十余年而改修之 去國惡彰祖烈多好言達事可爲政鏡
〈장수대제기〉 장수30 443년	9월, 해태자, 황태자, 왕문 등이『유기』70권을 수찬하였다. 상이 이르길 "우리 역사 모두가 이처럼 보경이거늘 하필이면『춘추』와『사기』를 읽어야겠소!" 하였다. 九月 蟹太子晃太子王文等修留記七十卷 上曰 我國之史皆是宝鏡也何必読春秋史記哉
〈안장대제기〉 안장1 519년	5월, 수경원에 태학사를 두고『대경』과『유기』, 비명을 모아 찬수하였다. 이로써 선덕과 성훈이 널리 드러났다. 五月 置修鏡院太学士 纂修代鏡留記碑銘 以彰先德聖勳

광개토왕 때인 398년 춘春태자가『유기』70권과『대경代鏡』을 개수改修 편찬하며, 이후 장수왕 때인 443년 유학자 왕문王文 등이 개정판을 내고, 안장왕 때인 519년『유기』와『대경』을 보완 편찬한다.『유기』는 광개토왕 때에 70권으로 개수 정리된 후 왕들의 치세가 거듭되며 30권이 추가되어 영양왕 때에는 100권에 이른다.

『대경』은 또 무엇일까? 역대 왕의 치세기록이다. '경鏡'은 '실록實錄'과 같다. 예를 들어 조선의 세종대왕 치세를 정리한『세종실록』이 있듯이『대경』은 고구려 역대 왕의 치세를 각각 따로 정리한『○○경』이다.『고구려사략』에 따르면 시조 추모왕의『추모경』이 있으며, 초기 3대 왕추모왕/유류왕/대주류왕의 치세를 별도로 정리한『삼대경三代鏡』이 있다. 이후 역대 왕의『대경』은 계속해서 편찬된다.

'경鏡'은 거울, 비추다, 밝히다 등의 뜻이다. 사서 명칭을 '鏡'이라 한 점은 역사를 후대의 본보기로 삼고자하는 고구려인의 역사관을 반영한 것이다. 고구려는 사서 명칭까지도 남달랐던 위대한 제국이다.

『유기』는 역대 왕의『대경』들을 집대성하여 정리한 고구려판『조선왕조실록』이다.

『유기』와 『대경』의 행방

그렇다면 방대한 고구려 역사기록인 『유기』와 『대경』은 모두 어디로 갔을까? 가장 큰 원인은 사적史籍을 불태운 분서焚書 행위이다. 전하는 바에 따르면 당唐의 이적李勣은 고구려를 멸한 후 평양에서 고구려 사적을 모두 분서하며, 후백제 견훤 역시 패망하면서 완산전북 전주에서 삼국의 서적을 분서한 것으로 알려져 있다.

이덕무 『천장관전서』의 『기년아람紀年児覽』 서문. '당의 이적李勣이 고구려를 평정하고는 동방의 모든 서적을 평양에다 모아놓고 우리나라의 문물이 중국에 뒤지지 않는 것을 시기하여 모두 불태웠으며, 신라 말엽에 견훤이 완산을 점령하고는 삼국의 모든 서적을 실어다 놓았는데 그가 패망하게 되자 모두 불타 재가 되었으니 이것이 3천년 동안 두 번의 큰 재앙이다.'[※ 이만운의 말 인용]

또 하나는 『삼국사기』의 소극적이고 부실한 편집이다. 『조선왕조실록』은 김부식이 이것저것 주워 모아 『삼국사기』를 편찬한 점을 지적하며 세조가 이를 보완하여 새로이 삼국 역사서를 편집편찬하려다 실패한 사실을 적고 있다. 특히 신채호는 역대의 병화兵禍보다 김부식의 사대주의가 사적을 불태웠다고 지적한다.

『조선왕조실록』 성종13년1482년 10월 9일 갑술 기록. '지사 서거정徐居正이 아뢰길 "우리 동방에서는 기자箕子가 봉국封國을 받은 이래로 연대는 비록 오래 되었으나 문적文籍이 전해 오지 않습니다. 그 사이 신라가 1천년을 지내고 고구려가 7백년을 지내며 백제가 6백년을 지냈는데 하나도 전해 오는 서책이 없으므로 김부식이 주워 모아 『삼국사』를 찬술한 것입니다. 우리 세조께서 일찍이 유신儒臣에게 명하여 편집하게 했으나 이루지 못했습니다. 『전한서』, 『후한서』, 『통감』과 같은 서책은 비록 저장된 것이 없더라도 중국에서 이를 구할 수가 있지만 본국의 역사는 가령 전하는 것이 없다면 어디에서 얻을 수가 있겠습니까? 마땅히 먼저 인출印出할 것은 『삼국사』입니다."

그럼에도 역사기록은 남는다. 반드시 남는다. 의도적인 분서이든 병화에 의한 소실이든 또는 정치적 고려에 의한 파괴이든 간에 역사기록의 생명력은 결코 끊어지지 않는다.

『고구려사략』은 『유기』와 『대경』의 일부

▲ 남당 박창화 선생

『고구려사략』은 『유기』와 『대경』의 일부 기록이다. 일제강점기 남당南堂 박창화朴昌和·1889년~1962년 선생이 일본 왕실도서관서릉부에서 필사해온 고구려 역사서이다. 고구려 중심사관으로 기술하고 편집된 고구려인이 직접 쓴 역사기록이다. 특히 『고구려사략』은 『삼국사기』의 단편적인 기록을 보다 상세히 기술하고 있다. 『삼국사기』가 나무의 기둥이라면 『고구려사략』은 나무의 줄기와 이파리에 해당한다. 다만 『고구려사략』이 국내에서 발견되지 않고 일본이 따로 보관하고 있는 점은 무척 아쉽다.

2001년 서지학자 박상국의 조사에 따르면 일본 왕실도서관이 소장하고 있는 우리 고서는 639종 4,678권이다. 이 중 일본이 강탈해간 사실이 확인된 '조선총독부 기증' 도장이 찍힌 661권은 우선적으로 반환해야한다.

남당 박창화 선생의 문헌을 「남당필사본南堂筆写本」 또는 「남당유고南堂遺稿」라고 칭한다. 이 중 고구려 역사를 기록한 사서는 아래와 같다.

구분	사서	본기(本紀)
제기 (帝紀) 계열	『高句麗史略』	민중제기, 모본제기, 신명선제기, 태조황제기, 신대제기, 차대제기, 산상제기, 동양대제기, 중천대제기, 서천대제기, 봉상제기
	『高句麗史抄』	추모대제기, 광명대제기, 대무신제기, 민중제기, 모본제기, 신명선제기, 태조황제기, 신대제기, 차대제기, 산상제기, 동양대제기, 중천대제기, 서천대제기, 봉상제기, 미천대제기
	『高句麗史略』	유류기
	『高句麗史』	고국원제기
	小獸林大帝紀	소수림대제기, 고국양대제기, 영락대제기, 장수대제기
	安蔵大帝紀	안장대제기, 안원대제기

왕기(王紀) 계열	『本紀新編列傳』	동명성왕기, 유리명왕기, 대무신왕기, 민중모본기, 국조태왕기, 차대왕기, 신대왕기,
		상태후기, 상씨열전, 목태후기, 목씨열전, 주태후기, 명림답주전, 주통태후기, 명림태후기, 태자열전, 태후열전, 호화태후기, 을파소전, 황림태후기
	中川大王紀	중천대왕기
	國罡上王紀	고국원왕기
	小獸林王紀	소수림왕기, 국양천왕기, 국강호태왕기, 천강태후기

추모왕 관련 사서는 『추모경』, 『유기추모경』, 『추모경연의』 등이 있다. 『추모경』은 〈상〉, 〈중〉, 〈하〉편으로 나뉘며, 『유기추모경』은 고려 전기 문신 황주량黃周亮이 편찬한 사서이다. 『추모경연의』는 소설적 요소가 가미된 일종의 해설서이다. 이외에도 미천왕의 일대기를 다룬 『을불대왕전』이 있다.

사서 명칭은 『고구려사략』, 『고구려사초』, 『고구려사』, 『본기신편열전』 등이다. 대부분 편년체의 본기本紀 기록이다. 크게 「제기帝紀」 계열과 「왕기王紀」 계열로 나누며 기록상으로도 「제기」와 「왕기」는 적잖은 차이를 보인다. 「왕기」 기록이 「제기」보다 등장인물도 많고 사건내용도 보다 사실적이며 풍부하다. 「왕기」가 원판본이고 「제기」는 「왕기」에 기초하며 새로 편집한 개정판본이다. 광개토왕의 경우 원판본은 〈국강호태왕기〉이고, 개정판본은 〈영락대제기〉이다.

「제기」 판본은 장수왕 시기에 편찬한 개정판으로 추정된다. 장수왕은 「제국帝國」 고구려를 선포한 황제열제이다. 이에 걸맞게 장수왕은 443년 해蟹태자, 황璜태자, 왕문王文 등에게 명하여 『유기』 70권을 수찬케 한다. 이때 편찬한 『유기』 70권이 「제기」 판본의 시초이다. 특히 남당필사본의 본기 기록[※ 표 참조]을 보면 장수왕부터 「왕기」 자체가 존재하지 않는다. 장수왕부터 「제기」로 편찬한 것이다.

일본에게 명령한다. 즉각 『고구려사략』 원본을 돌려보내라.

▮ 북위왕실의 피를 받은 문자명왕 ▮

문자명왕은 고구려 문치시대를 상징하는 왕이다. 재위기간은 492년부터 519년까지 28년간이다. 이름은 나운羅雲이며 장수왕의 손자이다. 아버지는 장수왕의 아들 조다助多이다『삼국사기』고추대가. 그런데 문자명왕의 아버지 조다가 북위왕실의 피를 받은 기록이『고구려사략』에 나온다.

문자명왕의 할머니 북위황제의 딸

장수왕은 435년 북위 명원제 탁발사拓跋嗣의 딸 가란嘉蘭과 혼인한다.

『고구려사략』〈장수대제기〉. '장수3년435년 을해 6월, 위의 산기시랑 이오 등이 탁발사의 딸 가란을 호송하여 왔다. 하란의 딸이다. 상이 담윤을 영접대사로 삼아 서하로 나가 맞이하였다. 탕수궁에 들여 근례를 행하였다.[長壽三年 乙亥 六月 魏散騎侍郎李敖等送嗣女嘉蘭 來 乃賀蘭之出云 上以談允爲迎接大使者出西河迎之 入淌水宮行졸禮]

가란은 장수왕의 딸 하賀공주437년와 탁拓공주440년를 낳고, 비妃에서 후后로 승차하며 정실왕후에 봉해진다. 444년 가란왕후제3왕후는 아들 조다를 낳는다. 조다는 정실왕후 소생이어서 후계자 반열인 적자嫡子가 된다. 이후 조다는 462년 찬가讚加와 혼인하여 아들 나운羅雲을 얻는다. 그런데 나운이 15세가 되던 476년 아버지 조다의 신상에 변화가 생긴다.

북위 헌문제 탁발홍이 사망하자 조다는 조문사 자격으로 북위에 파견된다. 그러나 조다는 고구려로 돌아오지 못한다. 북위 풍태후문성태후가 조다를 좋아하여 곁에 두고 돌려보내지 않는다. 특히 풍태후는 장수왕에게 조다를 후계자동궁로 봉해줄 것을 요구하고, 이에 장수왕은 조다의 동궁인장과 동궁책봉서를 북위에 보낸다. 풍태후는 조다의 동궁책봉식을 북위에서 따로 거행한다.

『고구려사략』〈장수대제기〉. '장수44년476년 병진 7월, 조다의 나이가 서른셋33세이고 가란의 소생인 까닭에 풍녀와 은밀히 정을 통하였다. 풍녀가 누차 사신을 보내 정식후사로 삼아주길 청하여 동궁부를 설치하고 관료를 딸려 보냈다. 조다가 풍녀에게 붙잡아 북위에서 돌아오지 않아 동궁인장과 책봉서를 보내니 북위가 별도로 책봉식을 해주었다 한다.[長壽 四十四年 丙辰 七月 助多 方年三十三 以嘉蘭之出 與馮女情密 馮累遣使請封正嗣乃置東 宮府僚屬 而助多因馮女之挽留在魏未歸 故送其東宮印冊于魏 魏亦別行冊封之禮云].

그러나 조다는 끝내 고구려로 돌아오지 못하고 북위에서 사망한다. 풍태후의 사랑을 독차지한 조다를 시기하고 질투한 무리가 조다를 살해한다. 480년 조다의 시신이 고구려에 도착하고 장수왕은 "아비는 동황이고, 너는 서황이어서 이미 복이 차고 넘치거늘 어찌 조심하지 않아 이런 꼴을 당하느냐?[父爲東皇 汝爲西皇 福已溢矣 汝何不勅遂至此狀邪]" 하며 통곡한다. 조다의 시신은 장수왕의 명에 의해 황산^{길림성 집안}에 묻힌다. ☞ 398쪽 '우산하무덤떼의 왕족묘역' 참조

황손에 얽힌 비밀

조다가 사망하자 장수왕은 조다의 아들 나운을 황손^{皇孫}에 봉한다. 황손은 장수왕의 손자가 아닌 장수왕의 공식후계자이다. 이어 황손 나운은 487년 감국소황^{監國小皇}에 봉해져 장수왕의 말년 치세를 보좌하며 491년 장수왕 사망하자 보위를 승계한다. 바로 문자명왕이다. 그런데 『신라사초』는 나운이 황손이 된 배경을 전혀 다르게 설명한다. 장수왕은 며느리인 조다의 처 찬가^{讚加}를 빼앗아 자신의 첩으로 삼는다. 또한 기록은 조다가 병들어 죽자 장수왕이 이를 후회하여 나운을 사자^{嗣子·후계자}로 삼았다고 한다.

『신라사초』《소지명왕기》. '그 막내아들 조다는 찬가씨에게 장가 들었는데 매우 아름다웠다. 아들 나운을 낳자 거련이 의자로 삼고 그녀를 빼앗아 첩으로 삼았다. 조다가 이로 인하여 병들어 죽었다. 거련이 이를 후회하여 나운을 사자로 삼고 찬가 또한 총애를 입어 내정을 장악하였다.[其少子有助多者 娶于讚加氏 甚美 生子羅雲 連以爲宜子 而奪之 爲妾 助多由此而病死 連悔之 乃以雲爲嗣 贊加亦以 寵 專內政]'.

사자嗣子는 황손皇孫을 가리킨다. 『신라사초』는 나운이 황손에 봉해진 배경에 장수왕과 며느리 찬가 사이에 어떤 부적절한 관계가 개입된 사실을 암시한다. 더구나 『고구려사략』은 나운이 장수왕의 손자가 아닌 아들이라고 부연한다. 〈장수대제기〉이다. '장수30년462년 임인 5월, 조다의 아들 나운이 태어났다. 혹은 상의 아들이라고도 한다.[長壽三十年 壬寅五月 助多子羅雲生 或云上子]'. 나운이 황손이 된 사유이다. 장수왕은 손자 나운을 자신의 아들로 인식한다.

우리는 이런 역사를 알지 못한다. 아니 알 수가 없다. 『삼국사기』가 스스로 외면했기 때문이다. 『삼국사기』는 이 모든 역사를 한 줄로 압축한다. '조다가 일찍 죽자 장수왕이 나운을 궁중에서 길러서 태손으로 삼았다.[助多早死 長壽王養於宮中 以爲太孫]'. 『삼국사기』의 태손太孫은 바로 황손皇孫이다. 그나마 『삼국사기』는 황제국을 나타내는 '皇'자를 은근슬쩍 '太'자로 바꿔 놓는다.

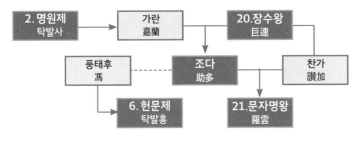
▲ 조다와 문자명왕 계보도

문치시대의 상징 문자명명

문자명왕의 연호는 명치明治이다. 『삼국사기』는 명치호왕明治好王으로 적는다. 연호 명치는 '밝게 잘 다스린다.'는 뜻으로 시호 문자명文咨明과도 맥을 같이 한다. 특히 명치는 일본이 자랑하는 메이지유신明治維新·1868년의 주역인 일왕의 연호와도 연결된다. 1,400여 년 앞선 고구려의 명치 연호가 일본에서 환생한 것은 아닐런지!

『삼국유사』〈왕력〉에는 명리호明理好, 개운个雲, 고운高雲의 이름도 전한다. 명리호는 문자명왕의 별호인 명치호왕이고, 개운은 나운의 변형이며, 고운은 고나운高羅雲에서 羅를 뺀 두 글자 표기이다.

그런데 『삼국사기』〈고구려본기〉 문자명왕 기록을 보면 명치 연호에 걸맞는 내용이 아예 없다. 북위를 포함한 중원 남북조에 조공한 기록과 백제, 신라와 소규모 전투를 벌인 것이 전부이다. 또한 아쉽게도 『고구려사략』조차도 문자명왕의 본기[※〈명치대제기〉 추정] 기록이 없다. 현재로서는 문자명왕의 문헌 기록이나 관련 유물이 추가로 발견되지 않는 한 수수께끼로 남을 공산이 크다.

광개토왕의 경우 『삼국사기』는 광개토왕이 어떤 근거로 광개토의 시호를 받게 된 것인지 설명하지 못한다. 그러나 우리는 《광개토왕릉비》비문기록을 통해 『삼국사기』가 설명하지 못한 부분을 모두 확인할 수 있다. 마찬가지로 『삼국사기』는 문자명왕이 어떤 근거에 의해 문자명의 시호를 받게 되었는지 명확히 설명하지 않는다. 기록을 삭제 또는 소략疏略한 까닭이다. 그럼에도 문자명왕은 문치文治를 상징하는 시호를 받는다. 설사 구체적인 내용을 확인할 수 없더라도 우리는 문자명왕을 고구려 문치시대를 이끈 왕으로 기억해야 한다.

3

장수왕의 유물과 유적

┃평양안학궁과 대성산성┃

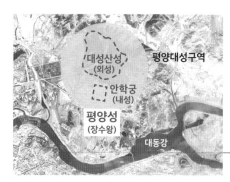
▲ 장수왕의 평양 [평양대성구역]

장수왕은 427년 평양으로 천도를 단행한다. 평양은 지금의 북한 평양특별시 대성구역인 대성산을 포함하는 주변 일대이다. 남쪽의 평지성인 안학궁安鶴宮과 북쪽의 산성인 대성산성大城山城이 소재한다.

『대동지지』 평양부 연혁. '장수왕15년427년에 평양성平壤城으로 수도를 옮겼다.[요양遼陽의 옛 평양平壤 호칭을 신도新都에 모칭冒称하였는 바 우리나라 평양은 여기에서 시작하였다]'. 평양은 동천왕의 수도인 요녕성 요양이 원래 명칭이며 장수왕이 한반도로 천도하면서 평안도 평양 명칭이 생겨난다. 다만 《광개토왕릉비》에 평양이 언급되고 있어 한반도 평양 명칭의 시작은 고국원왕 때부터로 추정된다.

『고구려사략』의 안학궁 기록

안학궁은 한 변 길이 622m, 둘레 2,488m로 전체 넓이는 약 38만㎡이다. 중앙의 중궁을 비롯하여 동궁, 서궁, 남궁, 북궁 등 5구역으로 나누며 모두 52채의 집자리가 확인된 대규모 궁궐이다. 안학궁은 장수왕의 평양

천도를 상징하는 대표적인 건축
물이다. 안학궁 신축이 완성되면
서 본격적으로 평양 천도가 이루
어진다.

안학궁의 '安鶴'은 우리말 '아낙'을 한자
로 표기한 경우이다. 아낙은 內를 의미하
여 안학궁은 '內宮'이란 뜻이다.

▲ 안학궁 복원도

〈장수대제기〉이다. '14년[427]
년 정묘 2월, 평양의 새 궁궐로 이거하였다. 궁전과 관사 규모가 웅장하
여 나라가 있어 온 이래로 처음 있는 일이었다. 상이 좌우를 둘러보며 이
르길 "옛적에 나의 동명께선 띠풀 지붕에 사시면서도 능히 대업을 이루
셨다. 짐은 이렇게 귀한 궁전에 머무르기가 개운치 않다. 장차 동명께 어
찌 보답한단 말인가. 그대들 백료 각자는 가진 재주와 성심을 다해 임금
을 섬겨 동명의 나라를 빛내야 할 것이다" 하였다. 군신이 엎드려 절하였
다.[十四年 丁卯 二月 移居于平壤新宮 宮殿府司之規模雄壯 有國以來初
有也 上顧謂左右曰 昔我東明居於茅茨而能成大業 朕以不爽居此金殿 將
何以報答東明耶 宜爾百僚各以其技誠心事君 以光東明之國 群臣拜伏]'.

장수왕이 안학궁으로 처소를
옮기며 밝힌 소회이다. 이 기록
은 중요한 역사적 정보를 담고 있
다. 과거 추모왕의 궁궐이 '띠풀
로 이은 지붕茅茨'을 사용할 정도
로 매우 빈약한 점과 장수왕의 안
학궁은 건국 이래로 가장 규모가
크고 웅장하게 건축된 점이다.

▲ 안학궁터[조선고적도보]

『고구려사략』 기록을 보면 안학궁 내의 여러 궁궐 전각 명칭이 구체적으로 나온다. 정전正殿인 황극전皇極殿을 비롯하여 청룡전靑龍殿, 우두전牛頭殿, 그리고 백웅궁白熊宮, 온수궁溫水宮, 포진궁抱真宮, 봉황궁鳳凰宮 등이다.

대성산성의 축성

▲ 대성산성 성벽 [조선고적도보]

대성산성은 평양 인근에서 가장 험준한 대성산에 축조한 산성이다. 둘레 7,076m[※총 성벽길이 9,284m] 면적 2.723㎢로 고구려 산성 중에서 가장 규모가 크다. 북한이 조사한 바에 따르면 성안에서 18개의 건물지와 크고 작은 10개의 연못을 확인하여 대규모 인력이 장기간에 걸쳐 거주한 산성임을 알 수 있다.

성벽은 자연 지세를 이용하여 축조한다. 남문 근처의 160m 구간을 제외하고 대부분은 돌로 쌓는다. 특히 남문에서 주작봉과 소문봉에 이르는 980m 구간은 성벽이 2중이다. 성벽에는 모두 65개의 치雉가 설치되어 있다. 성돌은 대부분 사암이며 드물게 화강암도 확인된다. 하단부는 큰 석재를 사용하고 위로 올라갈수록 크기는 작아진다. 현재 남문은 복원되어 있다. 대성산성의 축조 연대는 5세기 초로 추정되어 장수왕이 평양 천도를 계획하면서 안학궁 신축과 대성산성 축성이 함께 이루어진다.

▲ 대성산성 복원된 남문

한반도 평양의 연고

그렇다면 장수왕이 평양을 선택한 이유는 무엇일까? 어떤 연고가 있어 평양을 새로운 수도로 결정한 걸까?

동황성東黃城때문이다. 동황성 은 이전 고국원왕이 서벌남정西伐 南征정책을 추진하면서 남쪽 백제 에 대한 압박을 강화하기 위해 평 양지역에 축조한 전초기지 성격의 밀도密都이다. 『삼국사기』가 '지금 의 서경 서쪽 목멱산 중에 있다.[城

▲『동여도』의 목멱산과 황성

在今西京東木覓山中]'고 구체적인 위치를 지목한 곳이다. 『고구려사략』 이 시종일관 사천蛇川행궁 소재지로 설명한 고구려 황성皇城이다.

동황성은 지금의 북한 평양특별시 낙랑구역 정백동 일대의 의암동토 성으로 추정된다. 대동강을 사이에 두고 동북쪽에 장수왕의 평양성안학 궁/대성산성이 소재한 대성구역과 맞닿는다. 이런 연고로 장수왕은 새로운 천도지를 물색하며 자연스레 평양을 선택하며 기존의 동황성은 장수왕 의 평양 천도가 완결되며 자연스레 폐쇄된다.

다만 한 가지 의문은 남는다. 장수왕이 기존의 동황성을 증축하여 재

▲ 평양성과 동황성 분포

활용하지 않고 따로 평양성을 신축한 이유이다. 특히 안학궁과 대성산성은 규모로 보아 수많은 인력과 물자가 투입된 대규모 공사이다.

평양성 축조는 지형적 특성을 고려한 선택으로 보인다. 평양성은 남쪽의 대동강과 북쪽의 대성산이라는 천험의 방어요건을 갖추고 있다.

586년 평원왕이 천도한 장안성은 지금의 평양중심지역이다. 427년 장수왕의 평양성 천도 이후 160여 년만에 다시금 인접한 서쪽으로 천도가 이루어진다. 장수왕 당시 평양중심구역은 미개발된 사천벌판이다.

장수왕은 재위초기 천도를 결심하고 10여 년에 걸친 대규모 공사를 통해 평양성을 완성한다. 그렇게 해서 아버지 광개토왕이 이룩한 거대제국 고구려를 효율적으로 관리할 수 있는 새로운 중심지로 거듭나며 재탄생한다.

평양성은 안학궁과 대성산성을 신축하면서 장수왕의 수도로 자리매김한 새로운 이름이다.

| 장군총 무덤주인의 미스터리 |

장군총將軍塚은 길림성 집안의 「통구고분군」 중 「우산하무덤떼禹山下墓區」에 속하며 가장 동쪽에 위치한다. 고구려를 대표하는 돌무지무덤의 가장 발달된 형태로 무덤양식은 계단돌방돌무지무덤이다. 잘 다듬은 화강암 장대석장방형입방체 1,100여 개를 이용하여 방대형 단을

▲ 장군총 전경

7층 계단으로 올려 쌓고, 4층 단의 중앙에 널길羨道과 시신을 안치한 돌방石室을 설치하였다. 한 변 길이는 29.34m≒30m이며 높이는 11.28m이다. 전체 모양이 피라미드를 닮아 '동방의 피라미드'로 불린다.

장군총의 유래는 명확하지 않다. 1907년 프랑스 동양사학자 에두아르 샤반Chavannes이 조사할 때 이미 장군총으로 불렸다고 전하며, 일제가 간행한 「조선고적도보」에는 '장군분將軍墳'으로 기재하고 있다. 아마도 당시 지역민들이 부르던 일반화된 명칭인 듯하다.

장군총에 대한 학계의 시각

장군총우산하1호분은 보존이 잘 된 까닭에 외관상으로는 웅장한 모습을 하고 있다. 그러나 무덤 규모만을 놓고 본다면 장군총은 집안일대 무덤들 중에서 중형급에 해당한다. 대형급인 태왕릉66m×66m과 비교하면 장군총≒30m×30m의 면적은 태왕릉의 1/4 수준이다. 비록 무덤

제사건물터
2호배총(?)
장군총
1호배총

▲ 장군총과 주변 능원 분포

규모가 상대적으로 작다 하더라도 무덤주위의 제사건물지, 배총, 능장 등을 포함하는 능원을 갖추고 있어 고구려 왕릉임에는 의심의 여지가 없다.

중국 집안시박물관의 길림성문물고고연구소의 보고서는 장군총의 무덤주인을 ① 시조 동명왕 설, ② 산상왕 설, ③ 광개토왕 설, ④ 장수왕 설 등으로 명기하고 있다.

장군총의 무덤주인을 장수왕으로 보는 것이 일반화된 시각이다. 그러나 일부 학계의 판단은 부정적이다. 우선 장군총의 조성시기가 5세기 초반으로 추정되어 장수왕의 사망시기인 5세기 후반491년과는 시기적으로 격차가 있고 더구나 당시에는 왕이 살아 있을 때 가묘를 만드는 수릉壽陵 제도나 망자가 고향이나 가문의 본거지로 돌아가 묻히는 귀장歸葬제도가 보편적으로 시행되었다고 볼 수 없다는 이유이다. 또 하나는 장수왕의 무덤으로 추정할 수 있는 명문글자이 새겨진 유물이 장군총에서 전혀 발견되지 않는 점을 꼽는다. 그래서 대안으로 평양직할시 북쪽의 경신리1호분을 장수왕릉으로 추정하기도 한다. 특히 경신리1호분은 한왕묘漢王墓 또는 황제묘皇帝墓로 불려져 왕의 무덤임을 뒷받침한다. 또한 무덤 조성시기가 6세기 초반으로 추정되어 장수왕의 무덤일 가능성을 배제하기 어렵다. ☞ 438쪽 '평양 한왕묘의 무덤주인' 참조

▲ 경신리1호분전경[조선고적도보]

『고구려사략』이 전하는 장수왕릉

그런데 장수왕의 무덤으로 추정되는 단서가 『고구려사략』에 명확히 나온다. 〈장수대제기〉이다. '장수59년491년 신미 9월, 상이 하양, 욱호와 함께 황산으로 가서 평양릉에 곡하며 이르길 "내가 죽거든 여기에 장사지내고 어머니와 합골하여라." 이 해는 국화가 색을 잃은 채로 피었는데 상은 황산행궁에 머물면서 나날을 하양과 함께 즐거움을 탐하며 욱호가 말

려도 듣지 않았다. 12월 7일, 하양의 침소에서 붕하였다. 때에 큰 눈이 닷새나 내려 길이 모두 끊기고 하양은 상이 붕한지도 모른 채 깊은 잠에 빠졌다. 욱호가 일찍 일어나 가보고 처음 발견하여 감국^{문자명왕}을 불러 발상하였다. 이에 재궁^{장수왕 시신}을 평양릉의 광혈로 들여보내 육탈을 기다렸다가 합골하였다. 감국이 황산행궁에서 즉위하니 12월 15일이다.[長壽五十九年辛未 九月 上与河陽勗好如黃山哭平陽陵 曰吾死可葬於此与母合骨 是年菊華無色 上仍留黃山行宮 日与河陽耽樂勗好諫之不聴 十二月七日 崩于河陽寢 時大雪五日道路皆塞 河陽不知上崩睡熟 勗好曉至

▲ 장군총 돌방 천장

始見召監國発喪 乃以梓宮入平陽壙穴待脱肉而合骨 監國即位於黃山行宮 十二月十五日也]'.

　　장수왕은 사후 어머니 평양^{平陽}왕후 무덤인 평양릉^{平陽陵}에 합장할 것을 유언하며 장수왕의 뒤를 이은 문자명왕이 장수왕의 시신이 육탈^{肉脱}하자 뼈만 따로 수습하여 평양릉에 합장한다. 장수왕의 무덤은 새로이 만들지 않고 기존의 평양릉을 활용한다. 평양릉이 장수왕릉을 겸한다.

장군총은 장수왕과 어머니 평양왕후의 합장묘

그렇다면 장군총은 평양왕후의 평양릉일까? 『고구려사략』은 장수왕의 어머니 평양왕후가 광개토왕이 사망한 414년^{실제 412년}에 남편 광개토왕을 따라 죽었다고 소개한다.

『고구려사략』〈영락대제기〉. '24년414년 갑인 7월, 상이 주유궁에서 붕하였다. 춘추 서른아홉39세이다. 평양후도 따라 죽었다. 황산에 장사지냈다.[二十四年 甲寅 七月 上崩於朱留宮 春秋三十九 平陽后殉之 葬於黃山]'.

　　이는 평양왕후의 무덤^{평양릉}이 광개토왕 무덤^{태왕릉} 근처에 조성된 점

▲ 장군총 돌방 내부와 널받침[2002년]

을 시사한다. 다만 평양왕후는 광개토왕을 따라 순사殉死함에도 불구하고 광개토왕릉에 합장되지 못하고 따로 무덤을 쓰게 된다. ☞ 192쪽 '광개토왕의 무덤 태왕릉', 471쪽 '[최초공개] 집안출토 「태왕차자릉」 판석' 참조

특히 장군총 돌방의 널받침棺臺은 2개이다. 평양왕후와 장수왕의 관을 따로따로 올려놓은 널받침이다.

▲ 장군총 돌방 내부와 널받침[1938년]

장군총 널받침은 중국이 장군총을 재정비하면서 새로 만들어 돌방 안에 넣은 것이다. 1930년대 일본인이 장수총을 조사하며 찍은 사진속의 널받침은 여러 조각으로 분리되어 있다. 특히 돌방내부에는 따로 위패位牌가 있다. 위패에는 '供奉前朝好太王神位' 문구가 써있다고 한다. 전조前朝는 고구려를 가리킨다. 고구려 멸망이후 누군가에 의해 장군총의 무덤주인인 호태왕장수왕에 대한 제사가 이루어진 사실을 알 수 있다.

장군총의 조성시기는 6세기 초반이고 평양릉의 조성시기도 5세기 초반이다.[※평양왕후 412년 사망] 얼추 백년 정도 차이가 난다. 이는 처음 평양릉을 조성한 이후 장수왕의 시신이 합골되며 무덤의 외형을 대대적으로 개축하였을 것으로 추정된다. 그래서 장군총은 비록 규모는 태왕릉의 1/4수준이지만 외형만큼은 가공한 장대석을 이용하여 웅장하게 쌓는다.

장군총의 배총과 제사시설

장군총 능원에는 딸린무덤陪塚과 제사유적지가 있다. 딸린무덤은 장수왕의 근신近臣무덤으로 추정되며 제사 유적지는 말 그대로 제사용 부속건물터이다. 그런데『고구려사략』에 딸린무덤의 주인공과 제사에 대한 기

록이 나온다. 〈장수대제기〉이다. '장수31년463년 계묘 정월, 월왕궁에 있던 호련후가 춘추 일흔셋73세에 붕하였다. 상의 동복누이다. 무오년418년에 후궁으로 들어와서 보비가 되었으며 후에 창태자를 낳고 황후로 승차하였다. 이때에 와서 붕하였다. 성품은 엄근하고 선하며 자식을 잘 가르쳤으며 오랫동안 경부의 육원을 관장하여 치적 또한 상당하였다. 상이 애통해하며 권도로 명하여 평양릉 곁에 장사지내고 창태자로 하여금 제사를 주관하게 하였다.[長壽三十一年 癸卯 正月 越王宮胡連后崩 春秋 七十三 上之胞姊也 戊午入後宮補妃後生昶太子 陞為皇后 至是崩 性嚴謹 善教子故久掌瓊府育院多治績 上哀慟之命權葬于平陽陵側使昶主其祀]'.

딸린무덤의 주인은 호련胡連이다. 장수왕의 동복누이로 왕후가 된 여성이다.□277쪽 '장수왕의 가계' 참조 장수왕은 누이 호련왕후제4왕후가 사망하자 어머니 평양릉 곁에 장사지낸다. 또한 호련왕후가 낳은 창昶태자로 하여금 제사를 주관하게 한다. 딸린무덤의 주인은 장수왕의 근신이 아닌 왕후 호련이다.

▲ 장군총 딸린무덤

이상의 『고구려사략』 문헌기록과 기존의 고고학적 증거들을 종합하면 장군총은 장수왕릉임이 분명하다. 다만 보다 결정적인 증거인 명문이 새겨진 유물이 발견되지 않아 아쉽다.

집안 일대 고구려 왕릉의 특징은 무덤주인에 대한 기록 유물이 일체 없는 점이다. 평양 일대의 경우도 마찬가지다. 적어도 당시 고구려인들은 어느 무덤이 누구의 무덤인지를 굳이 명기하지 않아도 모두 알고 있었다고 볼 수 있다. 지금에 이르러 이를 알 수 없으니 참으로 부끄럽고 참담할 뿐이다.

장수왕의 원래 능원예정지

그런데 말이다. 장수왕의 평양릉 합장은 유언에 따른 어쩔 수 없는 조치로 이해되지만 원래 장수왕릉의 능원 예정지가 따로 있지 않았을까 하는 의문이 남는다. 〈장수대제기〉에는 장수왕이 평양 천도 이후에도 18회에 걸쳐 황산원^{집안 국내성}을 방문한 기록이 있다. 주로 선대 왕인 고국원왕, 고국양왕, 광개토왕의 왕릉에 주기제周忌祭를 올리거나 또는 일부 왕족의 능을 찾는 경우이다. 또한 방문 목적을 밝히지 않은 기록도 여러 번 나온다. 이로 미루어 보아 장수왕은 사후 장지를 황산원으로 결정하였을 가능성이 높다.

▲ 장수왕 능원 예정지

장수왕은 능원 예정지에 대한 단서를 「우산하무덤떼」의 묘역에서 찾을 수 있다. 동쪽 광개토왕의 능원과 서쪽 '왕족묘역' 사이에 마치 블랙홀처럼 텅 빈 공간이 존재한다. 물론 이 공간에서도 소규모 무덤들이 일부 확인되나 이는 어디까지나 고구려 멸망 이후 이곳에 거주한 사람들의 무덤들이다. 적어도 장수왕 당시 이 공간은 완전히 비어 있다. 장수왕의 능원 예정지로 추정된다.

장군총將軍塚은 장수왕과 어머니 평양平陽왕후의 합장묘^{어울무덤}이다.

3 장수왕의 유적과 유물

| 우산하무덤떼의 왕족묘역 |

「우산하무덤떼禹山下墓區」는 광개토왕과 장수왕 시기인 5세기 무렵에 집중적으로 조성된 왕족일부 귀족 포함의 무덤군이다. 이 중에는 유달리 중·대형급의 무덤들이 밀집된 곳이 있다. 소위 '왕족묘역'으로 불리는 지역이다. 왕릉급의 돌무지무덤인 우산하

▲ 우산하무덤떼왕족묘역 분포

2110호분과 흙무지무덤인 오회분2호묘를 중심으로 한 주변일대이다.

사회분四盔墳과 오회분五盔墳은 외형이 투구鬪具·쇠모자 또는 주발周鉢·놋쇠 밥그릇을 닮았다 하여 '盔'자를 붙인 방형의 흙무지무덤들이다. 또한 우산하2115호분을 포함한 주변의 흙무지무덤들도 있다. 따로 명칭이 부여되지 않은 무덤들이다.

방형의 흙무지무덤은 427년 장수왕의 평양 천도이후 조성된 무덤들이다. 봉분 형태가 원형이 아닌 방형인 이유는 돌무지무덤의 봉분형태를 모방한 것으로 추정된다.

우산하2110호분은 조다태자 무덤

우산하2110호분은 왕족묘역에서 가장 규모가 큰 대형의 왕릉급 무덤이다. 온화보남대총溫和堡南大塚 또는 서강남대석릉西崗南大石陵으로도 불린다. 일제강점기 일본인이 무덤정상부에 세워 놓은 콘크리트水泥기념

▲ 우산하2100호분 전경

비가 있다. 무덤양식은 계단돌방돌무지무덤이다. 다만 외형은 정방형이 아닌 장방형이다. 하단부는 동서 38m 남북 66m로 남북 길이가 월등히 길다. 또한 돌방石室도 1개가 아닌 2개이다. 아마도 처음 한 변 길이 38m 의 돌방무덤 1개를 만들었다가 이후 돌방 1개를 추가하며 남북으로 확장된 장방형의 무덤이 조성된 듯 보인다.

▲ 청동인형차할

특히 출토유물 중에는 임강총天崗太后 무덤에서 발견된 청동인형차할靑銅人形車轄과 똑같은 형태와 크기의 차할이 있다.🔖 198쪽 '우산하무덤떼의 왕릉급 무덤' 참조 다만 임강총 차할은 엑스자형[X] 격자살 문양이 새겨있는 반면 우산하2110호분 차할은 별다른 표식이 없다.

무덤주인은 누구일까? 〈장수대제기〉에 명확히 나온다. '장수48년480년 경신 2월, 조다태자 시신이 북위로부터 도착하였다. 이혁 이후에 태자가 풍태후와 서로 좋아지내다 합궁하여 자식을 낳자 시샘하는 자가 적잖았는데 여러 번 기회를 엿보다 이때에 이르러 괴적의 화살을 맞아 독으로 죽었다. 상이 소리내어 울며 이르길 "아비는 동황이고 너는 서황이어서 이미 복이 차고 넘치거늘 어찌 조심하지 않아 이런 꼴을 당하느냐?"하였다. 조다의 비가 울면서 아뢰길 "부황이시여! 지아비를 죽인 풍홍과 풍녀풍태후를 가혹하게 대하셔야 합니다. 어찌하여 원수를 갚지 않습니까?"하였다. 상이 이르길 "너는 홀대한 지아비는 위하면서 아비는 원망하는구나. 내 어찌 잘못이 없다하겠냐만 이미 아들이 장성했으니 개가는 아니된다."하고 황손나운에게 명하여 어미를 데리고 가서 황산에 묻어주라 하였다.[長壽四十八年 庚申 二月 助多太子喪 來自魏 李奕以後太子與馮后媾好生産 妬者不少使刺客累伺 至是爲怪賊所射中毒而薨 上哭曰 父爲東皇汝爲西皇福已溢矣汝何不勅遂至此狀邪 助多妃哭曰 父皇乇待馮弘馮女之殺吾夫安知不爲報讐乎 上曰 汝爲曠夫而怨父吾豈發明哉但汝子已長不須改嫁也 命皇孫引其母而去葬于黃山]'.

무덤주인은 황산원「우산하무덤떼」에 묻힌 조다助多태자이다. 조다태자는 장수왕이 북위 명원제 탁발사拓跋嗣의 딸 가란嘉蘭공주제3왕후를 통해 얻은 아들이다. 444년에 출생한 조다태자는 나이 33세인 476년 북위 헌문제 탁발홍拓跋弘이 사망하자 조문사 자격으로 북위에 파견된다. 그런데 당시 권력을 잡고 있던 북위 풍태후문성태후가 조다태자를 좋아하여 놓아주지 않는다. 특히 이때 장수왕은 풍태후의 요청에 따라 조다태자를 동궁후계자에 봉하며 그 책봉서를 북위에 보내기까지 한다.

『고구려사략』〈장수대제기〉. '장수44년476년 병진 7월, 조다는 바야흐로 나이가 서른셋33세이고 가란의 소생으로 풍녀와 정이 깊어지니 풍녀가 누차 사신을 보내와 정식후사로 삼아주길 청하여 동궁부를 설치하고 관료를 딸려보냈다. 조다는 풍녀가 붙잡아 북위에서 돌아오지 못한 까닭에 동궁 인장과 책봉서를 북위에 보내니 북위가 별도로 책봉식을 거행하였다고 한다.[長壽四十四年 丙辰 七月 助多方年三十三 以嘉蘭之出 与馮女情密 馮累遣使請封正嗣乃置東宮府僚属 而助多因馮女之挽留在魏未帰 故送其東宮印冊于魏 魏亦別行冊封之礼云].'

그러나 풍태후의 사랑을 독차지한 조다태자는 이를 시기한 자들에 의해 480년 암살당한다. 그리고 시신은 고구려로 돌아오며 아버지 장수왕의 명에 의해 황산원에 묻힌다. 이때 한 변 길이 38m인 방형의 한칸방무덤이 조성된다. 그렇다면 또 하나 돌방의 주인공은 누구일까? 조다태자의 비妃이다.『신라사초』〈소지명왕기〉에 그녀의 이름이 나온다. 찬가讚加이다. 그런데 장수왕은 며느리 찬가를 좋아하여 자신의 비로 삼는다.

『신라사초』〈소지명왕기〉. '13년491년 백양 10월, 고구려 왕 거련이 죽었다. … 그 막내 아들 조다가 찬가씨에게 장가들었는데 매우 아름다웠다. 아들 나운을 낳자 거련이 의자로 삼고 그녀를 빼앗아 첩으로 삼았다.[十三年 白羊 十月 麗君巨連死 … 其少子有助多者 娶于讃加氏 甚美 生子羅雲 連以為宜子 而奪之為妾].'『고구려사략』〈장수대제기〉에는 조다태자의 아들 나운문자명왕이 장수왕의 아들이라고도 적고 있다.[助多子羅雲生 或云上子]

이런 연유로 찬가는 사후 조다태자의 돌방에 합장되지 못하고 자신만의 돌방을 따로 쓰게 된다. 그래서 우산하2110호분은 동서길이 38m

남북길이 66m의 장방형직사각형의 대형 돌무지무덤이 만들어진다. 특히 『고구려사략』은 이 무덤을 가리켜 「황산장릉黃山長陵」이라 칭한다.

우산하2110호분은 문자명왕의 아버지 조다助多태자와 부인 찬가讚加의 무덤이다.

오회분2호묘는 문자명왕 무덤

▲ 오회분 2호묘 전경

오회분2호묘우산하2102호는 동서로 길게 늘어선 오회분五盔墳 중 두 번째 무덤이다. 한 변 길이 55m둘레 220m 높이 15m로 집안일대 흙무지무덤 중에서 가장 크다. 돌무지무덤인 장군총33m×33m보다 월등히 크며 서대총55m×55m과 같고 태왕릉66m×66m보다는 다소 작다. 무덤양식은 하단부를 돌로 기단墓壇을 두른 다음 흙으로 봉분을 쌓은 방형의 기단돌방흙무지무덤이다. 무덤주위에서 다수의 기와편이 발견되어 제사시설인 건축물사당의 존재가 확인된 왕릉급 무덤이다.

무덤주인은 누구일까? 〈안장대제기〉이다. '기해 안장원년519년 2월, 신해일 초하루 상황문자명왕이 황극전 서쪽 침소에서 붕하였다. 춘추 쉰여덟58세이다. 상은 맨살을 드러낸 채 머리를 풀어 헤치고 애통히 호곡하니 말릴 수도 없었다. 물 한 모금 장국 한 술도 입에 넣지 않았다. … 북위 사신 유영이 와서 예를 올리고 부의를 바쳤다. … 3월, 계미일 대행문자명왕을 황산장릉 옆에 장사지냈다. 연태후가 뒤따라 죽으려고 음식을 끊었다. … 병신일 연태후가 붕하여 대행의 광중무덤방에 장사지냈다. 춘추 일흔70세이다.[己亥 安蔵元年 二月 辛亥朔 上皇崩於皇極殿之西寢 春秋五十八 上肉袒披髪哀号 不己水醬不入口 … 魏使劉永來献儀賻 … 三月 癸未 葬大行于黄山長陵之側 淵太后絶食下殉 … 丙申 淵太后崩葬于大行壙中 春秋

七十]'.

　무덤주인은 황산장릉 옆에 장사지낸 문자명왕^{나운}이다. 황산장릉은
조다태자가 묻힌 우산하2110호분을 가리킨다. 문자명왕은 평양 안학궁
^{황극전}에서 사망하지만 무덤만큼은 집안의 왕족묘역^{황산원}에 묻힌다. 아버
지 조다태자를 뒤따른 장지의 선택이다. 또한 문자명왕의 왕후 연흡^{淵洽}
역시 뒤따라 죽어 문자명왕의 무덤방에 합장한다. 연흡은 안장왕^{흥안}을
낳은 왕후이다. 혹여 훗날이라도 오회분2호묘를 발굴하면 돌방내 널받
침^{棺臺}은 반드시 2개가 나란히 놓여 있을 것이다.

　오회분2호묘는 문자명왕과 왕후 연흡^{淵洽}의 합장묘^{어울무덤}이다.

사회분과 오회분1,3호묘의 무덤주인

사회분^{四盔墳}은 한 변 길이 25m 높이 8m인 동일한 크기의 무덤 4개가 동
서로 나란히 붙어 있는 정방형의 흙무지무덤들이다. 마치 네 쌍둥이를 연
상시킨다. 사회분^{우산하2106호~2109호}은 공식적으로 발굴되지 않아 내부모
습은 확인할 수 없으나 각각의 무덤에는 시신을 안치한 돌방이 있을 것으
로 추정된다. 무덤양식은 돌방흙무지무덤이다.

　오회분1호묘^{우산하2101호}와 오회분3호묘^{우산하2103호}는 오회분2호묘<sup>문
자명왕릉</sup>를 가운데 두고 좌우 양쪽에 위치한다. 오회분2호묘의 딸린무덤<sup>陪
塚</sup>으로 볼 수 있다. 오회분1호묘는 한 변 길이 25m^{늑둘레 120m} 높이 6m이
고, 오회분3호묘는 한 변 길이 35m^{늑둘레 130m} 높이 9m이다. 오회분3호묘
가 조금 더 크다. 이들 무덤 역시 사회분과 마찬가지로 발굴되지 않아 무
덤내부는 정확히 알 수 없으나 돌방만큼은 갖춰 있을 것으로 추정된다.
무덤양식은 오회분2호묘와 같은 기단돌방흙무지무덤이다.

　사회분과 오회분1,3호분은 무덤양식, 무덤배치 등을 고려하면 오회
분2호묘^{문자명왕릉}와 밀접한 관계를 맺고 있다. 이들 무덤주인들은 모두 문

▲ 사회분과 오회분 전경 [조선고적도보]

자명왕과 직간접으로 연결된다. 다만 아쉽게도 『고구려사략』이 문자명왕의 본기[※〈명치대제기〉추정] 기록을 남기지 않아 이들 무덤주인을 구체적으로 특정할 수는 없다. 그럼에도 『고구려사략』의 〈장수대제기〉, 〈안장대제기〉, 〈안원대제기〉 등의 기록을 보면 오회분2호묘^{문자명}

^{왕릉} 양쪽의 오회분1호묘와 오회분3호묘는 어느 정도 추정이 가능하다. 두 무덤주인은 안원왕과 음陰태자를 각각 낳은 문자명왕의 부인 경鯨과 욱호勗好로 보인다. 원래 두 사람은 장수왕의 왕후^{제5왕후}와 비妃이다. 두 사람의 신분상 차이로 보아 무덤크기가 큰 오회분3호묘는 경왕후의 무덤, 크기가 작은 오회분1호묘는 욱호비의 무덤으로 추정된다.

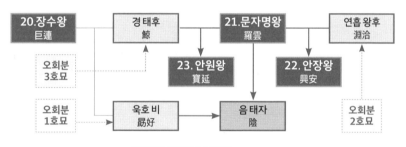
▲ 문자명왕 가계와 추정 무덤

사회분과 오회분1,3호묘는 문자명왕과 직간접으로 관련된 인물의 무덤이다.

사신도계 벽화무덤 오회분4,5회분과 통구사신총

오회분4호묘와 5호묘는 무덤양식이 앞의 1,2,3호묘과는 완전히 다르다. 돌방흙무지무덤이나 무덤정상부는 마치 잘려낸 것처럼 평평한 절두방

추형이다. 또한 널방내 벽면과 천장에 벽화가 있어 돌방흙무지벽화무덤
으로 분류한다.

오회분4호묘^{우산하2104호}는 한 변 길이
30m 높이 8m의 널길→널방으로 이어지
는 한칸방무덤이다. 일찍이 도굴되었으
나 1960년대에 여러 차례 조사가 이루어
지며 1974년에는 벽화를 수리하며 보존
처리 작업도 실시한다. 한 때 널방을 개방

▲ 오회분4호묘 전경

하여 관람을 허용하였지만 현재는 보존상의 문제로 폐쇄하고 있다.

널방은 동서 4.2m 남북 3.68m 높이 1.92m의 장방형으로 잘 다듬은
화강암으로 축조하였다. 천장은 2단의 삼각고임 구조이다. 널방안에는
돌로 만든 3개의 널받침이 나란히 놓여 있다. 부부합장묘이다.

벽화는 널길, 널방,천
장 등의 벽면 전체에 빼
곡이 담았다. 널길에는
문지기 역사力士를 그렸
다. 널방 네 벽에는 사신

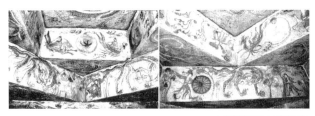

▲ 오회분4호묘 천장 벽화

도四神圖가 있다. 동벽의 청룡, 서벽의 백호, 남벽의 주작, 북벽의 현무 등
이다. 또한 사신도 위에는 변형귀갑무늬를 사방으로 빙 둘러 장식하였다.
네벽 모서리에는 괴수와 교룡蛟龍이 천장 세계를 떠 받치고 있다. 천장 고
임면에는 해신, 달신, 신농신, 불신, 대장장이신, 수레바퀴신, 맷돌신, 악
기신 등 다양한 선인들의 활동모습을 담았다. 특히 천장 덮개돌에는 황룡
과 별자리를 그렸다. 한마디로 천정은 신들의 세계이다.

오회분5호묘^{우산하2105호}는 한 변 길이 25m 높이 8m의 널길→널방으
로 이어지는 구조의 한칸방무덤이다. 4호묘보다는 다소 작다. 1913년 일
본인에 의해 처음 조사된 이후 1950년대부터 2004년에 이르기까지 지

▲ 오회분 5호묘 전경

속적으로 조사하고 보존 정비를 한다. 현재 집안 일대 고구려 벽화고분 가운데 유일하게 개방된 무덤이다.

널방은 잘 다듬은 화강암 판석으로 축조한 장방형이다. 동서 4.37m 남북 3.56m 높이는 2.18m이다. 천장은 2단의 평행삼각고임 구조이다. 널방안에는 돌로 만든 3개의 널받침이 나란히 놓여 있다. 부부합장묘이다.

▲ 오회분5호묘 천장 벽화

벽화는 4호묘와 마찬가지로 널길, 널방, 천장 등의 벽면 전체에 빼곡이 그렸다. 널길에는 문지기 역사가 있으며, 널방 네 벽에는 각각 청룡, 백호, 주작, 현무의 사신도와 연화화염망문蓮花火焰网紋을 담았다. 네 벽 모서리는 위로 치솟는 용면인신龍面人身의 괴수와 아래로 내려오는 용이 만나면서 이루는 기둥꼴의 그림으로 장식하였다. 천장 고임면에는 마름모무늬, 인동당초무늬, 연꽃무늬, 하늘나무, 용을 타고 악기를 연주하는 천인天人, 여러 별자리 등을 담았다. 동쪽 고임면에는 해신과 달신 북벽에는 용을 타고 승천하는 천왕과 북두칠성, 서벽 고임면에는 수레바퀴신, 남벽 고임면에는 신농신 등이 등장한다. 천장 덮개돌에는 북극성 별자리와 함께 청룡과 백호가 뒤엉킨 모습을 그렸다.

▲ 통구사신총 전경

통구사신총우산하2113호은 4호묘에 인접하며 한 변 길이 25m 높이 8m의 널길→널방으로 이어지는 구조의 한칸방무덤이다. 크기와 외형은 5호묘와 같다. 1935

년 일본인 사이토斎藤菊太郎 등에 의해 처음 조사된다. 널방은 잘 다듬은 청록색의 석회암 판석을 3단으로 쌓아 만들었으며 내부는 동서 3.8m 남북 3.4m 높이 3.3m로 장방형에 가깝다. 천장 구조는 1단의 평행고임 위에 2단의 삼각고임을 얹은 평행삼각고임식이다. 널방 바닥에는 돌로 만든 널받침 2개가 놓여 있다. 부부합장묘이다.

벽화는 널길의 좌우 벽과 널방의 네 벽, 천장에 담았다. 널길의 좌우에는 서벽에는 상반신이 노출된 인물상이 있다. 동벽은 창을 든 사람 서벽은 악기를 든 사람이다. 둘 다 문지기이다. 널방 네 벽에는 각각 청룡, 백호, 주작, 현무의 사신도와 연화화염망문蓮花火焰网紋을 담았다. 네 벽 모서리는 나무기둥 대신에 짐승머리에 몸이 털로 덮인 괴수가 굄돌을 두 팔로 받쳐 들고 있다.

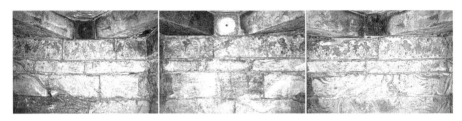

▲ 통구사신총 사신도(청룡,백호,현무)

천장 고임면에는 해, 달, 산악, 나무, 비천, 신선과 용무늬, 수레바퀴 쇠를 자르는 인물, 인동당초무늬, 구름무늬 등을 장식하였다. 덮개돌에는 큰 용과 북쪽 가장자리에 별 3개를 배치하였다.

오회분4호묘, 5호묘, 통구사신총 등 3개 무덤은 특별히 사신도계 벽화무덤으로 분류한다. 널방 벽면에 무덤주인의 생활상을 그린 일반적인 벽화무덤과는 달리 생활상이 아닌 사신도만을 담았기 때문이다. 또한 3개 무덤은 무덤양식도 같고 크기도 엇비슷하며 모두 부부합장이라는 공통점이 있다. 무덤 조성시기 또한 모두 6세기 초반으로 추정된다.

무덤주인은 누구일까? 장수왕의 아들들로 추정된다. 근거는 무덤 조성시기인 6세기 초반이 문자명왕의 재위시기와 겹치며 각각의 널방내 널받침이 2개 또는 3개인 점을 들 수 있다. 〈장수대제기〉에 장수왕의 아들들이 줄줄이 나온다. 장수왕 재위초기[5세기전반]의 장獐, 빈牝, 린獜, 갑鉀, 초楚, 하賀, 척拓과 재위중기[5세기중반]의 발跋, 경鯨, 관瓘 그리고 재위후기[5세기후반]의 담曇, 균稛, 훤萱 등이다. 이들 중 6세기 초반인 문자명왕 시기에 사망한 3명이 사신계 벽화무덤의 주인공일 가능성이 높다.

사신도계 벽화무덤의 주인공은 장수왕의 아들들이다.

우산하2114, 2115호분의 무덤주인

▲ 우산하2114호, 2115호 분포

우산하2114호분과 우산하2115호분은 '왕족묘역'내 동북쪽에 위치한다. 우산 남쪽 기슭의 비교적 광활하고 완만한 비탈지이다. 두 무덤은 서로 90m 떨어져 있으며 무덤양식은 둘 다 오회분2호묘[문자명왕릉]와 같은 기단돌방흙무지무덤이다.

우산하2114호분은 한 변 길이 25m[둘레 120m] 높이 8m 정도이다. 1966년과 2004년 중국에 의해 두 차례 조사된다. 무덤 바깥 15m지점에 돌로 쌓은 묘단이 있고, 무덤 주변에서는 기와의 잔편을 수습하여 건축물의 존재를 확인한다.

우산하2115호분은 한 변 길이 30m[둘레 150m] 높이 9~10m의 정방형으로 우산하2114호분보다는 다소 크다. 1966년과 2004년 중국에 의해 우산하2114호분과 함께 조사된다. 특히 기단은 가공한 화강암으로 축조하였으며 남측 기단은 양호한 편이나 나머지 동·서·북측의 기단은 깨진 돌들이 일부 남아 있다. 무덤 주변에서 기와 등의 유물을 출토하여 우산하2114호분과 마찬가지로 건축물이 존재한다.

우산하2114호, 2115호분은 무덤의 크기와 주변의 독자적인 건축물을 갖고 있는 점에서 왕릉급 무덤으로 보아도 무방하다. 또한 무덤 조성시기는 오회분2호묘보다는 다소 빨라 5세기 중·후반 정도로 추정된다. 돌무지무덤에서 흙무지무덤으로 넘어가는 단계에서 가장 이른 시기에 축조된 무덤이다.

우산하2115호분의 무덤주인을 문자명왕, 우산하2114호분의 무덤주인을 양원왕으로 보는 견해가 있다. 근거가 없는 추정일 뿐이다.

무덤주인은 누구일까? 〈장수대제기〉에 단서가 나온다. '장수22년 454년 갑오 9월, 황산으로 가서 왕문을 불러내 국화를 감상하였다. 천룡후가 온탕에서 붕하여 역시 황산에 장사지내니 춘추 예순셋63세이었다.[長壽二十二年 九月 如黃山召王文賞菊 天龍后崩於溫湯 亦葬于黃山 春秋六十三]'. '장수24년456년 병신 9월 삼산후가 춘추 예순하나61세에 붕하여 천룡릉 곁에 장사지냈다.[長壽二十四年 九月 三山后崩 春秋六十一 葬于龍陵之側]'. 454년 사망한 장수왕의 제1왕후 천룡天龍과 456년 사망한 제2왕후 삼산三山이다. 장수왕은 먼저 사망한 천룡왕후를 황산에 장사지내고 이어 사망한 삼산왕후를 천룡후천룡릉 곁에 장사지낸다. 왕후의 서열로 보아 크기가 큰 우산하2115호분이 천룡왕후의 무덤이고, 크기가 작은 우산하2114호분이 삼산왕후의 무덤으로 보인다.

우산하2114호분과 2115호분의 무덤주인은 각각 장수왕의 왕후인 삼산三山과 천룡天龍이다.

┃삼실총과 마조총의 공통점 ┃

▲ 삼실총·마조총 분포

집안일대 고구려 벽화무덤 중에 무사武士의 활동상을 담은 무덤이 있다. 「우산하무덤떼」에 속하는 삼실총三室塚과 마조총馬槽塚이다. 둘 다 우산禹山 남쪽 기슭에 위치하며 '왕족묘역'에서 다소 벗어나 있다. 삼실총은 무덤의 내부구조가 3개의 널방으로 구성되어 붙여진 이름이고, 마조총은 벽화 중에 마굿간 그림으로 인해 붙여진 이름이다.

세칸방무덤 삼실총의 특성

▲ 삼실총 전경

삼실총우산하2231호은 1904년 일제가 처음 조사한 이후 1913년 재조사하며 또 다시 1935년, 1936년 두 해에 걸쳐 다시 조사한 내력이 있다. 일제는 삼실총만 3번을 조사한다. 아마도 3개의 널방으로 구성된 무덤구조의 특이성 때문에 여러 차례 조사한 듯하다.

1975년 중국이 집안일대 「통구고분군」을 조사하면서 삼실총 제1실 바닥에 부장된 유물을 수습한다. 네귀항아리四耳陶壺, 귀잔陶耳杯, 바리鉢, 도제陶製 부뚜막 등이다.

삼실총의 무덤양식은 돌방흙무지벽화무덤이다. 다만 고구려 무덤에서 흔히 볼 수 있는 널길→앞방→이음길→널방의 두칸방무덤은 아니다. 대신 앞방은 없고 3개의 널방이 'ㄱ'자형으로 서로 연결된 독특한 구조이다. 이러한 형태는 삼국시대 만들어진 무덤 중에 삼실총이 유일하다. 전체적인 모양은 널길→제1널방→이음길→제2널방→이음길→제3널방의 다소 복잡한 'ㄷ'자형으로 삼실총의 무덤주인은 각각의 널방에 안치된 3명으로 귀결된다. 제1널방은 정방형이며 제2널방과 제3널방은 장방형이다. 규모는 제1널방이 가장 크며 제2널방과 제3널방은 크기가 비슷하다.

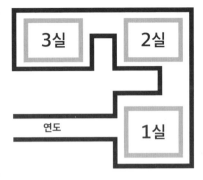

▲ 삼실총 내부구조

삼실총 천장 구조는 공히 평행고임에 삼각고임을 얹은 형태이다. 제1실은 5단의 평행고임 위에 2단의 삼각고임, 제2널방은 4단의 평행고임 위에 2단의 삼각고임, 제3널방은 5단의 평행고임에 3단의 삼각고임을 각각 얹었다.

벽화는 널방마다 다소 차이를 보인다. 제1널방의 벽면은 무덤주인의 부부좌상을 비롯하여 행렬도, 수렵도 등의 생활풍속을 담았다. 특히 북벽의 공성도攻城圖는 무덤주인의 신분과 위상을 상징적으로 보여준다. 왼편에 지그재그 형태의 성벽이 있고 또한 성벽 바깥에는 4명의 기갑무사가 2명씩 짝을 지어 싸움을 벌인다. 하단의 기갑무사 2명은 말 위에 탄 채 긴 창을 들고 싸우는 장면이다. 모두 비늘갑옷과 투구를 쓰고 있다. 공성도는 무덤주인의 전장에서 활동상을 표현한 그림이다. 천장은 구름무늬와 한 쌍의 주작과 현무의 사신도 그리고 둥근무늬 흔적의 일월성신도 등을 그렸다.

제2널방 벽화는 역사力士와 무사武士의 그림이다. 역사는 동·남·북 등 3개 벽면에

▲ 제1널방 공성도

▲ 제2널방 역사상

▲ 제2널방 무사상 모사도

그렸다. 이 역사들은 모두 앉은 자세로 대들보를 양손으로 떠받치고 있다. 역사들은 인물의 모습이나 의상이 각기 다르며 표정 또한 사뭇 다르다. 무사는 서쪽 벽면에 있다. 갑옷과 투구를 착용하고 북쪽을 향해 서 있는 모습이다. 팔찌를 찬 왼손은 둥근 고리큰칼環頭大刀를 쥐어 허리에 대고 오른손은 긴 창을 들었다. 하체는 상체와 마찬가지로 비늘갑옷을 걸치고 발에는 오늘날의 스파이크 신발과 같은 못신釘履을 신었다. 무덤주인으로 추정되는 인물이다. 제3널방 벽화는 제2널방과 마찬가지로 무사상과 역사상으로 벽면을 장식하였다. 천장은 제2널방과 제3널방 공히 사신도, 인명조신, 기악천인 등으로 채웠다.

삼실총의 무덤주인은 누구일까? 벽화의 내용으로 보아 무덤주인은 무사武士의 신분임이 분명하다. 또한 3명의 무덤주인은 한 집안의 3형제이거나 또는 한 집안의 아버지→아들→손자에 이르는 3대일 가능성이 높다.

〈장수대제기〉에 이에 해당하는 인물이 나온다. '장수43년475년 을묘 정월, … 상이 화덕 부부를 위해 온수궁에서 연회를 베풀었다. 화덕은 여든여섯86세이고 호산은 아흔90세인데 둘 다 건장하여 능히 일을 보았다. 호산은 상의 포매로 일찍이 보비가 되어 람산공주를 낳고 또한 화덕의 처가 되었다. 화덕의 아들 호덕은 예순일곱67세으로 뛰어나게 용맹하고 군진의 선두에 능히 서며 역시 상의 딸인 직공주에게 장가들어 양덕을 얻었다. 양덕 또한 아비의 기풍을 닮아 도량이 컸으며 한 집안 3대가 남쪽 정벌의 역할을 맡았다. 상이 호현공주를 또 양덕의 처로 주고 명을 내려 대대로 부마가 되게 하였다.[長壽四十三年 乙卯 正月 … 宴華德夫妻于溫水宮 德年八十六好山年九十 皆健壯能視事好山上之胞妹 嘗以補妃生藍山公

主 亦為華德妻 德子好德 亦年六十七 而英勇能立陣頭 亦娶上女 織公主生
好德子陽德 亦有渠父之風 一門三世皆従南征之役 上以好賢公主又妻陽
德命世為駙馬]'.

화덕華德→호덕好德→양덕陽德으로 이어지는 한 집안의 3대이다. 이들
3대는 공히 백제 정벌에 공을 세우며 또한 부마駙馬가 된다. 원래 화덕가
문의 시조는 고구려 왕족출신인 서구胥狗·고국원왕 아들이다. 서구는 광개토
왕 시기인 400년 5만 군사를 이끌고 남하하여 임나 등 남방을 모두 평정
하고 신라를 구원한 핵심인물이다. ☜ 137쪽 '영락10년 신라 구원' 참조 그 공으로
고구려 후왕인 양왕梁王에 봉해진 서구는 장수왕 시기인 441년 73세로 사
망하며 아들 화덕이 양왕을 승계한다.[梁王胥狗薨 年七十三 子華德代之]
화덕은 장수왕 시기 군사업무를 맡으며 장수왕의 정복사업을 적극 보좌
한다. 특히 475년 백제 정벌 당시 3만 군사의 총사령관인 정남대장군征南
大將軍에 봉해져 최일선에서 혁혁한 공을 세운다. ☜ 342쪽 '백제 정벌' 참조

『고구려사략』〈장수대제기〉. '장수42년474년 2월, 황산에서 대거 군대를 사열하고 양왕 화
덕을 정남대장군으로 삼고 재증걸루와 고이만년을 향도로 삼아 선봉에 세웠다. 7월, 상이
주유궁에 갔다가 황산으로 돌아와서 영락대제를 지내고 … 상이 화덕에게 명하여 3만 병사
를 이끌고 먼저 출발하라 하였다.[長壽四十二年 甲寅 二月 大閱于黃山 以梁王華德爲征南
大將軍 以桀萬等爲鄕導先鋒 七月 上如朱留宮而還至黃山 行永樂大祭 … 上命華德引兵
三万先發]'.

삼실총 제1널방의 무덤주인은 양왕·정남대장군이자 부마인 화덕華
德이다. 화덕의 사망시기는 기록이 없으나
475년 당시 86세임을 감안하면 장수왕 재
위 말기인 5세기 후반으로 추정된다. 특히
제1널방 안벽에는 화덕과 그의 부인 호산
공주고국양왕 딸의 부부좌상이 그려져 있다.
부부좌상 위에 4채의 기와집을 그렸는데
남성 집은 단순한 반면 여성 집은 지붕이 유

▲ 제1널방 무덤주인 부부좌상

달리 화려하다. 왕족출신인 화덕의 부인 호산공주의 신분을 보여주는 장면이다.

▲ 제1널방 부부행렬도

이는 남벽의 부부행렬도에서도 또다시 확인된다. 남성과 여성의 크기는 같으며 특히 여성은 남성 못지 않은 관모자와 화려한 복장을 하고 뒤따르고 있다. 역시 호산공주의 위상을 단적으로 보여주는 장면이다.

제2널방과 제3널방의 무덤주인은 화덕의 아들 호덕과 손자 양덕의 무덤이다. 다만 이들의 무덤방 벽면의 벽화는 역사상과 무사상으로 채웠다. 무사상은 무덤주인의 실제 모습일 것이다.

삼실총은 백제 정벌에 남다른 공을 세운 화덕華德→호덕好德→양덕陽德으로 이어지는 무사가문 3대의 부마 무덤이다.

말구유무덤 마조총

▲ 마조총 전경

마조총馬槽墓·말구유무덤은 1937년 일본인 구로다 겐지黒田源次가 조사하면서 마굿간 그림을 보고 붙인 이름이다. 무덤양식은 돌방흙무지벽화무덤이다. 또한 무덤정상부가 마치 잘려낸 것처럼 납작하고 평평하여 절두방추형이다. 무덤크기는 둘레 90m, 높이 4.6m로 중형급에 해당한다. 특히 둘레는 돌무지무덤에서 흔히 볼 수 있는 둘레돌護石 9개를 봉분아래에 배치하여 흙무지를 떠 받치고 있다.

마조총통구12호분은 입구는 하나인데 각기 다른 널길과 널방이 2개 있는 보기드문 두칸방무덤으로 널길→널방의 한칸방무덤 2개를 하나의 봉분 속에 만든 특이한 구조이다. 널방 2개는 위치에 따라 북분北墳과 남분南墳으로 구분한다. 북분은 널길에 딸린 곁방이 좌측에 하나 있다. 널방은 2.5~2.7m×2.94m으로 방형에 가까우며 높이는 3m이다. 천

▲ 마조총 구조

장은 꺾음식이다. 남분은 널길에 딸린 곁방이 좌우측에 각각 하나씩 있다. 널방은 3.48m×3.52m으로 방형이며 높이는 3.48m이다. 천장은 13층으로 촘촘히 쌓은 평행고임식이다. 전체적으로 북분이 작으며 남분이 큰 편이다. 마조총은 먼저 북분이 만들어진 다음 이후 남분이 들어서며 하나의 봉분을 갖춘 형태로 완성한 듯 보인다. 무덤주인은 2명으로 북분과 남분에 각기 따로 묻힌다.

벽화는 주색, 자색, 황색, 백색, 흑색, 녹색 등 다양한 색이 사용된다. 다만 대부분 떨어져 나갔거나 혹은 희미해져 전체적인 모습은 정확히 알 수 없다. 부부, 전투, 사냥, 무악, 마굿간, 작화, 밥짓는 기구 등의 그림이 일부 확인된다. 천장은 주로 연꽃무늬이다.

특히 관심을 끄는 벽화가 하나 있다. 북실의 널방 남벽에 그린 전투도이다. 대부분 떨어져 나가 전투장면 일부만 남아 있다. 투구를 쓰고 비늘갑옷을 걸친 장수 두 명이 등장한다. 한 사람은 말을 타고 긴 창을 든 채 앞으로 전진하는 자세이다. 또 한 사람

▲ 북분 널방 남벽 전투도

은 말에서 내려 칼을 들고 포로로 잡은 적장의 목을 내리치려 하고 있다. 전투도는 무덤주인의 활동상을 보여주는 상징적인 장면이다.

무덤주인 두 사람은 누구일까?『신라사초』〈자비성왕기〉이다. '17년 ^{475년} 목호 9월, 재증걸루가 한산아래에서 왕을 추격하여 잡았다. 말에서 내려 자기에게 절하게 하고 침을 3번 뱉으며 말하길 "너의 죄를 알겠느냐?"하였다. 경사^{개로왕}가 말하길 "알고 있다."하였다. 재증걸루가 그 수를 헤아리며 말하길 "너는 간신의 말을 듣고 백성을 돌보지 않았으며 내 처를 빼앗아 네 여자로 삼아 색욕을 채웠으니 첫번째 죄이다. 고이만년의 처를 빼앗은 것이 두번째이다. 도림의 말에 혹하여 토목을 일으켜 낭비한 것이 세번째이다. 고구려를 섬기지 않고 스스로 중국^{북위}과 내통하였으니 네번째이다. 계림^{신라}과 공모하여 변방의 성을 침략하였으니 다섯번째이다."하였다. 이에 포박하여 아차성 아래로 보내어 처형하였다. 왕비와 자식, 연씨, 백씨와 종녀 3인 모두를 옷자락을 가지런하게하여 재증걸루 등에게 주어 음란하게 하였다. 문주가 그 소식을 듣고 통곡하였다.[十七年木虎 九月 再曾桀婁追王 于漢山之下得之 使下馬拜己而向而三唾之曰 汝知汝罪乎 慶司曰 知之 桀婁乃数之曰 汝聽奸臣之言而不恤百姓奪我妻女 以養色慾罪一也 奪万年之妻二也 惑信道琳浪起土木三也 不奉上朝而自通中國四也 与鷄林共謀以侵邊城五也 乃縛送于阿且城下弑之 妃子燕氏 苩氏及宗女三人皆為斉于桀婁等所淫 文洲聞之痛哭]'. 재증걸루^{再曾桀婁}와 고이만년^{古爾万年}이다. 두 사람은 백제출신이다. 백제 개로왕이 두 사람의 처와 딸을 강제로 취하며 빼앗자 고구려로 망명한다. 그리고 장수왕의 백제 정벌시 향도^{嚮導·길잡이}가 되어 선봉에 서서 밀고 내려온다. 개로왕이 한성^{풍납토성/몽촌토성}에서 도망치자 재증걸루는 개로왕을 사로 잡아 고구려군 총본영이 있는 아차산성^{서울 광진구}으로 끌고가 목을 벤다. ^{☞ 343쪽 '백제정벌'참조} 전투도의 참수장면은 재증걸루가 개로왕의 목을 벤 사건을 묘사한 그림이다. 또한 말을 탄 채 전진하는 장수는 고이만년으로 추정된다.

그렇다면 북분과 남분의 무덤주인은 어떻게 구분할까? 『신라사초』에 재증걸루의 사망기록이 나온다. 재증걸루는 전쟁말기 백제의 한산 수복전투에서 패하며 해구解仇에게 잡혀 웅진충남 공주으로 끌려와 저잣거리에서 참수당한다.

『신라사초』〈자비성왕기〉. '18년476년 청토 2월, 부여백제 해구 등이 한산을 수복하고 웅진 저잣거리에서 재증걸루를 참하였다.[十八年 青兎 二月 扶余解仇等收复漢山 斬桀婁于熊津市]'.

마조총의 북실은 재증걸루의 무덤으로 추정된다. 그래서 북실의 전투도에 개로왕의 참수장면을 담는다. 다만 웅진 저잣거리에서 참수당한 재증걸루의 시신을 집안까지 가져와 장사지낸 것에 대해서는 다소 의문이 있지만 그럼에도 북분이 허묘가 아닌 실묘라면 장수왕의 배려일 것이다. 또한 남분은 고이만년의 무덤이다. 고이만년의 사망시기는 기록에 나오지 않지만 재증걸루 보다는 늦은 시기에 사망한 것으로 추정된다.

장수왕은 비록 두 사람이 망명객이나 백제 정벌에 보여 준 공적을 높이 사서 특별히 「우산하무덤떼」에 묻히는 영광을 베푼 것은 아닐까?

마조총의 무덤방의 주인공은 백제출신 망명객 재증걸루再曾桀婁와 고이만년古爾万年이다.

고구려 금동신발못신의 용도

평양 대성산성에서 출토된 유물 중에 고구려 금동신발이 하나 있다. 길이 34.8m인 금동신발은 바닥에 사각추斜角錐·빗각뿔 형태의 금동못 40여 개를 촘촘히 박은 일종의 스파이크신발과 같은 못신이다. 신발 앞쪽은 버선코처럼 약간 들려 있으며 양쪽 가장

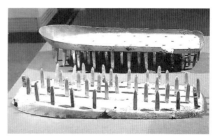

▲ 고구려 금동신발 [평양 대성산성]

자리에는 작은 구멍을 뚫려 있어 덮개는 가죽천을 사용하였을 것으로 추정된다.

▲ 마조총 전투도의 금동신발

일반적으로 금동신발의 용도를 의례용儀礼用 또는 부장용副葬用·껴묻거리으로 본다. 이유는 직접 신고 다니기에는 어딘가 불편하고 어색하며 활동성이 떨어진다는 판단에 따른다. 그러나 이는 현대의 시각이 만든 잘못된 해석이며 오류이다. 고구려 금동신발은 앞서 살펴 본 삼실총 제2널방 무사도와 마조총 북분 전투도에서 그 실체를 명확히 확인할 수 있다. 용도는 의례용이 아닌 전투용이다. 아마도 실제로 적을 제압하는 제압용 또는 밟아 죽이는 살상용으로 사용하였을 것이다. 그렇지 않고서는 신발 바닥면에 촘촘히 박은 40여 개의 뽀족한 사각추 못의 용도를 마땅히 설명할 방법이 없기 때문이다.

▲ 백제 금동신발[나주 정촌고분]

▲ 신라 금동신발[경주 식리총]

금동신발은 백제와 신라의 무덤에서도 종종 발견된다. 그러나 두 나라의 금동신발은 고구려 금동신발과는 확연한 차이를 보인다. 바닥면에 박은 못은 사각추형이 아닌 원추형이며 크기 또한 고구려 것에 비해 상대적으로 작고 갯수도 20여 개에 불과하다. 특히 덮개면은 가죽천이 아닌 금동이다. 또한 바닥면과 덮개면 공히 금동면에 여러가지 문양을 화려하게 장식하고 있다. 백제와 신라의 금동신발은 고구려 것과는 다른 죽은 자가 사용한 의례용 신발이다.

백제 금동신발은 지금까지 20여 점을 출토한다. 주로 금동관, 금동신발이 한 세트를 이루며 종종 둥근고리큰칼환두대도이 함께 발견되기도 한다. 출토지역은 한반도 서쪽 지방 전체로 백제의 영역에 속한다. 시기는 5세기 중반에서 6세기 초반까지로 당시 백제 중앙정부가 지방의 호족들에게 보낸 사여품으로 이해한다. 신라 금동신발은 경주 식리총에서 1점을 출토한다. 금동면의 장식은 백제의 것과 다르며 신발 덮개면에 금동장신구 여러 개를 단 것이 특징이다.

삼실총은 고구려 무사가문인 화덕華德→호덕好德→양덕陽德 등 3대의 부마駙馬무덤이며, 마조총은 백제에서 고구려로 망명해온 재증걸루再曾桀婁와 고이만년古爾万年의 무덤이다.

| 각저총과 무용총의 벽화 |

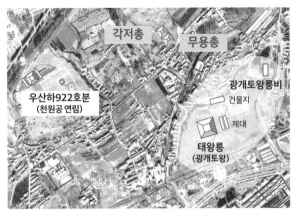

▲ 「우산하무덤떼」의 각저총, 무용총 분포

「우산하무덤떼」는 광개토왕과 장수왕 시기인 5세기 무렵에 집중적으로 조성된 왕족의 특별 무덤군이다. 이 중 각저총과 무용총은 태왕릉 북쪽 1㎞ 지점에 위치한다. 무덤양식은 둘 다 원형의 돌방흙무지벽화무덤이다. 내부는 널길→앞방→이음길→널방으로 이어지는 구조의 두칸방무덤이다. 각저총 명칭은 널방내 벽화에 씨름하는 장면이 그려져 있어 붙여진 이름이며, 무용총 명칭 또한 고구려 여인의 춤추는 장면이 묘사되어 붙여진 이름이다.

각저총 벽화

▲ 각저총 무덤주인과 부인들

각저총 널방의 후벽에 그린 벽화는 무덤주인의 생활상을 오롯이 담고 있다. 실내는 장막을 대들보까지 끌어 올리고 다시 양 기둥을 따라 늘어뜨린 모습으로 고구려 왕족의 집안 분위기가 물씬 풍긴다. 중앙에는 무덤주인으로 추정되는 남성이 팔짱을 끼고 걸상에 앉아 있다. 남성을 마주보고 무릎을 꿇은 자세로 다소곳이 앉아 있는 두 여성은 무덤주인의 부인이다. 무덤주인 주변에는 몇 개의 탁자와 화살통 그리고 음식을 담은 그릇 등이 놓여 있다. 부인들 앞에도 탁자와 식기가 각각 놓여 있다. 무덤주인 뒤로는 작게 묘사된 시종이 서있고 부인들 뒤편에도 시녀가 서있다.

각저총의 명칭이 된 씨름도는 널방 좌벽에 있다. 중앙은 커다란 나무, 왼편은 가옥도, 오른편은 씨름도가 위치한다. 중앙의 커다란 나무 밑둥 좌우에는 곰과 호랑이가 나무에 등을 기댄 채 서 있으며 나무 가지에는 검은 새가 여러 마리 앉아 있다. 왼편의 가옥은 용마루 한가운데와 양끝에 보주형 장식이 들어가 있다. 내부에는 한 여성이 음식을 장만하고 옥외에 있는 시종이 그것을 후벽의 실내^{후실}로 나르고 있다.

▲ 각저총 씨름도

오른편의 씨름도는 큰 나무 아래에서 잠방이만 걸친 두 장사가 어깨를 맞대고 서로의 힘을 겨루며 본격적으로 시합에 돌입할 태세이다.[※ 씨름도는 장천1호분 벽화에도 있음] 오늘날 우리 씨름의 복장이나 자세와 별반 차이가 없다. 옆에 막대기를 들고 서 있는 백발 노인은 심판으로 추정된다. 그런데 왼편 장사의 생김새가 애사롭지 않다. 초승달 닮은 커다란 눈과 큼직한 매부리코를 하고 있다. 우리와는 혈통이 다른 백인 계통의 서역인이다.

씨름도 오른편 장사의 머릿털 모양도 특이하다. 우리민족의 고유 머릿털 장식인 상투를 튼 모습과는 확연히 다르다. 마치 석가모니 부처의 머릿털 장식인 나발螺髮과 비슷하다. 오른편장사 역시 순수 고구려인은 아니다.

씨름도의 서역인은 고구려에 귀화한 사람^{또는 장기 체류자}으로 추정된다. 특히 주목을 끄는 점은 왕족무덤 벽화에 등장한 서역인이다. 적어도 당시 고구려 왕족들은 서역인 한 두 명은 수하의 식객으로 거느렸을 가능성을 시사하기 때문이다.

그렇다면 이들 서역인은 어디에서 왔을까? 두 가지 가능성이 존재한다. 서역에서 중원왕조를 통해서 고구려에 왔을 경우와 중원왕조를 통하지 않고 직접 서역에서 고구려로 건너왔을 경우이다. 만약 중원왕조를 통해서 왔다면 광개토왕 시기의 후연이고 장수왕 시기는 북연과 북위이다. 또한 직접 서역에서 건너왔다면 장수왕 시기의 선선ᴺᵘˡᵃⁿ이다. 선선은 북위에 멸망당하기까지 수차례에 걸쳐 고구려에 사신을 파견한 역사가 있다.☞ 313쪽 '선선과의 교류' 참조

서역계 혈통을 받은 최초 고구려인은 시조 추모왕을 보좌한 개국공신 협보陝父이다. 『유기 추모경』에 협보 어머니에 대한 기록이 나온다. '그 어미 재찬아는 황두에 하얀 피부이다.[其母再贊児 黃頭而雪膚]'. 협보의 어머니 재찬아再贊児는 노랑머리黃頭 백인여성이다. 러시아계 백인인 중앙아시아 서역인이다.

무용총 벽화

▲ 무용총 수렵도

무용총은 고구려 고분벽화를 대표하는 무덤이다. 우리가 익히 잘 알고 있는 수렵도狩獵圖와 무용도舞踊圖가 널방 좌우 벽면에 그려져 있다.

수렵도는 널방의 서벽 대부분을 차지한다. 모두 5명의 무사와 5마리 동물이 등장한다. 앞뒤로 네 다리를 쭉 뻗어 힘차게 달리고 있는 말 위에서 활시위를 팽팽하게 당기고 머리에 새 깃을 꽂은 무사들이 놀라서 달아나는 호랑이와 사슴들을 뒤쫓으며 사냥하는 장면이다. 사람과 동물의 움직임이 역동적이며 힘차고 속도감이 넘친다.

수렵도의 우측 상단에 있는 기마무사는 말이 달리는 반대 방향으로 몸을 뒤로 틀어 활을 쏘고 있다. 이 자세는 이란 북부의 고대 파르티아Parthia왕국에서 유래한 '파르티안 사법射法'이다. 그렇다고 한다.

무용도는 널방의 좌벽에 있다. 말을 타고 있는 무덤주인의 기마도騎馬圖를 비롯하여 주방이 있는 가옥과 5명의 남녀 군무상群舞像, 9명의 합창

대상合唱隊像 등이다. 무용총 명칭은 5명의 남녀 군무상에서 비롯된다. 천장에는 연화문, 사신도四神圖, 일월도日月圖 등을 묘사하였다.

▲무용총 무용도

『양서』 고려전. '그들의 습속은 노래와 춤을 좋아하여 나라 안의 읍락마다 남녀가 밤마다 떼지어 모여서 노래를 부르며 즐긴다. 그 나라 사람들은 깨끗한 것을 좋아하며 술을 잘 빚는다. 무릎을 꿇고 절을 할 경우 한쪽 다리는 펴며 길을 걸을 때는 모두 달음박질하듯 빨리 간다.[其俗喜歌儛 國中邑落男女 每夜羣聚歌戲 其人潔淸自喜 善藏釀 跪拜申一脚 行步皆走]'.

특히 널방 후벽은 무덤주인의 생활상을 담고 있다. 손님과 마주하고 담소를 나누는 장면이 묘사된 접객도接客圖이다. 그런데 손님의 모습이 특이하다. 짧은 머리에 피부색은 다소 검붉은 편이다. 인도출신의 호승胡僧으로 추정된다. 이는 무용총 무덤주인의 위상을 단적으로 보여준다. 무덤주인은 내국인보다 주로 외국인을 상대하는 직책에 봉직한 인물이다.

▲ 무용총 접객도

또한 널방 천장에는 두 장사가 서로 마주보고 수박手搏하는 장면이 묘사된 수박도手搏圖가 그려져 있다.[※수박도는 삼실총, 안악3호무덤 벽화에도 있음] 수박은 수

▲ 무용총 수박도

벽타手擘打·수벽치기로도 불린다. 손바닥을 마주치면서 수련대련하는 방식이다. 이에 반해 택견扺肩은 발만을 사용하는 방식으로 수박과 대조를 이루는 우리의 전통 무예이다.

수박, 택견, 씨름 등의 유래는 명확히 알려진 바는 없다. 다만 아주 오래전부터 짐승을 잡거나 상대방과 겨룰 때에 손으로 치거나 발로 차거나 또는 붙들어 둘러메치는 등의 기술이 자연스레 만들어진 것으로 보이며, 이후 보다 전문화 또는 세분화되면서 각각 수박, 택견, 씨름 등으로 발전한다.

특히 수박도의 왼편 장사 얼굴은 완전히 지워져 정확한 인상을 확인할 수 없으나 젖가슴이 유난히 크고 허벅지와 장단지에 털이 많은 점으로 보아 각저총 씨름도의 왼편 장사와 같은 서역인일 가능성이 매우 높다. 역시 신선^{누란} 출신으로 추정된다.

각저총과 무용총의 무덤주인

각저총과 무용총은 마치 쌍둥이 무덤처럼 바짝 붙어 있다. 무덤의 조성시기는 각저총이 무용총보다 약간 빠르다. 두 무덤은 형제 또는 부자의 무덤으로 추정된다. 다만 아쉽게도 무덤내의 발굴 유물은 벽화가 전부이다.

▲ 각저총과 무용총

그런데 무덤주인에 대한 단서가 〈장수대제기〉에 나온다. '장수30년 462년 임인 3월, 북위 사신 돈익이 래조하여 낙타를 바치며 경태자가 선선에서 죽었다고 알렸다. 상은 조정을 폐하고 거애하였다. 경태자는 옥엽친족으로 선도를 위해 멀리 나가 있다가 외딴 곳에서 죽었다. 평생토록 고기반찬을 입에 대거나 비단옷을 입지 않았다. 나라 안과 북위에 머무르며 공주와 시첩 사이에서 모두 15명의 자녀를 두니 북위에 있는 자녀가 7명이고 선선에 있는 자녀가 2명이다. 조정은 비용과 물자를 멀리 보내 폐백이 모자라지 않게 하였다. 상은 경태자가 나라^{보위}를 양보한 큰 의로움이 있기에 숭덕선제로 추존하고 사당을 세워 그 장자 회일로 하여금 돌보게 하였다.[長壽三十年 壬寅 三月 魏使敦益來献駱駝言 鯨太子薨于鄯善 上

廃朝挙哀 太子以玉葉之親為道遠征殞身絶域 平生不御肉饌錦衣 在國及魏皆尙公主而又有侍妾生子女十五人 在魏者七人 鄯善者二人 朝廷遠送費資為幣不少 上以鯨太子有讓國大義 追尊為崇德仙帝立其廟 使其長子懷祖主之]'. 선선에서 사망한 경鯨태자에 대한 기록이다. 경태자^{392년생}는 광개토왕의 장자로 제1왕후 토산吐山왕후 소생이다. 광개토왕의 차자인 장수왕 거련^{394년생}이 제2왕후 평양平陽왕후 소생이니 경태자는 장수왕의 이복형이다.🕮 262쪽 '장수왕의 출신 계보' 참조 그러나 경태자는 장자임에도 불구하고 광개토왕의 뒤를 잇지 못한다. 아버지 광개토왕으로부터 후계자 낙점을 받지 못하고 대신 선왕仙王에 봉해지며 왕위계승 서열에서 탈락한다. 이후 경태자는 고구려를 벗어나 주로 북위와 선선에서 활동하며 462년 선선에서 사망^{71세}하여 그 곳에 묻힌다. 이런 까닭으로 경태자는 서역인선선출신과 깊은 관계를 맺는다. 특히 기록은 경태자가 자녀 15명을 두었는데 이 중 북위에서 7명, 선선에서 2명을 얻었다고 한다. 나머지 6명은 이전 고구려에서 얻은 자녀일 것이다.

각저총 무덤주인은 경태자의 장자 회일懷祖의 무덤으로 추정된다. 경태자와 인연을 맺은 서역인 출신들이 고구려로 귀화하여 회일의 식객 또는 가신으로 편입되었을 가능성이 높기 때문이다. 무용총 무덤주인도 마찬가지이다. 경태자 아들 중 회일의 동생인 회녕懷寧의 무덤으로 추정된다.

『고구려사략』〈장수대제기〉. '장수33년^{465년} 을사 7월. … 나아가 회일을 초왕으로 삼아 봉하고 초왕의 비 병련에게 적복을 하사하였다.[長壽三十三年乙巳七月 進封懷祖爲楚王 賜楚王妃丙連翟服]'.

특히 각저총과 무용총은 광개토왕릉태왕릉에서 매우 가까운 거리에 위치한다. 무덤주인이 광개토왕의 직계자손이기에 왕실차원에서 배려한 것은 아닐까?

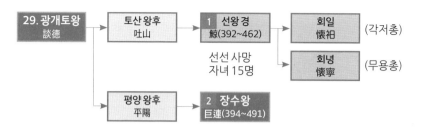

▲ 광개토왕과 경태자의 관계도

각저총과 무용총 무덤주인은 태왕이 되지 못한 광개토왕의 장자 경鯨
태자의 아들 회일懷祖, 회녕懷寧 형제의 무덤이다.

오도신총 사진 한 장의 비밀

일제강점기 일본인이 만든 「조선고적도
보」[※ 1915년~1935년 제작]를 보면 집
안일대 「우산하무덤떼」의 무덤 하나를 찍
은 의문스런 사진이 있다. 오도신총五道神
塜으로 명명된 무덤의 전경이다. 무덤 명칭
의 유래는 알 수 없으나 사진 속의 오도신
총은 적잖이 훼손되어 있다. 그럼에도 전

▲ 오도신총 전경 [조선고적도보]

체적인 외형은 장군총과 매우 흡사하다. 잘 다듬은 가공의 장대석을 사용
한 계단돌방돌무지무덤의 가장 발달된 형태이다. 무덤 크기는 한 변 길이
22m로 장군총보다는 다소 작다.[※ 장군총 한 변 길이≒30m]

오도신五道神은 중국의 도로신道路神이다. 행신行神, 도신道神 또는 조신祖神이라고도 한다.
이 신에 대한 제사를 발跋 또는 조祖라고 한 것은 『시경』, 『예기』, 『의례』 등에 나온다. 성문 밖
서쪽에 사방으로 통하는 작은 단壇을 설치하여 제사를 지내는 것이 상례이다. 황제의 아들
누조累祖를 중앙신으로 동서남북에 4도신을 배치하여 오도신이 된 것은 북송 때부터이다.

오도신총은 우산하1041호분

그런데 현존하는 「우산하
무덤떼」에는 장군총과 동
일한 외형과 형태를 가진 무
덤이 존재하지 않는다. 다만
「조선고적도보」의 실측 지
도를 보면 오도신총을 지금
의 우산하1041호분으로 표
시하고 있다. 그러나 안타깝

▲ 우산하1041호분과 주변 분포

게도 현재의 우산하1041호분은 사진 속 전경과는 크게 차이가 난다. 잘 다듬은 가공의 장대석은 대부분 사라지고 없는 돌무지무덤이다. 일제강점기를 거치면서 상당부분 소실된 듯하다.

우산하1041호분은 1974년 길림성 박물관이 조사하면서 몇 가지 특성이 드러난다. 돌방은 남북너비 2m 동서길이 3.15m 높이 2.32m의 장방형이다. 돌방 벽과 천장부는 구별이 없고 널길은 유난히 넓어 돌방 앞벽은 거의 없는 상태이다. 돌방 안에는 무덤주인의 널받침이 1개 놓여 있다. 특히 우산하1041호분은 돌무지무덤임에도 불구하고 흙무지무덤에서나 볼 수 있는 벽화가 확인된다. 대부분 백회가 떨어져 나가 벽화의 정확한 모습은 알기 어렵다. 그럼에도 돌방 네 벽 모서리와 네 벽 윗단에는 각각 기둥과 들보를 그려 전체적으로 목조건물의 내부를 묘사하고 있다. 왼쪽 벽과 오른쪽 벽 들보아래에는 활짝 핀 연꽃이 있으며 일부 수렵도의 흔적도 확인된다. 특히 안쪽 벽의 들보아래에는 무덤주인의 상반신과 얼굴 일부가 남아 있다.

무덤주인은 장수왕의 동생 황태자

무덤주인은 누구일까? 왕릉급 무덤인 우산하1041호분은 장군총의 외형을 빼닮은 점이 결정적인 단서이다. 무덤의 조성시기는 장군총의 조성시기와 같은 5세기 말경으로 추정되기 때문이다.

이에 해당하는 인물이 〈장수대제기〉에 나온다. '장수57년[489년] 기사 9월, … 감국[나운]이 순방하여 농민을 살피고 돌아와 연흡 비와 함께 황태자의 병을 살피며 아뢰길 "부황께서 병으로 고생하시면서도 늘 죽는 것이 편하다 말씀하시어 눈물을 금할 길 없는데 장인께서도 또한 그러하니 이 자식들은 어찌할 바를 모르겠습니다."하였다. 황태자가 말하길 "산 자는 죽기 마련이고 젊은이는 늙기 마련입니다. 원컨대 폐하[나운]께선 늙어서 죽어가는 사람에게 너무 마음 쓰지 마시고 나라를 다스림에 한치의 소홀함도 없길 바랍니다. 평생 이룬 공을 가지런히 할 수 있는 도리를 아침에 듣는다면 저녁에 죽어도 괜찮습니다."하였다. 감국이 이르길 "소자는 장인의 말씀을 종신토록 마음에 새기겠습니다."하였다. 며칠 후 황태자가 죽어 태왕의 예로 장사지냈다. 나이 일흔아홉79세이다. 황태자는 학문하기를 좋아하며 정사에 게으르지 않고 어짊으로 상을 보좌한 지가 삼십여 년으로 천하를 태평하게 만들었다. 비 춘돈과 읍공주는 모두 현명하여 자식들을 가지런히 가르쳐 종실의 표상이 되었다고 한다.[長壽五十七年己巳 九月 … 監國巡問農民而帰 与妃淵洽問晃太子病曰 父皇雖疾病常言死安之説不禁下涙岳父又如是小子無以爲心 晃曰 生者必死少者必老 願陛下無以老死爲慮而弛治國 飾身之功朝聞道則夕死可也 監國曰 岳父之言小子終身佩之 後数日晃薨 葬以太王礼年七十九 晃好学不倦爲政以仁佐上三十余年致天下太平 妃春豚泣公主皆賢而教子以方宗室之標云]'. 바로 489년 사망하여 태왕의 예로 장사지낸 황晃태자이다.[※ 장수왕 491년 사망]

황태자411년~489년는 광개토왕의 아들이다. 어머니는 정실왕후가 아닌 연긍淵兢의 처 부운芙雲이다. 그래서 황태자는 연씨 성을 따라 연황淵晃이 된다. 연황은 읍泣공주와 혼인하며 장수왕의 부마가 되고 또한 자신의

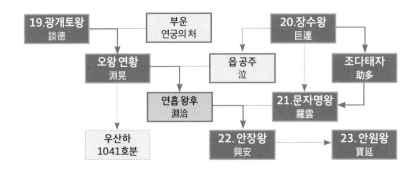

▲ 오왕 연황의 가계도

딸 연흡淵洽이 나온 문자명왕과 혼인하며 나운의 장인이 된다. 이런 까닭에 황태자 연황은 왕족이면서 왕실의 부마와 장인이 되는 특이한 이력을 가지게 된다. 특히 연황의 딸 연흡은 훗날 문자명왕의 정실왕후가 되며 안장왕을 낳는다.

황태자가 본격적으로 두각을 나타낸 때는 장수왕의 집권 중반기부터이다. 443년 『유기』 70권을 수찬하고, 447년 중외대부中畏大夫·비서실장에 임명되며, 462년 고구려 제천행사인 동맹東盟을 총괄하는 동맹주東盟主가 되고, 473년 고구려 후왕인 오왕뭊王에 봉해진다. 특히 황태자는 학문이 출중한 당대의 석학으로 장수왕의 내치를 적극 보좌하며 집권 중·후반기를 이끈다.

우산하1041호분오도신총의 무덤주인은 장수왕의 집권 중·후반기를 보좌한 오왕뭊王 연황淵晃·황태자이다.

| 장천무덤떼의 장천1호분 동명단상 |

「장천무덤떼長川墓區」는 길림성 집안시에서 동북쪽으로 약 25㎞ 떨어진 청석진 장천촌長川村에 소재한다. 이 일대는 압록강에 연한 충적분지로 주위는 산으로 둘러싸여 있으며 남쪽은 압록강과 마주한다. 무덤떼는 주로 북쪽 분지에 분포한다.

▲「장천무덤떼」 분포

무덤떼는 1962년 집안현의 문물보호단위로 지정될 당시 모두 120여 기의 무덤이 있던 것으로 알려졌으나 이후 상당수가 파괴되어 1983년 재조사 때는 105기만을 확인한다. 학술적 연구가치가 있는 무덤은 50여 기 정도이다. 무덤양식은 다양하다. 돌무지무덤은 왕릉급에 사용된 계단 돌방돌무지무덤을 제외한 이전 돌무지무덤의 발전단계를 모두 갖추고 있다. 흙무지무덤은 주로 돌방흙무지무덤이며 벽화가 발견된 무덤은 장천 1호분, 2호분, 4호분 등이다.

예불도의 대상은 동명단상

장천1호분은 장천분지중 동쪽 낮은 구릉지대에 위치한 「장천무덤떼」를 대표하는 돌방흙무지무덤이다. 무덤 크기는 둘레 88.8m 높이 6m로 널길→앞방→이음길→널방의 두칸방무덤이다. 천장은 앞방의 경

▲ 장천1호분 전경

우 3단의 평행고임이며 널방은 5단의 평행고임이다. 앞방과 널방의 벽면에는 주로 무덤주인의 살아생전 모습과 생활상을 담은 벽화가 있다.

특히 천장 벽화는 다양하다. 앞방의 경우 천장 대들보 1단은 사신도四神圖, 2·3단은 예불도禮佛圖, 보살도菩薩圖, 전투도戰鬪圖, 4·5단은 비천飛天, 화염보주火焰宝珠, 백학白鶴, 6단은 기악천伎楽天을 그렸다.

▲ 장천1호분 예불도

이 중 특히 관심을 끄는 벽화는 앞방 천정에 그린 예불도이다. 이에 대한 해석이다. '예불도 중심에는 수미좌須弥座·불상을 올려놓은 단상 위에 손을 가운데 모으고 가부좌를 튼 여래如来가 앉아 있다. 대좌 중간에는 향로가 있고 좌우에는 호법護法의 사자獅子가 앉아 있다. 화면 왼쪽은 무덤주인으로 추정되는 귀족 부부가 서 있다. 또한 이들 뒤에는 왼쪽 어깨에 흰 수건을 올려놓고 대기하는 시녀가 있다. 화면 오른쪽은 부부로 보이는 남녀 공양자가 여래앞에 엎드려 절하는 모습이다. 공양자 위쪽은 광배를 한 비천飛天이 있고 여래와 공양자 주위에는 연꽃봉오리가 가득하다.'[※『한민족대백과사전』] 예불도의 좌대인물상을 불교의 석가여래상으로 보는 견해이다.

정말로 석가여래상일까? 그러나 좌대인물상은 우리가 아는 불상의 모습이 아니다. 머리 뒤쪽에 광배가 없으며 얼굴에는 수염이 나 있다. 또한 복장은 법의法衣·왼쪽 어깨에서 오늘쪽 겨드랑이로 걸쳐있는 의복가 아닌 합임合衽·둥글게 파진 깃을 중앙으로 모은 형태의 관복이다. 더구나 좌대아래 좌우의 두 마리 사자는 털이 덥수룩한 우리의 토종견 삽살개를 닮았다. 좌대인물상은 석가여래상이 아니다. 오히려 석가여래상은 좌대인물상 바로 위쪽 3단에 그린 큰 광배를 두르고 나발螺髮을 한 인물이다.

일본의 신사 입구에는 수호신 고마이누Komainu가 있다. 한자는 '狛犬박견'을 쓴다. 狛은 貊이다. 고마이누는 貊犬맥견 즉 맥족의 개犬이다. 고구려에서 전래된 털이 덥수룩한 삽살개를 말한다. 보통 두 마리가 좌우 한 쌍인데 왼쪽은 입을 벌린 아카타阿型이고 오른쪽은 입을 다문 웅카타吽型이다. 일본은 고마이누가 이집트 스핑크스에서 유래하며 중국을 거쳐 일본에 전해졌다고 주장한다. 믿거나 말거나!

좌대인물상은 누구일까? 시조 추모왕의 '동명단상東明檀像'이다.[※ 단군상으로 보는 견해도 있음] 동명단상의 존재는 『고구려사략』에 나온다. 〈영락대제기〉이다. '14년404년 갑진 5월, … 천성이 사람을 보내 아뢰길 "금년 2월에 보금실성왕의 조상사당을 배알하고 동명단상과 중천·옥모상도 만들어 궁중에 두고 보금과 함께 아침저녁으로 참배하며 성상을 위해 빌고 있습니다."하였다.[十四年 甲辰 五月 … 天星遣使來言 是年二月謁其祖廟 而創東明檀像及中川玉帽像于宮中 与宝金朝夕拝之以祷聖躬云]'.

신라 실성왕이 혼인한 고구려 천성天星공주소수림왕 딸와 함께 동명단상東明檀像을 신라 궁중에 두고 아침저녁으로 참배한 내용이다. 또한 실성왕과 천성공주가 신라 경주 낭산狼山에서 동명신상東明神像을 배알한 기록도 있다. 동명단상, 동명신상은 시조 추모왕의 인물상이다.

『고구려사략』〈영락대제기〉. '23년413년 계축 8월, 보금이 천성과 함께 낭산에서 동명신상을 배알하니 채색구름이 휘둘러 일어나고 저절로 누각이 만들어지며 향내도 자욱하여 사라지지 않던지라 선사를 보내달라며 도장을 열고자 하니 상이 경태자에게 명하여 가보도록 하였다. 보금이 평양대교를 만들어 황은에 보답하였다.[二十三年 癸丑 八月 宝金與天星謁東明神像于狼山 彩雲回繞自成樓閣 香氣郁郁不滅 乃求仙師而欲置道場 上命鯨太子徃之 宝金作平壤大橋而答皇恩]'.

특히 〈장수대제기〉는 동명신상을 주변국에도 보냈다고 적고 있다. '장수12년444년 갑신 4월, 동명신상을 북위, 신라, 백제에 나누어 보냈다.[長壽十二年 甲申 四月 分送東明神像于魏羅及済]'. 이로 미루어 보아 동명신상은 이전부터 여러 개를 제작하여 활용한 듯 보인다. 또한 『고구려사략』은 동명대제東明大祭, 동명단제東明檀祭 등 시조 추모왕에 대한 다양한 형태의 특별제사가 왕실차원에서 거행된 사실도 적고 있다.

예불도는 대상이 석가모니부처가 아닌 시조 동명왕추모왕이다. 명칭 또한 동명신상도東明神像圖로 고쳐 불러야 한다.

널방 천정 덥개돌의 천성도

널방 벽화는 다양한 생활상을 담은 앞방 벽화와는 달리 오로지 활짝 핀 연꽃으로만 장식하였다. 연꽃은 널방 네 벽과 천정 벽의 위아래, 좌우로 엇

▲ 널방 천정 일월성수도

갈리게 배치하였다. 그런데 널방 천정 덥개돌의 그림은 다르다. 연꽃이 아닌 해와 달 그리고 별자리를 새긴 일월성수도日月星宿圖이다. 일월성수도는 엑스자[X] 의 대각선인 '하늘의 으뜸'인 천강天罡을 도식화한 격자살 문양이 배경이다. 198쪽 '우산하무덤떼의 왕릉급 무덤' 참조 천강 문양

을 배경으로 서쪽은 해와 해의 원안에 삼족오를, 동쪽은 달과 달의 원안에 두꺼비와 옥토끼를 담았다. 이들 삼족오, 두꺼비, 옥토끼의 서 있는 방향은 모두 대각선의 교차점인 중심을 향한다. 북쪽과 남쪽은 북두칠성의 별자리이다. 북쪽 북두칠성은 하늘에서 땅을 바라본 모양이고 남쪽 북두칠성은 땅에서 하늘을 바라본 모양이다. 둘 다 역시 대각선의 교차점인 중심을 향한다. 또한 대각선의 중앙에는 위아래로 '北斗七靑' 네 글자를 썼다. 특히 별자리를 보면 위아래 북두칠성 말고도 5개의 별이 천강天罡 주변에 널려 있다. 5개의 별은 태양계의 수성, 금성, 화성, 목성, 토성 등 5개 행성이다. 해와 달 그리고 5개 행성을 묶어 칠정七政이라고 한다. 북

두칠성은 칠정의 축이며 음양의 본원이다.

『천문유초』조선 이순지 편찬 북두칠성. '북두칠성은 칠정七政의 축이고 음양의 본원이다. 그러므로 하늘의 한 가운데를 운행하여 사방을 제어함으로써 사시를 바르게 세우고 오행을 고르게 한다. 또 임금의 상이요 호령하는 주체라고 제왕의 수레라하니 이것은 운동하는 뜻을 취한 것이다'.

일월성수도日月星宿圖는 엄밀히 말하면 천성도天星圖이다. 북두칠성北斗七星과 칠정七政을 새긴 하늘의 별자리 그림이다.

장천1호분의 무덤주인

무덤주인은 누구일까? 앞 방 천정의 동명신상도東明神像圖·예불도와 앞방

▲ 예불도와 백희기악도의 무덤주인

오른쪽 벽의 백희기악도百戱伎樂圖에 단서가 있다. 백희기악은 오늘날의 마술, 서커스와 같은 여러 놀이를 말한다.[※ 좌측 상단 씨름장면] 특히 두 벽화의 주체는 남성이 아닌 여성이다. 동명신상도의 경우 예식을 관장하는 여성이 남성보다 크며, 백희기악도의 경우 백학기악을 관람하는 인물역시 여성이다. 둘 다 시종을 거느리고 있어 높은 신분임을 알 수 있다.

무덤의 주인공은 『고구려사략』이 동명단상에 참배한 기록을 남긴 천성天星공주와 관련된 인물이다. 특히 널방 천정 덮개돌의 천성도天星圖는 그녀의 이름을 직접적으로 표현하고 있다.

천성공주 기록은 『고구려사략』에 나온다. 〈영락대제기〉이다. '2년[392]

년 임진 정월, 서구를 보내 내밀^{내물왕}의 딸 운모와 하모를 맞아들여 좌·우 소비로 삼고 보금^{실성}을 비궁대부로 삼았다. 보금은 내밀의 유자^{조카}로 키도 크고 유식하였다. 홀로 된 공주 천성을 처로 주었다. 천성은 태상후 해씨 소생이다.[二年 壬辰 正月 遣胥狗迎奈密女雲帽霞帽爲左右小妃 以宝金爲妃宮大夫 宝金奈密之猶子也 身長而有識 以寡公主天星妻之 星太上后解氏出也]'.

천성공주는〈국강호태왕기〉가 두양^{杜陽}으로 소개한 소수림왕의 딸이다[杜陽 小獸林王女也 天亥妻菱氏生]. 출생기록은 없으나 대략 375년 전후로 태어난다. 다만〈영락대제기〉가 고국원왕의 정실왕후 해씨 소생으로 표기한 것은 천성공주가 태상후 해씨 딸로 입적^{入籍}되었기 때문이다.

천성공주 두양은 초혼이 잘못되어 홀로 지내다가 392년 신라 실성과 재혼한다. 이복오빠 광개토왕은 고구려에 볼모로 온 실성을 묶어두기 위해 그녀를 실성의 부인으로 삼는다. 이후 천성공주는 10여 년간 실성과 함께 살다가 401년 신라로 건너간다. 402년 내물왕이 사망하며 실성이 보위를 잇는다. 이때 실성왕은 천성공주 두양을 왕후인 난궁^{暖宮}에 봉한다.

『신라사초』〈실성기〉 즉위전사 기록. '이에 보반을 상궁으로 삼고, 내류를 하궁으로 삼고, 두씨를 난궁으로 삼았다. 이를 삼궁으로 하였다.[以保反爲上宮內留爲下宮杜氏爲暖宮 是爲三宮]'. 두씨는 천성공주 두양이다.

그러나 그녀의 삶은 다시금 굴곡진다. 417년 눌지왕이 군사쿠데타를 일으켜 실성왕을 실각시키고 천성공주를 첩으로 삼는다.

그렇다면 무덤주인은 천성공주일까? 가능성은 매우 낮다. 장천1호분의 조성시기는 5세기 후반이다. 더구나 천성공주는 5세기 초중반인 435년에 사망한다. 『신라사초』〈눌지천왕기〉이다. '19년^{435년}은 목시의 해이다. 4월, 후궁 두씨^{천성}가 난산으로 훙하였다. 제^{눌지왕}가 이를 애석히 여겨 후하게 장사지냈다.[十九年 木豕之年也 四月 後宮杜氏難産而薨 帝惜之

厚葬之]'. 특히 눌지왕이 후하게 장사지낸 점으로 보아 천성공주 두양은 고구려가 아닌 신라 땅^{경주 대릉원}에 묻혔을 것이다.

무덤주인이 천성공주가 아니라면 대관절 누구일까?〈영락대제기〉에 흥미로운 기록이 있다. '12년^{402년} 임인 2월, 춘태자를 금성으로 보내 내밀^{내물왕}을 조상하고 보금^{실성}을 신라의 임금, 천성을 신라의 비에 봉하였다. 천성의 장녀 효진은 내밀의 아들 눌지의 처로 삼았다. 나이 열하나^{11세}이다.[十二年 壬寅 二月 遣春太子于金城吊奈密冊宝金羅主 天星爲羅妃 以天星之長女曉辰 爲奈密子訥祇之妻 時年十一]'.

무덤주인은 천성공주의 딸 효진^{曉辰}이다. 효진은 천성공주가 실성과 재혼하여 낳은 여성이다^{392년 출생}. 아버지 실성이 왕이 되면서 효진은 11세 어린 나이임에도 눌지의 처가 된다. 실성왕은 경쟁자인 눌지^{내물왕 아들}를 묶어놓기 위해 정략결혼을 강행한다.

효진의 마지막 기록은 〈장수대제기〉에 나온다. '장수29년^{461년} 신축 3월, 자비^{자비왕}가 미해^{미사흔}의 딸을 처로 삼았다. 효진이 자신이 낳은 공주를 며느리로 삼고자 하였으나 지금에 이르러 눌지의 죄가 드러나고 또한 신분이 낮아진 자에게 출가가 허락되지 않아 스스로 서로들 간에 혼인한 것이다. 이때부터 신라가 나라^{고구려}를 등짐이 더욱 심해졌다.[長壽二十九年 辛丑 三月 慈悲以美海女爲妻 曉辰欲得公主以爲其婦 至是訥祇得罪 而不許下降故 自相婚嫁 羅之背國自此益甚]'. 효진은 자신이 낳은

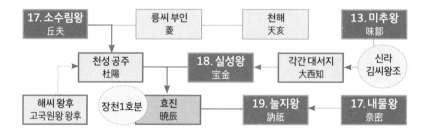

▲ 천성공주-효진 가계도

딸눌지왕 소생을 자비왕의 처로 삼고자 하였으나 신분이 낮아졌다는 이유로 자비왕이 거부한 내용이다. 효진은 신라왕실의 일원이지만 또한 신라왕실로부터 철저히 배척당한다.

▲ 장천1호분 널방 널받침

장천1호분의 널방내의 널받침은 2개가 나란히 놓여있다. 부부 합장묘이다. 두 사람은 앞방의 벽화 동명신상도예불도에서 볼 수 있듯이 예식을 주관하는 여성과 여성보다 작게 그린 남성으로 추정된다. 여성은 천성공주의 딸 효진이며 남성은 효진이 고구려로 돌아와 재혼한 고구려 귀족일 것이다.

5세기 말경 고구려에서 삶을 마친 효진은 어머니 천성공주가 늘상 해왔던 것처럼 동명신상을 모시는 예식행위의 주관자로 봉직했을 가능성이 높다. 또한 널방 천정의 덮개돌에는 천성공주를 상징하는 천성도天星圖를 새겨 신라 땅에 묻힌 어머니에 대한 기억을 사후에까지 가져간 것으로 보인다.

특히 효진이 고구려왕족의 네크로폴리스인 「우산하무덤떼」에 묻히지 못한 점은 시사하는 바가 크다. 모계는 고구려왕족소수림왕 딸이고 부계는 신라왕족실성왕인 효진만이 짊어져야 할 정체성의 한계이기 때문이다. 또한 천성공주와 효진은 당시 고구려와 신라의 왕실간 혼인교류의 희생물이라 할 수 있다.

▲ C.W. 쎄람 [1915~1972]

고구려 벽화무덤의 무덤주인 생활상은 나름의 이유가 다 있다. 살아생전의 삶의 모습들을 오롯이 담고 있다. 일찍이 C.W. 쎄람Ceram은 『낭만적인 고대사의 산책』에서 역사는 민감함과 상상력을 통해서만이 이해할 수 있다고 강조한 바 있다. 민감함이 발견의 씨앗이라면 상상력은 씨앗을 발아시키는 동력이다. 지금처럼 우리 고대사가 『삼국사기』에 매몰되어 제자리를 찾지 못하고 있는 현실을 감안하면 비록 조각의 기록과 파편의 유물일지라도 합당한 조합을 통해 민감함을 찾고 또한 논리적 상상력을 펼친다면 얼마든지 '역사적 실체'에 접근할 수 있을 것이다.

장천1호분은 효진曉辰의 무덤이다. 고구려 천성天星공주와 신라 실성왕 사이에서 태어나 눌지왕의 비가 되지만 또 한편으론 고구려와 신라의 왕실로부터 철저히 버림받은 비운의 여성이다.

┃평양 한왕묘의 무덤주인 ┃

▲ 경신리1호분 소재지

평안남도 평성시 대동강변 북쪽 연안에 경신리1호분이 있다. 전체 모양은 돌무지무덤의 기단부와 돌방흙무지무덤이 결합한 형태이다. 아래 기단부는 돌을 둘러싼 정방형이며 한 변 길이 54m이다. 기단 윗부분은 원형의 흙무지무덤으로 전체 높

이는 12m이다. 기단부 위쪽에 널길羨道과 돌방石室이 있다. 돌방은 가로 3.5m, 세로 3.3m, 높이 3.5m이다. 돌방천장은 2단의 평행고임 위에 2단의 삼각고임은 얹은 평행삼각고임 구조이다.

한왕묘로 불린 경신리1호분

▲ 경신리1호분 전경 [1990년]

경신리1호분은 평양일대 고구려 고분 중 가장 규모가 큰 대형급의 무덤이다. 1909년과 1911년, 일제식민사학자 세키노 타다시関野貞에 의해 두 차례 발굴조사盜掘된 아픈 상처를 가지고 있다. 문제는 경신리1호분이 아주 오래전부터 한왕묘漢王墓 또는 황제묘皇帝墓로 불

려온 점이다. 왕릉급 무덤임은 분명하나 중원왕조 한漢의 황제묘를 연상

시켜 불편하기 짝이 없다.

한왕묘는 안장왕의 장자 각태자 무덤

경신리1호분은 누구의 무덤일까? 단서는 오래전부터 구전口傳되어 온 한왕묘 명칭에서 찾을 수 있다. 『고구려사략』에 한왕漢王에 봉해진 인물이 명확히 나온다. 〈안원대제기〉이다. '계축 대장3년^{533년} 정월, 각태자가 글을 올려 동궁자리를 내놓으며 아뢰길 "신은 성격이 나태하고 돌아다니며 놀기를 좋아하니 마땅치 않습니다. 강호에 머무르기로 뜻을 세웠습니다. 신의 자식 평성^{양원왕}은 학문을 좋아하고 예의가 바릅니다. 동궁자리를 그 아이에게 물려주길 청하옵니다. 그리해주시면 신은 마음 편히 병을 돌보며 구름 밖에서 한가로이 살겠습니다." 상은 그

▲ 발굴장면 [조선고적도보]

의 성품이 지나치게 맑고 차가운지라 애써 말릴 수 없어 평성을 동궁으로 삼았다. 각태자를 한왕으로 고쳐 봉하고 그 지위는 동궁보다 높게 하였다.[癸丑 大蔵三年 春正月 恪太子上書自辞東宮 曰臣性懶散好遊不宜 有為志在江湖 臣子平成好学守礼請東宮之位傳之 而臣欲晏居養疾逍遥雲外 上知其有清寒之僻而不可力止乃以平成為東宮 改封恪為漢王位吊宮上]'.

한왕묘의 무덤주인은 안장왕의 장자인 각恪태자이다. 각태자는 안장왕 사후 동생 안원왕이 등극하면서 531년 동궁^{태자}에 봉해진다. 다시 말해 각태자는 작은 아버지 안원왕에게 보위를 양보하고 대신 동궁이 된다. 그런데

▲ 널방 내부 [조선고적도보]

각태자는 2년 후인 533년 동궁자리마저 자신의 아들 평성平成·양원왕에게 넘긴다. 이때 안원왕은 각태자를 한왕漢王에 봉하며 서열은 동궁보다 높게 한다.

경신리1호분한왕묘은 각태자의 무덤이다. 각태자가 한왕에 봉해졌기에 한왕묘라는 명칭이 오래전부터 구전되어 온 것이다.

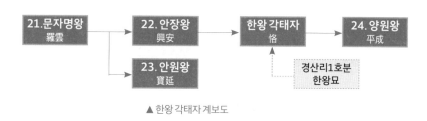

▲ 한왕 각태자 계보도

평양 일대 고분들 중에서 왕릉급으로 추정되는 무덤은 모두 9개가 있다. 경신리1호분한왕묘를 포함하여 傳동명왕릉, 진파리 1호분, 4호분, 토포리대총, 호남리사신총, 강서 대묘, 중묘, 소묘 등이다.

평양 한왕묘경신리1호분는 『삼국사기』가 기록하지 않은 비운의 후계자 각愭태자의 무덤이다.

| 평양 동명왕릉의 허와 실 |

평양시 역포구역 제령산 서쪽 기슭에 고구려 시조 동명왕의 능으로 전해지는 무덤이 있다. 傳동명왕릉^{북한국보}이다. 무덤은 기단돌무지무덤과 돌방흙무지무덤이 결합된 형태로 평양 천도 이후 가장 이른 시기에 만들어진 무덤이다. 주변에는 과거 진파리고분군^{동명왕릉고분군}으로 불린 20여 기의 무덤이 분포한다.

▲ 傳동명왕릉 분포

傳동명왕릉 구조

무덤은 한 변 길이 22m인 정방형으로 높이는 8.15m이다. 아래 하단부에 1.5m의 돌기단을 쌓은 위에 봉토를 올렸다. 내부 구조는 널길→앞방→이음길→널방의 두칸 방무덤이다. 널길은 앞부분과 천장이 심하게 파손되었고 앞방은

▲ 傳동명왕릉 전경

동서 양벽에 작은 감실龕室이 딸려 있다. 널방은 동서 4.21m 남북 4.18m 높이 3.88m의 크기이다. 44개의 가공한 돌로 정밀하게 쌓아 만들고 돌 틈사이는 석회를 발라 메꾸었다. 널방의 천장은 활꺾임식穹窿式이다. 유물은 대부분 도굴된 탓에 일부 흔적물만 출토한다. 금제널못, 은제널못, 청동제못, 꽃무늬장식품, 원형장식품, 떨잠비녀, 금제구슬, 청동실, 청동제

머리핀 등이다. 특히 꽃무늬장식품과 떨잠은 순금제금관과 귀고리가 있었을 것으로 추정되어 왕릉급 무덤임을 강하게 시사한다.

▲ 傳동명왕릉 내부모습

무덤내부에서 눈길을 끄는 것은 단연코 벽화이다. 처음 이 무덤이 발견된 일제강점기만 해도 벽화가 없는 것으로 알려졌으나 1970년대 동명왕릉 내부를 재조사하면서 무덤내부 벽면에서 일정한 간격으로 열과 행을 이루며 그려진 100여 송이 연꽃을 확인한다. 연꽃은 지름 12㎝인 보라색 바탕의 붉은 자색으로 활짝 핀 모습이며 무덤 전체에 대략 640송이가 그려진 것으로 추정된다.

傳동명왕릉의 기록과 역사

그렇다면 傳동명왕릉은 언제부터 동명왕릉으로 알려져 왔을까? 현재 남아있는 가장 이른 시기의 기록은 고려말 이승휴가 남긴『제왕운기』이다. 여기서 동명왕의 무덤이 평양의 용산묘龍山墓라고 기록하고 있다. 조선초에 편찬된『세종실록』〈지리지〉에는 '동명왕 무덤은 부의 동남쪽 30리쯤 되는 중화中和의 경계 용산龍山에 있다.'하고, 또한『고려사지리지』평양조에도 '동명왕 무덤은 서경유수부의 동남쪽 중화中和의 경계 용산龍山에 있다. 속칭 진주묘真珠墓라고 한다.'고 적고 있다. 이로 미루어 보아 적어도 조선시대에는 평양 중화군에 동명왕릉이 소재한다는 믿음이 있어 왔음을 알 수 있다.

특히 세종은 고구려, 백제, 신라 등 삼국의 시조묘를 세우라는 명을 내린다. 이에 세종11년1429년 동명왕의 사당을 세우고 제사를 지내며 동명왕 무덤은 국가차원의 관리를 받기 시작한다. 선조는 임진왜란으로 역대 왕들의 능묘가 훼손되자 이를 잘 관리하도록 명하면서 평양의 기자묘와

▲ 傳 동명왕릉 [조선고적도보]

동명왕 무덤도 살피도록 평안도 관찰사에게 당부하기도 한다. 이후 숙종, 영조로 이어지면서 동명왕릉의 수리 관리가 지속적으로 이루어진다. 그리고 고종은 공식적으로 동명왕릉東明王陵이라 명하고 대대적인 개수공역改修工役을 실시하며 사당도 정비한다. 동명왕릉의 중수는 일제강점기에도 이루어진다. 1917년 동명왕릉의 소재지 중화군수와 평안남도 장관 그리고 조선총독부의 총독까지 참여하여 중수한다.

최근에는 1974년 북한이 발굴조사한다. 무덤앞 절터에서 팔각형 목탑지, 회랑, 10여 채의 건물지 등과 함께 정릉사定陵寺의 단서가 되는 '高句麗', '寺', '定', '定陵' 등의 명문이 있는 기와편과 토기편이 수습한다. 무덤 서쪽 400m 지

▲ 傳 동명왕릉 발굴장면 [1974년]

점에서는 『동국여지승람』의 진주지真珠池로 추정되는 연못도 조사한다. 이러한 발굴성과를 바탕으로 북한은 이 무덤을 동명왕릉으로 명명한다. 1994년 다시 한 번 대대적으로 개건改建하여 오늘의 모습으로 단장하며 성역화 작업을 마친다.

傳동명왕릉의 인식과 평가

그렇다면 傳동명왕릉은 정말로 동명왕의 무덤일까? 북한학계는 실제 동명왕릉으로 보고 있다. 그 이유로 평양 일대에서 다른 고분에서는 볼 수

▲ 傳동명왕릉과 주변일대

없는 화려한 연꽃무늬 벽화가 이 무덤의 위상이 최고 수준의 증거라는 점을 들고 있다. 또 다른 근거로 동명왕릉이 속한 진파리고분군의 다른 무덤들이 모두 동명왕릉을 향하고 있는 배치가 동명왕릉이 시조 동명왕의 능다운 품격을 갖추고 있다는 점을 중시한다. 그리고 '定陵' 글자가 새겨진 그릇과 기와가 출토되어 정릉사로 불린 사찰이 무덤 앞에 건립되어 원찰의 역할을 한다는 점도 시조릉으로 보는 중요한 근거로 삼는다. 당시에 이처럼 능사를 갖춘 왕릉급 고분은 傳동명왕릉이 유일하다는 점 역시 이 무덤이 특별한 위상을 갖는 무덤임을 반영한다.

이에 반해 남한학계는 다소 부정적이다. 가장 큰 이유는 문헌기록과 무덤양식이 합치되지 않는 점을 든다. 『삼국사기』〈고구려본기〉를 보면 장수왕 이후 안장왕, 평원왕, 영류왕 등이 졸본卒本에 가서 시조사당始祖廟에 제사를 올린 기록이 나오고 있다. 이를 보면 동명왕의 무덤은 여전히 졸본에 있음이 분명하다. 또한 무덤양식은 집안의 돌무지무덤과 평양의 돌방흙무지무덤의 결합양식을 보이고 있어 평양 천도 이후 가장 이른 시기에 만든 무덤이기 때문이다. 그래서 대안으로 장수왕이나 문자명왕의 무덤으로 보는 시각도 존재한다. 다만 일부에서는 동명왕의 허묘墟墓로 보기도 하나 무덤 안에서 금제 관장식과 관못이 출토되어 실제 관이 안치된 무덤일 가능성이 커 보여 결코 허묘가 될 수 없다.

傳동명왕릉이 동명왕릉이 된 것은 고구려 후기 수도인 평양지역이 또 하나의 건국지라는 인식이 생기면서 동명왕릉이 평양에 있다는 전승이 만들어진다. 그래서 실제 동명왕鄒牟王을 장사지낸 장소인 용산의 명칭도 자연스레 옮겨온다. 이러한 인식은 조선에 들어 특히 세종 때부터 확고히 자리 잡으면서 하나의 정설로 굳어진다.

傳동명왕릉은 안장왕의 왕릉

傳동명왕릉은 누구의 무덤일까?
『고구려사략』에 무덤주인의 단
서가 명확히 나온다. 〈안장대제
기〉이다. '안장13년[531년] 5월, 상
이 황산행궁에서 붕하였다. 춘추
쉰다섯[55세]이다. 우산 장옥원에
장사지내고 안장릉이라 이름하
였다. 안종화황제로 추존하였다

▲ 진파리고분군 전경

[安蔵十三年 五月 上崩於黃山行宮春秋五十五 葬於牛山葬玉之原 名曰安
蔵陵 追尊為安宗和皇帝]'. 무덤주인은 우산牛山에 장사지낸 안장왕이다.
우산은 지금의 제령산으로 과거 고려 때부터 불러온 평양의 용산龍山이
다. 특히 평양일대 왕릉급 무덤들 중에서 평지가 아닌 산중에 무덤을 조
성한 경우는 傳동명왕릉이 있는 진파리고분군 일대가 유일하다. 또한 기
록의 장옥원葬玉之原은 '귀한 사람의 무덤터'를 말해 우산에 안장왕의 무
덤을 쓰면서 이 일대는 고구려 왕족의 새로운 네크로폴리스Necropolis로
자리 잡게 된다.

『고구려사략』〈안원대제기〉. '정사 대장7년537년 춘정월, 상이 우산릉안장릉에 가서 안장대
제를 올리고 한왕각태자 부부를 위안하였다. 3월, 안장탑을 5층으로 우산에 세웠다.[丁巳 大
蔵七年 春正月 上如牛山陵 行安蔵大祭 以慰漢王夫妻 三月 立安蔵搭五層于牛山]'. 안장
탑을 세운 장소는 정릉사定陵寺 자리로 추정된다.

傳동명왕릉은 우산牛山·용산에 묻힌 안장왕의 무덤이다.

| 남포 감신총의 남녀인물상 정체 |

감신총龕神塚은 평안남도 남포시 와우도구역 신령리에 소재한 고구려 벽

▲ 감신총 분포

화무덤이다. 1913년 일제가 처음 조사하며 대연화총大蓮華塚으로 불리다가 앞방 감실龕室의 신상형神像形 인물로 인해 감신총으로 고쳐 부른다. 무덤양식은 돌방흙무지벽화무덤으로 널길→감龕이 딸린 앞방→이음길→널방의 두칸방무덤이다.

감실 인물화는 중천·옥모여왕 신상

▲ 감신총 전경

앞방은 장방형2.42×1.51m으로 좌우벽에 따로 감龕을 설치하였다. 천장은 위로 갈수록 안으로 줄어드는 활꺽임식穹窿式으로 맨 위에 판돌板石을 얹었다. 널방은 정방형2.73×2.73m이며 천장은 앞방과 마찬가지로 활꺽임에 삼각형 받침돌을 2중으로 얹은 삼각고임이다. 전체적으로 널방이 앞방보다 다소 크다.

▲ 앞방내부 모사도 [조선고적도보]

벽화는 아쉽게도 백회를 바른 벽면에 그린 탓에 대부분 떨어져 나가 부분적으로만 남아 있다. 우선 앞방과 널방의 벽의 각 모서리마다 기둥과 두공枓栱을 그려 무덤 칸 안을 지상건물처럼 장식하였다. 앞방 벽

면에는 고취악대와 남녀 시중꾼, 천장에는 봉황새, 불꽃무늬 등을 그렸으며 널방 벽면에는 사냥장면과 봉황새, 구름, 천장에는 불꽃무늬를 그렸다.

특히 관심을 끄는 부분은 앞방 좌우 감실내에 그린 인물상이다. 왼쪽 서벽 감실 뒷벽에는 얼굴이 떨어져나가 알 수 없으나 남성으로 추정되는 인물의 좌상이 있다. 남성상의 뒷배경은 '王'자 문양을 촘촘이 새긴 그림과 그 하단 좌우에 2명의 시종이 남성상을 보좌하고 있다. 오른쪽 동벽 감실 뒷벽에는 온화한 얼굴에 백라관을 쓴 여성의 좌상이 있다. 여성상의 뒷배경은 'S'자의 변형구름을 촘촘히 새긴 그림과 남성상의 경우와 마찬가지로 그 하단 좌우에 2명의 시종이 역시 여성상을 보좌하고 있다. 또한 공통적으로 두 남녀 인물상

▲ 감신총 좌우 감실의 인물상

은 역삼각형의 나무 등받침대를 하고 있으며 불교의 부처상에서 흔히 볼 수 있는 연화대좌^{연꽃문양 좌대}에 앉아 있다.[※ 처음 명칭 대연화총 유래]

『조선고적도보』를 보면 감신총의 모사도模写圖가 20여 개로 유난히 많다. 1913년 세키노 타다시가 감신총을 조사하면서 동경미술대학 오바 스네키치와 오오타 후쿠조 등이 모사도를 그린 것으로 알려져 있다.

일반적으로 두 남녀 인물상을 무덤주인으로 이해한다. 그러나 앞방의 두 인물상은 결코 무덤주인이 될 수 없다. 이유는 널방에 무덤주인의 좌상을 그려 넣고 앞방에는 무덤주인의 특성을 보여주는 생활상을 담는 통상의 벽화 배치방식에 어울리지 않기 때문이다. 만약 기존의 해석대로 두 인물상이 무덤주인이라면 앞방이 아닌 널방에 인물화를 그려야 하며 또한 따로 감실을 만들어 인물상을 보호할 필요도 없다.

그렇다면 두 인물상은 누구일까? 대관절 누구이기에 따로 감실까지 만들어가며 특별히 보호한 것일까? 감신총 인물상은 고구려와 신라 왕실의 공통분모인 고구려 중천왕과 신라 옥모玉帽여왕의 인물상이다. 왼쪽 감실의 남성은 중천왕이고 오른쪽 감실의 여성은 옥모여왕이다.『고구려사략』은 중천왕과 옥모여왕의 신상이 광개토왕 당시까지도 존재하였음을 언급한다.

『고구려사략』〈영락대제기〉. '14년404년 갑진 5월, … 천성이 사람을 보내 아뢰길 "금년 2월에 보금의 조상사당을 배알하고 동명단상과 중천·옥모상도 만들어 궁중에 두고 보금과 함께 아침저녁으로 참배하며 성상을 위해 빌고 있습니다."하였다.[十四年 甲辰 五月 … 天星 遣使來言 是年二月 謁其祖廟 而創東明檀像及中川玉帽像于宮中 与宝金朝夕拜之以祷 聖躬云]'.

　　옥모여왕은 신라 김씨왕조 시조 미추왕의 아버지로 설정된 김구도金仇道의 딸이다. 처음 석씨왕조 벌휴왕의 태자 골정骨正의 비가 되며 신라 왕실의 일원이 된다. 이후 옥모는 조분왕과 첨해왕을 낳고 또한 직접 옹립하며 왕실권력의 중심에 선다.『신라사초』는 옥모를 여왕으로 기록한다. 이는 신라왕실의 독특한 통치시스템에 기인한다. 고구려와 백제는 남왕중심의 단일 지배체제라면 신라는 남왕과 여왕의 공동 지배체제이다. 『삼국사기』는 이성二聖2명 성인, 『신라사초』는 이성치국二聖治國의 표현을 쓴다. 남왕과 여왕은 동등한 권력의 주체로써 신라사회를 공동 통치한다. 특히 여왕의 힘이 강하면 계속해서 남왕을 바꿔가며 권력을 유지하는 경우도 있다.

신라여왕을 대표하는 인물은 신라 중기에 활약한 광명光明이다.『신라사초』에 따르면 자황雌黃·여황제 존호를 받은 광명여왕은 미추왕, 유례왕, 기림왕, 흘해왕, 내물왕 등 5명의 남왕남편을 순차적으로 바꿔가며 19명의 자식을 낳는다. 이는 신라가 여왕을 배출하게 된 배경이기도 하다. 우리가 잘 아는 성조황고聖祖皇姑의 존호를 받은 선덕여왕은 특별한 경우가 아니라 단지 왕력에 포함된 특수한 경우이다.

『고구려사략』〈중천대제기〉에 중천왕과 신라 옥모여왕의 사랑이야기가 자세히 실려 있다. 두 사람의 첫 만남은 252년 국경회담에서 이다. 옥모여왕에게 첫눈에 반한 중천왕은 여러 차례 서신과 선물을 보내고 옥모여왕 역시 화답하며 두 사람의 관계가 급속도로 가까워진다. 이후 옥모여왕은 아예 고구려에 들어와 중천왕과 함께 살며 아들 달가達買를 낳는다. 달가의 낳은 아들이 돌고咄固이고 돌고가 낳은 아들이 소금장수 출신인 미천왕 을불乙佛이다. 미천왕의 핏속에는 신라왕실의 피가 흐른다.

특히 『고구려사략』에는 신라 미추왕이 고구려에 가 있는 옥모여왕에게 왕위승계의 허락을 구하는 장면과 중천왕이 미추왕에게 「신라국황제동해대왕우위대장군」의 관작을 수여한 내용도 있다.

『고구려사략』〈중천대제기〉. '14년261년 신사, 12월 28일에 첨해왕이 갑자기 죽어 조분왕의 사위 미추가 보위에 오르니 옥모의 동생이다. 미추가 글을 올려 보위를 청하며 아뢰길 "조카 황제가 나라를 등졌습니다. 모든 신하가 신에게 감국하라고 하나 신은 재주가 용렬하여 보위에 오르기엔 미치지 못합니다. 누님이신 후와 형황께서 될 만한 사람을 택하여주심이 좋겠습니다."하였다. 상이 옥모와 단궁에서 동침하다가 이 급보를 듣고 옥모에게 묻길 "당신 동생 미추가 조신하고 후덕하여 가장 나으니 또한 시켜볼 만하지 않겠소?"하니 옥모가 눈물 흘리며 아뢰길 "첩은 이미 나라를 등지고 와서 지아비를 따르고 있사오니 지아비이신 황상의 뜻이 소첩의 뜻입니다."하였다. 상이 이윽고 명림어윤으로 하여금 칙명을 받들고 신라로 가서 미추를 봉하여 「신라국황제동해대왕우위대장군」으로 삼고 금은으로 만든 인장과 포와 면을 하사하니 이날이 바로 임오년262년 정월 25일이다.[十四年辛巳 十二月二十八日 沾解暴殂 助賁婿味鄒立玉帽之弟也 上書請立曰"姪皇棄國,群臣以臣監國 臣才庸劣不足以立 姊后兄皇宜擇可人 上與玉帽同枕于檀宮 聞此急報 問於玉帽曰爾弟味鄒謹厚長者也 不亦可乎 玉帽泣曰妾已負國從夫 夫皇之心乃妾之心也 上乃使明臨於潤 奉勅徃羅 封味鄒為新羅國皇帝東海大王右衛大將軍 賜金銀印褒冕 此乃壬午正月二十五日也]'.

신라 옥모여왕의 피를 받은 미천왕은 자신의 혈통을 부인하지 않는다. 대신 중천왕과 옥모여왕의 인물상을 만들어 사당에 안치하고 왕실차원에서 정례적으로 제사를 지낸다. 이후 왕들도 마찬가지이다. 특히 『고구려사략』에는 광개토왕은 직접 평양에 있는 옥모상을 찾아가서 배알한 기록도 나온다.

『고구려사략』〈영락대제기〉. '9년399년 기해 5월, … 이에 상이 하모를 데리고 용산으로 가서 아들을 낳게 해달라 빌고 평양으로 돌아와 옥모상을 배알하였다.[九年 己亥 五月 … 上乃與 霞帽如龍山禱子 迴平壤謁玉帽像]'.

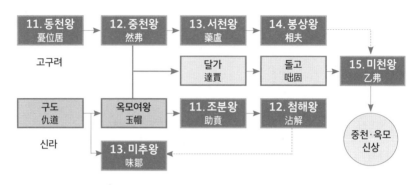

▲ 중천-옥모 계보도

　　감신총의 무덤주인은 중천·옥모상과 직간접적으로 관계된 인물이다. 다만 무덤주인의 신분이 중천·옥모 계열의 후손인지 아니면 중천·옥모상의 보호와 관리를 담당한 신료인지는 명확하지 않다. 그럼에도 자신의 무덤에 중천·옥모상을 가지고 갈 정도로 고구려사회에서 중요한 위치를 점한 인물임에는 틀림없다.

　　감신총의 조성시기는 무덤양식 등을 고려하면 대략 5세기 전반으로 이해한다. 아마도 무덤주인은 장수왕의 평양 천도427년이후 이곳에 정착한 이후 사망하여 묻혔을 것이다.

'王'자는 인강의 격자살 문양

감신총 앞방 왼쪽벽의 감실내 남성인물상은 중천왕이다. 특이한 점은 뒷배경에 수십개의 '王'자 문양이 장식되어 있다. 그런데 그림상의 '王'자 문양 점유공간을 보면 위아래로 반복되는 곡선을 따라 배치되어 있다. 이 곡선을 구름무늬로 이해하나 이는 잘못이다. 볼록∩한 윗부분은 산山이며 산위에는 나무를, 오목∪한 아랫부분은 강江이며 강아래는 물속 또는 물줄기를 표시하였다. '王'자 문양은 산과 강이 교차하는 중간에 위치한다.

▲ '王'자 세부 모사도

'王'자 문양은 무엇일까? 단순히 한자 '王'의 표식일까? 중천왕이 왕이니 王의 표식은 당연한 듯 보인다. 그러나 王의 표식을 하나도 아닌 수십개를 상하 곡선을 따라 배치한 것은 다른 해석이 요구된다.

'王'자 문양은 '사람의 으뜸'을 가리키는 人罡인강의 격자살 문양을 도식화한 디자인이다. '하늘의 으뜸'인 天罡천강이 'X'자형 격자살 문양, '나라의 으뜸'인 國罡국강이 '◇'형 격자살 문양과 같은 맥락이다.

▲ 천강-국강-인강 문양의 비교

'王'자 문양이 발견된 고구려 벽화무덤은 남포의 감신총 말고도 환인의 미창구장군묘, 집안의 장천2호분, 산성하332호분왕자묘 등이 있다. 장천2호분과 산성하332호분의 '王'자 배열은 감신총과 같으나 미창구장군묘의 '王'자 배열은 다소 차이가 난다.

남포의 감신총에는 고구려-신라왕실의 공통분모인 중천왕-옥모여왕이 있다.

┃안악3호무덤과 평양역벽돌무덤의 비밀코드┃

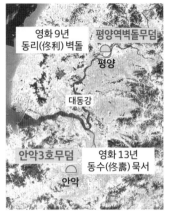

영화 9년
동리(佟利) 벽돌

평양역벽돌무덤

평양

대동강

안악3호무덤

영화 13년
동수(佟壽) 묵서

안악

▲ 안악3호무덤과 평양역전벽돌무덤 분포

한반도 북서부지역에 영화永和 연호 명문이 새겨진 고구려 무덤이 2개 있다. 황해도 안악에 소재한 안악3호무덤과 평안남도 평양의 역전에서 발굴된 평양역벽돌무덤이다. 또한 두 무덤의 명문에는 동佟/冬씨 성을 가진 인물이 공통으로 등장한다. 안악3호무덤은 동수佟壽이고, 평양역벽돌무덤은 동리佟利이다. 과연 두 무덤의 명문에 담긴 고구려 역사의 비밀코드는 무엇일까?

영화13년명 동수 묵서

永和十三年十月戊子朔廿六
日癸丑使持節都督諸軍事
平東將軍護撫夷校尉樂浪
相昌黎玄菟帶方太守都
鄉侯幽州遼東平郭
都鄉敬上里冬壽字
▨安年六十九薨官

▲ 동수 묵서명

안악3호무덤은 황해도 안악군에 소재한 '동수冬壽묘'로 알려진 돌방흙무지벽화무덤이다. 무덤은 남북 33m 동서 30m 높이 6m로 고구려 무덤 중에서는 중형급에 해당하며 널길→앞방→이음길→널방의 두칸방무덤이다. 앞방 서쪽과 동쪽 벽면에 장하독帳下督으로 표기된 인물화가 각각 있다.

이 중 서쪽 벽면의 인물화 윗부분에 7행 68자의 묵서명이 새겨 있다. '영화13년永和十三年 10월 초하룻날이 무자일인 26일 계축에 사지절도독제군사 평동장군 호무이교위 낙랑상이며 창려·현도·대방태수 도향후인 유주 요동군 평곽현 도향 경상리 출신 동수冬壽는 자字가 ▨안安인데 나이 69세로 벼슬하다 죽었다.' 인물화의 주인공은 장하독 동수冬壽/佟壽이다. 낙랑상과 도향후를 지낸 요동군 평곽현 출신의 동수는 영화13년에 69세로 사망한다. 낙랑상樂浪相은 낙랑에 파견된 왕의 대행자전권대사를 말하며 도향후都鄕侯는 고구려 후왕侯 王으로 동수는 자신의 출신지 후왕에 봉해진다.

동수는 누구일까?『삼국사기』기 록에는 없지만『진서』와『자치통감』 등에 동수의 행적이 일부 나온다. 다 만 한자는 묵서명의 '冬壽'가 아닌 '佟壽'를 쓴다. 같은 사람이다. 동수 는 원래 전연 모용황 밑에서 사마司

▲ 안악3호무덤 무덤주인 부부

馬의 관직을 받은 자이다. 모용황의 동생 모용인慕容仁이 반란을 일으키자 이를 진압하러 갔다가 패하여 오히려 모용인의 부하가 된다. 그 뒤 모용 황이 군대를 일으켜 모용인을 격파하자 고구려로 망명한다.

『고구려사략』은 동수의 망명 사실을 전한다.〈고 국원제기〉이다. '6년336년 병신 춘정월, 모용황이 창 려에서 동쪽으로 얼음이 언 물을 건너 행군하여 동 생 모용인을 습격하여 평곽에서 잡아 죽이니 동수, 곽충 등이 뉴벽에게로 도망하여 왔다.[六年 丙申 春 正月 慕容皝昌黎東踐氷海而行軍 襲其弟仁于平郭 殺之 佟壽郭充等來奔于紐碧] 동수는 336년 자신 의 주군인 모용인이 모용황에게 잡혀 죽임을 당하자 곽충郭充과 함께 고구려로 망명한다. 이 기록은 안악 3호무덤의 널방 안쪽 벽에 그려진 무덤주인에 대한

▲ 장하독 동수와 곽충

단서를 제공한다. 무덤주인은 바로 336년 모용황에게 잡혀 죽임을 당한 모용인이다. 또한 묵서명이 있는 앞방 서쪽벽의 동수와 달리 동쪽벽의 또 한 명의 장하독측근은 동수와 함께 고구려로 망명한 곽충임을 알 수 있다.

안악3호무덤 주인을 묵서명에 근거하여 동수 자신의 묘로 이해하기도 한다. 또한 무덤주인 부부의 의복과 관식 그리고 이음길 벽에 그린 대행렬도大行列圖를 고려하여 고국원왕 또는

미천왕의 왕릉으로 보는 견해도 있다. 대행렬도는 주인공은 수레를 타고 가고 성상번聖上幡 기를 들고 의장을 갖춘 문무백관과 고취악대가 무사의 호위를 받으며 나아가는 모습이다.

동수는 336년 곽충과 함께 고구려로 망명하며 주군인 모용인의 시신을 가져와 안악3호무덤을 만들고 안치한다. 그리고 동수 또한 사망하자 동수를 잘 아는 누군가가 안악3호무덤의 장하독 동수의 인물화에 동수가 고구려로 망명하여 받은 낙랑상과 도향후의 관직과 함께 사망 사실을 묵서로 남긴다. 아마도 실제 동수 무덤은 안악3호무덤과 인접한 다른 안악무덤들1호/2호/4호중 하나로 추정된다. 그런데 말이다. 동수가 사망한 '영화13년'은 몇 년도 일까?

영화9년명 동리 벽돌

▲ 평양역벽돌무덤[조선고적도보]

평양역벽돌무덤은 1932년 평양역 구내 철로 사이에서 발견된 벽돌로 돌방을 만든 한칸방무덤이다. 기년명 벽돌이 출토되어 '영화9년명 출토고분' 또는 '동리佟利묘'로 불린다.

무덤은 깊이 2.8m의 구덩이를 판 뒤 동서 1.8m 남북 2.9m 장방형의 널방을 만들었다. 널방 바닥은 회반죽을 바르고 벽돌을 깔았으며, 널방 벽은 여러 벽돌을 가로쌓기 3단, 세로쌓기 1단을 반복적으로 사용하여 돌방벽을 만들고 벽돌간 틈새에 회반죽을 발랐다.

그런데 돌방벽의 벽돌에 명문이 있다. 모두 12자의 양각으로 새긴 '永和九年三月十日遼東韓玄菟太守領佟利造'이다. 번역하면 '영화9년永和九年 3월 10일 요동·한·현토태수령 동리佟利가 만들다.'이다. 무덤주인은 알 수 없으나 동리가 벽돌을 제작하여 무덤을 만든 것으로 추정된다.

동리는 누구일까?『고구려사략』에 동리의 기록이 나
온다.〈고국원제기〉이다. '22년[352년] 임자 2월, 해발이 정
남대장군이 되어 방식, 우신, 동리 등을 이끌고 나가 대방
을 정벌하고 그 왕 장보를 사로 잡았으며 근초고와 싸워
관미령에서 크게 파하고 3개 성을 쌓고 두 나라의 남녀 1
만명을 사로잡아 돌아왔다.[二十二年 壬子 二月 以解発
為征南大將軍率方式于莘佟利等 伐帶方虜其王張保 与
近肖古戰于関弥岺大破之築三城 虜二國男女一万人而
叛]'. 동리[佟利]는 352년 고국원왕이 대방[황해도 남부]과 백

▲ 동리명 벽돌

제 관미령[경기 파주 오두산성]를 공격할 때 정남대장군 해발[解発]을 따라 전투에
참가하여 혁혁한 공을 세운다.

벽돌 명문에는 동리의 출신지에 대한 기록은 없다. 어찌보면 당연하
다. 벽돌 크기의 한계가 있으니 모두 기록할 수는 없을 것이다. 다만 안악
3호무덤의 묵서에서 볼 수 있듯이 성씨가 동수와 마찬가지로 같은 '佟'씨
임을 감안하면 동리는 동수와 동향이며 또한 같은 혈족으로 보인다. 그렇
다면 동리가 벽돌을 제작한 '영화9년'은 또 몇 년도 일까?

영화는 동진 연호?

일반적으로 영화[永和]를 동진[東晋·317년~419년]의 연호로 이해한다. 가장 큰
이유는 동수가 망명해온 고국원왕 시기에 영화 연호를 사용한 중원왕조
가 동진이기 때문이다. 동진은 사마예[司馬睿]가 양쯔강[揚子江] 이남을 영토
로 삼아 건업[建業·남경]에 세운 한족 왕조이다. 영화는 동진의 목제[穆帝]가 사
용한 연호로 기간은 345년~356년까지 12년 간이다. 이를 근거로 동수
의 사망년도 '영화13년'을 357년으로, 동리의 벽돌 제작년도 '영화9년'
을 353년으로 본다.

그러나 이 해석은 오류이다. 우선 동진의 영화 연호 사용기간은 12년 간으로 '영화13년'은 아예 존재하지 않는다. 또한 전연前燕에서 고구려로 망명해 온 동수가 자신과 아무런 연고가 없는 동진東晉의 연호를 쓴다는 설정 자체가 받아들이기 어렵다. 굳이 간지 기년이 아닌 연호 기년을 써 야했다면 동수는 동진이 아닌 전연의 연호를 썼을 것이다. 동리도 마찬가 지이다. 고국원왕 시기 전연의 연호는 모용준慕容儁이 쓴 원새元璽와 광수 光壽가 있다.[※ 전연 모용황은 연호 사용하지 않음]

어느 학자의 동수 사망년도 '영화13년'에 대한 보충 설명이다. '영화 는 동진의 연호로서 12년으로 끝나고 승평升平 연호로 바뀌었는데 묘지 명에서는 이전 연호를 그대로 쓰고 있으니 아마도 연호가 바뀌었다는 사 실을 몰랐던 모양이다.' 정말 그랬을까?

영화 연호를 사용한 중원왕조는 후한後漢 순제의 136년~141년이 효시이다. 고국원왕 시 기는 동진東晉 목제가 345년~356년, 광개토왕시기는 후진後秦 요흥이 411년~417년, 장수왕시기는 북량北涼 저거목건이 433년~439년 등이다.

고국원왕의 연호 영화

그런데 『고구려사략』에 소름돋는 기록이 나온다. 〈고국원제기〉이다. '25 년355년 을묘 9월, 민을 전연에 보내 태후를 돌려보내라하니 모용준이 허 락하였다. 태후와 민은 전연의 명산과 대원을 두루 돌아보고 12월에서 야 돌아왔다. 모용준은 전중장군 도감을 시켜 호송하였는 바 상을 「정동 대장군영주자사낙랑군공」에 봉하고 현도대왕은 지난날과 같게 하였다. 또한 명하여 "영화 연호를 쓰지 말 것이며 사사로이 왕을 봉하지 말라."하 였다. 이에 상이 이르길 "우리나라 역시 연호가 있는데 어찌 영화는 쓰지 말라는 것이냐? 종척을 왕에 봉하는 것도 시조 때부터 해오던 일이니 하 루아침에 그만둘 수는 없다."하였다.[二十五年 乙卯 九月 遣玟于燕請太 后儁許之 太后与玟周観燕之名山大院而十二月皈 儁以殿中将軍刀龕護

送 而封上爲征東大將軍營州刺使樂浪郡公 玄菟大王如故 命勿用永和年號而私自封王 上曰 我國亦有年號 何勿用永和 宗戚封王已自始祖始不可猝廢]'. 영화永和는 고국원왕의 연호이다. 그래서 망명객인 동수와 동리는 고국원왕의 연호를 사용한다. 따라서 동수의 사망년도 '영화13년'은 고국원왕 재위13년인 343년이며, 동리의 벽돌 제작년도 '영화9년'은 339년이다.

같은 혈족인 동수와 동리 두 사람은 전연에서 고구려로 망명해 온 자이다. 고국원왕은 이들 망명객을 한반도 서북부지역평안남도/황해도 고구려 땅에 살게하고 또한 '창려·현도·대방태수'와 '요동·한·현토태수령'의 관직까지 하사한다. 그런 두 사람이 혹여 연호를 어디엔가 기록해야한다면 고구려왕의 연호를 사용하는 것은 당연한 상식일 것이다. 아무런 연고가 없는 동진의 연호를 가져다 쓴다는 자체가 이치에 맞지 않다.

특히 주목해야할 부분은 '영화永和'의 '永길 영'은 고국원왕의 연호로만 끝나지 않고 계속 이어진 점이다. 광개토왕의 연호 '영락永樂'과 문자명왕의 또 다른 연호 '영강永康'으로 계승된다.☞ 461쪽 '불상 등에 새긴 고구려 연호' 참조

고국원왕은 국강國罡을 선포한 최초의 태왕이다. '永'자는 국강의 고구려가 영원히 지속되길 바라는 일종의 염원을 담은 글자이다. 永和→永樂→永康으로 이어지는 '永'자는 바로 국강의 상징어이다.

문득 김춘추 시인의 싯구가 스쳐 지나간다. '내가 그의 이름을 불러주기 전에는 그는 다만 하나의 몸짓에 지나지 않았다. 내가 그의 이름을 불러주었을 때 그는 나에게로 와서 꽃이 되었다'. '그의 이름'을 '영화'로, '꽃'을 '연호'로 바꾸어 불러봄이 어떠한가!

영화永和는 천하의 으뜸국가 국강國罡을 선포한 고국원왕의 연호이다.

┃불상 등에 새긴 고구려 연호 ┃

지금까지 발견된 여러 개의 고구려 금동불상은 규모가 소형이고 광배 뒷면에 명문이 새겨 있는 공통점이 있다. 특히 명문은 금동불상의 제작시기를 가리키는 년도를 연호와 간지로 명확히 표기한다.

건흥5년명 금동불상 광배

▲ 건흥5년명 불상광배 [국립중앙박물관]

「건흥5년명建興五年銘금동석가삼존 불광배」국립중앙박물관 소장는 1915년 충북 충주시 노은면에서 발견된 불상이다. 본존상은 없고 좌우 2구의 보살상과 상단 3구의 화불化佛을 배치한 광배만 남아 있다. 광배는 높이 12.4㎝로 뒷면에 총 5행 39자가 새겨있다.

명문은 이렇다. '건흥建興5년 세재 병진丙辰에 불제자이자 청신녀인 상부上部의 아암兒庵이 석가모니상을 만들다. 원하건대 태어나는 세상마다 부처님을 만나 법을 듣게 하소서. 모든 중생도 이 소원과 같이 하소서.' 상부북부/절노부 귀족인 여신도 아암이 석가모니상을 만든 내용이다. 문제는 불상을 만든 시기로 언급된 '건흥5년'이다. 건흥建興은 고구려왕의 연호로 추정된다. 누구의 연호일까?

『태백일사』〈고구려국본기〉에 건흥 연호를 사용한 왕이 명확히 나온다. '장수홍제호태열제는 연호를 건흥으로 바꿨다. 인의로써 나라를 다스리고 강토를 넓혀서 웅진강 이북이 모두 우리에게 속하였다.[長壽弘済好太烈帝 改元建興 仁義治國 恢拓彊宇 熊津江以北属我]'. 건흥建興은 장수왕의 연호이다. 특히 불상을 만든 '건흥5년'은 간지 '병진년'이다. 장수왕 시기 병진년은 416년으로 장수왕 재위5년에 해당하며 건흥원년은 장수왕이 등극한 412년이다.

건흥建興은 장수왕이 등극하면서 처음 사용한 연호이다.

연수원년명 은합

경주 노서동고분군에 소재한 서봉총은 1926년 일본인 고이즈미小泉顯夫가 발굴한 돌무지덧널무덤적석목곽분의 신라 고분이다. 서봉총瑞鳳塚 명칭은 발굴 당시 스웨덴 구스타프 황태자가 참관한 것을 기념하여 스웨덴의 한자명인 서전瑞典의 '瑞'자와 무덤에서 출토된 금관의 봉황鳳凰장식의 '鳳'자를

▲ 서봉총 발굴 장면 [1926년]

각각 따서 붙인 이름이다. 서봉총은 일제강점기의 뼈아픈 역사를 간직한 무덤이다.

그런데 출토유물 중에 '延壽元年辛卯'가 새겨진 은합銀盒이 있다. 공식명칭은 「연수재명신라은합」국립중앙박물관 소장이다. 합盒의 바닥 바깥면에는 '延壽元年太歲在辛三

▲ 연수원년명 은합 [국립중앙박물관]

月國太王敎造合杅三斤', 뚜껑 안쪽면에는 '延壽元年太歲在卯三月中太王敎造合杅用三斤六兩'의 글자가 각각 새겨있다. 재신在辛과 재묘在卯는 신묘辛卯를 말하여 연수원년은 간지 신묘년임을 알 수 있다. 연수는 누구의 연호일까?

원래 서봉총은 황남대총과 마찬가지로 쌍분이다. 현재 남아 있는 봉분은 북분이다. 남분은 1929년 영국인 데비드Devid가 경비를 부담하여 발굴한 까닭에 데비드총으로 이름하였으나 발굴 후 봉분을 없애고 평평하게 만들어 놓는다. 이유가 어찌 되었든 간에 우리의 소중한 문화유산을 일본인, 영국인, 스웨덴인이 합작으로 우리의 허락도 받지 않고 함부로 손을 댄 것은 괘씸하기 짝이 없다. 은합이 출토된 곳은 북분이며 무덤주인은 여성으로 추정된다.

▲ 서봉총 전경 [1926년]

서봉총에서는 은합과 함께 신라 금관도 출토한다. 금관은 신라 눌지왕 때 사용된 형태이다. 눌지왕 시기 신묘년은 451년이다. 특히 은합의 명문에 '태왕'이 언급되고 있어 신묘년451년은 장수왕의 간지 기년임을 알 수 있다. 연수는 장수왕의 연호이며 연수원년은 장수왕 재위39년에 해당한다.

이 시기 신묘년은 391년, 451년, 511년 등이 있다. 돌무지덧널무덤인 서봉총의 축조연대는 황남대총보다 늦고 천마총, 금령총보다는 이른 시기로 5세기 중반에 해당한다. 신라 돌무지덧널무덤 양식은 5세기 후반경에는 완전히 소멸된다. 따라서 은합의 신묘년은 391년은 너무 이르고 511년은 너무 늦어 451년으로 보는 견해가 우세하다.

그렇다면 장수왕은 무슨 연유로 연수 연호를 사용한 걸까? 이에 대한 해답은 이전 신묘년인 391년에서 찾을 수 있다. 391년 신묘년은 광개토왕의 등극 원년이다. 다시 말해 장수왕은 아버지 광개토왕의 등극 60주년이 되는 해인 451년에 자신의 연호를 연수로 바꾸고 또한 광개토왕의 60주년 주기제週期祭를 시행한다. 서봉총 은합은 광개토왕의 등극 60주년을 기념하여 특별히 제작한 제사용품이다. 194쪽 '광개토왕의 무덤 태왕릉' 참조

은합 명문에 '太王敎造'가 있다. '태왕의 교시로 만들다.'로 번역한다. 그런데 '敎'자를 '敬'자로 판독하기도 한다. '太王敬造'로 '태왕을 공경하여 만들다.'이다. '敎'자의 태왕은 장수왕을, '敬'자의 태왕은 광개토왕을 가리킨다.

특히 연수延壽는 '수명을 더욱 더 늘려간다'는 뜻으로 장수왕의 이전 연호 장수長壽 이상의 의미를 내포하고 있다.

연수延壽는 장수왕이 재위 중반기에 사용한 연호이다.

연가7년명 금동불상

「연가7년명延嘉七年銘금동여래입상」국립중앙박물관 소장 은 1963년 경남 의령군 대의면 하촌리에서 발견된 석가여래불상이다. 전체 높이는 16.2cm이며 이 중 광배는 12.1cm로 뒷면에 4행 41자의 명문이 새겨 있다. 명문은 이렇다. '연가延

▲ 연가7년명 불상 [국립중앙박물관]

嘉7년 세재 기미己未에 고려국 낙랑 동사의 주지 경敬과 그 제자승 연演을 비롯한 사도師徒 40명이 함께 현겁의 천불을 만들어 세상에 유포하기로 하였는 바 그 제29번째 불상은 비구 도영擣穎이 공양하다'. 불상은 평양의 낙랑 동사東寺의 승려들이 천불千佛을 조성하여 세상에 널리 유포시키고 자 만든 것 중의 하나로 비구 도영이 만든 29번째 불상이다. 불상을 만든 시기는 기미년으로 연가7년에 해당한다. 연가는 누구의 연호일까?

불상이 발견된 경남 의령을 두고 해석이 분분하다. 고고학적 면에서는 금동불상이 천불의 하나인 점을 들어 한반도 전역에 유포되었다 보는 견해도 있으나, 6.25 한국동란 당시 북한 군이 소지하여 이곳 의령까지 내려왔다가 철수하면서 두고 갔다는 설도 있다.

연가 역시 장수왕의 연호이다. 간지 기미년은 479년이다. 따라서 연 가원년은 장수왕 재위61년인 473년에 해당한다. 특히 연가延嘉는 '연수

를 기리다'는 뜻을 담고 있다. 연가 연호는 연수 연호의 계승차원에서 만들어진 연호임을 알 수 있다.

연가延嘉는 장수왕이 재위 후반기에 사용한 연호이다.

영강7년명 금동불상 광배

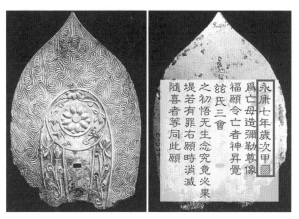

▲ 영강7년명 주형광배 [조선중앙력사박물관]

永康七年歲次甲
爲亡母造彌勒尊像
福願令亡者神昇
兹氏三會
之初悟无生念究竟
堤若有罪右願時消滅
隨喜者等同此願

「영강7년명永康七年銘주형광배」조선중앙력사박물관 소장는 1947년 평남 평양 평천리 폐사지에서 출토된 금동불상이다. 불상은 없고 높이 21㎝의 광배만 존재한다. 광배 뒷면 하단에 7행 54자가 새겨있다. 명문은 이렇다. '영강永康7년 세차 갑甲

▨에 돌아가신 어머니를 위하여 미륵존상을 만들어 복을 비오니 바라건대 돌아가신 분의 신령으로 하여금 깨달음의 세계로 나아가 미륵님의 삼회 설법을 만나서, 첫 설법 때 무생의 법리를 깨닫고 구경을 염하여 보리를 이루게 하여 주소서. 만일 죄업이 있으면 이 발원으로 일시에 소멸되게 하옵고, 수희하는 모든 이들도 이 소원과 같게 하소서.' 돌아가신 어머니를 위해 미륵존상을 만들어 발원을 소망하는 내용이다. 불상을 만든 시기는 영강7년이다. 다만 아쉽게도 영강7년에 해당하는 간지는 일부가 마멸되어 명확하지 않다. 영강은 누구의 연호일까?

영강의 한자는 '永길 영'과 '康편안할 강'이다. 永은 광개토왕의 연호 '永樂'과 맥을 같이하며 康은 장수왕이 북위로 받은 시호 '康'과 같다.◁294쪽 '북위와의 교류' 참조 영강 연호를 사용한 왕은 광개토왕과 장수왕의 위업을 동시에 계승한 왕이다. 이에 해당하는 왕은 장수왕의 뒤를 이은 문자명왕 뿐이다. 특히 명문에 나오는 간지를 보면 앞글자는 '甲'자로 판독되나 뒷 글자는 완전히 떨어져 나가 확인 자체가 불가능하다. 영강7년의 간지는 '甲▨'이다. 문자명왕 시기 '甲'자로 시작하는 간지는 갑술甲戌, 갑신甲申, 갑오甲午 등이 있다. 갑술498년은 문자명왕 재위7년이고, 갑신508년은 재 위17년이며, 갑오514년는 재위23년이다. 3개 간지 중 마지막 갑오는 재 위말기인 탓에 가능성이 적으며 재위초기 갑술과 재위중기 갑신이 유력 하다.

갑술을 적용하면 영강 연호의 사용은 재위원년이다. 문자명왕은 492 년 등극하면서 곧바로 영강 연호를 제정한 것으로 볼 수 있다. 또한 갑신 을 적용하면 영강 연호의 사용은 재위11년인 502년부터이다. 그런데 갑 신년과 관련하여 『태백일사』〈고구려국본기〉는 중요한 역사적 사실 하 나를 남긴다. '문자호태열제는 연호를 명치로 바꿨다. 11년502년에 제, 노, 오, 월의 땅이 우리에게 속하였다. 이에 이르러 나라의 강역이 점점 커졌 다.[文咨好太烈帝 改元明治 十一年齊魯吳越之地属我 至是國疆漸大]'. 문자명왕은 등극하면서 명치明治 연호로 바꾸며, 재위11년502년에 대륙 의 제齊, 노魯, 오吳, 월越의 땅을 정복하여 고구려 강역에 포함시킨다. 특 히 대륙 땅의 복속은 영강 연호 제정의 직접적인 배경이다. 선대 광개토 왕과 장수왕이 벌인 지속적인 정복사업의 파편들이 문자명왕에 의해 하 나의 완성체로 종결되기 때문이다. 영강 연호는 바로 선대로부터 이어진 정복사업 완성의 위대한 선언과도 같다.

영강永康은 정복사업 완성의 선언적 의미를 담고 있는 문자명왕의 연호이다.

경4년명 금동불상

▲ 경4년명 불상[호암미술관]

「경4년명景四年銘금동삼존불입상」호암미술관 소장은 1930년 황해도 곡산군 화촌면 연산리에서 출토된 삼존불상이다. 간지 신묘년 글자 때문에 「신묘명금동삼존불입상」으로도 불린다. 높이 15.5cm이며 광배 뒷면에 8행 67자의 명문이 새겨 있다. 대강의 내용을 정리하면 이렇다. '경4년 신묘에 비구比丘와 선지식善知識 등 5인이 함께 무량수불 1구를 만듭니다. 원하건대 돌아가신 스승과 부모님이 여러 부처님들을 항상 만나 뵙기를 기원하며 또한 선지식 등은 미륵불 뵙기를 기원합니다. 소원이 이와 같으니 모두 함께 한 곳에 태어나 부처님을 뵙고 불법을 듣게 하옵소서'. 그런데 명문에 언급된 불상을 만든 시기인 '경4년景四年'과 이에 해당하는 간지 신묘년辛卯年이 나온다. 명문의 신묘년은 불상의 양식 등을 고려하면 평원왕 재위13년인 571년으로 보는 견해가 지배적이다. 문제는 '경4년'이다. '景'자는 연호를 말하는 듯 한데 연호를 외자로 쓴 전례가 없기 때문이다.

북한 역사학자 손영종은 '景'을 '白宣백선'으로 글자를 나누어 판독하나 '景'자 위아래로 어떠한 간격도 없기에 한 글자를 두 글자로 나누어 읽는 것은 무리이다. 또한 '▨景' 또는 '景▨'이라는 연호가 한 글자로 줄어든 것이라는 주장도 있으나 이 역시 무리이다.

'景'은 연호가 맞을까? 또한 맞다면 평원왕의 연호로 보아야 할까? 의외의 단서가 〈안원대제기〉에 나온다. 안원왕의 즉위전사 기록이다. '제는 휘가 보연이고 자는 흥수이며 명치제文字明王의 둘째아들로서 모친은 경태후이다. 용모와 예의범절이 아름답고 말 탄 채 활쏘기도 잘하였다. 신

3 장수왕의 유적과 유물

장은 7척 5촌이다. 도량이 크고 무술에 통달하였으며 또한 능히 윗사람의 뜻을 받들어 모실 줄도 알았다. … [안장왕이] 죽음이 임박하자 초운황후에게 명하여 무릎을 꿇고 상에게 새보를 바쳤다. 이에 등조하며 연호를 대장으로 바꿨다. 후에 세종경황제로 존하였다.[帝諱宝延字興壽 明治帝之第二子也 母曰鯨太后也 美容儀善騎射 身長七尺五寸 有大量通武術亦能逢迎上意 … 至臨崩 命楚雲皇后跪上璽宝 乃登祚改元大藏 後尊為世宗景皇帝]'. 문자명왕의 둘째아들인 안원왕이 등극하면서 연호를 대장^{大藏}으로 바꾸고 후에 세종경황제^{世宗景皇帝}로 존호한 내용이다.[※ 안장왕은 문자명왕의 첫째아들, 연호는 안장^{安藏}]

안원왕을 세종경황제로 추존한 왕은 평원왕이다. 평원왕은 자신을 경황제^{景皇帝}로 칭하면서 선대 안원왕, 양원왕 두 왕에게도 경황제의 존호를 올린다. 아마도 평원왕의 존호는 '○종경황제'일 것이다. 이는 이전 안장왕이 선대 장수왕, 문자명왕을 효황제^{孝皇帝}로 추존한 선례에서 확인할 수 있다.

『고구려사략』〈안장대제기〉. '안장원년519년 기해 4월, 장수황제를 고조효무황제로, 명치황제를 태종효문황제로, 조다태자를 인종효숙황제로, 경태자를 선종효양황제로 추존하고 모두에게 대제를 올렸다.[己亥安藏元年 四月 追尊 長壽皇帝為高祖孝武皇帝 明治皇帝為太宗孝文皇帝 助多太子為仁宗孝肅皇帝 鯨太子為仙宗孝讓皇帝 皆行大祭]'. 존호에 '孝'자가 공통으로 들어간다. 모두 효황제들이다.

불상 명문의 景은 평원왕의 연호가 아니라 존호이다. 또한 '경4년'이 신묘년^{571년}이니 평원왕이 경황제 존호를 사용한 경원년^{景元年}은 평원왕 재위10년인 568년이다. 평원왕의 연호는『태백일사』〈고구려국본기〉에 정확히 나온다. '평강상호태열제는 담력이 있고 기사에 능하니 곧 주몽의 기풍이 있었다. 연호를 대덕으로 바꾸고 치교에도 밝았다.[平岡上好太烈帝 有胆力善騎射乃有朱蒙之風 改元大德治教休明].' 바로 대덕^{大德}이다.

'景'은 평원왕의 존호이며 연호는 대덕^{大德}이다.

█화3년명 금동판

▲ █화3년명 금동판[조선중앙력사박물관]

戌朔記首
和三年歲次丙寅二月卄六日
神會性則登聖明
聖智契眞妙應群生形言暉世
育道成迷　　　　█稟生死形
四生蒙慶　於是頌曰
願王神昇兜率査勤彌勒天孫俱會
太王謹造兹塔表刻五層相輪相副
後代是以　　　慧郞奉爲圓覺
階是故如來唱圓敎於金河
神之妙宅現圓維
█　　　　三輪垂世耳

「█화3년명█和三年銘고구려 금동판」조선중앙력사박물관 소장은 1988년 6월 함경남도 신포리 오매리 절골寺谷유적의 건물지에서 출토된 고구려 유물이다. 금동판 뒷면에 못이 붙어 있어 불탑이나 불교 전각에 고정시켜 사용한 것으로 추정된다. 앞부분은 깨어져 없어지고 뒷부분만 남아 있는 금동판은 길이 41.5cm 너비 18.5cm이다. 현재 확인된 명문은 12행의 113자 정도이다. 특히 마지막 11행~12행에 금동판의 제작시기가 적혀있다. '█和三年歲次丙寅二月卄六日█戌朔記首' 즉 '█화3년 세차 병인년인 2월 26일 █술 삭에 기록하다.'이다. 그런데 연호인 '█和'와 제작날짜인 '█戌'은 금동판의 윗 끝부분에 새겨져 있는데 자획의 일부가 떨어져 나가 명확하게 판독하기 어렵다. 북한은 █和와 █戌을 각각 太和태화와 甲戌갑술로 보고 양원왕 재위2년인 546년병인년으로 추정한다.

그러나 양원왕의 연호 太和태화는 大和대화로 판독해야한다. 이는 앞서 살펴본 평원왕의 존호 景에 단서가 있다. 평원왕은 존호 景을 사용하면서 선대 안원왕의 존호도 景으로 높인다. 안원왕→양원왕→평원왕으로 이어지는 3대 왕의 존호는 공히 景이다. 특히 3대 왕은 시호에 '原'자 공통으로 들어간다. 연호 또한 안원왕은 大蔵대장, 평원왕은 大德대덕으로 '大'자가 들어간다. 따라서 양원왕의 연호는 太和태화가 아닌 大和대화일 가능성이 매우 높다.

금동판의 연호 대화大和는 양원왕의 연호이다.

고구려 태왕의 연호

지금까지 문헌 기록과 유물의 명문을 통해 확인된 고구려왕의 연호는 아래와 같다.

대	태왕	연호 [존호]		근거	참고
16	고국원왕	**영화** 永和		·『고구려사략』, 안악3호무덤 묵서	
17	소수림왕	태녕 太德		·「태녕명 와당」(집안출토)	북한
18	고국양왕	융복 隆福		·『고구려사략』	
19	광개토왕	**영락** 永樂		·「광개토왕릉비」	
20	장수왕	건흥 建興		·「건흥명 불상광배」,『태백일사』	
		장수 長壽	[孝]	·『고구려사략』	
		연수 延壽		·「연수명 서봉총 은합」	
		연가 延嘉		·「연가명 불상」	
21	문자명왕	명치 明治	[孝]	·『고구려사략』,『태백일사』	
		영강 永康		·「영강명 불상광배」	
22	안장왕	안장 安藏	[和]	·『고구려사략』	
23	안원왕	**대장** 大藏	[景]	·『고구려사략』	
24	양원왕	**대화** 大和	[景]	·「대화명 금동판」(신포출토)	북한
25	평원왕	**대덕** 大德	[景]	·『태백일사』,「경명 불상」	
26	영양왕	홍무 弘武		·『태백일사』	
27	영류왕	-			
28	보장왕	개화 開化		·『태백일사』	

이들 연호는 나름의 특징이 있다. 첫째는 연호의 사용시기이다. 국강 國罡을 표방하며 고구려의 천하지배관이 정립된 고국원왕 때부터 시작된 점이다. 둘째는 연호 명칭의 일관성이다. 전반기는 주로 '永'자가 중심이고 후반기는 '大'자 중심이다. '永'자는 고구려의 영속성을 강조한 것이라면 '大'자는 고구려의 우월성을 표출한 것이다. 셋째는 장수왕 때부터 연호와 별도로 존호가 사용된 점이다. 열제烈帝·황제 칭호가 추가로 도입되며 이에 걸맞는 존호 또한 만들어 진다.

이제 마지막 남은 영류왕의 연호에 대한 퍼즐도 풀려지길 기대해 본다.

▎[최초공개] 집안출토 태왕차자릉 판석 ▎

지금까지 공개되어 연구된 고구려 석비는《광개토왕릉비》를 비롯하여
《충주고구려비》,《집안고구려비》등이다. 모두 광개토왕과 직접적으로
연결된다. 그러나 다소 출처가 불분명하고 개인이 소장한 탓에 전혀 연구
가 이루어지지 않은 석비들도 다수 있다.☞ 235쪽 '해부리와 아리모려묘지석' 참조
마찬가지로 이번에 소개하는 「태왕차자릉太王次子陵」 판석板石 또한 최초
로 공개하는 고구려 금석문이다.☞ 472쪽 「태왕차자릉 출토」판석, 금관 등에 관한 보
고' 참조

태왕차자릉 판석과 태왕릉 벽돌 명문

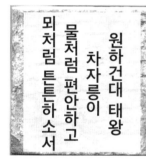

▲ 태왕차자릉 판석 명문

판석은 가로 36.5cm 세로
37.5cm 두께 7cm로 정방형
에 가깝다. 글자 크기는 5
cm 정도이며 글자 배열은
4행 3열이다. 모두 12자가
음각으로 새겨있다. 명문
은 '願太王次子陵安如川固
如岳'이다. 번역하면 '원하건대 태왕차자릉이 물처럼
편안하고 뫼처럼 튼튼하소서'이다.

그런데 태왕차자릉의 판석 명문이 태왕릉광개토왕릉
출토 벽돌 명문에도 동일하게 나온다. 태왕릉 벽돌 명
문은 '願太王陵安如山固如岳'이다.☞ 190쪽 '광개토
왕의 무덤 태왕릉' 참조 다만 차이가 있다면 '태왕릉'이 '태왕
차자릉'으로 '안여산安如山'이 '안여천安如川'으로 바뀐
다. 「태왕릉-안여산」의 조합이 「태왕차자릉-안여천」

▲ 태왕릉 벽돌 명문

의 조합으로 대체된다. '山'을 '川'으로 표현만 달리 했을 뿐 기본적인 문장 구성은 같다. 또한 글씨체도 마치 한 사람이 새긴 것처럼 똑같다. 웅위하면서도 부드러운 고구려체이다.

이는 태왕차자릉의 주인공이 태왕릉의 광개토왕과 같은 시기, 같은 급의 왕족임을 보여주는 결정적인 근거이다.

태왕차자는 광개토왕의 동생 용덕

태왕 차자次子는 『고구려사략』에 나오는 광개토왕 담덕談德의 동생 용덕勇德이다. 아버지는 소수림왕이며 어머니는 천강天罡왕후이다. 천강왕후는 474년에 담덕을, 477년에 용덕을 낳는다. 담덕과 용덕은 동복형제로 3살 터울이다. 특히 〈장수대제기〉는 광개토왕 재위시기인 395년 용덕이 형수인 평양平陽왕후와 몰래 사통하여 장수왕을 낳았다고 증언한다. 용덕은 장수왕의 생부이다. ☞ 263쪽 '장수왕의 출신계보' 참조

용덕은 단명한 형 광개토왕412년 사망과 달리 비교적 장수한다. 아들 장수왕에 의해 444년 월왕越王에 봉해지며 457년 81세로 사망하여 용덕릉勇德陵에 묻힌다.

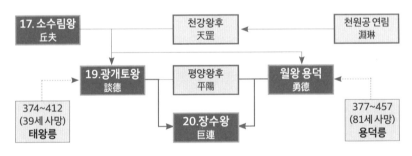

▲ 광개토왕 담덕과 월왕 용덕의 관계도

용덕릉태왕차자릉의 소재지를 추정할 수 있는 단서가 〈장수대제기〉에 나온다. '장수32년464년 갑진 5월, 상은 용덕사당을 찾아가 처연히 말이

없더니만 명을 내려 용덕릉을 개수하고 호경용덕아들을 월왕으로 삼았다. 상은 점차로 늙어가며 용모와 목소리는 점점 용덕을 닮아가고 너그럽고 부지런하며 후덕한 성품 또한 용덕과 비슷하였다.[長壽三十二年 甲辰 五月 上如勇德祀惻然良久命改勇德陵以胡景爲越王 上漸老容兒声音益肖 勇德 寬勤腆實之性亦似勇德]'.

　　때는 464년이다. 장수왕은 용덕사당을 찾아가 제사지낸 후 용덕릉을 대대적으로 개수改修한다. 용덕릉은 이때 새롭게 조성되며 왕릉급 무덤으로 격상된다.

용덕릉은 칠성산871호분

▲ 칠성산871호분의 소재지

용덕릉은 「칠성산무덤떼七星山墓區」의 왕릉급 무덤인 칠성산871호분이다.☜ 217쪽 '칠성산무덤떼의 왕릉급 무덤' 참조 통구하通溝河 서안의 칠성산 남쪽 비탈면에 위치한다. 동쪽 500m 거리에 통구하가 흐르며 바로 건너편에는 국내성이 있다. 무덤크기는 동서 48m×40m, 남북 46m×46m, 높이 5~10m의 대형이다. 기단은 서쪽이 8단, 북쪽이 10단, 동쪽은 12단이다. 남쪽은 심하게 파괴되어 기단의 숫자가 명확하지 않다. 무덤 가운데에는 너비 약 16m의 커다란 구덩이가 있다. 본래는 널방墓室이 있던 곳으로 가운데 정상부터 남쪽 벽에 이르기까지 심하게 무너져 있다. 무덤 북쪽에는 딸린무덤陪塚 또는 제대祭臺로 추

▲ 칠성산871호분 표지석

정되는 시설이 있고 서쪽에는 일부 능장墳場이 남아 있다.

칠성산871호분에서 출토된 유물은 동기류銅器類, 철기류鐵器類, 기와류암키와/수키와 등 다수이다. 특히 관심을 끄는 유물은 묘역포석墓域鋪石으로 사용한 판석들이다. 판석은 무덤 아래면 산비탈 흙위에 깔아 무덤이 무너져 내리지 않도록 보호하는 역할을 한다. 무덤의 서북쪽에서 평평하게 깐 판석 여러 개를 한꺼번에 출토한다. 크기는 길이 0.5~0.8m, 너비 0.4~0.6m, 두께 0.1~0.2m로 다양하다.

칠성산871호분이 「태왕차자릉」으로 추정되는 이유는 판석의 존재와 판석에 새겨진 '安如川'의 문구 때문이다. 판석은 칠성산871호분의 묘역포석 중 하나이며, '安如川'의 '川'은 가까운 거리에 위치한 통구하를 가리킨다.

용덕릉을 「칠성산무덤떼」에 쓴 이유

그런데 용덕릉태왕차자릉을 「칠성산무덤떼」에 쓴 이유가 자못 궁금하다. 더구나 용덕릉은 태왕릉광개토왕릉이 소재한 「우산하무덤떼」도 아니고 서대총고국원왕릉, 천추총고국양왕릉이 소재한 「마선구무덤떼」도 아니다. 딱 중간지점에 위치한 「칠성산무덤떼」이다.

이는 광개토왕담덕과 평양왕후 그리고 용덕의 삼각관계에서 실마리를 찾을 수 있다. 광개토왕은 평양왕후가 동생 용덕과 사통한 사실을 알고 이루 표현할 수 없는 배신감을 느꼈을 것이다. 그래서 사후 두 사람의 무덤을 자신의 무

▲ 태왕릉, 평양릉 [장군총], 용덕릉의 분포

덤 근처에 쓰지 말 것이며 또한 두 사람의 무덤을 아주 멀리 떨어뜨릴 것을 유언을 통해 지시했을 가능성이 높다. 특히 평양왕후는 412년 광개토왕이 갑자기 사망하자 곧바로 자살을 선택한다. 남편 광개토왕에 대한 미안함이 작동한 순사殉死이다. 그러나 평양왕후는 광개토왕의 무덤에 합장되지 못한다. 대신 태왕릉광개토왕릉에서 동쪽으로 다소 떨어진 장군총평양릉에 무덤을 따로 쓴다.☞ 392쪽 '장군총 무덤주인의 미스터리' 참조 마찬가지로 457년 사망한 용덕 또한 태왕릉 근처에 무덤을 쓰지 못한다. 대신 태왕릉에서 서쪽으로 아주 멀리 떨어진 칠성산871호분에 무덤을 쓴다. 결국 평양왕후와 용덕 두 사람의 사통은 사후에까지도 광개토왕의 미움을 톡톡히 받는다.

그러나 장수왕은 뒤늦게나마 자신의 생부가 광개토왕 담덕이 아닌 용덕임을 알게 된다. 그래서 464년 용덕릉을 찾아가 제사지내고 용덕릉칠성산871호분을 대대적으로 개축하여 왕릉급으로 격상시킨다. 이때 장수왕은 생부 용덕의 신분을 태왕차자소수림왕 둘째아들로 회복시키며 이를 판석에 새긴다. 「태왕차자릉」 판석은 바로 장수왕의 정체성이 담긴 유물이다. 또한 장수왕은 죽음을 앞둔 491년 어머니 평양릉장군총을 찾아가 제사지내며 사후 자신의 시신을 합장하라 유언한다. 광개토왕에게 버림받은 어머니 평양왕후에 대한 애뜻함과 배려는 아니었을까?

태왕차자릉太王次子陵은 장수왕의 생부 용덕勇德의 무덤인 칠성산871호분이다.

「태왕차자릉」 출토 판석, 금관 등에 관한 보고

_ 이석연

■ 고구려는 옛 고조선 강역의 여러 열국을 제압하고 성장한, 고조선을 직접적으로 계승한 나라이다. 스스로를 '천자天子의 나라'라고 칭한 데에서 알 수 있듯이 고구려는 중원왕조와 대등한 지위와 위상의 독자적인 천하관을 가지고 있다.

《광개토왕릉비》비문은 첫머리에 '옛날 시조 추모왕은 창기創基이다. 출자는 북부여 천제天帝의 아들이고 어머니는 하백河伯의 따님이다.'고 적고 있다. 고구려 시조 추모왕이 천하의 주인임을 당당히 선언하고 있다.

광개토왕 때에 이르러 고구려는 주변국을 차례로 복속시켜 만주와 한반도를 아우르는 강역을 확보하며 동북아시아의 최강자로 부상한다. 광개토왕의 독자적인 연호「영락」은 고구려를 천하의 중심으로 여기는 사고의 산물이다. 《광개토왕릉비》비문에는 고구려의 기상과 자존심 그리고 광개토왕의 광활한 정복의 여정이 고스란히 담겨 있어 국력의 강성함을 가히 짐작하고도 남음이다. 특히 비문은 영락이라는 호태왕의 연호를 사용하여 그의 업적을 영락5년395년부터 편년체로 기록하고 있다. 나는 광개토왕뿐 아니라 고구려의 모든 왕에게 독자적 연호가 있었다고 본다. 중원중심사고에 젖은 김부식이 『삼국사기』를 편찬하면서 그 연호를 모두 지웠을 것이다.

■ 길림성 집안에는《광개토왕릉비》를 중심으로 태왕릉과 장군총을 비롯하여 오회분五盔墳, 우산禹山 주변에 왕족, 귀족의 무덤떼가 그 위용을 드러내고 있어 고구려 전성시대를 말해준다.

특히《광개토왕릉비》에서 왼쪽으로 360m정도 떨어져 있는 태왕릉이 실제 광개토왕릉인지에 대해서는 논란의 여지가 있어 왔다. 청淸 말기 광서제光緒帝 때 능 주변에서 연꽃무늬의 와당과 문자가 새겨진 벽돌을 출토하며 처음 가능성이 제기된다. 벽돌 측면에는「願太王陵安如山固如岳」의 명문이 양각으로 새겨져 있다. '원하건대 태왕릉이 산처럼 편안하고 뫼처럼 튼튼하소서'이다. 이 명문 벽돌은 1984년 추가로 여러 개가 발견된다. 또한 2003년「辛卯年好太王▨造鈴九十六」의 명문이 새겨진 청동방울을 태왕릉에서 출토한다. 이로서 태왕릉은 의심의 여지 없는 광개토왕릉으로 자리매김한다.

■ 이번에 소개하는 태왕차자릉太王次子陵의 판석板石, 금관金冠 등은 태왕릉과《광개토왕릉비》가 소재한 길림성 집안의 고구려무덤떼에서 출토된 유물이다. 국내의 한 소장자가 오래전에 입수하여 보존하고 있다.

판석은 가로 36.5cm, 세로 37.5cm, 두께 7cm의 화강암이다. 앞면에「願太王次子陵安如川固如岳」12자가 3행 4열로 음각되어 있다. '원하건대 태왕차자릉이 물처럼 편안하고 뫼처럼 튼튼하소서'이다.

▲ 태왕차자릉 판석 [앞면 / 옆면 / 뒷면]

태왕차자릉의 판석 명문「願太王次子陵安如川固如岳」은 태왕릉의 벽돌 명문「願太王陵安如山固如岳」과 글씨체와 문장구조가 똑같다. 글씨체는《광개토왕릉비》비문과 같은 웅위한 고구려체이다. 다만 문장구조는 태왕릉의 '山'이 태왕차자릉의 '川'으로 대체된다.

태왕차자는『삼국사기』를 비롯하여 현존하는 우리 문헌 어디에도 나오지 않는 인물이다. 그럼에도 태왕릉의 벽돌 명문과의 상관성을 고려한다면 광개토왕의 둘째아들^{차자} 정도로 추정된다. 그런데 뜻밖에도『고구려사략』기록에 태왕차자의 존재가 명확히 나오고 있다. 태왕차자는 광개토왕의 둘째아들이 아닌 소수림왕의 둘째아들이다. 이름은 용덕^{勇德}이며 광개토왕 담덕^{談德}의 동생이다. 담덕과 용덕은 소수림왕의 정실왕후 천강^{天罡}의 소생으로 3살 터울이다. 담덕이 장자이고 용덕이 차자이다. 그래서 두 사람의 역학관계를 고려하여 태왕릉 벽돌은 '山'으로 태왕차자릉 판석은 '川'으로 새긴 듯 보인다. 특히『고구려사략』은 용덕을 장수왕의 생부로 적고 있다. 태왕차자릉 판석은 장수왕의 태생과 관련이 깊다. 장수왕의 아이덴티티를 상징하는 유물인 것이다. ☞ 263쪽 '장수왕의 출신 계보' 참조

■ 또한 태왕차자릉에서는 판석과 함께 금관도 출토한다. 앞면과 옆면에 3단의 출자형 3개와 뒷면에 사슴뿔형 2개를 30㎝ 높이로 세움장식한 둘레 72cm의 금관이다. 청록색의 곡옥^{터키석}과 금방울 영락^{瓔珞}이 촘촘히

▲ 태왕차자릉 출토 금관과 목재 파편

달려 있다.

우리는 금관하면 으레 신라를 먼저 떠올린다. 또한 고구려의 금관을 포함한 금문화는 신라에 비해 세련미와 발전상이 뒤떨어진다고 보고 있다. 하지만 『삼국지』〈위서〉동이전에는 '고구려는 공식적인 복장에서는 금, 은으로 장식하고 부여의 경우에도 금, 은으로 모자를 장식한다.'고 쓰여 있어 고구려의 금문화 역시 신라 못지않게 발전된 사실을 알 수 있다. 고구려는 왕 뿐만 아니라 왕족과 귀족도 금관이나 금으로 덧씌운 절풍관 등을 사용한 것이다. 태왕차자릉 출토 금관의 화려함과 중후함은 우리의 시선을 압도한다. 그야말로 고구려 황금시대를 웅변하고 있다.

■ 금관의 제작연대는 2010년 서울대학교 '기초과학공동기기원'에서 금관에 부착된 직물섬유textile 시료를 방사성탄소연대측정법AMS으로 측정한 바 있다. 대략 685년 정도로 추정되었다. 또한 태왕차자릉에서 나온 목관에 사용된 것으로 보이는 목재 일부도 같은 방식으로 측정한 결과 680년 정도로 밝혀졌다.

서울대 '기초과학공동기기원'의 AMS 측정은 두 차례 실시된다. 직물섬유는 2010년 9월 [SNU 10R-128]이고, 목재 일부는 2010년 11월[SNU 10R-205]이다.

그러나 연대측정 결과가 말하는 시기는 고구려가 멸망하고668년 발해가 건국되기 이전698년이다. 사실상 이 시기의 집안을 비롯한 만주 일대의 고구려 강역은 역사의 공백지대나 다름없다. 이런 상황에서 이처럼 화려하고 중후한 금관을 제작하고 능을 축조한다는 것은 상상하기 어렵다. 방사성탄소연대측정법에 의한 연대측정은 정확한 연대보다 근접한 연대로 보아야 한다. 오차범위는 좁게는 수십년 넓게는 수백년이 될 수도 있다. 특히 태왕차자릉 출토 금관은 5세기 중반에 제작된 경주 서봉총 출토 신라금관과 비교할 때 형태와 양식 등이 매우 유사하다. 태왕차자릉 출토

금관이 장수왕 시기인 5세기 중후반에 만들어졌다고 볼 수 있다.

다만 태왕차자릉 출토 금관이 고구려에서 자체 제작한 것인지는 좀 더 면밀한 연구와 검토가 필요하다. 신라에서 제작되어 고구려무덤에 묻힐 가능성 또한 배제하기 어렵기 때문이다. 참고하여 『고구려사략』에는 신라 내물왕이 자신의 두 딸 운모雲帽와 하모霞帽를 광개토왕에게 바친 기록이 나오며, ☞ 48쪽 '광개토왕의 가계' 참조 이 중 운모는 훗날 광개토왕이 동생 용덕의 부인으로 삼는다.

태왕차자릉에서는 길이 7cm의 토우土偶 한 쌍도 출토한다. 토우 앞면에는 「孝悌忠信효제충신」과 「禮義廉恥예의염치」의 명문이 각각 해서체로 새겨져 있다. 효孝, 제悌, 충忠, 신信, 예禮, 의義, 염廉, 치恥 여덟 글자는 유교에서 말하는 삼강오륜의 요체이다. 효도, 우애, 충성, 신의, 예절, 의리, 청렴, 부끄러움을 아는 것 등이다. 고구려 유교문화의 저변을 보여주는 유물이다.

▶「孝悌忠信」명문 토우

■ 나는 고대 유적 답사와 역사학, 고고학에 관심이 많은 사람으로서 이 분야의 전문가는 아니다. 어린 시절부터 세계사의 영웅의 발자취와 고대 유적의 흔적을 좇아 많은 독서와 꿈의 나래를 펼쳐왔다. 그 후 변호사 업무나 공직생활을 하면서도 이 분야에 관심을 가지고 시간이 될 때마다 국내외 고고학적 발굴이나 역사 유적 현장을 꾸준히 찾았다. 그리하여 비록 고고학에서 발굴의 시대는 끝났다고들 하지만 인간의 상상력과 호기심이 빛을 발하는 한 모험과 낭만의 시대는 아직도 계속되고 있다고 믿는 아웃사이더인 것이다.

특히 우리 고대사와 관련된 수많은 책을 정독하며 그 과정에서 중국과 한국의 1차 사료를 직접 해독하였다. 아울러 고대사의 현장을 여러 차례 탐사한 바도 있다. 그 결과 우리 역사 특히 고대사는 중원중심주의에 바탕한 사대주의 사관과 일제에 의해서 세뇌된 식민사관에 의해서 크게 왜곡되어 왔으며 이제 이를 바로잡아야 할 필요성을 어느 누구보다고 절실히 느끼고 있다.

앞으로 태왕차자릉 판석과 금관 등이 공개되어 학계와 전문가의 연구와 고증 등을 거쳐 사실 관계가 명확히 규명되기를 기대한다. 그리하여 《광개토왕릉비》와 더불어 태왕차자릉 출토의 판석과 금관이 동북아 패자로 군림한 광개토왕과 장수왕 시대의 상징으로서 당당하게 자리매김하기를 바라는 마음이다.

끝으로 태왕차자릉 출토의 판석, 금관 등의 수집 경위와 소장자에 대해서 밝힐 수 없음을 못내 안타깝게 생각한다. 소장자는 40여 년 전에 홍콩에서 구입하여 지금까지 단 한차례도 외부에 공개한 적이 없이 보관하고 있다. 다만 소장자는 유물의 출토지가 길림성 집안의 고구려무덤떼인 점만을 분명히 밝히고 있음을 부기^{附記}한다.

|부록|

부록

Ⅰ 집안일대 「고구려무덤떼」의 왕릉급무덤 분포도 Ⅰ

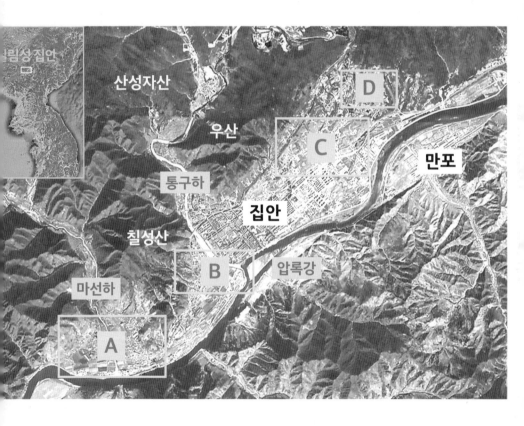

ⅠA구역 : 「마선구무덤떼」Ⅰ

ⅠC구역 : 「우산하무덤떼」Ⅰ

ㅣB구역 : 「칠성산무덤떼」ㅣ

월왕 용덕릉
(칠성산871호분)

제왕 춘태자릉
(칠성산211호분)

B

ㅣD구역 : 「우산하무덤떼」동쪽ㅣ

D

장군종

호련왕후릉
(우산하43호분)

장수왕릉
(우산하1호분)

바

사

새로 쓰는
광개토왕과 장수왕

초판 1쇄 발행 ｜ 2022년 1월 30일
초판 2쇄 발행 ｜ 2022년 12월 30일

지은이 ｜ 이석연·정재수

펴낸곳 ｜ 논형
펴낸이 ｜ 소재두
등록번호 ｜ 제2003-000019호
등록일자 ｜ 2003년 3월 5일
주소 ｜ 서울시 영등포구 당산로 29길 5-1 502호
전화 ｜ 02-887-3561
팩스 ｜ 02-887-6690

ISBN 978-89-6357-254-3 94910
값 30,000원